KB138995

GE 혁신과 성장의 비밀

19세기 에디슨에서 21세기 이멜트까지

GE혁신과
성장의비밀

윌리엄 로스차일드 지음 | 최권영 옮김 | 홍순직 감수

THE SECRET TO
GE'S
SUCCESS

GASAN BOOKS

The Secret to GE's Success

1 2 3 4 5 6 7 8 9 10 GASAN 20 09 08

Original: The Secret to GE's Success
         By William E. Rothschild
         ISBN 978-0-07-147593-8

This book is exclusively distributed in GASAN BOOKS.
When ordering this title, please use ISBN 978-89-88933-73-2
Printed in Korea.

한국 기업, GE의 변화와 혁신에서 길을 찾아라

발명왕 에디슨이 설립한 회사 GE는 1896년 찰스 다우가 최초로 다우존스 지수를 산정하기 위해 선정했던 12개의 기업 중 지금까지 유일하게 존재하는 초우량 기업이다.

그리고 탄소 필라멘트 전구, 상업용 X레이, 제트엔진, 플라스틱, MRI 등 세계 최초의 수많은 혁신적인 제품들을 만들었으며, 지금도 에디슨에서부터 이어져온 창조와 혁신 정신으로 세계에서 가장 존경받는 기업으로 자리매김하고 있다.

우리나라 기업의 경우 반도체, 이동통신, 가전, 조선산업 등에서 세계의 선두를 이끌고 있다. 그러나 이러한 산업도 이제 성숙기에 접어들었으며, 중국 등의 국가로부터 거센 추격을 받고 있다. 이러한 환경에서 경쟁 기업들의 추격을 뿌리치고 산업이 급성장 하려면 GE처럼 과거에는 없었던 혁신적인 제품을 만들어야 한다.

그런 의미에서 이 책을 통하여 GE가 이룩한 혁신과 성장 그리고 세계의 산업을 이끈 리더로서의 역사를 반추해 보는 것은 매우 큰 의미가 있다.

진대제 (전 정보통신부 장관)

역사를 통해 배우는 GE의 리더십과 경영전략

GE는 130여 년의 역사 속에서 두 번의 전쟁과 두 번의 공황을 겪으면서도 위기를 극복하고, 세계의 어느 기업보다도 지속적인 변화와 혁신을 추구하며 성장하였다.

GE의 리더들은 언제나 진취적인 기상으로 다양한 선도적 사업의 포트폴리오를 구축하였으며, 변화를 통하여 전사적으로 원가를 절약하고 성장을 이루었다. 그리고 강력한 재무 시스템으로 어려운 경제상황 속에서도 기회를 포착하여 가치를 창출하였다.

1900년대에는 기업의 'R&D' 개념을 처음 도입하였으며, 1930년대에는 '협력적 노사관계' 개념을, 1960년대에는 '전문경영' 개념을 그리고 1990년대에는 '식스시그마' 이론을 도입하여 경영 혁신을 선도하였다. 그런 점에서 GE는 많은 경영자들의 존경을 받고 있으며, 학자들의 연구 대상이 되고 있다.

그리고 이 책에서는 19세기 토마스 에디슨의 창립으로 시작하여 스위프와 영, 윌슨과 보크, 잭 웰치 그리고 21세기 현 CEO인 제프리 이멜트에 이르는 GE의 발전 과정을 네 단계로 나누고 각 단계를 심층 분석하고 있다.

각 단계별 리더십의 특징을 살펴보면, 1단계(1879-1939년)는 에디슨 그리고 스워프와 영의 경영시기로 '전기산업의 발전이 가져다준 풍요로운 생활'을 위한 연구개발이며, 2단계(1940년-1970년)는 윌슨과 보크의 경영시기로 '다양화와 분권화'를 통하여 전문경영을 추구했으며, 3단계(1971-2001년)는 보크와 웰치의 경영시기로 '포트폴리오 리더십'으로 초우량기업으로 성장하였다. 4단계(2001년부터 현재까지)는 지금 회장 이멜트의 경영시기로 '미래에 대한 도전'이 진행중이다.

이제 이 책을 통하여 GE가 놀라운 속도로 발전하여 가장 존경받는 기업으로 자리 매김을 할 수 있었던 경영전략을 경험할 수 있으며, 예측하기 힘든 21세기 경영환경의 변화에 대비하는 경영자들에게 많은 통찰을 제공할 것이다.

감수자 **홍순직** (삼성SDI, 삼성사회공헌위원회 고문)

C/O/N/T/E/N/T/S

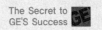
The Secret to
GE'S Success

19세기 에디슨에서 21세기 이멜트까지
GE 혁신과 성장 비밀의 다섯가지 요소

GE는 발명왕 토마스 에디슨(Thomas A. Edison)이 설립한 회사로써, 130여 년의 역사를 통하여 경영과 기술 그리고 재정적인 면에서 세계 최고의 기업으로 자리매김하고 있으며, 현재 최고의 주가를 자랑하는 기업이다. 이 책은 이러한 성공에 크나큰 기여를 한 경영진들과 그들의 효율적인 전략을 독자들에게 소개하려고 한다.

이 책을 읽으면서 다음 내용들과 관련된 GE의 리더십과 경영전략 그리고 의사결정 방법의 통찰을 이해하게 될 것이다.

- 적시에 적임자를 투입하는 경영 승계 시스템을 개발하라.
- 성공한 전략이라 할지라도 개선이나 변화가 필요하다는 것을 인식하라. "망가지지 않으면 고치지 않는다."는 옛 격언은 잊어버려라.
- 기술을 겸비하고 충성심이 강한 경영진과 전문가를 양성할 수

있는 기반을 구축하라.

- 회사의 독립적인 의사결정에 걸림돌이 되는 사회적, 정치적, 경제적 요소를 철저히 배제하라.
- 회사의 재정, 전략적 기획, 인적자원 관리 등의 분야에서 조직의 안정성에 기여하며 최종목표 달성을 향해 진보하는데 초점을 맞춘 시스템을 구축하고, 이를 지속적이면서 유연하게 적용하라.

이 책은 이미 잘 알려진 이야기나 평범한 의견을 넘어서 1세기가 넘는 기간 동안 세계 최고의 기업으로 성장한 GE의 역사와 앞으로 세계 경제의 리더로서 어떻게 입지를 유지할 것인지를 명쾌히 알려주고 있다.

사실 잭 웰치(Jack Welch)가 회장으로 있었던 지난 20여 년 동안, GE의 성공 비결을 다룬 책은 수십 권이나 쏟아져 나왔다. 하지만 그 가운데 대부분은 GE가 지난 역사 동안 이룩한 업적과 실패 사례를 배제하거나, 그 의미를 축소 평가한 탓에 진정한 의미의 혁신과 성장의 비밀을 담아내지 못했다. 하지만 GE의 긴 역사를 살펴보는 것은 과거의 경영진들이 회사를 창립하여 지금의 모습으로 발전시키기까지의 노력이 어떻게 현재 성공의 밑거름이 되었는지를 이해하는데 꼭 필요한 과정이다.

1896년 찰스 다우가 최초로 다우존스 산업평균지수를 산정하기 위해 선정했던 12개의 기업 중 지금까지 유일하게 존재하는 초우량 기업 제너럴 일렉트릭(GE)은 최장수 기업으로서 경쟁업체들이 몰락하거나 예전에 번창하던 모습과는 달리 명맥만 유지하고 있는 지금

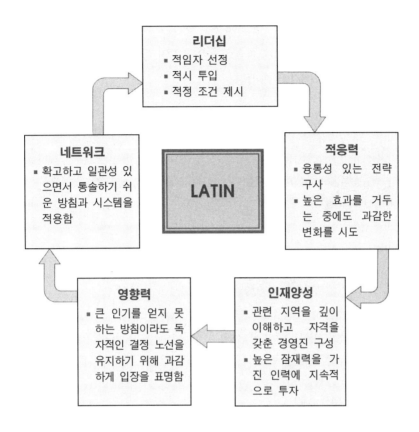

**그림 A GE 성공의 다섯 가지 핵심요소 : 리더십, 적응력, 인
재양성, 영향력, 네트워크**

이 순간에도 끊임없는 성장과 번영을 누리고 있다. 이 책을 계속 읽
는다면 1세기가 넘는 오랜 기간 동안 GE가 번영할 수 있었던 주요
이유 다섯 가지를 살펴보게 될 것이다.

그림 A에서는 GE 성공 요소의 핵심 내용을 간단히 요약하여 제시
하고 있다. 이 책에 사용된 이러한 자료는 GE의 발전단계별 핵심 특
징을 한눈에 파악할 수 있도록 창안된 것이다.

물론 GE는 다양한 면에서 강점을 갖추고 있지만, 오랜 기간 동안 이러한 다섯 가지 요소를 적절히 통합했기에 130여 년간 지속되어 오늘의 성공을 얻게 된 것이다.

LATIN

GE 성공의 비밀은 다음 다섯 가지 요소의 첫 글자를 따서 만든 LATIN으로 설명할 수 있다.

- **리더십**(Leadership)
- **적응력**(Adaptability)
- **인재양성**(Talent)
- **영향력**(Influence)
- **네트워크**(Network)

첫 번째 성공 요소 : 리더십

오랫동안 GE는 자신의 능력을 기꺼이 발휘하고 보상을 아낌없이 베푸는 경영진을 구축해왔다. 지금까지 GE를 거쳐 간 총 10명의 최고경영자들은 평균 12.6년간 재임했으며, 그들의 독특한 개성과 능력, 기술은 각 시기별로 회사의 필요성과 잘 부합하여 긍정적인 결과를 창출했다. 창립 이래로 GE는 항상 공유 리더십 팀 방식을 유지했다. 비록 이 방식이 다른 회사의 경우에는 실패로 끝났을지 모르지만, 리더십 팀의 구성원들은 조직적인 방침에 따라 적극적인 자세로 회사 경영에 대한 분석과 의견을 제시했으며, GE의 성공 기반이 되었다는 점에는 의문의 여지가 없다고 할 수 있다.

또한 GE의 최고경영자들이 퇴직을 할 때는 회사를 떠나 경영에서 완전히 분리되었으므로, 후계 경영진들은 아무런 방해 없이 독자적으로 회사를 운영할 수 있었다. 이러한 것은 경영에서의 기본 원칙처럼 보일 수도 있다. 하지만 실제로는 경영진이 교체될 때 전임자의 영향력을 온전히 탈피하지 못하고, 전임자들이 결정해 놓은 기업 이미지와 경영 방침을 바꾸지 못하는 경우가 허다했다. 그러나 GE는 독자적인 리더십을 보장하는 면에서 항상 투명하고 공정한 입장을 고수했다.

두 번째 성공 요소 : 적응력

GE의 경영진들은 시장의 주요 변동을 늘 예의주시하면서 이에 성공적으로 대처했다. 기업의 내부적인 강점과 자원을 밑거름으로 삼아, 전기 시스템 분야의 주도적인 기업에서 세분화된 여러 산업 분야의 세계적인 그룹으로 성장하게 된 것이다.

이윤 창출에서 성공을 거두고 투자자들의 요구에 부응할 능력을 갖추고 있는가라는 도전에 직면하자, GE는 현재 '전략적 포트폴리오'라고 알려진 경영 의사결정 방법을 도입했다. 이는 주어진 기회 중 가장 가능성이 있는 것 하나만을 선택하고 나머지 기회를 과감히 버리는 방식이다.

이 책에서는 현재 회장인 제프리 이멜트(Jeffrey Immelt)가 회사가 추구하는 방향과 포트폴리오에서 이러한 조직적인 변화 기법의 전통을 어떻게 구사하고 있는가를 살펴볼 것이다.

세 번째 성공 요소 : 인재양성

인재양성에 관해 GE는 간결하면서도 일관성 있는 철학을 가지고 있다. 초창기부터 GE는 인적자원을 회계 상의 지출편에 기록되는 비용적인 요소가 아니라 매우 중요한 자원, 즉 회사의 자산으로 인식했으며, 이에 따라 경영진들은 각자의 경력과 주요 경영 능력을 지속적으로 개발할 수 있도록 많은 관심을 기울이고 투자와 지원을 아끼지 않았다.

이러한 접근법으로 GE는 매우 견고하고 훌륭한 인적자원을 확보하여 적재적소에 필요한 인력을 공급할 수 있는 값진 결과를 얻었다. 1930년대 초반부터 이 전략을 경영진에게도 적용하기 시작했으며, 1950년대에 와서는 '전문경영'이라는 개념을 정립하기에 이르렀다. 물론 이 또한 장점뿐만 아니라 단점이 있긴 하지만, GE의 성공에 중요한 기여를 했다는 점에는 의문의 여지가 없다.

그러나 GE는 단순한 인재양성 위주의 훈련에 만족하지 않았다. 이른바 '인적자원 포트폴리오'라는 접근법으로 회사의 주요 부서의 전문가들과 각 부서 책임자 등을 평가하고, 우수한 성과를 거둔 사람들을 집중적으로 훈련하는 방식을 기꺼이 채택했다. 쉽게 말해 GE의 성공 비결 중 한 가지는 인적자원을 비롯한 모든 면에서 선택적으로 행동한 것이라고 할 수 있다.

또한 경영진들은 직원들과 주요 이해관계자들에게 아낌없는 관심을 보였으며 영업 실적이 좋고 나쁨에 관계없이 항상 여러 가지 프로그램과 서비스를 마련하여 회사의 이윤을 그들과 함께 공유하려고 노력했다. 이처럼 다른 회사와 강한 차별성을 부여했을 뿐만 아니라 일관성 있는 인간적인 면모는 이 책의 내용 전체를 통해 깊이 있게 다루게 될 부분 중 하나로서, 회사의 성공에 큰 도움이 되었다.

네 번째 성공 요소 : 영향력

네 번째 핵심 성공요소는 주요 이해관계자들에게 미치는 영향력이다. 모든 조직은 투자자, 주주, 경영진, 직원, 고객, 공급업체, 정부, 노동조합 및 지역사회의 다양한 이해관계자들과 관련을 맺는다. 이해관계자들은 다양한 방법으로 조직의 전략 실행에 영향을 주거나 개입하며 이해관계자들 사이에도 영향력의 정도에 큰 차이를 보일 수 있다. 예컨대 회사의 경영진을 지지하거나 반대하는 입장 등 다양한 성격을 띠게 된다.

GE는 이미 오랫동안 이해관계자들의 섭리를 이해하고 시공간적 필요와 관련해 이들의 영향력을 크기순으로 등급을 부여하기까지 했다. 경영진은 투자자, 주주, 고객과 종업원을 주요 영향력의 우선순위에 두고 분류하여, 항상 이들의 이익을 먼저 생각하고 있다.

그러나 다른 이해관계자에 대해서는 조금 색다른 입장을 보인다. 예를 들어 20세기 초반, 제라드 스워프(Gerard Swope)와 오웬 영(Owen Young)이 공동으로 경영할 당시 GE는 큰 정부(Big Government ; 1930년대의 세계적인 대공황을 계기로 정부의 역할이 증대됨에 따라 기능과 구조 및 예산이 팽창한 정부 - 옮긴이)와 대규모 노동조합과 긴밀한 관계를 맺고 있었다. 하지만 랄프 코디너(Ralph Cordiner)가 경영을 맡게 된 이후부터는 큰 정부와 대규모 노동조합을 경영의 반대요소로 간주하고 이들이 회사에 미치는 영향력을 최소화하기 위해 총력을 기울였다.

이처럼 GE는 다년간 축적된 경험을 통해 주요 이해관계자들의 다양한 요구와 기대를 인식하는 일이 얼마나 중요하며 그런 상황에 대처할 때, 선택적이어야 할 필요성을 보여준다. GE는 모든 사람의 요구를 다 만족시키면서 성공을 이룰 수는 없다는 사실을 어렵게 터득했다.

독자들은 현재 자신의 기업의 안정과 앞으로의 전망을 고려할 때, 가장 중요한 이해관계자라고 여겨지는 사람들의 요구사항을 수용해야 할 입장이거나, 혹은 그러한 결정이 다른 이해관계자들의 희생을 치르는(혹은 그들에게 더욱 힘을 실어주는) 결과를 낳을 것으로 예상되는 경우도 있을 것이다. 결론은 GE처럼 때로는 이러한 이해관계의 복잡한 관계 속에서 중립적인 입장을 고수하는 것이 현명한 결정이 될 수 있다.

다섯 번째 성공 요소 : 네트워크

창립 초기부터 GE는 매우 보수적이고 잘 통제된 재정 정책을 적용하여 신용등급 AAA를 유지했다. 이러한 정책을 적용하기 위해 이 책에서는 '네트워크'라고 부르는 일단의 경영 시스템 통합체가 등장하게 되었다. 이 시스템은 매우 강력하고 뛰어난 통솔력을 자랑한다. 따라서 단기간에 급속도로 성장해 고도로 복잡해진 체제 속에서도, 회사가 추구하는 목적과 주요 이해관계자들의 요구사항을 만족시키는 데 크게 기여했다. 네트워크에 대한 상세한 내용을 회사 발전 단계별로 나누어 살펴보자.

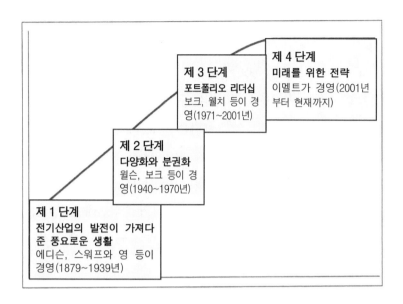

제 4 단계
미래를 위한 전략
이멜트가 경영(2001년
부터 현재까지)

제 3 단계
포트폴리오 리더십
보크, 웰치 등이 경
영(1971~2001년)

제 2 단계
다양화와 분권화
월슨, 보크 등이 경
영(1940~1970년)

제 1 단계
전기산업의 발전이 가져다
준 풍요로운 생활
에디슨, 스워프와 영 등이
경영(1879~1939년)

그림 B   GE의 130여 년 역사를 초기부터 현재까지 네 단계
로 재구성

GE의 전략 역사의 네 단계

이 책은 GE 경영의 역사를 네 단계로 나누고 각 단계별 성공 사례
와 실패 사례를 살펴보려고 한다.(그림 B 참조) 그리고 각 단계별로 다
섯 가지 성공 요소를 연결해 놓았다. 따라서 단계 도입부분에서는 회
사가 취한 전략을 객관적으로 평가하는 동시에 장단점을 분석하게
된다.

1단계 : 전기산업의 발전이 가져다 준 풍요로운 생활

이 시기에 GE는 남다른 전략을 연속적으로 수립하고 적용하는 한

편 다양한 출신 배경을 자랑하는 유능한 전문가와 경영자들을 적극 기용함으로써 전기산업 분야에서 떠오르는 기업이 되었다. 또한 주요 사회경제적 그리고 정치적 이슈에 직면했을 때도 인기에 연연하지 않고 주도적인 입장을 유지하는 놀라운 면모를 보이기도 했다.

1870년대 후반, 토마스 알바 에디슨(Thomas Alba Edison)이 에디슨 제너럴 일렉트릭(Edison General Electric Company)이라는 회사를 창립한 때를 1단계의 시작으로 볼 수 있다. 이 책에서는 에디슨이 시도한 방법 중 '실패 전략'을 살펴보고, 당시 회사의 경영진에 포함되어 있던 헨리 빌라드(Henry Villard)와 모건(J. P. Morgan) 등 주요 투자자들이 어떻게 회사를 장악하여 톰슨 휴스턴(Thomson-Houston)을 합병하여 오늘날의 제너럴 일렉트릭을 설립했는지를 전체적으로 보여줄 것이다.

찰스 코핀(Charles Coffin)과 에드윈 라이스(Edwin Rice)의 등장으로 1단계에서 두 번째 변화가 일어났다. 이들은 회사를 확장함과 동시에 주요 기술적 포트폴리오를 보호하고 더욱 발전시키는데 많은 공헌을 했다.

스워프와 영은 코핀과 라이스의 뒤를 이은 승계자로서 이른바 '호순환(Benign Cycle)'을 점화할 수 있었다. 호순환이란 GE가 산업 응용 혁신 기술을 사용하여 전기의 발전, 송전, 배전 체제에 대한 수요를 촉진한 시스템을 말한다. 이 시스템은 엄청난 힘을 자랑하는 엔진과 같은 경영 체제이다.

GE가 전기산업 전반에서 주도권을 잡는 데는 그리 오랜 시간이 걸리지 않았다. 그동안 스워프와 영은 주요 경쟁자였던 웨스팅하우스(Westinghouse)와 손을 잡고 새로운 벤처 기업 RCA(Radio Corporation of America)를 만들어 당시 낮은 수준의 방송계로 진출하여 마침내 장악하기에 이르렀다. 초기 전기산업에 적용했던 동일 전략을 구사했으나, 아쉽게도 스워프와 영은 당시 전설적인 인물로 알려진 실력자인 데이비드 사노프(David Sarnoff)를 당하지 못하고 전도유망했던 자신들의 벤처기업에 대한 주도권마저 잃고 말았다.

코핀을 시작으로 스워프와 영에 이르기까지, GE의 경영진은 인력관리 시스템을 운영하는 일에 남다른 관심을 쏟았으며, 그 결과 '실력있고 충성스러우며 잘 훈련된' 전문가와 경영진을 다수 확보하게 되었다. 스워프와 영은 대공황 당시 미국 사회에 팽배했던 여러 가지 사회적, 정치적, 경제적 문제들을 해결하는데 절대적인 공헌을 할 수 있었다. 이들은 사회보장제도와 국가산업부흥청 및 오늘날 산업별 노동조합회의로 알려진, 산업조직회의를 창설하고, GE 직원들의 조합을 조직하여 대표직을 역임했다. 그 결과 1930년대 중반부터 1940년대 후반까지 주요 기업 대부분이 폭력적이고 피비린내 나는 노동조합의 파업으로 어려움을 겪었으나, GE는 노동조합과 우호적인 관계를 유지할 수 있었다.

2단계 : 다양화와 분권화

독자적인 기술적 우위와 자본 그리고 오랜 전통의 경영전략에 힘입어 GE는 '순수' 전력회사에서 매우 복잡하고 고도로 다양화된 기업체로 성장했으며, 독자적인 경영 시스템과 인적자원 관리를 통해 이를 계속 유지했다.

단일 거대 기업에서 복잡하고 다양화된 조직으로 탈바꿈한 계기는 제2차 세계대전이라고 할 수 있다. 2단계의 시작은 제2차 세계대전의 발발과 일치하지만, 전쟁 이후에도 50여 년간 세계적인 충돌과 혼란 속에 이어져 왔다. 이 시기 동안 GE는 내부의 힘을 꾸준히 키워서 여러 가지 성공적인 사업의 기반을 마련하였다. 당시의 주요 전략은 외적 성장이나 합병이 아니라 내부적인 발전이었다. 따라서 GE는 조직적으로 성장하는데 혼신의 노력을 기울였다.

1950년대 초반이 되자 회장이었던 랄프 코디너는 회사를 성공적으로 경영하고 다양성을 확보하기 위해 사업체의 종류나 규모에 영향을 받지 않고 경영을 주도할 수 있는 인재를 양성하는데 노력을 기울였다. 그가 창시한 혁신적인 전문경영인 훈련 프로그램은 회사의 다양성뿐만 아니라 지속적인 성공의 밑거름이 되었다. 코디너는 노동조합과 큰 정부가 회사의 독자적 의사결정에 부정적인 요소라고 판단하여 '보울웨어리즘'(Boulwarism ; 1950년대 GE의 노사협상 방식으로 노조에게 먼저 계약요구를 제안하도록 하지 않고 오히려 회사 측에서 단일의 공정한 제안을 협상 테이블에 올려놓은 다음 더 이상의 협상을 거부하는 방식이다. - 옮긴이)이라는, 다시 말해 노동조합과 큰 정부를 강하게 반대하는 프로그램을 만들었다. 뿐만 아니라 로널드 레이건(Ronald Reagan)이라는 무명 배우를 회사 대변인으로 영입했다. 수많은 논평가의 해석과 일치하게, 레이건은 이 기회를 활용하여 자유주의에서 보수주의로 자신의 입지를 전환하고 마침내 대통령으로 당선되었다.

하지만 '전기회사의 대음모(Great Electrical Conspiracy)'라는 가격담합에 대한 비방에 휘말리면서 코디너의 입지는 불리한 상황으로 치달았고 결국 그의 장래조차 불투명해졌다. 이 책에서는 이 사건을 'GE의 워터게이트 사건'이라고 부를 것이다. 워터게이트 사건(1972년 6월 17일 미국 대통령 선거를 앞두고, 닉슨 재선 위원회가 민주당 본부가 들어서 있는 워싱턴의 워터게이트 빌딩에서 도청하려던 사건으로 이 때문에 1974년 8월 8일 닉슨은 대통령직에서 물러났다. - 옮긴이)을 이해한다면 코디너가 겪은 상황을 쉽게 짐작할 수 있을 것이다. GE를 비롯하여 28여 개의 제조업체를 포함한 전기업계 전반에 타격을 준 이 사건의 전모가 밝혀지면서 GE의 경영승계 방침을 변화시켜야 한다는 요구가 높아지고 기업성장의 속도도 늦추어졌다.

GE는 단순히 '당면한 문제를 해결', 즉 근시안적으로 문제를 분석하는 것에 만족하지 않고 회사의 운영구조 전체에 많은 변화를 주었으며 경영 발전을 위해 다소 위험해 보이는 몇 가지 시도를 과감하게 진행했다. 부분적인 문제해결책이 당시에는 좋아보일지 모르나, 결코 만족스러운 결과를 가져올 수 없다는 교훈을 또 다시 확인한 사례다.

코디너를 뒤이은 경영자는 프레드 보크(Fred Borch)였다. 그는 당시 회사 수익이 50억 달러에서 정체되어 더 이상 성장하지 않고 있다는 점에 주목하고, 즉시 '성장위원회(Growth Council)'를 설치하여 (1) 회사의 내구력과 관련된 주요 성장 기회 및 (2) GNP보다 더 빠른 성장을 유도할 수 있는 전략을 찾는 데 총력을 기울였다. 이 위원회의 활동으로 GE는 당시 9가지의 새로운 발전대상 분야를 선정하고 이를 적극적으로 후원하기 시작했다.

이러한 대상 분야는 네 가지 상품의 중심 투자(핵무기, 컴퓨터, 플라스틱 제품, 항공기 엔진) 및 다섯 가지 서비스 관련 분야(오락, 지역발전, 교육, 재정, 인력 서비스와 의료 서비스)로 이루어졌다. 이와 동시에 하위의 각종 부서들 또한 세계적인 규모로 성장하기 위하여 다양한 부문에서 발전하기 위한 노력을 기울이기 시작했다.

되돌아보건대 이와 같이 다양한 분야(새로운 상품, 서비스 개발에 더하여 새로운 분야 개척)에 노력을 기울인 결과 GE의 '머나먼 다리(a bridge too far ; 제2차 세계대전 때 연합군의 실패한 작전)'가 탄생되었다고 할 수 있다. 당시 언론들은 GE에 대해 "모든 사람을 위한 모든 것이 되어주는 기업", "GE 경영진이 해결하지 못할 문제는 없다" 등과 같은 찬사를 쏟아내었으며, 이러한 보도 기사는 회사의 발전에 큰 격려가 되었다. 하지만 안타깝게도 지나친 확장 시도가 심각한 문제들을 야기하면서 이러한 극찬은 공허한 말이 되고 말았다. 이 시기를 가리켜 '무이윤 성장'이라고 부르며, 이는 결국 3단계로 전환하는 계기가 되었다.

3단계 : 포트폴리오 리더십

이 단계에서도 GE는 계속 새로운 사업 포트폴리오를 시도하면서 (1) 기업의 상황에 가장 적절한 특정 시장과 품목에 집중 공략하고, (2) 전략적 또는 재정적인 면에서 맞지 않는 부문은 과감하게 철수하는 태도를 취했다. 이 단계에서 GE의 주요 사업이 기술관련 분야에서 금융 서비스로 전환되었다. 그 결과 재정 상태가 강화되어 다른 주요 사업을 확장하는데 크게 도움이 되었다.

9가지 새로운 시도 가운데 5가지가 수포로 돌아가자 보크는 회사의 전략과 포트폴리오를 다시 고려하게 되었다. 그는 전략적 사고와 의사결정 중심의 프로세스를 개발하여 회사 내의 모든 업무부서들에게 이에 따라 자신들의 포트폴리오를 체계적으로 엄밀히 분석하도록 지시했다. 회사가 창립된 이래 처음으로 현존 부서에 대한 퇴출과 구조조정 작업이 진행되었으며, 이는 의미있는 결과를 낳았다. GE는 많은 '불필요한 인력'을 제거하고 투자 또한 좀더 이윤창출이 높은 산업에 집중적으로 투자하기에 이르렀다.

보크를 뒤이어 경영을 맡게 된 레지널드 존스(Reginald Jones)는 재정 중심적 경영을 선호하는 인물로서 이 부문에서는 보크 못지않게 높은 성과를 달성하리라 기대했다. 그는 회사의 경영진들에게 계속 포트폴리오를 평가하도록 지시했고 이를 바탕으로 발전도와 이윤 창출이 쉬운 분야에 투자를 더욱 강화하는 반면에 그렇지 못한 분야는 과감하게 배척하는 입장을 고수했다.

존스가 1976년에 유타 인터내셔널(Utah International)을 매입한 것은 미국 역사상 가장 고가의 거래 중 하나로 기록되었다. 이는 GE가 국제적인 광산 업무에 첫 발을 내딛는 시도였다. 그러나 결국 회사의 기대를 충족시키지 못하는 잘못된 선택으로 판명되어, 잭 웰치의 손에 의해 매각되었다. 5년간 최고경영자로 근무하는 동안 존스는 계승계획 구상에 많은 노력을 기울였으며 자신의 계승자로 웰치를 임명했다.

웰치가 경영의 주도권을 잡고 있던 시기야말로 GE의 역사 중에서 인지도를 가장 크게 높이고 발전을 거듭한 시기라 할 수 있다. 오랫동안 낡아빠진 관료주의적인 경영방침에 쇠약해질 대로 쇠약해진 이 기업은 웰치의 손에서 역동적인 대규모 기업으로 성장했다. 이러한 극적인 변화를 이끈 웰치의 경영능력에 대해서는 말 그대로 수백 권의 서적이 출판되고 셀 수 없을 정도의 사례연구가 진행되었다.

그가 20년간 기업을 지휘했으니 그것만으로도 놀라운 업적이라 할 수 있다. 그는 기존의 회사 구조에서 불필요한 부분을 제거하는 것을 시작으로 기업 전반을 재조정하기 위한 주요 단계를 차근차근 진행했다. 이로써 그는 사람은 죽이고 기업만 살리는 '중성자 잭(Neutron Jack)'이라는 비호의적인 별명까지 얻게 되었다.

웰치의 영향력으로 GE는 세계에서 가장 자본력이 탄탄한 기업으로 성장하였다. 제품 중심의 회사에서 통합 서비스를 제공하는 대규모 기업으로 성장했으며 금융 서비스 제공으로부터 이윤의 대부분을 얻게 되었다.

이 책에서는 웰치와 그가 20년간 GE를 이끌어 온 방식을 역사적인 관점에서 조명하게 될 것이다. 그가 경영권을 넘겨받은 이후로 기업의 근간과 내적 힘을 지속적으로 길러온 비법과 더불어, 회사의 전략적 리더십과 구조 형성에 대한 그의 새로운 공헌도 역시 자세히 살펴볼 것이다.

3단계에서 명심해야 할 점은 모든 기업체는 현재의 상태가 좋든 나쁘든, 변화를 하는 것을 두려워해서는 안 되며 필요한 변화는 반드시 받아들여야 한다는 점이다. GE의 경우는 여러 가지 큰 변화가 필요하다고 판단되자, 너무 늦기 전에 가능한 대안책을 모두 검토하고 즉각적인 행동을 취했다는 점에서 주목할 만하다. 즉 GE와 다른 기업을 비교했을 때 대부분의 기업들은 상황이 우호적일 경우에는 변화를 꺼려하다가, 큰 변화로 타격을 받으면 그제야 문제의 해결책을 모색하는 등 뒷수습에 바빠지고, 때로는 대규모의 힘든 변화를 감수해야 하였다.

이 단계에서 얻을 수 있는 또 다른 교훈이 있다. 기업 경영자로서 추진 사업 사이의 가치를 잘 예측하는 것이 매우 중요하다. 기업의 입장에서 이러한 결정을 내릴 때 질적인 면뿐만 아니라 양적인 면을 고려하는 것 또한 중요할 것이다. 즉 보이는 수치 뒤에 있는 요소들을 잘 이해하고 관련 결정을 내릴 때, 확실한 근거를 바탕으로 구체적인 결정을 해야 할 것이다.

4단계 : 미래를 위한 전략

이 단계는 GE의 진보 중 현재 진행중인 단계로서, 지금 최고경영자가 기업의 물리적 확장과 더불어 경영전략의 재설정에 기울이고 있는 노력을 평가해 볼 것이다.

4단계의 시작은 제프리 이멜트가 잭 웰치의 후계 경영자로 임명된 시점으로 볼 수 있다. 이 단계를 미래를 위한 단계라고 이름붙인 이유는 웰치의 재정 전략을 그대로 유지하면서 웰치 이전의 성공적인 면모를 재건하는 것이 이멜트의 현재 목표이기 때문이다. 그러므로 이 단계는 "과거의 부흥을 되돌리기 위해 무엇을 해야 할까?"라고도 부를 수 있다.

이멜트가 경영권을 넘겨받을 무렵, 회사는 웰치의 영향력에 사로잡혀 있는 포로와도 같았다. 회사의 재정 경영은 이미 지속되기 힘들어 보였으며, 어떤 근본적인 해결책이 적용될 시점조차 지나버린 것처럼 보였다. 게다가 그가 본격적으로 경영을 책임지게 된 지 불과 며칠이 지나지 않아, 9 · 11이라는 끔찍한 테러 사건으로 미국뿐만 아니라 전 세계가 엄청난 변화를 겪게 되면서, 이멜트는 어렵게 출발하였다.

이 책에서는 이멜트의 업적을 시간 순으로 제시하고 평가하여 웰치를 비롯한 지난 100여 년간 GE의 경영진이 이룩한 업적과 비교할 것이다. 과거에 성공 혹은 실패로 이어졌던 여러 가지 전략과 방침들을 이멜트의 방법과 비교하여 유사점과 차이점을 찾아봄으로써 그의 성공여부를 예상하기보다는 역사적인 관점에서 그의 행보가 제시될 것이다. 저자의 개인적 경험을 바탕으로 그의 전략이나 경영 능력이 가지고 있는 장점이나 잠재적인 허점 또한 논하게 될 것이다.

성공 요소의 활용

마지막 장에서는 GE의 성공에 기여했던 세부적 행동지침을 중점적으로 살펴보고 이를 어떻게 독자의 환경에 적용할 수 있는지 고려해본다.

과거로부터 항상 배울 점이 있으며, 변화를 통해 현재 상황에 적용 가능한 면도 있다는 점에 모두 동의할 것이다. 하지만 항상 "그게 나와 무슨 관련이 있나?"라는 질문을 잊지 않아야 한다. 필요에 따라 '비즈니스 리뷰'를 통하여 이러한 질문에 대한 별도의 논의를 할 것이다. 지금까지 읽은 내용을 머릿속에서 정리해보고 자신과의 관련성을 검토해봄으로써, 단순히 GE의 실패 이유를 이해하는 데서 끝나는 것이 아니라 자신의 상황에 도움이 되는 방향으로 읽은 내용을 적용할 수 있는 방법을 생각해본다.

'성공 요소'라는 제목의 마지막 장에서는 GE의 경영분석, 즉 이 책으로부터 얻을 수 있는 최고의 교훈만을 엄선하여 제시할 것이다. 마지막 장을 요약하면 다음과 같다.

- 진부한 경영승계 계획을 탈피할 것.
- 현실적인 기대수준을 설정하고 이를 반드시 달성할 것.
- 능력과 보상은 공유하며 지나친 욕심은 피하도록 노력할 것.
- 퇴직하는 경영자는 다음 승계자에게 모든 것을 맡기고 절대 참견하거나 침해하는 행위를 하지 말 것.
- 모든 사람을 만족시키는 것은 불가능한 일이므로 선택적으로 기회를 활용할 것.
- 지향점을 분명히 하고 과감히 버리기로 결정한 사항은 즉시 그

만두거나 조정할 것.

- 실수를 인정하지만 좌절하지 말고 계속 진보할 것.
- 주요 직책은 회사 내부의 인력을 훈련하여 충원할 것.
- 팀 구성원들로부터 조언과 의견을 구하지만 최종 책임은 본인의 몫임을 잊지 말 것.
- 중요한 결정을 내려야 할 때, 필요한 경우 공식적인 입장 표명을 분명히 할 것.
- 탄탄한 재정적, 전략적 운영 체계를 구축하고 인재양성에 노력하며, 필요한 경우 정기적으로 조정하고 수정할 것.(이때 유행에 휩쓸리지 않도록 유의할 것.)

PART I

* * *

전기산업의 발전이 가져다준
풍요로운 생활

☑ 경영 환경과 주요 전략

- **기술 선택의 오류** 1879년 에디슨은 직류 전기를 공급하는 에디슨 제너럴 일렉트릭(Edition General Electric)이라는 회사를 설립하였다. 그러나 당시 교류 전기에 대한 시장 수요가 훨씬 높았기 때문에 에디슨은 결국 회사의 경영권을 포기할 수밖에 없었다.

- **이상적인 결합** 헨리 빌라드와 J. P. 모건이 주도하는 일단의 투자자들이 이 회사를 인수하여 톰슨 휴스턴과 합병하면서 1893년 제너럴 일렉트릭(General Electric Company, GE)이 마침내 탄생하였다.

- **경영의 위기** 1893년 GE는 공황상태로 거의 파산할 위기에 봉착하여 높은 수준의 보수적인 회계와 재정 시스템을 운영하게 되었다. 이는 투자 효과와 자유로운 자금 운용에 초점을 맞춘 시스템으로 알려져 있다.

- **특허권(1893년~1922년)** 코핀과 라이스가 회사를 경영하면서 매우 강력한 특허권 포트폴리오를 만들어 회사를 미국 내 전기산업 분야의 대표업체로 만들었으며, 여러 나라의 기업들과 동맹 관계 혹은 파트너십을 맺었다.

- **'호순환'(1922년~1939년)** 스워프와 영은 혁신적이면서 품질이 좋은 제품과 산업용품을 개발하여 전기관련 수요를 창출하는 데 성공하였다. 이로써 공공 전기설비 분야에서는 새롭게 확

장된 발전, 변전, 송전 시설에 지속적으로 투자하게 되었다.

- **RCA** GE와 웨스팅하우스는 RCA를 함께 설립하였으나, 얼마 지나지 않아 소유권을 포기하고, 당시 떠오르는 업종이었던 방송 통신 분야에서 그들의 앞선 기술과 특허권을 사용할 기회조차 갖지 못하였다.

- **견고하며 뿌리 깊은 경영진 구성** 이 시기에 GE의 경영진들은 모두 인력자원 관리 체제를 확립하고 탄탄한 실력을 갖춘 인력을 확보하여 훈련과 개발로 이들을 지속적으로 활용하는데 많은 노력을 기울였다.

- **사회적 행동주의자** 스위프와 영은 GE뿐만 아니라 다른 기업 노동자들도 대공황을 견뎌낼 수 있도록 큰 지원을 하였으며, '스위프 계획(Swope Plan)'이라고 불리던 국가재건법과 사회보장제도 그리고 '영 계획(Young plan)' 등을 포함하여 루스벨트 대통령의 주요 정책에 지대한 공헌을 하였다.

- **조언과 자산 공유** GE가 독자적으로 양성한 관리자들과 전문가 집단인 '엘펀스(Elfuns)'로 인해 주요 업무를 담당하는 직원들이 최고경영진에게 조언을 할 수 있는 체제가 마련되었다. 또한 최초의 상호 기금을 사용하여 회사와 종업원 양측 모두의 재산과 안전을 보장받을 수 있었다는 점에서 크게 환영을 받았다.

- **적극적인 노동조합 구성** 스위프와 영은 노동조합의 존재를 억지로 받아들이는 것이 아니라, CIO(산업별 노조회의)에 전기노동조합(UE)을 세우도록 제안하였다. 그 결과 다른 기업체들이 매우 격렬한 노동파업으로 곤란을 겪고 있던 시기에 GE는 노동조합과 평화로운 관계를 유지할 수 있었다.

1 장

■ ■ ■

기술 선택의 오류

GE의 연혁을 단계별로 살펴보기 전에, 회사의 주요 업적과 앞에서 언급한 다섯 가지 핵심 성공요소(첫 글자를 따서 LATIN이라 부름) 사이의 관련성을 살펴보자.

첫 단계는 전설적인 발명가인 토마스 에디슨이 주도하였다. 그는 기업가로서의 소양과 적절한 모험 정신을 갖추고 있었으며, 주요 문제해결을 자신의 목표로 삼고 새로운 시장과 비즈니스의 개척에 힘쓴 인물이었다. 대부분의 기업가들처럼 그는 자신이 생각해낸 해결책에 남다른 애착을 가졌다.

전력 공급과 배전에 대한 그만의 접근법을 봐도 알 수 있듯이 어떤 경우에는 그가 선택한 방법이 잠재적 소비자와 일반 대중에게 성공적으로 적용되지 않았다. 그는 위협적 전술뿐만 아니라 온갖 수단을 동원하여 대중에게 자신의 생각을 관철시키려 했으나, 결국 실패하여 회사 내에서의 통제력마저 상실하고 말았다.

에디슨의 융통성 부족으로 어려움에 처하자, 회사를 회생시키기 위해 투자자 헨리 빌라드(Henry Villard)가 영입되었다. 그는 톰슨 휴스턴(Thomson-Huston)과 효과적으로 합병을 하였다. 이로써 새롭게 탄생한 GE는 교류와 직류 시스템 모두를 공급하기 시작하여 당시 성장세를 보이던 전력 시장을 이끌면서 회사의 입지를 다지게 되었다.

한편 에디슨은 회사의 연구와 개발 분야에서 체계적인 시스템을 구축하는데 크게 공헌했다. 사실 이것은 지난 130여 년간 GE를 지탱해온 근본적인 힘이었다.

두 사람은 지속적인 혁신과 적극적인 법적 대응으로 회사의 전력 특허권을 성공적으로 관리했다. 역방향 통합, 새로운 전력산업 지원과 경쟁력 있는 브랜드 개발 또한 성공의 또 다른 핵심 요소였다.

에디슨과 빌라드가 이끄는 팀은 새로운 회사 경영의 견실한 바탕이 되었으며, 시장을 리드하는 견인차 역할을 했다.(그림 1-1 참조)

에디슨의 주요 전략

- 실제 문제에 초점을 맞추고 체계적으로 해결하기 위하여 노력한다.
- 모든 내용은 특허권 혹은 저작권을 신청한다.
- 가치 평가 계통의 주요 요소는 모두 통제관리한다.
- 민영 소유 시설에 대한 재정 후원을 확대하고 발전을 장려한다.
- 각종 인가 획득과 제휴관계 설립에 노력한다.
- 에디슨 이미지를 브랜드화한다.
- 비록 최선책이 아니라 할지라도 항상 적극적으로 기술적 해결책의 판매나 방어 전략을 구사한다.

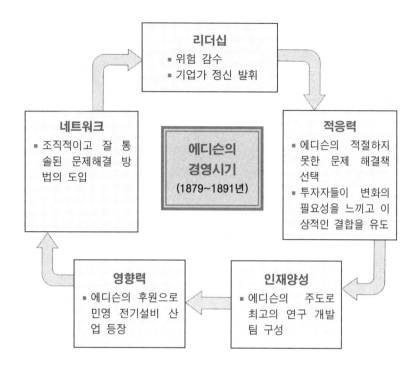

그림 1-1 에디슨의 경영시기와 LATIN

문제해결자

에디슨은 발명가, 기업가, 경영자로서의 독특한 이력을 가지고 있다. 그는 전신, 전화, 영화 영사 시스템 그리고 백열등의 주요 부품에 대한 특허권을 가지고 있었다.

그는 이러한 특허권을 바탕으로 수십 개의 회사를 설립했다. 에디슨 브랜드를 기반으로 축음기, 영화, 전기 배터리 공급 장치 등의 회사들을 별도로 설립했으며, 동시에 기존 브랜드도 강화하였다. 에디슨의 지론은 "혁신의 진정한 가치는 특허권 판매가 아니라 혁신 그

자체를 일으키고 상품화하는 것이다." [1]

1879년, 마침내 GE를 창립하여 완벽한 통합 직류전기 공급 시스템을 구축하여 가로등을 포함하여 주거용, 상업용, 산업용 가스램프를 전면 교체하는 성과를 이루었다.

정해진 규칙은 없다

에디슨은 문제해결에 많은 고심을 기울였고, 일이 계획대로 진행되지 않는다고 해서 크게 낙담하지 않았다. 그는 변화하는 상황에 맞추어 능수능란하게 자신의 계획을 조절했다. 오히려 그는 "상황이 계획대로 진행되지 않는다고 해서 그 계획이 잘못된 것은 아니다. 정해진 규칙이 원래부터 있던 것은 아니며, 우리는 어떻게든 목표를 이루기 위해 최선을 다할 뿐이다."라고 말했다. [2]

'목표를 이루기' 위한 일환으로, 그는 뉴저지의 멘로 파크와 웨스트 오렌지에 특별한 연구소를 설립했다. 그곳에서는 발명과 혁신을 위한 고도로 체계화된 연구 방법뿐만 아니라 다른 회사 제품에 대한 개량법 등에 대한 연구가 진행되었다. 한 가지 사례로 전 직원을 대상으로 각자의 성공과 실패를 리스트로 정리하고 대조하여, 그러한 상반되는 결과를 가져온 요인이 무엇인지 분석하라는 지시를 내린 적도 있었다.

그는 새로운 아이디어와 신상품을 개발했을 뿐만 아니라 다른 발명가들의 아이디어와 상품에도 지대한 관심을 기울였다. 그들의 성공 사례와 실패 사례에서 교훈을 찾고자 부단히 노력했다. 그 결과 기존 상품이나 아이디어의 문제점을 보완하여 더 나은 결과물을 얻기도 했다.

적극적인 특허권 보호와 확대 정책

에디슨은 적극적인 연구와 개발 그리고 문제해결식 접근 방법의 결과 다양한 분야에서 총 1,093개의 특허권을 획득하는 놀라운 결과를 거두게 되었다. 그는 특정 혁신 대상이 명확히 정해지지 않은 분야에서도 특허권을 얻으려고 했으나, 500여 건의 특허권 신청이 수포로 돌아갔다. 그러나 에디슨은 이러한 실패를 비즈니스 비용의 일부로 간주하였다.

에디슨은 이러한 특허권을 보호하는 면에서도 매우 적극적이었다. 자신의 특허권이 침해를 당하면 즉시 소송을 제기하였고, 특허권 침해 사실이 없더라도, 경쟁자들보다 자신이 경제적 여건이 더 나은 편이고 소송을 할 때 상당한 비용이 상대편에 부과될 것으로 예상하면서 주저 없이 소송을 제기했다. 소규모 사업자들은 장기간 진행되는 엄청난 법정 소송비용을 감당할 재정 능력이 없었기 때문에, 에디슨의 소송 제기에 항복할 수밖에 없었다.

스스로 결정한 운명

에디슨은 직류 발전과 조명 네트워크에 필요한 핵심 요소, 관련 시스템 운영의 동맹, 제휴, 공동 투자자 관계를 때에 따라 적절히 활용하였다. 이러한 수직 통합은 에디슨이 독립적 의사 결정을 유지하는 근간이 되었다.(그림 1-2 참조)

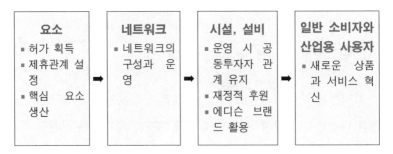

직류 전기의 가치 계통

요소	네트워크	시설, 설비	일반 소비자와 산업용 사용자
■ 허가 획득 ■ 제휴관계 설정 ■ 핵심 요소 생산	■ 네트워크의 구성과 운영	■ 운영 시 공동투자자 관계 유지 ■ 재정적 후원 ■ 에디슨 브랜드 활용	■ 새로운 상품과 서비스 혁신

그림 1-2 에디슨은 가치 계통의 모든 핵심 요소를 직접 관리하고 통제하였다.

예컨대, 에디슨은 에디슨 기계회사를 창립하여 점등장치용 발전기와 대형 전동기를 생산하였다. 또한 에디슨 샤프트제조회사는 샤프트 기어 조립용 벨트, 도르래, 회전지렛대 등을 생산하였다. 또한 에디슨 전기튜브회사는 지하용 도관을 생산하였으며, 에디슨 전기조명회사는 발전기 생산에 주력하였다.

각 회사는 처음에 독립된 개체였으나 곧 헨리 빌라드에 의해 에디슨 제너럴 일렉트릭으로 합병되었다. 처음에는 베르크만 앤드 컴퍼니(Bergmann & Company)가 전기램프 고정 장치, 소켓, 기타 전기 소모 제품을 제조하게 하였으나, 이 회사 역시 에디슨 제너럴 일렉트릭으로 흡수되었다.

이러한 계통의 마지막 연결 고리는 네트워크를 구축하기 위해 건축 서비스를 제공하는 것이었다. 에디슨은 이를 위해 토마스 에디슨 중앙건설본부를 설립하였다.

건축 수요

에디슨의 전략은 단순 명료하였다. 그의 전략은 네트워크를 구축한 후, 이를 활용하는 상품을 개발하며, 동일한 전략을 기반으로 네트워크 공급자들에게 규모가 더 크고 구조 또한 복잡한 전기 시스템을 구축하도록 독려하며, 건설 진행은 에디슨 GE 회사에 의뢰하도록 하는 것이었다.

이 전략은 이른바 '호순환'이라고 불리었으며, 2장과 3장에서 자세하게 다루어질 것이다. 이는 스탠더드 석유회사와 다른 사업체에서 이미 사용된 적이 있는 전략으로서 오늘날에도 인텔(Intel)을 비롯한 다양한 전자제품 회사들이 유사한 전략을 활용한다.

소비자 재정 지원

에디슨은 새롭게 구축한 전기 설비들을 구매하는데 소비자들이 적절한 자금을 확보하기 힘들다는 것을 알게 되었다. 그는 자신이 소비자들과 더불어 공동 투자자가 되기로 결정하였다. 이는 회사가 얼마의 위험을 감수한다는 뜻이었지만, 한편 시스템을 안정적으로 구축하는데 필요한 것이었다.

그는 관련 설비를 소유하고 운영하는 것을 포기하고 투자지원과 지속적인 소비자 역할을 담당하기로 하였다. 이것은 전화기 발명가인 벨(Alexander Graham Bell)이 상품 제조에서 서비스 제공에 이르기까지 모든 관련 사업을 직접 소유하고 운영하는 전략과는 대조적인 접근법이었다. 그의 전략은 현대의 비즈니스 전략과 유사한 점이 많은데, 예를 들어 9장에서 1980년대와 1990년대에 잭 웰치가 사용했던 몇몇 성공 전략 역시 소비자에 대한 재정적 후원을 토대로 하고 있다.

소유보다는 라이센스

에디슨은 주요 유럽 시장과 라틴아메리카 시장에 진출할 필요성을 느꼈다. 이는 사업 확장과 동시에 기존 산업을 보호하기 위한 두 가지 목적과 관련이 있었다.

적극적인 차원에서 볼 때, 그는 자신의 직류전기 기술과 특허권을 국제적인 기준으로 확립될 수 있는 가능성을 좀더 높이고 싶었다. 또한 외국 제조회사들을 자국의 시장에 묶어두고 미국으로 수출하지 못하게 하려는 의도도 있었다. 그래서 에디슨은 자신의 계열사가 소유권을 독점하기보다는 주요 국가들의 업체들에게 라이센스를 주기 시작하였다.

에디슨 브랜드

그 당시 업체들은 주로 창업자의 이름을 사용하여 회사명을 지었으며, 에디슨 또한 이를 적극적으로 사용하였다. 그는 모든 계열사와 거래관계에 있는 전기설비 업체들에 자신의 이름을 사용하였다. 심지어 지금도 '에디슨 통합(Consolidated Edison)'과 '에디슨 연방(Commonwealth Edison)'이라는 회사들이 있다. 에디슨 소유는 아니었으나 에디슨의 회사와 거래관계에 있으면서 해당 회사와의 구별을 위해 이와 같은 이름을 지은 것으로 보인다.(에디슨은 자신의 후원을 받은 기업들이 창업을 할 때, 에디슨이라는 이름을 사용하지 않으면 몹시 실망한 것으로 알려져 있다.)

웨스팅하우스나 지멘스와 같은 기업 역시 계열 자회사라면 창업자의 이름을 사용하도록 하였으나 상품명에는 이를 자제하였다. 하지만 에디슨은 모든 차별화 전략의 일환으로 에디슨이라는 브랜드를 적극 활용하였다. 창업에서부터 현재에 이르기까지 GE의 성공 전략의 핵심 부분은 바로 이러한 브랜드 전략이 있었다. 요즘에는 에디슨이라는 이름이 GE의 브랜드 전략에서 제외되었다. 하지만 GE는 더 이상 전기회사가 아님에도 제너럴 일렉트릭이라는 브랜드와 모노그램(첫 글자를 따서 만든 말)인 GE를 고집하고 있다.

국영 전기설비보다는 민영 전기설비 투자에 노력

에디슨은 사업 초기 단계에 이미 국가를 상대로 판매활동을 하는 것이 결코 쉽지 않음을 깨달았다. 정부 조직은 관료적 성향이 매우 강하고 의사 결정에 소요되는 시간이 길지만 종종 해당 구매에 필요한 재정적 자원을 확보하지 못할 때가 많았으므로 에디슨에게는 바람직한 거래 상대가 아니었다.

회사의 규모가 커지고 전구 관련 특허권을 계속 확보함에 따라, 에디슨은 각종 조명과 전력 송전 관련 상품, 시스템과 서비스를 공급하는 민영 기업에 관심을 기울이기 시작하였다. 경쟁업체들이 산업용 동력과 운송 시스템에 주력하는 동안 에디슨은 조명 시장에 초점을 맞추었으며, 정부 산하의 기업보다는 민영 전기설비 업체를 전적으로 후원하였다. 이러한 방침은 GE의 주요 전략 중 하나로 자리 잡았으며, 5장에서 더 자세히 살펴보게 될 것이다.

소비자 직접 판매보다 중개인 판매를 실시

에디슨은 소비자에게 직접 판매를 하지 않고 전기설비 업체를 통해 소비자에게 전기 제품을 판매하는 방법을 선택하였다. 1930년대 중반에는 소비자들이 전구나 기타 전기제품을 전기설비 업체로부터 구매하였으며, 경우에 따라 전구를 무상으로 얻을 수 있었다. 이것은 벨이 소비자가 사용하는 모든 전화기에 대한 통제 관리를 실시한 점과 유사하다고 볼 수 있다. 1920년대에 전기제품과 조명제품의 유통과 소매 시스템에 변화가 있었으며, 1970년대에 들어와서야 비로소 소비자들이 직접 전화기를 구매하고 연결하여 사용하게 되었다.

더 나은 방법의 모색

에디슨은 더 안전하고 사용하기에 편리하면서도 효율적인 공공 조명 장치와 가정용 조명 장치가 필요하다는 점을 알게 되었다. '고전적인 램프 라이터'를 사용하려면 가스램프를 일일이 점화하고 끄는 번거로움이 있었다. 그래서 에디슨은 중앙 스위치를 통해 조명을 통제하는 새로운 시스템을 개발하였다. 이 발명은 엄청난 경쟁 우위를 제공하였으며, 사람들은 에디슨의 안목은 가스램프를 초월한다고 극찬하였다.

그러나 그의 시장 개발전략은 새로운 면이 부족하였다. 당시 경쟁 업체인 웨스팅하우스나 톰슨 휴스턴 등과 전략상 다른 점은 거의 없었다. 하지만 에디슨은 보다 조직적인 방법을 시도하였다는 면에서 경쟁자들보다 한 발 앞선 상태였다. 에디슨의 연구와 개발전략은 경쟁업체보다 더 조직적인 면모를 갖추고 있었으며 경쟁업체의 제품과 컨셉 분석에도 매우 주도면밀하였다. 더욱이 실패를 그냥 넘기는 법이 없이 일일이 재검토하고 평가함으로써 성공에서뿐만 아니라 실패에서도 배울 점을 찾아내었기에 에디슨은 문제점을 간파하여 상품의 질을 개선하는 면에서 상당한 진보를 이루었다.

에디슨의 연구와 개발 태도 그리고 적극적인 특허권 확보 방침은 현재 GE의 기본 전략 중 하나이며, 특허권 분야에서 타의 추종을 불허하는 강력한 입지 구축에 크게 공헌하여 오늘날 최고의 회사로 거듭나는 밑거름이 되었다.

1970년대까지 GE는 에디슨의 통합 시스템 전략을 고수하면서 소비자들에게 상품뿐만 아니라 완벽한 해결 서비스를 제공하였다. 뒤이어서 도입된 호순환 정책은 소비자와 산업체, 상품 시장을 겨냥한 각종 새로운 혁신 상품의 개발을 더욱 가속화하여, 관련업체들 또한 지속적으로 네트워크를 확장하고 향상시키는데 투자하도록 유도하였다.

경쟁력 있는 전략 구사

에디슨은 대중들에게 조명설비 가동을 위해 가스 대신 전기 사용을 장려하는 것에서 만족하지 않고, 조명설비 가동에 쓰이는 여러 가지 경쟁 기술에 대한 우위권을 얻기 위해 부단히 노력하였다. 하지만 그는 소비자들이 선호하는 해결책을 선택하지 않았기 때문에 결국 실패한 기술을 방어하는 결과를 초래하였다.

단일 해결책을 넘어서

어떤 문제에 대한 몇 가지 해결책이 있다고 가정해 보자. 두 번째 좋은 해결책을 선택했다면 최선의 해결책을 배제한 이유를 제시해야 할 것이다. 비슷한 경우로서 GE가 현명하지 못한 해결책을 선택한 이후, 그 선택을 최적화하기 위하여 어쩔 수 없이 취했던 과정을 살펴보기로 한다.

앞에서 살펴본 바와 같이 발전과 송전 방법은 크게 직류와 교류라는 두 가지 방식으로 나누어 볼 수 있다. 에디슨이 직류 방식을 선택한 반면에 경쟁사인 웨스팅하우스와 톰슨 휴스턴은 교류 방식을 선택하였다.

직류 방식은 각 지역별로 발전과 송전 과정을 별도로 운영해야 하였으나, 교류 방식을 적용할 경우에는 중앙 전력공급소에서 발전을 마친 후에 볼트를 낮추어 각 지역별 사용자들에게 송전하여 배전할 수 있었다. 따라서 직류 방식은 점차 사용도가 낮아지고 교류 방식이 계속 널리 보급되었다.

경쟁자들

조지 웨스팅하우스는 에디슨에게 미국 내에서 가장 큰 경쟁회사였다. 웨스팅하우스는 압축 공기를 이용한 기차의 에어 브레이크 발명으로 인지도를 높여가고 있었다. 당시 웨스팅하우스의 아버지는 뉴욕의 스키넥터디에서 공장을 운영하고 있었으며, 그는 유니언 칼리지에 재학중이었다.[3] 그는 전기에 관심을 가지게 되어 에디슨의 직류 방식을 연구하기 시작하였으며, 직류 전기 공급방식은 발전량을 늘릴수록 엄청난 전기와 동력 손실이 수반된다는 점을 알게 되자, 즉시 교류전기 방식을 연구하기 시작하였다. 사실 교류 방식은 이미 유럽에서 검증을 거쳐 보편화된 방식이었다.

웨스팅하우스는 즉시 골라드 깁스의 변압기와 지멘스의 교류발전기를 수입하여 본격적인 실험을 하였으며, 회사를 피츠버그로 이전하였다. 변압기 기술자인 윌리엄 스탠리의 도움을 받아, 웨스팅하우스는 최초의 다중전압 교류전력 시스템을 매사추세츠 주의 그레이트 베링턴에 건설하였다. 이 시스템은 수력발전을 사용하였는데, 5백 볼트의 교류 전기를 생산하여 송전을 할 때에는 3천 볼트로 전환하였다가 전구에는 다시 1백 볼트로 낮추는 공급 방식을 채택하였다. 웨스팅하우스 전력공급회사는 1889년 창립과 동시에 1년 만에 교류 조명 시스템을 공급하면서 큰 성공을 거두었다.[4]

그러나 이 시스템은 적절한 계량 시설과 교류 전류용 모터의 부족으로 인한 확장의 한계점을 안고 있었다. 1888년 웨스팅하우스는 그의 기술자인 올리버 샐린저와 함께 동력 계량기 개발을 시작하였으며, 한때 에디슨의 회사에서 근무하다가 직류 전기가 아닌 교류 전기에 대한 관심이 커지면서 퇴사한 니콜라 테스라의 교류 발전기 특허권에 대한 인가를 얻어냈다.

전류 전쟁

웨스팅하우스가 램프 전력 공급에 대한 일부 소비자들의 전폭적 지지를 얻기 시작하자, 헨리 빌라드를 비롯한 GE의 투자자들은 교류 전기 공급방식을 밀어내기 위한 방법을 모색하기 시작하였다. 그들은 이 두 가지 방식의 상대적 안전도에 초점을 맞춘 일련의 캠페인을 계획하기에 이르렀다.

교류 방식은 볼트를 높였다가 변압기를 사용하여 다시 볼트를 낮추는 과정이 필수적인데, 에디슨은 이 점에 착안하여 높은 볼트의 전류가 매우 위험하다는 점을 부각시키려 하였다. 웨스팅하우스는 그러한 단점은 교류 전기의 다른 장점을 강조하면서 어떤 방식을 쓰더라도 고압 볼트로 인한 위험을 배제할 수 없음을 지적하였다. 그는 고압 볼트로 인한 위험성이 충분히 대처 가능한 문제이며, 사실 교류 방식은 이를 상쇄하고도 남을 만큼 수많은 장점이 있다는 점을 거듭 강조하였다.[5]

한편 에디슨은 입법가들에게 동력 송전 볼트 허용치를 8백 볼트로 제한해 달라고 요구하여 교류 전류의 사용을 사실상 불가능하게 만들려고 하였다. 비록 이 요구는 받아들여지지 않았으나 에디슨은 다른 방법으로 교류 전류 사업을 저지하려고 노력했다.

1888년 봄 무렵 뉴욕 입법부는 뉴욕 주의 공식 처벌형의 한 가지로서 감전사를 선택하였다. 새로운 법안에서 기회를 포착한 에디슨은 '전기의자'에 사용할 전류 방식을 결정하도록 임명된 주 위원회에 영향력을 미치기 위한 노력을 기울였다.

에디슨의 연구 기관은 두 명의 조사자인 해럴드 브라운과 그의 보조자인 프레드 피터슨 박사를 기용하였다. 이들은 전기의자에는 교류 전류가 감전사 실시에 가장 적합하다는 점을 증명하기 위한 연구에 착수하였다. 다시 말해서 에디슨은 자신의 경쟁업체가 사용하는 교류 전류의 위험성을 입증하려 했던 것이다. 사실 피터슨 박사가 바로 직류와 교류 전류 중 어느 것을 감전사에 사용할 것인가를 결정하는 주 위원회의 의장이라는 점이 알려지지 않은 상태였다. 결국 피터슨 박사는 에디슨의 회사에 고용되어 있는 동안 이러한 주 위원회의 결정을 이끌어가는 자리에 있었던 것이다.

웨스팅하우스 형

주 위원회가 죄수 처형을 위한 전기의자에 사용될 전류로써 교류 전류를 선택한 것은 그리 놀라운 결과는 아니었다. 이렇게 하여 1989년 1월 1일부터 교류 전기를 사용한 세계 최초의 감전사 처형이 발효되었다. 웨스팅하우스는 에디슨의 교묘한 전략에 분개한 나머지 교도소에 교류 전기 발전기를 판매하지 않겠다고 선언하였다. 결국 에디슨이 주 정부가 필요로 하는 교류 발전기를 공급할 수밖에 없었다. 이는 예상치 못한 엄청난 성공이었다. 그로부터 몇 년간 사람들은 감전사 처형을 당한 죄수들을 가리켜 '웨스팅하우스 형'을 받았다고 말하였다.

웨스팅하우스의 교류 기술이 성공을 거두다

그러나 웨스팅하우스는 자신의 기술이 더 우월하다는 확신을 잃지 않았다. 그는 계속해서 교류 기술을 연구하였으며 눈에 띄는 기술적 성공을 거듭하였다. 예를 들어 1895년 웨스팅하우스는 나이아가라 폭포의 에너지를 사용하여 대규모의 발전기를 건설하였다. 그는 이 여세를 몰아, 진보된 파슨스 스팀 터빈 제작에 대한 미국 내 독점권을 얻어냈다. 어떤 측면에서 보면 웨스팅하우스는 에디슨에게는 분에 넘치는 경쟁자였으며, 그 어떤 경쟁자도 용납하지 않았다. 웨스팅하우스가 1907년 대공황 중에 회사에 대한 경영권을 잃지 않았더라면 웨스팅하우스와 GE의 결과는 지금과 판이하게 달랐을 것이라는 점에는 의심의 여지가 없다.

에디슨과 빌라드가 웨스팅하우스의 성공에 적절히 대처하지 못하였기 때문에 회사는 전략을 바꾸기로 결정하고 에디슨은 사임하지 않을 수 없게 되었다. 에디슨이 물러남에 따라 GE는 새로운 발전 국면을 맞이하게 되었다.

이길 수 없다면 손을 잡거나 통째로 삼켜버려야 한다

경쟁력이 부족한 기술을 계속 고집한 결과, 소비자의 지지 하락과 재정적인 어려움이라는 두 가지 문제점이 더욱 심화되었고 에디슨에 투자한 사람들은 이에 대한 강한 반감을 표출하였다. 결국 헨리 빌라드와 투자은행 측 대표인 J. P. 모건은 이러한 현실을 직시하고 회사 합병을 통해 더 굳건한 교류전기 공급회사를 구축하기로 결정하였다.

이상적인 결합

헨리 빌라드는 기존의 주요 투자자의 한 사람이었으며, 이제 회사의 경영을 맡아서 교류 기술과의 합병을 위한 방법을 모색할 책임을 지게 되었다. 그는 저널리스트 출신으로서 노예제도에 반대하는 개혁운동을 주도한 윌리엄 로이드 게리슨의 사위였으며, 미국의 철도에 투자하여 상당한 부를 축적하였다.

빌라드는 에디슨 GE와 직류, 교류 시스템을 동시에 공급하여 전력공급 분야에서 회사의 입지를 굳힐 합병 파트너를 찾기 시작하였다. 마침내 그의 노력이 결실을 맺어, 매사추세츠 주 린이라는 도시에 위치한 톰슨 휴스턴과 손을 잡게 되었다.

톰슨 휴스턴의 창립자는 7백여 건의 특허권을 가지고 있는 엘리후 톰슨(Elihu Thomson)으로, 그는 변압기를 통한 교류 전류의 송전, 삼단 코일 발전기, 아크 조명 개선, 유도 모터, 전기 계량기 개발 및 X레이 설계의 개선 등 다양한 부문에서 발명가로 활약하였다.

두 회사는 상호 보완성이 매우 강하므로 이들의 합병은 매우 이상적인 결합이라 할 수 있다.(그림 1-3 참조) 에디슨은 조명에 대한 앞선 기술과 직류 전기에 대한 많은 특허권을 가지고 있었으므로 사실상 직류 전기 분야에서는 미국 최고의 기술업체였다. 톰슨 휴스턴 역시

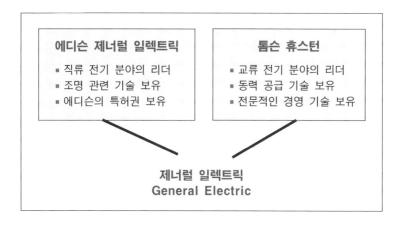

그림 1-3 **톰슨 휴스턴과 에디슨 제너럴 일렉트릭의 합병으로 새롭게 탄생한 회사 제너럴 일렉트릭이 보유한 시너지 효과**

교류 전기 분야에서는 웨스팅하우스에 뒤이은 제2의 기술업체였다. 즉 에디슨 GE는 조명시장에서 그리고 톰슨 휴스턴은 전기 공급 분야에서 이미 인정받는 최고의 기업이었다.

이러한 두 회사의 결합으로 탄생한 제너럴 일렉트릭은 기술과 응용 분야 모두에서 전력 시스템과 전력 상품 공급 리더로 두각을 나타내기 시작하였다. 합병으로 인해 새로운 회사가 가지는 기술적 입지와 시장 내의 점유율이 더욱 높아지고 그 중요도 또한 인정받게 되면서 GE의 경영진은 더욱 유리한 입장에 서게 되었다. 특히 톰슨 휴스턴으로부터 영입된 찰스 코핀은 1900년대 초반 GE의 괄목할 만한 성장을 이끌어낸 핵심 인물이었다.

비즈니스 리뷰

내가 GE에서 근무하면서 배운 점은 "나와 무슨 관련이 있지?라는 질문을 끊임없이 반복해야 할 필요성을 깨달은 것이다. 지난 일을 돌이켜보는 것 자체는 재미있는 일이 될지 모르지만, 그 효용성을 따지는 것은 항상 즐겁지만은 않을 것이다. 이 책에서는 거의 모든 장의 마지막 부분에서 독자들에게 잠깐 멈추고 이 책의 내용을 회상하면서 다음의 핵심 질문을 꼭 해 보도록 권한다.

여기에 나온 원칙이나 전략을 우리 기업에 어떻게 적용할까?

다시 말해, GE의 과거(사실 그렇게 오래된 과거의 일은 아니다) 경험으로부터 배울 수 있는 점은 무엇일까라는 질문을 해보도록 권하고 싶다.

리더십

에디슨도 실수가 없지는 않았으나 기업가로서 위험을 감수한 점에서는 훌륭한 사례가 되는 인물이라고 할 수 있다. 그는 자신이 최고의 해결책이라고 생각한 것에 분명히 초점을 맞추고 쉽게 흔들리지 않는 확고함을 보였다.

에디슨은 '선교사 같은 리더'이다. 그는 확실히 새로운 사업을 시작하는 도전 과제를 다루는데 적임자였다. 그러나 그의 경험에서 알 수 있듯이 에디슨과 같은 스타일의 리더는 상황이 변하여 자신이 추구하던 제품이나 계획에 문제점이 드러날 경우 한계에 부딪혀 좌절하게 된다. 당시 회사의 투자자들이 에디슨의 한계를 직시하여 경영진을 교체하고 새로운 전략을 구사한 것은 GE가 지속적인 성장을 할 수 있었던 비결 중 하나라고 볼 수 있다.

▶ **독자를 위한 제안** 자신의 비즈니스 주기를 분석하고 현재 경영자(경영자가 바로 자신일 수도 있다)가 기업의 미래에 적합한 경영자인지를 검토해보기 바란다. 만약 적절한 경영자가 아니라고 생각된다면 적절한 적임자를 즉시 찾아보아야 한다. 더욱 중요한 것은 GE를 그

대로 모방하는 일은 없기 바란다. 자신의 회사에 필요한 적합한 리더를 직접 찾거나 양성하는 것이 가장 중요하다.

적응력

에디슨은 이윤 창출을 위한 문제 해결에 초점을 맞추었다. 이러한 자세야 말로 모든 기업이 따라야 할 자세이다. 그의 전략을 요소별로 나누어 살펴보고 어떻게 자신의 기업에 적용할 것인지 생각해 보도록 하자.

연구와 평가에 대해 확실히 관리하라 에디슨은 다른 사람들의 생각이나 아이디어, 심지어 실패한 아이디어까지도 기꺼이 평가하여 활용 가능한 다른 부분이 있는지 검토하였다. 우리들에게 알려진 것과는 달리, 사실 에디슨은 전구를 직접 발명한 것이 아니라 다른 사람의 아이디어를 빌려와서 이를 개발시킨 것이다. 또한 그는 다른 기술자들의 도움을 받아서 장시간 지속가능한 조명장치라는 도전적인 과제를 해결해낸 것이다. 그가 성공적인 제품개발과 사업 구상에 능했던 이유는 바로 여기에 있다. 더욱 주목할 만한 점은 에디슨은 실패를 포함한 모든 사항을 꼼꼼하게 기록으로 남겼다. 1백여 년이 지난 후에 미국의 기업가들은 기술과 디자인에 대한 실패사항을 기록하는 '일본식' 서류정리 방식에 혀를 내둘렀다고 한다. 그러나 사실 에디슨은 오래 전에 그 방식을 사용하였던 것이다.

▶ **독자를 위한 제안** 새로운 상품이나 서비스를 개발중이라면 에디슨처럼 체계적이면서 관리된 접근법을 사용하도록 권하고 싶다. 또한 독자의 실패나 다른 사람이 실패한 내용도 다시 검토하는 습관을 가지기 바란다. 그렇게 한다면 적어도 같은 실수를 되풀이하는 일은 피할 수 있을 것이다.

특허권, 저작권 등의 모든 법적 권리 보호에 대해 노력하라 에디슨은 특허권에 대해 매우 적극적인 태도로 일관하였다. 그가 1천여 건의 특허를 얻어낸 반면, 거절된 특허 신청 내역도 무려 5백여 건에 달한다는 점을 기억해야 할 것이다. 따라서 독자들 또한 특허권을 설정하고 다른 사람들이 본인의 기술을 이용하도록 내버려두는 일이 없도록 하기 바란다. 특히 요즘과 같이 많은 사람 그리고 거의 모든 국가들이 타인의 아이디어를 도용하여 허락 없이 쓰는 일이 빈번할 때에는 특허권이나 저작권 설정은 필수적이다. 음악, 영화를 포함하여 각종 소프트웨어의 해적판은 지금 글로벌 경제시대에 지적 상품에 대한 절도의 현주소를 여실히 보여주고 있다.

▶ **독자를 위한 제안** 지적재산권 보호를 위한 노력을 게을리하지 말고, 어떤 침해 사항 혹은 침해 가능성이 있는 사항이 있다면 더 늦기 전에 즉각 대처 방안을 강구해야 한다.

자신의 기술이나 비즈니스를 표준으로 만들어라 에디슨은 관련 업종에서 모든 주요 부분을 완전히 장악할 필요성을 잘 인식하고 있었다. 그는 공동투자, 인가, 제휴관계와 고객 재정 지원 등의 여러 가지 방법을 통해 이같은 노력을 기울였다. 독자 역시 새로운 시장에서, 특히 대체 자원이나 경쟁 기술을 보유하고 있다면, 점유율을 높이기 위해 노력해야 할 것이다.

▶ **독자를 위한 제안** 새로운 시장에서 점유율을 높이는데 도움이 되는 모든 법적 조처를 취하고 계속 관리해야 한다. 물론 자기 회사의 기술이 최고가 아니더라도 적정 수준 이상의 경쟁력이 있고 계속 발전시킬 수 있다고 판단이 되면 그렇게 해야 한다. 때로는 동종업체와 긴밀한 제휴관계를 맺음으로써 점유율 신장의 기회를 공유하는 것이 필요할지 모른다. 오늘날 마이크로소프트와 애플의 관계를 본다면 이 점에 대한 이해가 더 명확해질 것이다.

고객 지원에 대한 노력 에디슨은 고객들과 동등한 투자, 혹은 지원자의 입장을 취하기 위한 부단한 노력을 기울였으며, 고객들에게 많은 이익의 기회를 제공하였다. 예를 들어 에디슨의 이름으로 신용도를 빌려주는 효과를 창출함으로써 고객의 창업을 지원하였으며, 동시에 자신의 '브랜드'를 강화하는 효과를 거두었다. 즉 고객에게 장기적이면서 이윤이 높은 다양한 혜택을 제공하는 것은 새로운 분야에서 성공할 수 있는 비법과 같다.

▶ 독자를 위한 제안 고객과 우호적인 관계를 유지하고 그들에게 필요한 자원을 기꺼이 제공하는 태도는 매우 바람직하다. 즉 경영, 마케팅, 전략적 서비스 등을 소액의 대가로 혹은 아예 무상으로 지원할 수 있다. 반드시 필요한 경우를 제외하고는 개인자금을 운용할 필요는 없지만 재정적 지원도 포함시킬 수 있다. 이 점은 3장에서 자세히 살펴보기로 한다.

판단이 틀렸다고 생각된다면 즉시 문제를 고치기 위해 노력해야 한다

에디슨이 잘못된 기술을 선택하였다는 점은 명백한 사실이다. 그리고 그는 이 점을 인정하려 하지 않았다. 오히려 그는 경쟁업체를 짓누르기 위한 노력에 더욱 박차를 가하였으나 결국 실패하고 말았다. 즉 에디슨은 현실을 인정하기까지 너무 많은 시간을 낭비하였기에 자신의 회사에 대한 경영권을 잃게 된 것이다.

▶ 독자를 위한 제안 쉽지 않은 일이겠지만, 경영자로서 자신의 결정이 옳지 않았다는 것을 인정할 필요가 있다. 이때 실수를 과감히 인정하고 더 나은 해결책을 적용하기 위한 권리를 확보하기 위해 노력해야 한다. 관련 기준이 확연해지고 자리를 잡은 후에는 이를 번복할 방법이 사실 없다는 것을 잊지 말아야 한다.

2 장

■ ■ ■

리더가 되는 법

강건한 기업을 만드는 두 번째 비결은 비즈니스의 성장이다. 대부분의 경우 성장은 시장 점유율 확대를 통해 이루어진다. 이때 단기 생존전략과 장기 성장전략 사이에 균형을 잡을 필요가 있다. GE의 초기 경영자들은 이 두 가지 점에서 능력을 발휘하였으며, 초기 30여 년 동안 GE의 시장 점유율이 꾸준히 증가한 것은 물론이고, 당시 전기 분야에서 세계 최고의 기업이 될 수 있었던 것이다.

1장에서 살펴본 것처럼 톰슨 휴스턴과 에디슨 제너럴 일렉트릭의 합병은 단지 직류와 교류 전기기술을 가진 새로운 회사의 탄생으로 보다 더 많은 의미를 가져다주었다. 이 합병을 통해 GE가 조명과 전력 공급 분야에서 막강한 위치를 차지한 것은 물론이고 찰스 코핀이라는 독특하고 실력 있는 리더가 등장하게 되었다.

당시 대부분의 경영진들과 대조적으로 코핀은 시대를 앞서가는 인물이었다. 그는 경영에서 조언과 참여를 중시하였으며, 재능 있는 과학자들을 대거 영입하고 에디슨과 휴스턴이 정립해 놓은, 체계적이면서도 잘 관리된 기존의 연구 개발 방법을 계속 유지하였다. 거래 확장을 통해 기존의 특허권 포트폴리오를 지키면서 계속 도전하는 일도 게을리하지 않았다. 이를 위해 웨스팅하우스와 함께 특허권관리위원회를 발족하고 각종 카르텔과 사업 협력에 있어서 회사 측의 법적 대응책을 공고히 하였다.

이 시기에 설립된 회계와 재정 체계는 매우 효과적이며 투명하고 잘 관리된 것으로 GE의 특징이 되었다. 이로 인해 GE는 투자수익률과 현금흐름 등의 몇몇 주요 분야에서 괄목할 만한 성장을 이룰 수 있었다.

또한 이 시기에 GE의 대표적인 경영 시스템인 인재의 선발과 훈련 그리고 개발 프로그램을 도입하여 막대한 투자를 하였다. 요약하면 이 시기는 GE의 근간을 다짐으로써 경영 시스템과 향후 혁신의 발판을 마련한 시기라 할 수 있다. 코핀의 경영시기에 도입된 전략과 정책 등을 자세히 살펴보자.(그림 2-1 참조)

경영의 개척자

에디슨이 합병 후의 새로운 회사에 좋은 기반을 제공했다면 빌라드는 실력과 유연성을 갖추고 합병 대상자를 찾는데 성공했다고 말할 수 있다. 하지만 정작 중요한 것은 합병 후의 회사를 잘 경영하는 것이었다. GE의 두 번째 단계는 전기산업의 성장 기간이며, 찰스 코핀의 등장은 회사의 입장에서 볼 때 정말 필요한 시기에 아주 적절한 경영자를 찾은 행운과도 같았다. 이는 GE의 성공 신화가 계속 이어

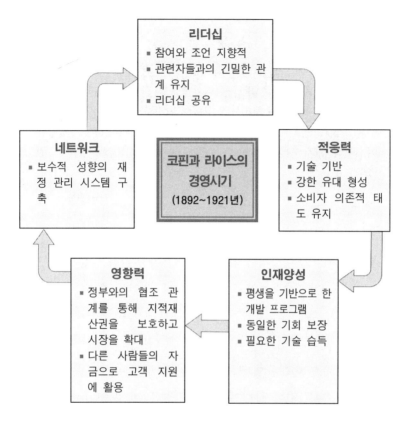

리더십
- 참여와 조언 지향적
- 관련자들과의 긴밀한 관계 유지
- 리더십 공유

코핀과 라이스의 경영시기
(1892~1921년)

적응력
- 기술 기반
- 강한 유대 형성
- 소비자 의존적 태도 유지

네트워크
- 보수적 성향의 재정 관리 시스템 구축

영향력
- 정부와의 협조 관계를 통해 지적재산권을 보호하고 시장을 확대
- 다른 사람들의 자금으로 고객 지원에 활용

인재양성
- 평생을 기반으로 한 개발 프로그램
- 동일한 기회 보장
- 필요한 기술 습득

그림 2-1 코핀과 라이스의 경영시기와 LATIN

질 수 있었던 비결이었다.

코핀은 1892년에 GE의 사장이자 최고경영자로 취임하였다. 한 역사가에 의하면, 코핀의 측근들은 그를 '교양이 있는 신사이며, 매력적인 동료'라고 평하였다. 그는 누구에게도 일방적인 명령을 내리는 법이 없었고, 항상 부드러운 제안을 통해 커뮤니케이션을 하였다. 또한 주위 사람들에게 기꺼이 의견을 제시하도록 독려하였으며 그들의 의견을 적극 수용하였다. 또한 중요한 결정을 내릴 때에는 관련 사항

적시에 투입된 적임자

경영자는 인수와 합병을 할 때, 각기 다른 문화적 기술적 요소를 적절히 통합할 책임을 갖게 된다. 협동을 중시한 코핀의 리더십은 이러한 책임을 수행하는데 가장 이상적인 방법이었다. 그는 주요 이해관련자들과 장기적인 우호 관계를 성공적으로 맺었으며, 여러 가지 재정 위기 또한 쉽게 대처하는 실력을 갖추고 있었다.

중 핵심 질문들을 잊지 않고 검토하는 자세를 가지고 있었다.[1]

특히 직원들을 아랫사람처럼 대하는 것이 아니라 항상 '동료'로서 대하였기에 많은 사람들의 존경을 받았다. 조언을 중요하게 여기는 그의 리더십은 정도의 차이는 있으나 대부분 독단적인 태도를 취하는 오늘날 많은 경영자들의 태도와는 큰 대조를 이루는 것이었다.

코핀은 주요 이해관계자들과 긴밀한 관계를 유지하였다. 고객들이나 경쟁업체들 사이에서 그는 뛰어난 정치가이자 전기 제조업체에서 단연 돋보이는 세일즈맨으로 정평이 나 있었다. 대부분의 협상마다 개인적 관심을 보였으며 주요 고객들을 위해 직접 사업계획이나 사업안을 작성하는 것도 마다하지 않았다.[2]

그는 회의가 긴장된 분위기로 이어질 때 적절한 여담으로 분위기를 부드럽게 만들거나 혹은 회의를 마무리 짓기 위해 여세를 더욱 몰아가는 방법을 잘 알고 있었다. 그리고 직원들과 공급업체들과도 친밀한 관계를 유지하고 있었기에 소비자들의 구매를 자극하기 위하여 새로운 변화가 필요한 제품의 특징을 파악할 수 있었다. 물론 그는 전체적인 변화가 필요한 제품에 대해서도 온전히 파악하고 있었다.

이처럼 코핀의 주의 깊은 관찰력에 힘입어 소비자와 관련된 거의 모든 분야에서 새로운 상품이 쏟아져 나왔다. 그는 내부에서의 개발과 선택적인 인수로 새로운 상품을 지속적으로 공급하는데 큰 성공을 거둔 것으로 평가되고 있다.

첫 번째의 경영 위기

코핀은 사장을 맡은 다음 해인 1893년에 공황의 여파로 경영 위기에 봉착하게 되었다. 당시 재정적인 타격과 공황 상태는 GE의 존재 자체를 위협할 정도로 심각한 수준이었다.

회사는 에디슨과 빌라드가 주요 고객들과 같이 회사의 공동 투자자 입장을 취함에 따라 차입금 투자 비율이 높았다. 공황이 발생하자 회사는 현금 흐름이 막혀버렸으며, 주식시장 붕괴에 따라 거의 파산할 지경에 이르렀다.

이때 코핀은 처음으로 자신의 협상 실력을 유감없이 발휘하여 J. P. 모건과 중요한 협상을 하였다. 모건은 GE 소유의 공공 서비스 주에 대한 지급액으로 당장 필요한 금액만큼 가격을 올리는데 동의하였다. 이로 인해 GE는 기사회생할 수 있었고, 코핀의 남은 경영 기간 동안 급속도로 회복하여 연이은 성장을 이룰 수 있었다.[3]

이 사건은 코핀과 GE의 재정 전략과 정책에 엄청난 영향을 끼쳤으며, 그 당시에 얻은 교훈은 지금까지도 회사 경영정책의 근간을 이루고 있다.

보수적인 재정 운영

이러한 위기를 모면하면서 코핀과 경영진은 주요 고객을 위한 자금 지원에 필연적으로 따르는 위험을 최대한 자제하기로 결정하였다. 그들은 탄탄한 기반을 가진 투명한 재정 그리고 투자수익율과 현금 흐름이라는 두 가지 기준을 활용하여 회계 시스템을 구축하였다.

새로운 시스템 도입으로 'J. P. 모건 커넥션'이 형성되었다. GE와 모건은 이전 어느 때보다도 강한 동맹관계를 맺게 되었으며, 모건 측은 GE의 이사회 간부로 위촉되었다. 또한 모건은 재정 문제에 있어서 가장 중요한 협력자가 되었다. 이러한 모건과의 동맹관계는 1980년대 초반까지 지속되었으며, 그 이후 GE는 재정 서비스 분야를 확대하기 시작하였다.

변화를 빨리 인식하고 이에 잘 대처한 코핀의 경영능력은 오늘날 GE의 존재와 지속적인 성장을 이룰 수 있었던 중요한 이유 중의 한 가지로 꼽을 수 있다. 무엇보다도 코핀의 영향으로 GE는 소유주의 개념을 크게 탈피하여 주요 공급업체로서의 이미지를 키울 수 있었다.

또한 보수적인 회계 운영과 현금 흐름에 초점을 맞춘 결과 GE는 월스트리트를 비롯한 투자업계들로부터 좋은 평판을 얻을 수 있었다. 안전한 투자 대상을 물색하던 개인 투자자들이 GE로 몰려들었기 때문에, 혼란스러웠던 1900년대 초에도 GE의 성장과 안정성 유지에는 문제가 전혀 없어 보였다. 지금까지도 GE는 세계에서 가장 많은 주주를 보유하고 있는데, 이러한 광범위한 투자 기반은 일시적인 것이 아니라 할 수 있다.

투자자의 규모가 크고, 그들 중 대부분이 소규모 단위의 투자자이므로, GE는 지금까지 단일 외부투자자에 의한 경영 지배를 받지 않았다. 이로 인해 회사 통제는 경영진이 계속 주도할 수 있었다. 예를 들어 모건의 경우는 GE의 투자자이면서 동시에 재정 후원자였으나 모건과 그의 기업이 GE의 지배적인 주주가 된 시기는 단 한 번도 없었다.

강한 기술기반 보호와 강화

기술기반 전략은 제품과 시스템 개발에 지속적으로 투자하고, 특허권 포트폴리오를 계속 지키면서 강화할 수 있는 법적 기반을 공고히 할 때에만 가능한 전략이다. 코핀이 이끄는 경영진은 이러한 조건을 충족시킴으로써 기술기반 전략을 성공적으로 활용하였다.

코핀은 혁신적인 제품을 지속적으로 공급하고 회사의 특허권 포트폴리오를 철저히 지키는 일이 매우 중요하다는 점을 잘 알고 있었다. 그래서 그는 세계 최고 수준의 연구개발 센터를 설립하고 최고의 전문가들을 채용하였다. 이 센터의 설립 목적은 발전과 송전, 배전뿐만 아니라 조명 관련 제품개발을 위해 계속 새로운 전기 시스템을 개발하고 향상시키는 것이었다.

전반적으로 볼 때 코핀은 고도의 통합 전략을 개발하고 적용했다고 평가할 수 있다. 그는 GE의 매출과 수익 증대에 크게 기여하였으며, 관련 사업 분야에서 GE가 주도적인 역할을 할 수 있도록 충분한 기반을 닦아두었다. 이제 각 전략별로 구체적으로 살펴보기로 한다.

기술과 특허권을 활용하여 경쟁우위 확보

강력한 연구개발 센터 설립과 운영

에디슨은 최초로 전문적인 연구개발(R&D) 중심의 경영자로서 새로운 혁신 상품을 꾸준히 공급하는 면에서 성공을 거두었다. 이에 비해서 엘리후 톰슨은 성공적인 발명가이자 특허권 획득자로서 그의 특허 중 대부분은 전기 산업 분야의 발전에 결정적인 역할을 하였다.

연구개발은 GE의 초기에서부터 1970년대 초반까지 주요한 전략 요소 중 하나였다.(현 CEO인 제프리 이멜트는 GE를 기술 기반의 기업으로 재건하기 위해 노력을 기울이고 있다. 이 점은 14장에서 자세히 살펴보기로 한다.)

코핀 또한 기술의 혁신과 리더의 위치를 유지하기 위해서 이 분야에 지속적으로 노력해야 한다는 것을 잘 알고 있었다. 그는 1900년에 MIT 출신의 화학자 윌리스 휘트니를 GE연구소의 책임자로 영입하였다. 당시 연구소는 뉴욕 주 스키넥터디의 이리 운하 옆에 있는 작은 건물에서 3명의 연구원들만이 일하고 있었다.

연구소는 엄청난 속도로 발전하여 수많은 새로운 제품을 개발하였다. 미국 최초의 노벨상을 수상한 산업 과학자 어빈 랭무어 또한 연구소 직원으로 추가로 영입된 사람들 중에 포함되었다. GE는 전기 회사인데도 GE의 연구소 직원은 화학자들이었다는 점은 흥미롭다고 할 수 있다. 그들의 연구는 수많은 화학 관련 발명으로 이어지면서 GE 기술을 사용한 원재료 산업을 발전시키는 바탕이 되었다.

20세기의 첫 반세기 동안, 이 연구소에서 일구어낸 특허권을 통해서 GE는 기존의 에디슨이 확보한 특허권을 계속 유지하고 더욱 발전시킬 수 있었다. 여기에는 연성 텅스텐 필라멘트와 '가스를 채운' 램프 등에 대한 특허권이 포함되어 있다. 또한 최신형 X레이 튜브, 실리콘 생산공정, 캘로드 히터 부품(전기 스토브에 사용됨), 전자레인지 가동의 근본 원리인 마그네트론 진공관 등이 개발되었다.

인재를 영입할 수 없다면 회사를 인수하자

코핀은 모든 사업에서 사람만큼 중요한 요소는 없다는 신념으로, 자신의 원하는 인력을 확보하기 위해 모든 노력을 기울였다. 사실 코핀이 찰스 슈타인메츠(Charles Steinmetz)를 영입한 것은 최고의 선택이었다.

토마스 에디슨 또한 슈타인메츠의 천재성을 잘 알고 있었기에 일찍이 자신의 회사로 영입하려는 제의를 하였으나 슈타인메츠는 굳이 이직할 필요성을 느끼지 못하여 제의를 받아들이지 않았다. 그는 1893년에 코핀의 제의를 또다시 거절하였고, 이에 코핀은 슈타인메츠를 영입하는 유일한 방법은 그의 고용주인 루돌프 에크메이어의 회사를 인수하는 것이라고 결론을 내렸다. 이로 인해 GE는 슈타인메츠의 특허권을 사용할 수 있게 되었을 뿐만 아니라 마침내 슈타인메츠를 GE의 정식 직원으로 맞이하게 되었다.(이러한 전략은 요즘에도 흔히 사용되는 것을 볼 수 있다. 마이크로소프트나 GE와 같은 대기업들이 다른 기업을 인수하는 주된 이유 중 한 가지는 해당 기업에 근무하는 사람들과 그들의 지적재산권을 얻기 위함이다.)

1894년에 슈타인메츠는 스키넥터디의 GE로 자리를 옮겨 새로운 기획 부서에 배정되었다. 그는 나이아가라 폭포의 발전기 설계를 포함하여 수많은 복잡한 프로젝트를 진행하였다. 1903년에 유니언 대학의 교수직을 위해 GE에서 퇴직하였으나 그 후에도 계속 회사 고문으로 활동하였다.

그가 고문으로 활동할 당시 한 가지 재미있는 에피소드를 소개하면 다음과 같다. 그는 어떤 소비자용 터빈 발전기의 문제점을 진단해 달라는 요청을 받았다. 당시 아무도 그 문제를 밝혀내지 못하고 있었다. 그는 문제 발생 지역에 직접 가서 상황을 살펴본 다음 분필로 터빈 위에 선을 그어서 고장 난 축차 부분을 표시하였다. 그리고 나서 슈타인메츠는 회사 측에 1만 달러의 청구서를 제출하였다. GE와 고객 측은 당황한 기색을 감추지 못하며 그 고액의 청구서에 대한 내역서를 요구하였다. 슈타인메츠는 순순히 내역서를 작성해 주었는데, 그 내용은 "분필값 1달러와 터빈의 고장 난 부분을 표시하는데 필요한 지식 비용 9,999달러"였다. 이 에피소드는 그의 천재성과 독특한 기질을 잘 보여주는 사례였다.

지적재산권 보호를 위한 적극적인 노력

에디슨은 자신의 발명품 전체를 보호하는데 강한 집착을 보였으며, 자신의 모든 제품에 대한 특허권을 얻기 위해 적극적이면서 체계적인 노력을 아끼지 않았다. GE는 새로운 교류전기 사업을 진행하고 있으므로 웨스팅하우스를 포함하여 여러 업체들과의 수많은 법적 분쟁이 발생하였다. 이로 인해 새로운 상품 개발이 방해를 받은 것은 물론이고 타격을 받은 기업체들은 엄청난 재정적 손실을 겪어야 했다. 연방정부도 이에 대한 우려를 표명하면서 해당 업체들이 법적 분쟁의 소지가 없는 특허권을 획득하고 관련 분쟁을 줄이기 위한 해결책을 모색하기 시작하였다.

특허권관리위원회

연방정부의 허가 아래 GE와 웨스팅하우스는 1896년에 특허권관리위원회(Board of Patent Control)를 발족하고 1911년까지 이를 운영하였다. 이 위원회의 목적은 다음과 같이 두 가지로 요약할 수 있다.

1. **GE와 웨스팅하우스의 특허권을 정의한다** 어느 발명가가 전기 관련 특허권을 신청할 경우, 이 신청 내역은 즉시 특허권관리위원회로 보내어져 GE와 웨스팅하우스의 기존 특허권의 침해 내역이 있는지 검토하도록 한다. 신청 내용에 침해 사항이 있다고 판단될 경우, 본 위원회는 새로운 특허권 승인을 금지하기 위한 법적 대응을 취할 것이다.

2. **새로운 특허권을 확보한다** 이러한 신청 내용에 침해 사실이 없을 경우, GE 혹은 웨스팅하우스 대표는 해당 내용의 특허권 획득을 위해 적극적으로 노력한다. 발명가가 이 특허권의 판매를 거부할 경우, 위원회의 중재를 통하여 법원에 특허권가처분 신청을 할 수 있다. 대부분의 경우, 소규모 자본의 발명가들은 법정 대응을 지속할 자금이 부족하여 제시한 금액에 특허권을 판매할 것을 기대할 수 있다.

이러한 내용은 현대적 관점에서 볼 때에는 분명한 권력 남용이지만, 당시는 정부의 법적 보호를 받았다.

> ## GE 전략의 핵심은 특허권과 법적인 힘이다.
>
> 이제 특허권관리위원회와 같은 조직은 더 이상 존재하지 않지만, 지금도 성공한 대기업들의 경우, 특허권 보호를 위한 법정 대응책을 적극 활용하고 있다. 대기업은 특허권 관련 소송에서 소규모 자본의 기업들이 해당 법정 소송을 감당할 자금이 없다는 것을 항상 계산에 포함하고 있다.
>
> 특허권과 각종 저작권을 적극적으로 보호하는 일환으로 법적인 힘을 사용하는 것은 지금도 GE 전략의 중요한 부분이다. GE는 항상 막강한 힘을 가진 법률 부서를 자체 운영하면서 보유중인 특허권을 지키는 일뿐만 아니라 지적 재산권을 확대하는 일에도 적극적으로 활동하였다. 바로 이것이 GE의 지속적인 성공의 비결이라 할 수 있다. 사실 2005년 당시 GE 법률 부서는 미국 내의 10대 최대 법률회사의 하나로 꼽혔으며 1,100명 이상의 변호사들을 보유하고 있었다.

라이센스를 활용하여 경쟁 입지를 유지

GE가 가지고 있던 에디슨 특허권과 관련 기술은 사실상 다른 전구 제조업체들이 감히 경쟁할 수 없을 정도로 막강한 수준이었다. 마침내 1901년 몇몇의 소규모 제조업체들은 전국전구협회(National Electric Lamp Association, NELA)를 구성하기에 이르렀다.

GE는 이 협회를 경쟁 대상으로 인식한 것이 아니라, 이를 적극 지원하며 동시에 그 협회 구성원들이 GE의 조명 관련 특허를 사용하여 제품을 생산하는 것을 인가해 주기까지 하였다. 이때 제시된 조건은 단지 브랜드화 과정이나 판매, 가격 설정에 몇 가지 규칙을 준수하는 것이었다.

마즈다(Mazda) 브랜드 당시 미국에서 판매되고 있는 모든 전구
는 마즈다, 즉 '빛의 여신'이라는 브랜드로 알려져 있었다. 마즈다
브랜드를 사용하고 있는 회사는 다음 3개였다.

- 에디슨 마즈다 : GE 독점 브랜드
- 웨스팅하우스 마즈다 : 웨스팅하우스 독점 브랜드
- 내셔널 마즈다 : NELA의 30여 개 회사가 사용한 브랜드 [4]

라이센스의 종류 인가 조건의 일환으로 GE는 두 가지 종류의 인
가 허가를 제시하였는데, 이는 'A급'과 'B급'으로 나뉘어졌다.

A급 인가 : 웨스팅하우스만이 NELA가 사용하는 특허권 포트폴리
오를 보유한 또 하나의 기업으로서, A급 인가 대상자로 간주되었
다. 웨스팅하우스는 독자적인 판매 전략을 수립하고 전구의 가격
을 설정하며 GE의 별도 승인 없이 수출하는 것을 인가하였다.

B급 인가 : B급 인가 대상자는 선빔(Sunbeam)을 포함하여 30개의
기업체가 선정되었다. B급 인가 조항에 의하면, GE가 해당업체의
전구 가격을 결정하고 생산량을 할당하며 해외에 전구를 수출하
는 것은 금지되었다. GE가 보유하고 있는 막강한 조명 관련 특허
권 때문에 해당업체들의 전구는 일반 상품이 아니라 '품질에 맞는
가격'을 요구할 수 있는 제품으로 평가되었다.

NELA와 같은 조직은 법적 인가 조직으로서 오늘날에도 흔히 찾
아볼 수 있다. 당시 미국 정부는 이러한 조직 설립을 적극 지원함으

로써 새롭게 형성되는 산업 분야와 관련 기술을 보호해 주었다. 유럽에서도 자국의 기술 보유 회사들을 보호하려는 차원에서 그러한 카르텔 형성이 대단히 성행하고 있었다.

또한 대부분의 기술 보유 업체들의 경우가 그러하듯이, 그러한 지원체계의 근간은 결국 강력한 특허권 확보였으며, 이것은 GE가 연구개발과 특허권관리위원회를 적극적으로 활용함으로써 발전시켜 온 방법이었다. 이러한 방법을 통해 소규모 기업체들이 시장에서 살아남을 수 있었고 가격과 공급 통제에 의한 각종 혜택을 얻을 수 있었다. 즉 모든 당사자들에게 이점을 가지는 방법으로 겉으로는 경쟁력을 떨어뜨리는 것처럼 보였으나 사실상 전구의 가격을 높게 유지하는데 큰 도움이 되었다.

이러한 방법을 거부하는 것은 어려운 일이었으며, 오늘날의 기준으로 볼 때는 도저히 용납되지 않을 일이었다. 그러나 당시 상황으로부터 한 가지 배울 점은, 우리의 현재 기준이 아니라 당시의 기준으로 경영자와 해당 기업들의 활동을 판단하는 것이 중요하다는 점이다. 당시 기준에 의하면 GE는 관련 규칙을 온전히 지키면서 최고의 기술과 경쟁력을 갖춘 기업으로 평가받았다.

실패 속에서도 앞으로 나아가는 비결

1911년에 독점금지 관련 조사가 진행되면서 특허권관리위원회와 NELA는 해체되었다.

독점금지 관련 조사 결과, GE는 NELA 멤버 업체들 중 75퍼센트 이상에 대한 통제권을 가지고 있었다. GE는 이와 같은 평결에 반박

하는 것이 아니라, NELA의 업체들 중 일부를 인수하여 GE의 자회사로 통합하는 것을 요청하여 허가를 받았다. 그 결과 GE와 웨스팅하우스는 전기 전구 시장에서 더욱 지배적인 기업으로 부상할 수 있었다.[5]

지멘스, 필립스(GE의 인가업체) 등과 같은 외국 기업들과 영국의 제너럴 일렉트릭 등은 1970년대까지는 미국 내의 시장점유율이 그리 높지 못하였으나, 당시 '대리점가격 책정법'이라고 불렸던 정책이 중단되어 주요 미국업체들이 가격과 공급에 대한 통제력을 잃어버리자 상황은 역전되었다. 이것은 5장에서 자세히 다루게 될 것이다.

고객 재정 지원

전기 설비를 포함한 자본 집약적인 산업의 초기의 경우에는 저비용의 자본을 계속 확보하는 것이 요구되었다. GE는 새로운 회사에 직접 투자하기보다는 간접적으로 재정을 확보하기로 결정하였다. 이러한 일환으로 전기채권주식회사를 설립하였으며, 이를 통해서 새로운 설비에 대한 재정과 전략에 도움을 제공하고, 그 대가로 고객의 의사결정과 전략에 대해 영향력을 행사하였다.

타인의 자금으로 고객 재정지원 실시

GE의 경영진은 시스템 확장과 새로운 상품 그리고 서비스 구매를 촉진하기 위하여 소비용의 자본 흐름을 계속 유지하는 것이 필수적임을 알고 있었다. 에디슨은 이를 위한 직접 투자를 감행하였으나, 1893년 공황 이후 새로운 GE 경영진은 그러한 위험을 감당할 재정적

능력이 부족하였다.

한 보고에 의하면 "1905년, GE는 전기채권주식회사(Electric Bond and Share Company, EBASCO)를 설립하여 전기 설비에 대한 재정문제를 해결하였다. 결과적으로 GE는 미국의 3대 가스 및 전기 설비 보유 기업 중 하나가 되었다"고 하였다.[6]

EBASCO는 설비 유지를 위한 비용을 마련하는 것 이상의 역할을 수행하였다. 사실상 EBASCO는 주정부 관리들이 자신들의 투자비율에 따라 할당량(더 나아가 이윤)을 정하도록 설득하였다. 다시 말해 각종 설비와 시스템의 투자를 늘릴수록 관련 시설이 증대되는 결과를 얻은 것이다. 이로 인해 몇 가지 긍정적인 결과를 얻게 되었는데, 그중 한 가지는 전기설비 사업의 수익이 매우 안정되고 그 규모 또한 예상되자 투자 가치가 높아졌다. 투자 후 안정적 수입을 가장 중요하게 생각하는 소액 투자자들 또한 전기 설비 사업의 주식에 관심을 보이기 시작하였다.

한동안 전기설비 업체들이 자신의 시스템에 지속적으로 투자하고 발전시켰으며, 이러한 비례시스템은 GE를 포함한 대규모 전기설비 업체들에도 큰 관심을 끌게 되었다. 그들은 당시 새로운 혁신 제품과 안정적이고 효율적인 각종 제품 그리고 시스템에 꾸준히 투자하고 있었으므로 GE는 이들에게 새로운 설비를 판매할 수 있었다. 이로 인해 미국의 전기 시스템은 세계 최고의 수준에 이르게 되었으며, 이러한 상황은 오늘날 재현하기 어려운 드문 현상이라고 할 수 있다.

EBASCO는 모든 사람들을 만족시켰다. 또한 펜실베이니아, 텍사스, 아이다호, 몬태나, 플로리다 등을 포함하여 미국 전역의 업체들을 통제할 수 있는 강력한 지주 회사를 설립하였다. GE 역시 1924년 주

주들에게 EBASCO 지분을 나누어주기 전까지는 주요 소유주였다.[7]

EBASCO의 이해관계를 통해 GE는 여러 전기설비 업체의 주주로서 그들의 경영에 영향력을 행사하였다. 이러한 이유 때문에 GE는 주주의 소유권을 인정해주는 전기설비 업체를 선호하였으며, 테네시 강 유역개발공사(Tennessee Valley Authority, TVA)와 같은 정부지원 사업은 노골적으로 반대하는 입장을 취하였다. 5장에서 일명 '전기회사의 대음모'라고 불렸던 사건에 테네시 강 유역개발공사가 어떻게 관련되었는지 살펴보게 될 것이다.

고객업체의 GE 의존도 상승 전략

새로운 회사는 설비 선택에서 인력 관리와 개발에 이르기까지 여러 면에서 도움이 필요하였다. GE는 장기 계획의 지원과 전문가의 개발과 도움 그리고 효율적이고 혁신적인 제품과 시스템의 지속적 공급을 통하여 이러한 신생 회사들이 GE에 전적으로 의존하도록 유도하였다.

혁신적이고 효율성 높은 제품과 시스템의 지속적 공급

GE는 전력 사용과 관련하여 효율성이 높고 안전하며 비용절감 효과가 있는 새로운 혁신 제품을 꾸준히 공급하였다. 여러 전기설비 회사와 협력하여 상품의 전기용량 증대를 위한 계획을 세웠고 최소한 17퍼센트 이상의 예비 용량을 확보할 경우, 고객의 증가보다 항상 앞서갈 수 있다는 점을 지적해 주었다. 이로 인해 GE와 다른 전기설비 업체들은 공장 운영을 최적의 수준으로 유지할 수 있었다.

고객 담당자와 고객 전문가 훈련

대부분의 전기 설비 간부와 기술자 그리고 전문가들은 GE의 인증 및 경영 프로그램을 수료한 사람들이었다. GE는 훈련 프로그램의 수료자들 중에서 일정 수만 고용하였으며, 나머지는 관련 전기업체에 종사하도록 권유하였다. 이로 인해 'GE 훈련 프로그램 수료자'와 GE 사이에는 뗄 수 없는 긴밀한 관계가 형성되었다.

이처럼 제조업체와의 서로 유익한 관계는 그 당시로서는 결코 낯선 개념이 아니라 사실 대부분의 산업계에서 찾아볼 수 있는 현상이었다. 그러나 경영자인 코핀과 그가 이끄는 경영진의 인격적인 면모와 남다른 기술이 GE에게 더욱 큰 성공을 안겨준 것이라고 생각된다.

요람에서 무덤까지

코핀은 최고의 실력을 갖춘 인재을 확보하여 이들이 계속 회사에 대한 충성심을 유지하게 도와줄 필요성을 잘 이해하고 있었다. 그가 설립한 주요 훈련 프로그램은 지금까지도 실행되고 있으며, 이러한 프로그램을 통해 코핀은 인종이나 종교, 정치적 성향에 관계없이 실력을 갖춘 인재는 무조건 채용하였다.

견고하며 뿌리 깊은 경영진 구성

GE는 설립 이래 지금까지 아주 놀라운 인재양성 시스템을 갖춘 기업으로 알려져 있다. 새로운 사람들을 모집하고 그 중 최고의 인재를 보유하며, 내부에서 인재를 키워내는 것이 성공의 비결이라는 점에 대해서는 추호도 의심하지 않았다.

코핀과 그가 이끄는 경영진은 일찍이 각 분야별로 재능을 갖춘 인재들 채용하여 필요한 기술과 회사에 대한 충성심을 배양하기 위한 다양한 과제 프로그램을 제공하는 것이 필요함을 인식하였다.

1901년에 GE는 스키넥터디, 린, 브리지포트, 포트 웨인과 같은 주요 제조공장에서 수련생 훈련 프로그램을 실시하기 시작하였다. 작업 과제와 저녁 수업으로 이루어진 프로그램은 기계기술, 제도, 대장술과 형틀 제조라는 4가지 부문에 초점을 맞추었다. 졸업생들은 이 프로그램을 수료함과 동시에 '프로그램 수료증'을 받았다. 이 프로그램은 1950년대까지 GE가 제공한 주요 훈련 프로그램 중 한 가지였다. 때로는 지역 대학교와 연계하여 수련생들이 관련 기술 학위를 취득하도록 하였다.

코핀은 기본 실력에 더하여 GE식으로 훈련을 받고 회사에 대한 충성심을 가진 기술자야말로 GE가 필요로 하는 인력이라고 생각하였기에 엔지니어링 테스트 프로그램(Engineering Test Program)을 제안하게 되었다. 이 프로그램은 새로 영입한 기술자들을 대상으로 하는 입문 과정과 같은 것으로 견습생들에게 생산 부서나 기본 공학기술 연구소에서 할 수 있는 '테스트용'의 일정 업무를 배정하였다. 일부 견습생들은 공동연구개발센터에서 이러한 훈련을 받기도 하였다.

코핀은 또한 기술 외적인 분야에서도 능력이 있는 대학졸업 인력을 확보할 필요성을 인식하고 비즈니스 연수 프로그램(Business Training Course, BTC)을 개설하였다. 대학 졸업자들 중에서 연수 대상자들을 선발한 다음 다양한 경영관련 임무를 주어 1주일에 2일 동안 집중과정의 회계와 재정학 수업을 받도록 하였다. 주말에는 배운 내용에 대한 시험을 치르고 대학과정처럼 시험 결과에 대한 학점을 부여하였다.

학점과 업무 평가 결과를 토대로 승진 대상자를 선정하였고 최고 점수를 얻은 사람은 회계감사 스탭으로 임명하여 다른 회사의 운영에 대해 배울 기회와 관련 업무 분야에서 경영 능력을 키울 수 있는 훈련 기회를 부여하였다. 회계감사 스탭 과정을 마친 직원들은 회사의 재정 업무를 담당하는 핵심 요원으로서 종종 회사 경영팀의 과장급 이상의 대우를 제공하였다.

저자 또한 1955년에 이 프로그램을 수료하였다. 나는 포드햄 대학에서 러시아어를 전공하였기 때문에 그때까지 회계학 수업은 단 한 번도 받아본 적이 없었다. 하지만 나와 비슷한 사람들이 꽤 많이 있다는 것을 곧 알게 되었다. 사실 BTC 프로그램에 등록한 대상자들 중 반 이상이 순수 인문학 전공자였다. 회사 측은 분명 연수 대상자들의 학사 과정 전공이 아니라 그들의 실력에 중점을 두었던 것 같다.

GE가 실시하는 모든 연수 프로그램의 특징은 다음과 같이 여섯 가지로 요약해 볼 수 있다.

1. **연수 대상자들은 해당 기술 분야에서 명성이 높은 고등학교나 대학교 출신들 중에서 선발한다** 연수생들은 주로 좋은 학교 출신인 경우가 많다. 또한 사내 연수 프로그램을 받는 직원들도 명문대학 출신들이 대부분이었다. 모든 연수 프로그램은 지원자들의 경험이 아니라 학습 능력에 초점을 맞추고 있기 때문에 이와 같은 기준으로 연수생을 선발할 때, 학습 능력과 동기부여가

최고의 수준인 학생들만 선별하는 것이다. 또한 이러한 기준을 유지함으로써 GE는 해당 학교와 긴밀한 협력 관계를 맺는 효과를 얻을 수 있다.

2. **GE 연수 프로그램은 GE의 방식으로 문제를 해결하도록 훈련한 다** 연수생들이 아무리 실력이 뛰어난 기술자나 회계사라 하더라도 일단 연수 프로그램에 등록한 이상 지금까지의 일처리 방식은 깨끗이 잊어버리고 GE의 방식을 다시 배워야 한다. 이 점을 받아들이기 힘들어하는 연수생들도 있었기 때문에 회사 측으로서는, 이미 자신의 일처리 방식에 익숙해진 사람들을 데려다가 변화를 강요하는 것보다는, 해당 분야의 교육 정도가 높은 사람들을 처음부터 훈련하는 것이 더 쉽다는 생각을 갖게 되었다.(저자의 경우 회계학 분야에 대한 경험이 전혀 없었으므로, GE의 방식대로 배우는 것이 전혀 문제가 되지 않았지만, 회계학을 전공한 다른 연수생들은 기존에 알고 있던 내용을 배제하고 GE의 방식을 다시 배워야 하는 어려움을 겪어야 했다.)

3. **연수 강사들은 상당히 수준 높은 과제를 부과하였다** 모든 연수 프로그램은 배운 점을 적용하기 위한 과제를 제시하였다. 각 연수 과정 관리자들은 학습과 적응 과정을 돕기 위한 '멘토'와 '카운슬러'를 각 학생마다 지정해줌으로써, 다소 어려운 과제를 부여하는 연수 프로그램을 계속 진행할 수 있었다.

4. **연수 과정은 테스트와 과제 평가를 포함하였다** 예를 들어 비즈니스 연수 프로그램은 과정의 마지막 토요일 오전에 시험을 실시하였다. 이 시험은 일반 대학교의 시험처럼 3~4시간 동안 진행되는 상당히 어려운 시험이었다. 각 연수생의 시험 점수 또한

대학교 시험결과 통보처럼 모든 사람들에게 공개되었다.(저자는 그런 시험을 실시하고 점수를 공개한다는 사실에 매우 놀라지 않을 수 없었다. 또한 연수생들이 얼마나 불꽃 튀는 경쟁을 벌였는지 알게 되어 더욱 놀랐던 기억이 있다.)

5. **최고 점수가 아니면 퇴출 대상** GE의 최대 강점이며 장수 비결은 언제나 최고 수준에 초점을 맞추고 그 외의 점수가 낮은 대상들은 과감히 '잘라내어' 버린다는 점이다. 연수 프로그램에서도 같은 기준을 적용하여 기대 이하의 성적을 내는 연수생들을 퇴출시키는 제도가 있었다. 시험 점수와 과제 평가를 종합하여 연수생이 (a) 계속 연수를 받게 할 것인지, (b) 연수 프로그램을 중도에 그만 두고 계속 회사에 근무할 것인지, (c) 아니면 회사에서 완전히 퇴출시킬 것인지를 결정하였다.

6. **연수를 마치면 학위가 아니라 수료증을 제공하였다** GE의 연수 프로그램은 고도의 집중 과정으로 매우 어려운 연수였으나 수료생들은 학위가 아닌 수료증으로 만족해야 하였다. 이것은 수료생들이 외부 인력시장에서 자신의 가치를 높이지 못하게 하여 계속 회사에 남아 일하도록 하기 위한 방침이었다. 최근에는 이 방침을 수정하였으며, 자세한 내용은 14장에서 알아보기로 한다.

동등한 취업기회 제공의 선구자

코핀과 그가 이끄는 경영진은 종교나 인종, 출신 국가에 관계없이 오직 실력을 위주로 인력을 선발하였다. 이와 관련하여 소수 민족도 기꺼이 채용하려는 회사의 입장을 보여주는 몇 가지 사례가 있었다. 이미 언급한 찰스 슈타인메츠는 유대인이며 중증의 신체 장애인이었지만, 오로지 그를 영입할 목적으로 GE는 그가 근무하고 있던 루돌프 에크마이어의 회사 자체를 인수하였다.

또 다른 사례로서 루이스 하워드 레티머라는 흑인 출신의 인물을 영입한 경우를 살펴보자. 그는 정규 학교 교육을 받지 못했지만 1874년에 첫 특허권을 얻었으며, 그레험 벨의 특허권 신청을 도와주었다. 1884년 레티머는 합병 이후 새롭게 출범한 에디슨 일렉트릭 조명 회사의 설계 담당 엔지니어가 되었으며 6년 후 법률팀의 기안과 특허권 관련 전문가로 일하였다. 그는 또한 특허권관리위원회의 설계 책임자이자 특허권 컨설턴트로 활동하였다.[8]

리더십 공유의 시작

대부분의 기업은 독재적이거나 지배적인 성향이 강한 개인이 경영권을 장악하여 직원들의 창의성이나 통찰력 등을 저해하는 경우가 많다. 하지만 이와 대조적으로 GE는 창립 초기부터 '경영권 공유 방식'을 적용하였다. 코핀은 이 분야의 선구자로서 자신의 후임자인 에드윈 라이스를 직접 임명하였다.

코핀은 최고경영자 자리를 그만두기로 결정하면서 곧 측근이었던 에드윈 라이스 주니어를 자신의 후임자로 지명하였다. 라이스는 대학에 갈 수 있었지만, 엘리후 톰슨과 함께 톰슨 휴스턴을 창립하여 발전기에서 계량기에 이르기까지 다양한 종류의 전기 설비제품을 개발하는 쪽을 선택하였다. 라이스는 22세 때 이미 톰슨 휴스턴의 린

지역 공장과 매사추세츠 공장의 관리자로 근무하였다.

1892년 GE의 창립을 계기로 라이스는 자신의 탁월한 경영 능력을 보다 넓은 무대에서 펼칠 기회를 갖게 되었다. 그는 GE 최고의 기술 이사였으며, 1896년에는 제조와 기술 분야의 부사장을 역임하였다. 그는 에디슨과 톰슨의 합병 시기에 당시에 갖고 있던 기술 경험을 현대 과학과 수학으로 발전시킬 필요성을 과감히 지적한 바 있다. 또한 라이스는 슈타인메츠의 천재성에 감동을 받아 그가 컨설팅 기술자로 성장해 가도록 적극 후원해 주었다.

라이스는 기질이 온화하고 경우가 바른 사람이었으며, 1913년에 코핀을 이어 GE의 최고경영자가 되었다. 그러나 그가 경영을 맡은 지 얼마 되지 않아 코핀은 그의 경영 경험의 부족에 대한 우려를 표명하였고, 이에 라이스는 회사의 안정을 위해 리더십 공유 방식을 사용하게 되었다. 이로 인해 코핀은 계속해서 이사회 회장직을 맡아서 여러 가지 장기 계획 수립과 기존의 고객과 주주 그리고 외부 이해관계자들과 쌓아온 긴밀한 관계를 맡아서 관리하게 되었다.

이러한 경영권 공유는 곧 GE를 대표하는 특징으로 자리를 잡게 되었다. 회사 내부와 외부에서 코핀과 라이스에 대한 인지도와 신임은 계속 높아져 갔다. 두 사람의 성격과 능력은 서로 달랐으나 리더십이 매우 뛰어난 인물들이었기에 이들의 '공동 경영'은 GE가 어느 특정인의 변덕에 좌지우지되거나 단편적인 관점에 사로잡히는 일이 없이 원활히 진행되었다.

하지만 이와는 대조적인 경우로는 포드자동차 회사를 들 수 있는데, 창업자인 헨리 포드가 오직 한 가지 목표만을 추구한 자세는 회사 창립시기에는 매우 중요한 자산과도 같았으나 계속되는 그의 권위적 경영과 타협을 거부하는 자세는 결국 회사를 파멸로 몰아갔다.

GE의 경영사에서 한 가지 배울 수 있는 점은 코핀과 라이스 이후의 경영자들도 계속해서 이들이 채택한 경영권 공유 방식을 받아들였다는 것이다. 회사의 내부 경영과 외부 경영에 대한 책임 관리를 위해 의지가 곧은 두 명 이상의 경영자로 이루어진 시스템을 유지함으로써 상당한 효과를 거두었다고 할 수 있다.

코핀과 라이스의 경영으로 GE는 이른바 유아기를 벗어나 청소년기로 도약할 수 있었다. 이들의 경영 성과는 제품, 업무 관계, 경영 철학, 인력 관리에 있어서 굳건한 토대를 마련한 것이다.

다음 장에서 살펴보게 되겠지만, 1922년 이들은 회사를 더욱 발전시켜 전기 분야에서 세계 최고의 기업으로 부상시켰다.

LATIN 개념(리더십, 적응력, 인재양성, 영향력, 네트워크)을 생각하면서 이번 장에서 다루었던 내용을 다시 살펴보며, "이것이 나와 무슨 관련이 있을까?"라는 질문을 적용해 보자.

리더십

코핀은 조언과 참여를 중시하는 경영자로서 기꺼이 자기의 경영권을 공유하려는 태도를 가지고 있었다. 이 점은 새로 합병한 회사를 완전히 통합시키는데 아주 중요한 역할을 하였다.

▶ 나의 경영 스타일은 무엇인가? 현재 우리 기업의 환경에서 내 스타일이 가장 적합한 것인가?

▶ 나는 경영권을 독점하지 않고, 기업 내부와 외부에 있는 여러 사람들의 의견이나 생각에 관심을 가지는가?

적응력

GE는 자신들의 방법, 심지어 핵심 전략이라 하더라도 더 이상 효율성이 없을 때는 과감히 변화를 시도하였다. 예를 들어 스스로 재정을 감당할 능력이 없다고 판단되자 EBASCO를 설립하여 이를 통해 지속적인 재정 지원을 마련하였다. 정부가 NELA의 해체를 요구하자 NELA 가입 업체들을 그대로 수용하였다. 특허권관리위원회가 위헌 판결을 받았을 때는 즉시 자체 법률팀을 구성하였다.

▶ 나는 사업 방식을 기꺼이 바꿀 자세를 갖고 있는가 아니면 다소 모호하지만 장기적으로 사용 가능한 전략을 고집하는 편인가?

▶ 필요하다고 인정될 경우 관련된 위험과 보상을 모두 공유하면서 주위 업체와 협력 관계를 맺는 것에 대해 긍정적인가?

인재양성

GE는 실력 있는 사람들을 영입하기 위하여 특별한 조처(단 한사람의 천재적 인재를 얻기 위하여 회사 전체를 매입하는 등의 행동)를 마다하지 않고 노력하였다. 그들은 피부색이나 종교, 외모 등의 피상적인 요소들은 모두 배제하였고 최고의 실력을 갖춘 사람을 영입하기 위한 별도의 프로그램을 마련하여 인재 발굴을 위한 최상의 노력을 기울였다.

▶ 나는 개인적인 특징(예를 들어 인종이나 종교, 외모나 정치적 신념 등)에 관계없이 실력을 갖춘 인물을 기꺼이 받아들이는가?

▶ 직원들의 능력을 개발하기 위해 기꺼이 투자할 자세가 되어 있는가?

영향력

GE의 정책은 특허권과 인가에 관련된 정부 정책에 앞서가는 행동으로 영향을 주었으며 제휴 관계를 활용하여 시장 내에서의 입지를 강화하는 데 성공하였다. 하지만 법정에서 검증을 거쳐 해당 접근법이 더 이상 효과가 없음이 증명되었을 때에는 즉시 조정할 필요가 있었다.

▶ 현재 경쟁력이 있는 상태를 유지하기 위해서 정부나 기타 정부 관련 기관에 영향력을 미치려는 노력을 기울여 보았는가? 현 상황에 더 이상 효율적이지 않다고 판단되는 방법인 경우(예컨대 법정에서 불리한 판정을 받을 경우) 대체할 방법을 마련해 두었는가?

네트워크

GE는 안정적인 회계와 재정 시스템을 도입하여 회사를 통제하는 수단으로 효과적으로 활용하였다. 또한 연구 개발 프로그램을 도입하여 지적재산권 보호에도 적극적으로 노력하였다.

▶ 우리 기업의 회계와 재정 시스템은 충분히 안정적이면서 투명한가?

▶ 우리가 보유한 특허권과 저작권은 전세계적으로 보호되는 것인가? 이를 보호하기 위하여 적극적인 노력을 기울이고 있는가?

3 장

■ ■ ■

조언과 참여를 중시하는 경영과
자산의 공유

GE의 입장에서 1922년부터 1939년까지의 기간은 찰스 디킨즈 소설의 <두 도시 이야기(A Tale of Two Cities)>의 첫 문장으로 표현할 수 있다.

"이때는 최고의 시절이자 최악의 시절이기도 했다."

처음 7년간은 국제적인 성장과 번영을 거듭하면서 그야말로 최고의 시절로 기억되었다. 소비자 계층도 형성되었다. 선진국 국민들은 기초생활 이상의 삶을 누릴 수 있는 충분한 수입을 가지고 있었으며, 집을 짓고 자동차와 라디오를 구매하거나 여러 기업에 투자할 의향도 있었다.

많은 사람들이 월스트리트 현상(이미 부유한 계층인 극소수에게만 제한되었던 부를 창출하는 시스템)을 경험하면서 투자에 신중을 기하기 시작하였다. 어떤 논평가는 그 당시 상황을 '기업의 폭동'이라고 표현하였다.

당시 많은 유럽 국가들은 제1차 세계대전이라는 대학살의 처참한 상황을 벗어나지 못하고 있었으므로 미국 기업들은 세계 시장에서 보다 유리한 입장이었다. 독점을 제한하는 법이 통과되었지만 여전히 국제적인 카르텔은 막강한 영향력으로 전기 관련 시장뿐만 아니라 여러 산업을 장악하고 있었다.

그러나 곧 대공황이 이어지면서 최악의 순간이 시작되었다. 대량 해고와 파산으로 실업자와 빈민들이 대거 발생하여 이들을 위한 무료 급식시설이 생겼으며, 폭력 사건과 시민 폭동이 계속 일어났다. 1920년대 월스트리트 호황기의 도취에서 미처 깨어나기도 전에 모든 것을 잃어버리고 무일푼 신세가 된 투자자들도 한두 명이 아니었다.

무엇보다도 빈곤의 영향과 노동자의 권리 보호 사이의 격차를 완화해야 할 필요성에 대한 관심이 커져 갔다. 사회보장제도나 연금, 실직자보험, 생명보험이나 그 외의 각종 장해보험 등을 활용하여 어느 정도의 완화 효과를 얻을 수 있었다. 정부는 경영 관련 규제를 더욱 강화하여 기업주의 힘을 약화시키는 반면 노동조합의 권리를 옹호하는 법을 계속 통과시켰다.

1930년대 말이 되자, 전세계적으로 전쟁의 기운이 다시 감돌기 시작하였다. 유럽에서는 독일이 다시 소생하여 이웃 국가들에 대한 위협과 침략을 일삼기 시작하였다. 결국 영국은 히틀러의 군대에 홀로 맞서게 되었다. 당시 프랭클린 루스벨트 대통령은 미국의 독립적 입장을 고수하면서 영국을 돕기 위한 방법을 찾느라 여념이 없었고 마침내 '군수물자대여법'을 제안하기에 이르렀다. 이 방법은 영국의 회생과 더불어 미국의 제조업을 부흥시키는 두 가지 효과를 동시에 창출하였다.

무엇보다도 이 시기는 경영 책임자들의 역할이 중요한 순간이었다. 이들은 당시 한창 뜨거워진 광란의 1920년대를 최대한 활용하고, 무너진 경제를 다시 일으켜 세울 방법을 제시해야 했다. 그들은 기업의 생존과 동시에 엄청난 정부 압력과 나날이 커져만 가는 노동조합의 세력에 대응할 방법을 강구해야 했다.

그러한 면에서 GE는 단연 행운아였다고 할 수 있다. 제라드 스워프(Gerard Swope)와 오웬 영(Owen D. Young)은 시기를 최대한 이용할 줄 아는 경영자들이었다. 그들은 매출이 75퍼센트까지 감소했던 대공황 시기에도 회사를 경영하면서 이윤을 창출해낸 놀라운 사람들이었다.(그림 3-1 참조)

GE는 당시 회사의 어려움을 직원들과 함께 극복하기 위해 노력하였다. 예를 들어 일부 자회사의 경우 직원들을 해고하는 대신 주당 4일의 근무조건을 제시하였다. 물론 회사도 그에 해당하는 혜택을 제공하였다. 연금, 보험, 실직 정책 등을 만들어 직원들을 배려함으로써 좋은 인력들이 빠져나가지 않게 마련하였다. 그리고 이러한 정책에 경영진들은 모두 적극적으로 동의하였다.

스워프와 영은 엘펀협회(Elfun Society)라는 독특한 경영 집단을 만들어서 경영에 대한 의견이나 제안을 적극 장려하였다. 그들은 심지어 노동조합과 경영 협력을 추진하여 당시 자동차 업계와 에너지, 운송 관련 분야에 난무하던 폭력적인 파업 사태를 사전에 방지할 수 있었다.

이들은 또한 정부 정책 지원에도 아낌없는 태도를 나타내었다. 예

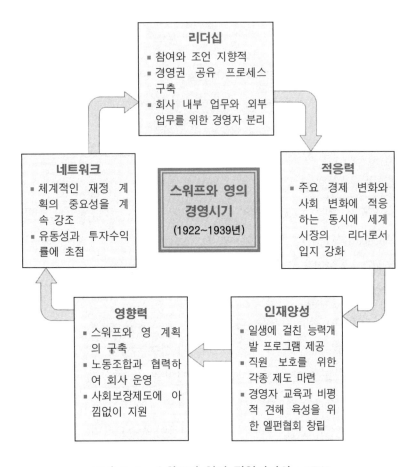

그림 3-1 스워프와 영의 경영시기와 LATIN

를 들어 영은 제1차 세계대전 이후 독일 보상 정책을 수립하는 일을 도왔으며, 이로 인해 그 계획은 '영 계획(Young Plan)'이라고 불리게 되었다. 스워프는 국가재건법과 사회보장청 등을 포함하여 루스벨트 대통령의 뉴딜정책의 초석을 마련하였다.

GE의 새로운 경영진

코핀과 라이스는 1922년의 퇴임에 맞추어 회사의 경영을 물려받을 새로운 경영진을 구성하였다. 이는 제라드 스워프를 사장으로 하고, 오웬 영을 회장으로 한 새로운 경영 체제였다. 여기에서도 분명한 경영권 분리가 이루어졌다. 사장은 최고경영자로서 회사 경영을 전담하고 회장은 대외적인 업무와 장기 전략수립을 주로 맡게 하였다.

제라드 스워프는 MIT에서 전기 엔지니어링을 전공했으며, 1895년에 졸업하였다. 그는 졸업 후, 웨스턴 전기회사에서 여러 경영 관련 분야에 근무하면서 국제 경영의 전문가로 성장하였다. 찰스 코핀은 1919년에 스워프를 영입하여 새로 설립한 회사 인터내셔널 제너럴 일렉트릭(IGE)을 맡겼다. 이 회사는 1960년대 중반까지 해외 판매와 수출 업무를 담당한 계열사였다. 1922년에 코핀은 스워프를 본사 경영 책임자로 임명하였다.

스워프는 전형적인 경영자와는 거리가 먼 인물이었다. 유대인이었던 그는 스스로 시온주의자이자 사회주의자라고 공언하였다. 그의 업무 태도와 개인적 성향에 대하여 GE의 한 간부는 다음과 같이 보고하였다.

아마 스워프는 이 시대의 인물 중에는 그처럼 자신의 조국과 조국의 이익에 열렬한 관심을 가진 사람은 없을 것이다. 그 문제라면 그는 자신의 에너지와 능력을 아끼지 않고 투자할 준비가 되어 있었다. 그러한 성격은 그가 하는 모든 일마다 확연히 드러났다. 경영 전반에 걸쳐서 그는 근본적이고 분석적인 태도를 일관하였는데, 이

것은 아마도 그가 받은 엔지니어 훈련에서 비롯된 것으로 보인다.[1]

오웬 영은 스워프와 함께 일한 또다른 독특한 경영자였다. 그는 보스턴대학 로스쿨을 졸업하고 법률회사에 근무하였다. GE를 상대로 발생한 몇 차례 소송을 승소로 이끌자, GE는 그에게 고문이자 회사정책 담당 부사장으로 영입하겠다는 제의를 하였다.

영은 중재와 회유 등에 매우 뛰어난 재능을 가지고 있었다. 다양한 의견을 가진 사람들을 하나의 의견에 동의하도록 이끄는 그의 재능은 1919년 정부의 요구에 의해 당시 휘청거리던 미국의 라디오 산업에 대한 외국업계의 위협에 대처하기 위해 RCA(Radio Corporation of America)를 창립함으로써 더욱 능력을 발휘하였다. 그는 1929년까지 RCA의 이사회 회장으로 일하였다. 독일의 회생이라는 만만치 않은 업무를 맡고 있었던 도스위원회(Dawes Committee)에 대한 그의 공적을 높이 평가하여 <타임>지는 그를 1929년 '올해의 인물'로 선정하였다.

17년 동안 GE의 경영을 맡아온 두 사람은 회사의 성장에 크게 공헌했을 뿐만 아니라 외국 경쟁업체들과의 갈등을 극복하고 새로운 기업(RCA)을 탄생시켰으며, 대공황의 아픔과 위협 또한 성공적으로 대처하였다.

비판에 기꺼이 귀를 기울이다

스워프와 영은 자문을 중요하게 생각하는 경영자로서 자신들의 경영 방침에 대한 조언을 적극적으로 구하고 수용하는 태도를 가지고 있었다. 1928년에 독립적인 경영기구인 엘펀협회를 창립하여 이러한 목적에 크게 기여하였다. 사실상 이 협회는 경영자들과 전문가들로 구성된 독립기구로서 어떠한 심판이나 결과에 대한 책임이 없이 회사의 정책이나 경영 전략에 대한 따끔한 비판을 할 수 있게 하기 위한 마련이었다. 스워프와 영은 이들의 견해에 항상 귀를 기울이고 모든 견해를 적극적으로 수용하였다.

엘펀협회의 목적은 다음과 같이 5가지로 요약할 수 있다.

1. **GE 경영진을 위한 공개 토론의 장**을 마련한다. 경영 실무자들은 스워프와 영이 이끄는 경영진에 자신의 통찰과 비판 등의 의견을 거리낌 없이 제시할 수 있다.
2. GE 경영자와 관련 전문가들은 첫번째 뮤추얼 펀드를 통해 다른 회사에 투자함으로써 **개인적 자산을 증대**시킬 수 있다.
3. 회사 **경영진들의 발언권을 인정**한다.
4. 경영자와 전문가들에게 **경영관련 기술개발**의 기회를 제공한다.
5. 모든 비즈니스에서 가족 같은 **분위기**를 만든다.

이 협회의 이름인 엘펀(Elfun)은 전기 펀드(Electrical Funds)라는 단어의 글자를 따서 만든 것으로, 설립 1년 만에 12개의 지역별 사무실과 841명의 회원을 확보하게 되었다. 협회의 슬로건인 '언제나 준비되어 있는(Semper Paratus)'이라는 뜻의 라틴어로 학생들의 동아리처럼 협회의 심볼이 프린트된 옷과 넥타이를 자랑스럽게 입고 다니기까지 하였다.(그림 3-2 참조) [2]

GE가 창립한 독창적인 협회

제라드 스워프는 새로운 기구에 대한 자신의 생각을 다음과 같이 기술하였다. 다소 긴 내용이지만 전체를 한번 검토해 볼 가치가 있다고 생각하여 전문을 소개한다.

현재 우리 회사에서는 7만 5천 명의 직원들이 일하고 있으며 이 중 9백여 명(약 1.2퍼센트)이 전기 펀드의 투자에 참여하고 있다. 나는 이 기구가 우리 회사의 최고 두뇌이자 경영진을 대표하는 기구로서, 단순히 경영이나 연구 개발뿐만 아니라 회사 전체의 미래에 대한 확실한 전망을 제공해 줄 것이라 확신한다.

나는 과거보다는 효율적인 모습을 갖춘 협회의 구성을 원했기 때문에 GE의 소속 기구가 아니라, 회사와는 별개의 독립기구로서 구성원들의 자체적 운영에 의한 협회를 만들기로 하였다. 이곳에서는 언제나 자유로운 토론을 하고 제기된 문제에 대한 모든 사람의 의견을 자유롭게 수용할 수 있을 것이다.

또한 이 협회는 상황에 따라 급진적이거나 비판적인 모습을 보일 수 있다. 이 협회의 구성원들이 모험정신을 가지고 새로운 사상에 대한 적극적인 자세를 취한다면, 회사는 발전 아니면 파산 쪽으로 틀이 잡혀질 것이다. 하지만 기존 회사 경영진들은 회사가 파산 쪽으로 기울어지는 일이 없도록 최선을 다할 것이다.

아마 여러분은 GE라는 대기업의 총수가 왜 이런 토론 공간과 비판적이거나 급진적 의견을 위한 기구를 만들려 하는지 궁금해 할 것이다. 대기업이라고 해서 완전히 잠든 상태도 아니지만 과거에 비해 더 훌륭한 일을 할 수 있도록 항상 깨어 있는 것도 아니다. 그래서 모험정신을 가져야만 새로운 일을 성취할 수 있는 기회를 가질 수 있다고 생각한다.

바로 이러한 이유로 이 협회를 기존 회사와는 별개로 운영되는 독립기구로 만들려고 한다. GE가 아닌 새로운 이름과 법적 인가를 받은 후, 대표자를 선출하고 협회의 활동을 본격적으로 추진할 요원들도 갖추는 것이다. 그리고 앞으로 이 협회의 대표는 다양한 모임을 주재하면서 회사의 공식적 활동과는 완전히 분리된 입장을 취하기 바란다.[3]

이는 엘펀협회의 초기 20년 동안 지속된 운영지침이 되었다. 공개 토의식 회의 진행과 열띤 토론, 의견 제시와 같은 몇몇 기법들은 GE가 스스로를 돌아보는 점검 기회를 갖도록 촉구하는 방법으로 사용되었다.

또한 엘펀과 관련하여 스위프는 세계 최초의 뮤추얼 펀드인 엘펀 펀드를 설립하였다. 이 펀드는 간접투자를 통해 재산 증식에 크게 성공하였다. 한 가지 주목할만한 점은 엘펀 펀드는 GE가 아닌 투자 대

그림 3-2 엘펀협회가 회원들 사이의 결속력을 상징하기 위해 적용한 심볼 (출처 : www.elfun.org/history)

상을 적극 물색했다는 것이다. 스워프는 관리자들에게 분산투자를 권했으며 심지어 GE의 주식이라 할지라도 집중투자하는 일이 없도록 당부하였다. 즉 그는 개별적인 간접투자의 다양한 기법을 시도한 것이다. 이 회사는 지금도 계속 유지되고 있으며 GE 펀드의 계열사로 분류되고 있다.

노동조합을 만들기

스워프와 영은 노동조합으로부터 경영에 대한 의견을 구한 적은 없었지만 조언과 충고는 항상 기꺼이 받아들였다.

물론 이것은 GE의 역사에서 결코 이례적인 일은 아니다. 1918년에 코핀은 노동위원회를 열어 직원들의 의견을 경청함으로써 경영진과 직원들 사이의 상호이해를 적극 도모하였다. 이러한 위원회 기구는 와그너법이라 불리는 국가재건법이 제정된 1928년까지 계속 운영되었다.

국가재건법에 의하면 노동위원회와 같은 기구는 '사내 노조'와 같은 성격의 단체이므로 불법적인 것으로 간주되었다. 사실 국가재건법의 입법에 중대한 기여를 한 스워프가 만든 노동위원회가 바로 그 법 때문에 와해되고 말았다는 것은 정말 모순이었다. 이 점에 대해서는 이 장의 뒷부분에서 구체적으로 살펴보게 될 것이다.

1930년에 스워프는 미국 노동연맹을 찾아가서 GE 내에 노동조합을 세움으로써 직원들의 지혜와 의견을 경영에 반영할 수 있게 해 달라고 요구하였다. 이것은 그의 사회주의적 성향과 일맥상통할 뿐만 아니라, 회사의 이익을 위해 그가 내린 결정이 무엇인지 확연히 보여주는 것이었다. 그러나 연맹 측은 그러한 노동조합은 산업별 노동조합이라기보다는 직업별 조합의 성격이 강하다는 판단에 따라 그의 요구를 거절하였다.

산업 종사자들을 위한 산업별 노동조합회의(Congress of Industrial Unions, CIO)가 구성되자 스워프는 곧 GE의 노동조합 구성을 요구하였다. CIO 측은 이를 받아들여 GE의 시간제 근무자들을 위한 전기 노동조합연합(United Electrical Union, UE)을 구성하였다.

모든 면에서 GE의 노동조합 운영은 대만족이라는 반응을 얻었다. UE에 의하면, 'GE의 계약조건이나 근무조건은 자동차, 철강, 고무 등의 다른 주요 산업에 비할 만한, 아니 훨씬 더 나은 조건'을 갖추고 있었다.[4]

이와 같은 스워프와 영의 태도는 당시 노동조합에 대한 일반적인 견해와는 상당히 거리가 먼 것이었다. 대부분의 주요 업체들은 직원들의 노동조합 결성을 거부하거나 심지어 폭력적인 방법으로 이를 저지하려 하였다. 자동차, 철강, 석탄 등의 업계에서는 노동조합으로 인해 유혈 폭동이 발생하여 노동조합을 결성하려던 일부 사람들이 다치거나 죽는 일도 종종 발생하였다.

이러한 상황은 전기업계 내에서도 마찬가지였다. 세인트루이스에 위치한 에머슨 전기회사의 경우 미국 역사상 가장 장기간에 걸친 농성파업이 발생하였다. 하지만 스워프와 영은 이러한 분위기에 휩쓸리지 않고 회사를 경영할 수 있었다. 스워프와 영이 경영을 맡은 1947년까지 GE에서는 어떤 파업도 발생하지 않았으나, 그 이후로 노동조합과 직원들에 대한 새로운 견해를 가진 경영진이 등장하면서 상황은 달라졌다.

GE는 최초로 모든 직원들이 경영 방침이나 제품에 대한 의견을 제시할 수 있는 공식적인 제안제도 시스템을 도입하였다. 이 시스템을 통해 접수된 의견을 검토하는 관리위원회를 설치하고 채택된 의견에 대해서는 일정의 적립액을 주는 보상 방침을 적용하였다.

나는 매사추세츠 주의 피츠필드에 있는 배전 변압기 부서의 고용 관련 프로그램 담당자로 일할 당시에 그 곳의 제안제도 시스템을 운영한 적이 있다. 당시에 모든 의견은 서면으로 제출하도록 되어 있었다. 보다 더 나은 의견제출 과정을 위해 '금으로 된 귀' 모양의 녹음기를 준비하여 의견제시를 하고 싶은 사람들은 직접 녹음할 수 있도록 하였다.

이 방법은 보다 많은 의견을 제시하도록 유도하는 효과가 있었지만, 실행여부는 고사하고 서면화하는 것조차 힘든 익명의 의견들도 쏟아져 나왔다. 이를 통해 나는 스워프와 영의 지혜를 다시금 알게 되었다. 직원들은 좋은 아이디어를 많이 갖고 있기 때문에 적절한 방법으로 보상을 제시하거나 격려하기만 하면 회사의 경영이 더 효율적이고 생산적이며 비용을 절감할 수 있는 방법에 대한 많은 조언을 해 줄 수 있다는 점이다.

직원 보호

스워프와 영은 기존 직원과 경영진이 회사를 위해 평생을 바치고자 하는 마음을 가지도록 독려하는 시스템을 구축하기 위한 노력을 계속 기울였으며, 이에 따라 GE는 더욱 더 평생직장의 이미지를 굳힐 수 있었다. 코핀이 제창한 입사초기 훈련 프로그램이 더욱 확대 실시되었고, 어소시에이션 아일랜드에서 진행된 엘펀협회의 정기 모임은 간부 교육에 있어서 보다 형식을 갖춘 프로그램의 초기 선구자 모형과 같은 역할을 담당하였다.

그러나 GE 경영진은 단순히 직업 진로나 각 직원들의 기술을 발전시키는 것에 만족하지 않고, 직원들을 보호하고 그들의 미래를 준비하는데 도움을 줄 수 있는 여러 가지 독특한 프로그램을 개발하였다. 예를 들어 직원들의 부상이나 질병, 죽음에 대비하여 미망인과 자녀들을 위한 건강과 생명 보험 프로그램을 실시하였는데, 이는 당시로는 매우 혁신적인 사내 프로그램이었다.

공황기의 어려움을 함께 나누다

1929년 주식시장이 붕괴되고, 전세계는 최악의 경제공황으로 신음하게 되었다. 앞에서 말한 것처럼 GE의 매출 역시 이 기간 동안 무려 75퍼센트나 급감하였다. 당시 기업들은 능력과 충성심을 갖춘 직원들도 모두 거리로 내몰아 버리는 대량 해고를 감행하였으나 스위프와 영은 이 문제에 대해 동정심과 실용적인 태도를 유지하였다. 그는 실력 있는 인재들을 떠나보내지 않기 위해서 대공황으로 야기된 충격을 최소화할 방침을 마련하기 위해 노력하였다.

그러한 노력의 일환으로 다음의 3가지 주요 프로그램이 실시되었다.

1. **실직자 구제** GE는 실직 대상에 오른 직원들에 대한 각종 대출과 구제 대책을 마련하였다.

2. **고용보장 프로그램** GE의 전구사업은 직원들과 대공황의 어려움을 함께 극복할 수 있는 여건을 마련해 주었다. 전체 고용 인력의 20퍼센트를 단순 해고하는 방법 대신에 모든 직원들이 주 5일에서 주 4일로 근무시간을 단축하는 방안을 선택하였다. 이로 인해 모든 직원의 봉급이 20퍼센트 정도 삭감되었지만 아무도 해고되지 않고 직장을 유지할 수 있었다.

3. **1930년대의 이익분배 계획** 스워프와 영이 실시한 또 다른 혁신적인 제도는 1930년에 도입한 이익분배 계획이다. 이 프로그램은 우선 다른 기업들이 생존을 위해 악전고투를 하고 있을 때 실시되었으며, 사내 지위에 관계없이 모든 직원들을 대상으로 실시하였다는 점 등 여러 가지 면에서 참신하다는 평가를 받았다. 이는 스워프의 사회주의적 경영 철학과 그에 대한 영의 적극적 지원이 잘 어우러져 거둔 성과라 할 수 있다.

GE 연금신탁

코핀은 1912년에 최초로 GE연금 프로그램을 실시하였다. 이는 고용주 부담 방식으로 그 당시에 성행하던 연금 방식이었다. 직원들의 개인 부담이 없기 때문에 직원의 입장에서는 무료 혜택과도 같은 것으로 여겨졌으나, 이것은 전적으로 회사 경영의 성공여부에 좌우된다는 한계를 가지고 있었다. 예컨대 회사가 파산하거나 해체될 경우에는 연금도 회사와 함께 사라지는 것으로, 직원들은 연금을 전혀 받지 못하는 가능성도 배제할 수 없었다.

스워프와 영은 이러한 문제점을 인식하여 1923년에 직원들의 연금을 보장할 수 있는 새로운 제도를 마련하였다. 직원과 회사가 동시에 연금을 부담하는 신탁적인 특성을 부과함으로써 법적 보호를 받을 뿐만 아니라 회사가 파산할 경우에도 직원들이 신탁금을 받을 수 있도록 마련하였다.

이 제도는 당시로는 매우 혁신적인 것으로 IBM이나 GM 등과 같은 대부분의 대기업들이 겪었던 많은 문제들을 피하는데 결정적인 역할을 하였다. 신탁법에 의해, 연금용 자금이 별도로 관리되었으며 회사 또한 매년 일정액을 연금으로 지급하게 하였다. 신탁이 자체 자금의 증대에 성공을 거둔 해에는 GE가 별도로 연금액을 기부하지 않아도 되는 방식으로 운영되었다.

GE의 연금신탁은 오늘날에도 회사와 직원 모두를 위한 제도로 인정받고 있다

연금 펀드에 대한 GE의 정책은 직원의 입장에서 회사의 경영성공 여부에 관계없이 연금이 보장되고, 회사는 연금에 대한 과도한 책임을 지지 않을 수 있기 때문에 결국 서로에게 긍정적인 결과를 가져다주었다. 오늘날 많은 기업들은 연금에 대한 과도한 압력을 겪고 있으며 이러한 문제점을 벗어나기 위해 어쩔 수 없이 파산신청을 하는 회사도 일부 있다.

외부인이 연금을 관리하는 대부분의 기업과는 달리 GE는 연금을 직접 관리하였다. 연간 보고서의 자료와 GE 노동조합의 웹사이트를 통해 제공되는 정보를 기준으로 연금 펀드를 관리함으로써 만족스러운 반응을 얻었을 뿐만 아니라 회사로서는 상당액의 이익을 확보할 수 있었다.

현재 GE의 연금 프로그램이 가지고 있는 몇 가지 특징을 요약하면 다음과 같다.

- 2005년 12월 현재, GE는 기존 근로자, 퇴직자, 현 근무자를 포함한 62만 8천 명을 대상으로 연금을 보장하고 있으며 5백억 달러 이상의 신탁자산을 증대시켰다.[5]
- GE는 1987년 이후로 신탁 기부를 중지하였으며 2006년까지는 투자 계획이 없는 상태이다. 1990년까지 GE는 수입의 130억 달러 이상을 연금 펀드에 투입한 바 있다.[6]

자산 분배는 GE의 성공 비결이다

스위프와 영이 실시한 직원 보호 프로그램이 GE의 전반적인 성공에 밑거름이 되었다는 점에는 의문의 여지가 없다. 이러한 제도에 대한 수요가 발생하기도 전에 이를 도입하고 실시하는 것 자체가 당시로는 매우 혁신적인 것이었다. 스위프는 사회주의적 철학을 가진 경영자로서 자신의 개인적 신념에 따라 이러한 제도를 실시한 것이 당연하게 여겨질 수 있지만, 독특하게도 그를 뒤이은 경영자들 또한 이러한 연금 프로그램을 지속시키면서 더욱 확장하였다.

스위프와 영의 뒤를 이은 경영진들의 동기를 분석하는 것은 그리 중요하지 않다고 생각하였다. 어쨌든 그들 또한 직원들과 주요 전문 인력과 경영진 구성원들을 보호하고 적절할 보상을 해야 할 필요성을 인정했음에는 틀림없다. 또한 이러한 제도를 통해 직원들의 사기와 회사에 대한 충성심을 더욱 높이는 효과를 얻는다고 믿었다.

건강과 행복

스워프와 영은 직원들의 경제적 안정과 고용 안정 이상의 혜택을 제공하기 위해 노력하였다. 주요 공장마다 직원들이 자유롭게 이용할 수 있는 의료 시설을 설치하였으며 여가활용을 위한 야구, 축구, 농구 시설과 골프 클럽, 식사 공간 등을 마련하여 모든 직원에게 자유롭게 사용하도록 제공하였다. 다른 기업들의 경우, 이러한 혜택은 고위급 간부들로 제한한 것에 비해 GE의 혜택은 가히 파격적이라 할 수 있었다.

나의 경험을 다시 한 번 간단히 언급하면, 1955년에 스키넥터디의 여가활용 시설의 운영과 비용 효용성을 조사하는 업무를 맡은 적이 있다.

당시 대부분의 시설이 필요성이 낮다고 평가하였는데, 그 이유는 첫째, 당시 동일한 수준의 지역 여가설비가 충분하였고, 둘째, GE 직원들이 회사 내의 시설보다는 외부의 지역 시설을 더 선호하는 경향을 보였기 때문이다. 그 결과 많은 시설들을 폐쇄하고 해당 자금을 YMCA나 YWCA와 같은 지역사회 단체에 기부하도록 하였다.

공공 프로그램 후원
스워프는 국가재건법, 미국 노동관계위원회 및 사회보장제도를 도입하는데 크게 공헌하였다.

뉴딜 정책에 대한 스워프의 공헌

제라드 스워프는 산업 성장과 이익 증대를 위해 미국 내 기업들이 연합해야 할 필요성을 강조함으로써 자신의 자본가적 기질과 과두 정치적 성향을 숨기지 않았다. 동시에 보험과 실직자 구제제도, 연금 등을 통해 근로자들을 보호할 필요성도 인정하였다.

그의 형인 허버트 스워프는 <뉴욕 월드>의 잡지 발행인으로서 퓰리처상을 수상한 바 있으며, 루스벨트 대통령은 그의 재능을 활용하여 뉴딜정책 기간 동안 그를 비공식 사절로 일하도록 하였다.

자신의 명성, 실력 그리고 형의 인맥 때문에 제라드 스워프는 루스벨트 대통령의 뉴딜정책에서 중요한 역할을 맡게 되었다. 그의 공헌은 원래 '스워프 계획'이라고 불리었던 국가재건법과 사회보장제도라는 두 가지 면으로 나누어볼 수 있다. 이 두 가지 제도는 스워프가 GE의 성장과 전기 산업의 안정 그리고 근로자 보호를 위해 실시했던 각종 사내 프로그램과 유사한 점이 많았다.

스워프 계획 : 경영과 근로자 보호를 위해 카르텔을 법적으로 합리화하다

1933년 5월 22일 미국 상원위원회의 재정 청문회에서 토마스 고어는 다음과 같이 스워프 계획을 맹공격하였다.

나는 스워프 계획이 1776년에 있었던 독립전쟁이나 1789년 프랑스 혁명, 무솔리니의 이탈리아 혁명과 스탈린이 일으킨 러시아 혁

명과 다를 바 없다고 생각한다.[7]

당시에 다른 위원들은 다음과 같은 의견을 개진하였다.

뉴딜정책과 그 정책의 핵심안인 국가재건청(NRA)은 루스벨트 대통령의 고문단이 제시한 특별 정책으로서, 사실 루스벨트 대통령이 취임하기 오래전부터 그 핵심 정신이 세밀한 부분까지 적용되는 것을 우리 모두가 목격해왔다. 사실 루스벨트 대통령과 그의 고문단이 제시한 내용은 모든 것이 다 갖추어진 계획안에 정식으로 허락하는 것에 불과하다.

루스벨트의 NRA 정책은 사실, 오랫동안 GE의 경영자로 있는 제라드 스워프가 세부사항을 설계한 계획안이다. 이는 원래 스워프 계획이라고 알려져 있으며 독일 GE의 회장인 월터 라테나우가 제1차 세계대전 이후 제시한 독일 재건계획인 라테나우 계획에 상응하는 것이다. 요약하자면 스워프 계획은 노동조합의 파괴적 잠재력을 거대한 복지 정책으로 달램으로써 법인형 국가의 초석을 마련한 투명도 높은 장치라 할 수 있다. 스워프 계획과 버나드 바룩이 과거에 제시했던 유사한 계획이 바로 오늘날의 루스벨트 국가재건법이 된 것이다.[8]

위와 같은 표현은 다소 거침없고 직설적으로 보일지 모르지만 사실 틀린 말은 아니었다. 스워프 계획은 당시의 기준으로 보더라도 급진적인 면이 없지 않았다. 스워프 계획의 주요점은 다음과 같다.

1. **산업협동조합**을 만들고 50인 이상의 근로자를 가진 사업체는 3년 내에 이 조합에 가입하도록 한다. 이 조합은 카르텔처럼 시장 점유율을 할당하고 가격을 공정하게 책정하며 모든 회원들을 통제할 수 있다.
2. **연방통상위원회**를 설치하여 조합과 기업체의 활동을 조정하고 법적인 면과 활동의 공정성을 판단하게 한다.
3. **근로자**들에게 생명보험, 장해보험, 연금, 실직자 구제제도, 고용보험 등을 제공한다.[9]

이러한 내용은 전례를 찾아볼 수 없는 혁신적인 것이었으나, (1) 제라드 스위프의 사회주의적 성향이나 (2) 그가 영과 함께 GE의 성장과 직원 보호를 위해 이미 실천한 바 있는 프로그램을 아는 사람들에게는 아주 당연한 내용이었다. 요약하면 스위프는 부의 분배와 극도로 어려운 상황에서도 주요 이해관계자들의 이익을 배려한 상호 만족을 이끌어내기 위한 해결책을 제시하였다.

미국 내 모든 근로자들을 위한 연금 보장

스위프 계획은 루스벨트 대통령에게 전 국가적 수준의 'GE식 연금신탁 제도'를 실시하도록 촉구하였다. 이는 단순히 고용안정뿐만 아니라 퇴직 이후에도 계속적인 혜택을 얻도록 하는 제도로서 1935년 스위프는 다음과 같은 내용을 요지로 하는 사회보장법을 제정하는데 크게 공헌하였다.

1. 사용자와 근로자들이 공동으로 부담하는 퇴직 이후 연금제도 실시
2. 사용자 부담의 실직 보험제도 실시
3. 일반 공공기금 지원으로 운용되는 사회복지 프로그램을 통해 모자가정, 독거노인과 장애인 가정과 같은 불우이웃을 돕는 제도 실시

간단히 말하자면 이는 현대 복지제도의 기반을 마련하는 것으로 이에 대한 사람들의 의견은 매우 분분하였다. 그러나 사회보장제도의 설립을 위해 스워프가 적극 노력한 점은 어쩌면 당연한 결과였는지 모른다. 그는 GE에서 배운 것을 국가적 차원에서 유사한 문제를 해결하는데 적용한 것뿐이라고 말할지 모른다. 안타깝게도 사회보장제도는 여러 가지 이유로 인하여 GE의 연금제도처럼 재정적인 성공을 이루지는 못하였으며, 퇴직 후에 이용할 수 있는 혜택으로 그리 높게 평가되고 있지 못하고 있는 실정이다.

정치적인 부정확성은 용납이 가능하다

스워프의 독특한 면모는 주요 공공정책이나 사회보장제도처럼 논쟁의 대상이 된 정책에 대해 그가 취했던 공식적인 입장에서도 확연히 드러났다. 이러한 용기 있는 태도는 스워프뿐만 아니라 그의 파트너인 오웬 영에게서도 찾아볼 수 있다. 그는 제1차 세계대전 이후 독일이 승전국 연합에게 보상금을 지불할 것인가의 여부와 어떤 방식으로 지불할 것인지를 결정할 때, 스워프 못지않은 용기 있는 태도를

보였다.

영은 민주주의 옹호자였지만, 허버트 후버 대통령의 공화당 행정부가 직면한 어려운 문제에 적극적으로 개입하였다. 그의 도움을 받아 독일은 전쟁 관련 부채를 청산하고 대공황의 무시무시한 결과를 이겨낼 수 있는 프로그램, 즉 도스 계획(Dawes Plan)을 마련할 수 있었고, 이것이 발전하여 후에 '영의 계획'이 되었다.

그의 계획을 두고 많은 비판이 쏟아졌으며 심지어 독일의 경제적, 정치적 부활을 도와주어 히틀러의 부활을 꾀하려 한다는 의심의 눈초리까지 받아야 했다. 그러나 1929년 영은 그러한 국제적 도움을 아끼지 않은 공헌을 인정받아, <타임>지에 의해 '올해의 인물'로 선정되었다. 또한 미국 차기 대통령 후보로 지목되었으나 본인의 거절로 무산되었다.

그는 GE에서 퇴직한 이후에도 계속 공공 서비스 개선에 노력하였다. 예를 들어 1946년 뉴욕 주지사인 토마스 듀이의 요청을 받고 뉴욕 주립대학 건설을 기획하는 주 위원회를 맡아 이끌었으며, 이를 통해 후세의 많은 젊은이들에게 좋은 교육의 기회를 마련해 주었다.

슈타인메츠 : 또다른 사회주의적 경영자

결론적으로 스위프트와 영은 공공 서비스와 주요 사회경제적, 정치적 문제에 기꺼이 도움을 베푸는데 적극적이었다. 자신들의 평판이 손상을 입고 공격을 입는 위험을 감수하면서도 그러한 지원을 아끼지 않았으며, 이러한 태도는 고위 경영진에만 국한된 것이 아니었음을 꼭 지적하고 싶다. 이처럼 사회문제 해결에 적극 참여한 GE의 또

다른 경영진으로서 찰스 슈타인메츠가 있다.

이미 2장에서 코핀이 슈타인메츠의 천재성에 반하여 그를 영입하기 위해 당시에 슈타인메츠가 근무하던 회사를 통째로 인수하였음을 밝힌 바 있다. 그러나 슈타인메츠는 단지 위대한 과학자에 불과한 인물이 아니었다. 그는 지역사회의 사회문제나 사회주의적 명분을 위해서 적극적으로 활동한 사람이었다. 그는 스키넥터디 교육위원회의 위원으로 6년간 일하면서 위원장을 4번 역임하였다. 당시 스키넥터디에서는 교실 부족으로 학생들이 반나절 동안만 수업을 받고 있었다. 그는 즉시 행정 당국을 강하게 설득하여 더 많은 학교 시설을 건축하도록 하여 공간 부족 문제를 해결하고 전일 수업이 이루어지도록 하였다.[10]

리더십

코핀은 조언과 참여를 중시하는 경영자였으며, 그를 뒤이어 경영권을 물려받은 스워프와 영 또한 회사의 경영 정책과 전략에 경영진뿐만 아니라 직원들도 적극 참여하도록 하기 위해 엄청난 노력을 기울였다. 산업별 노동조합회의에 GE의 노동조합 가입을 적극 건의함으로써 참여와 조언을 중시하는 경영 철학을 또한번 여실히 증명하였다.

◘ 독자를 위한 제안 전 직원들이 회사 경영에 참여하거나 공헌할 수 있는 방법을 최대화하고 독립기구를 설치하여 종업원뿐만 아니라 제3자 또한 불이익이나 부당한 대우를 받을 염려 없이 자유롭게 의견을 내놓을 수 있도록 마련해 보라.

부의 공유 스워프와 영 그리고 그의 후계 경영진은 회사의 이윤을 일부 소수에게 편중시키는 것이 아니라, 기꺼이 이해관계자들과 나누고자 하였다.

◘ 독자를 위한 제안 자신은 부를 공정하게 배분하는 문제에서 얼마나 적극적인지 자문해 보자. 안타깝게도 요즘 많은 경영자들은 직원을 해고하거나 공장을 폐쇄하는 문제, 심지어 개인적 자산 확보를 위해 회사를 희생하는 행동을 서슴지 않고 있다. 어디까지 경영자의 개인적 이익을 제한해야 할 것이며, 더 큰 의미의 이익을 계산해야 할 시점은 어디인지 파악해 보자.

인재양성과 보상 스워프와 영은 인재양성 프로그램이 단순한 훈련습득 이상의 제도가 되도록 마련하였다. 각종 혜택, 연금, 보상 프로그램을 통해 직원들이 더욱 성장하고 번영하여 퇴직 이후에 대한 염려를 하지 않도록 배려해 주었다. 그러나 스워프와 영은 직원들도 각자 연금의 일정액을 부담하게 하여 무임승차 효과를 기대하는 일이 없도록 하였다는 점에 유의하도록 하자.

◘ 독자를 위한 제안 현재 인재양성 전략을 재점검하여 주요 인재의

이탈을 방지할 수 있는 혜택과 보상 제도가 제대로 마련되어 있는지 확인해야 한다. 인재는 단순히 훈련하고 개발할 대상이 아니라 주요 혜택도 반드시 함께 제공해 주어야 한다. 스워프와 영이 실시한 건강, 연금 프로그램은 질타의 대상이 되거나 많은 기업의 경우 폐지 대상이 되고 있다. 하지만 이러한 조처는 직원들의 필요를 온전히 고려하지 못한 태도임을 잊지 말아야 한다.

주요 이해관계자들에 대한 고려 분명 스워프와 영은 근시적인 안목으로 내부관리에만 치중한 것이 아니라 경제, 사회, 정치적인 문제해결에 적극 지원하는 자세를 보였다. 미국 역사상 가장 힘든 시기에 개인적 어려움과 비난을 감내하면서 꾸준한 지원을 보인 점은 높이 평가할 만하다.

▶ 독자를 위한 제안 독자는 개인적인 공격이나 비난, 질타의 대상이 된다하더라도 기꺼이 도움을 줄 의향이 있는가? 그런 입장을 고수하면서 기꺼이 헌신하려는 의지가 어느 정도로 강한가?

4 장

■ ■ ■

선두자리를 유지하기

이제 1920년대와 1930년대에 GE가 이룩한 성공 전략을 자세히 살펴보기로 하자. 이 시기는 GE가 전세계적으로 가장 강력하고 성공적인 기업으로 발돋움한 시기라 할 수 있다.

스위프와 영이 경영권을 넘겨받을 무렵, 전기 산업은 아직 초기 성장 단계에 머무르고 있는 수준이었다. 두 사람은 전기설비 업체가 지속적으로 새로운 시스템을 구매하거나, 기존 시스템을 발전시키도록 하기 위해서 전기 수요를 자극할 필요성을 절감하였다. 코핀이 이미 이 문제를 인식하고 있었으나 '호순환(Benign Cycle)'이라는 과정을 통해 본격적인 전기 수요창출에 노력하여 성공한 것은 스위프와 영이라고 할 수 있다.

소비자를 포함하여 관련 기업의 수요를 자극하기 위해 GE는 선택적인 기술 도입과 내부 개발을 통해 새로운 소비자용, 산업용, 상업용 전기 제품을 개발하기 시작하였다. 뿐만 아니라 경영진들은 전기 제

스워프와 영의 성장 전략

- 호순환 전략
- 소매업자 프랜차이즈
- 소매가격 조정 : 위탁 판매
- 소매업자, 소비자 지원 : GE 적립금
- 적극적인 판촉과 홍보 전략
- 관계판매
- RCA 투자 : 핵심 역량을 이용한 다양화 추구
- 국내 시장 보호를 위한 평등 정책과 라이센스 활용

품이 일용품으로 전락하는 것을 방지하기 위해서, 도매와 소매 거래의 구조와 가격을 동시에 조정하기 위한 전략과 프로그램을 개발하기 시작하였다.

국제적인 입지를 염두에 두고 기업의 특허권 보호와 외국 경쟁 기업의 시장 점유를 막기 위한 노력도 게을리하지 않았다. 회사의 원거리 통신 기술을 이용하여 GE는 웨스팅하우스와 손을 잡고 RCA 창립을 위한 모색을 시도하였다. 이러한 경영진의 노력은 1920년대에 GE가 크게 성장하는 밑거름이 되었으며 대공황 속에서 엄청난 매출 손실을 견뎌낼 수 있는 힘이 되었다.

이제 각 전략별로 자세히 살펴보자.

호순환 전략 : 전기 수요 자극

그림 4-1은 호순환 전략의 기본 개념을 정리한 것이다. 간단히 말하자면 GE의 주요 목표는 새로운 전기제품, 장치, 시스템을 주요 시

장의 모든 관련 부문에 공급하는 것이었다. 이를 통해 더 많은 전기 공급 수요가 창출될 것이고, 이러한 수요를 감당하기 위해서 각종 업체들은 계속 자신들의 전기 관련 체제를 강화하거나 확장할 필요성을 가지게 될 것을 예상하였다.

GE는 새로운 상품 판매뿐만 아니라 전기설비 시스템과 관련 상품 그리고 서비스 판매의 증가 또한 기대할 수 있었다. 이는 네트워크를 기반으로 하는 업종에서 흔히 사용되는 기본 전략이지만, GE는 이를 놀라울 정도로 확장하여 적용하는 면에서 단연 독보적이었다.

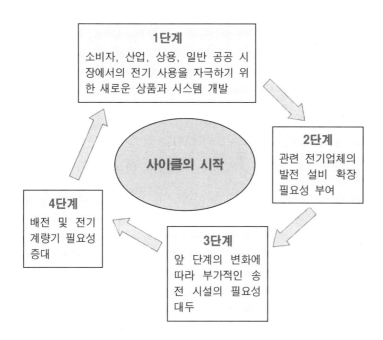

그림 4-1 GE는 전기 수요를 창출하는 발전, 송전, 배전 시스템을 지속적으로 보수하고 확장해야 하는 전기설비 업체와의 거래를 염두에 두고 여러 가지 소비자용, 산업용 신상품을 출시하였다.

전기산업의 발전이 가져다 준 풍요로운 생활 : 소비자 맞춤형 상품 전략

내부적인 발전과 확장 및 상호 특허 사용 계약이 잘 어우러진 결과, GE는 새로운 상품을 다양하게 선보일 수 있었다. 여기에는 음식물을 익히거나 냉동하는 기계, 세탁기, 건조기, 진공청소기, 냉방기계 등 다양한 용도의 상품이 포함되었다.

1919년에 코핀은 전기스토브 개발의 기초가 된 핫포인트(Hotpoint)를 매입하였다. GE의 연구개발팀은 칼로드 전열 기술을 사용하여 전기스토브의 품질과 안정성 그리고 효용성을 더욱 향상시켰다. 또한 세탁기와 건조기 브랜드인 토르(Thor) 생산업체인 헐리 제조회사(Hurley Manufacturing Company)를 인수함으로써 가정용 기기 제조업을 더욱 확장하였다. 1927년에 GE는 마침내 '모니터 톱' 방식의 냉장고를 선보였으며, 곧이어 여름의 더위를 식히기 위한 가정용 선풍기를 개발하였다. 마침내 전기 청소기 제조의 대표적인 업체인 프리미어 진공청소기회사 또한 인수하기에 이르렀다.

이러한 지속적인 상품 개발을 통해 한 가지 사실이 분명해졌다. 소비자들은 생활을 즐길 권리가 있으며, 특히 '전기산업의 발전이 가져다 준 풍요로운 생활'을 누리는데 큰 관심을 가지고 있다는 것이다. 소비자들에게 GE라는 상표는 품질과 혁신을 뜻하는 단어로 인식되기 시작하였으며, 더 나아가 전세계적으로 최고의 품질 브랜드로 자리잡게 되었다.

소매업자 프랜차이즈

스워프는 GE의 신상품 판매를 담당하는 소매업자와 도매대리점의 자질 또한 중요함을 잘 알고 있었다. 그래서 GE가 직접 소유하고 경영하는 판매망을 형성하기보다는 소매업자들에게 프랜차이즈 영업권을 판매하기 시작하였다.

GE의 이미지를 고려하여 GE 상품 판매에 적합한 소매업자들을 선별하는 작업이 시작되었다. 이들에게는 각각의 고유 지역이 할당되었으며 판매, 회계, 영업에 관련한 기본 교육을 제공하였다. 또한 홍보와 판매촉진 활동을 통해 적극적으로 후원해 주었다.

영업점 계약을 통해 전구 가격을 통제

각각의 사업 분야에 소요되는 자본과 현금 필요성을 감소시키기 위하여, 전구 프랜차이즈에 사용했던 방법과 유사한 방법인 위탁판매와 대리점 시스템을 도입하게 되었다.

이 전략 또한 직접적인 효과를 낳았다. GE가 제조에서 판매에 이르기까지 상품의 소유권을 가지는 반면, 중개업자와 도매대리점은 소비자가 구매하게 될 상품의 소유권을 직접 소유하지 못하게 하였다. 이로 인해 GE가 소매가를 결정하거나 조정할 수 있었다. 모든 중간유통업자들은 가격에 대한 GE의 방침을 따라야 하였고, 회사 측에서 승인한 경우에만 상품 가격을 할인할 수 있었다. GE의 프랜차이즈 영업 계약에 따라 소매업자들은 소비자들에게만 GE의 상품을 판매할 수 있었고 다른 소매업자나 대리점과의 거래는 금지되었다. 이로 인해 잉여분의 재고를 헐값에 거래하여 임의적으로 가격을 할인하는 것을 예방할 수 있었다.

이것은 당시에 매우 널리 사용되는 계약 조건이었으며, 현재 자동차업계에서도 이와 동일한 판매 형태를 취함으로써, 소매 프랜차이즈 점은 제조업체의 요구조건에 맞추어 판매하고 있다.

소매업자들은 판매된 상품에 대한 수리, 보수 서비스를 제공하도록 미리 훈련받았으며 GE가 승인한 공장 부품에 대한 배타적인 공급업체의 역할 또한 담당하였다. 비교적 높은 부품 가격과 지정된 업체만 부품의 주문과 수리를 진행할 수 있었기 때문에 부품과 서비스업은 매우 높은 마진을 남기는 분야였다.

위탁판매를 통한 소매가격 통제

대리점 계약은 소매 거래업체나 도매 담당자들이 상품을 구매할 때, 현금이나 신용 거래를 하지 않아도 된다는 점에서 매우 선호하는 조건이다. 이것은 임의적인 가격 할인이나 마진 악용을 막을 수 있다는 장점도 있다. GE는 1950년대 중반까지 이 가격 정책을 사용하였으나 공정거래 규칙이 불법적으로 거래를 규제하는 제도로 규정된 이후로는 중지하였다.

제너럴 일렉트릭 크레디트의 출발

GE는 체인점의 재고 유지와 각 점포별 평면도 계획을 위해 체인점을 위한 재정적 지원을 제공할 필요성을 인식하게 되었다. 평면도 작업을 통해 각 소매업자들은 상품을 진열하거나 전시하여 소비자들이 GE 상품의 가치와 독특성에 관심을 가지도록 유도할 수 있었다.

1932년에 소매업자를 위한 금융 서비스와 소비자 신용 거래와 금융 지원 서비스를 시작하기 위하여 스워프는 제너럴 일렉트릭 크레디트(General Electric Credit Company, GECC)를 설립하였다. GECC는 소비자 전략의 핵심 요소가 되었으며, 나중에 제너럴 일렉트릭 캐피탈로 성장하여 존스와 웰치의 금융 서비스 전략에 중요한 역할을 담당하였다.

GE의 체인점이 되는 것은 많은 소매업자들의 바람이었으나 결코 쉽지 않은 일이었다. 이로 인해 체인점 구조는 더욱 본사와 공고한 관계를 유지하게 되었다. 이러한 현상은 각종 할인 경쟁업체가 등장하고, 앞서 언급한 바와 같이 공정거래법 위반으로 인해 소매업자와의 관계 및 이로 인한 경제적 가치에 타격을 입게 된 1950년대 후반까지 지속되었다.

적극적인 홍보전략

소비자 수요를 증대시키고 시장의 성장을 유도하는 또 다른 방법으로 스워프와 그가 이끄는 경영진은 전국가적인 홍보와 지역별 홍보에 관심을 갖기 시작하였다. GE라는 브랜드의 이미지를 최대한 살려 광범위한 광고와 홍보 전략을 창안하였으며 소비자의 발걸음을 GE의 소매점으로 끌어들이고 상품을 주문하도록 적극적인 판매 공세를 펼쳤다.

GE는 소매점의 판촉활동을 직접 교육할 뿐만 아니라 상품의 가치와 판매도를 높일 수 있는 상품 진열에 대한 조언과 현장 판촉물 또한 아낌없이 공급하였다.

GE 공급회사

도매유통 또한 전략적으로 중요한 요소로 여겨졌다. 소매시장과 마찬가지로 GE는 회사 소유의 도매유통 공급망을 조직하는 것보다 독립적인 유통업체들과 도매업자들과 거래하는 것을 선호하였으나 스위프는 이 방법이 현실 속에서 언제나 실현가능한 것이 아님을 알게 되었다.

종종 특정 지역, 특히 새로운 시장이 형성된 곳에는 적당한 도매업체를 물색하는 것이 힘들었고, 때로는 개인업자들이 충분한 경험의 부족으로 거래를 지속할 수 없는 경우도 있었다. 결국 1929년에 GE 공급회사(GE Supply Company)를 설립하였다. 이 회사는 GE의 소비자용 제품과 전구 제품 그리고 각종 산업 및 상업용 제품 일체의 공급을 책임지고, 특히 GE 제품의 유통이 부실하거나 유통망이 설립되지 않은 지역을 집중적으로 관리하게 되었다.

어떤 경우에는 경쟁력이 부족한 기존 도매업체나 경영주의 퇴직과 사망 등의 이유로 관리를 맡을 사람이 없는 업체를 인수하였다. 놀랍게도 2006년에 제프리 이멜트는 GE 공급회사를 프랑스의 전기 공급회사에 매각하였으며, 보다 수익률이 높은 사업에 집중투자하기로 결정하였다. 새로운 회사가 GE 공급회사를 맡아서 GE의 상품을 판매하였으나, 이는 전체 수익률에 비할 때 극히 작은 부분에 불과하였다.

관계판매

GE의 성공 비결 중 하나는 바로 관계판매라고 할 수 있다. 코핀은 각종 전기설비 업체의 경영자들과 긴밀한 친분관계를 유지하였으며, 스워프 또한 소비자 소매업자와 유통 분야의 담당자들과 밀접한 관계를 맺고 있었다.

코핀처럼 스워프는 소매업자와의 장기적인 제휴관계를 발전시켰으며 그들의 성공을 위해 여러 가지 후원 사업을 아끼지 않았다. 그 결과 소매업자들은 해당 지역에서 자신들의 인지도 관리에 더 많은 투자를 하면서 가격보다는 가치와 혁신, 서비스를 통한 판매 활동에 더욱 매진하게 되었다. 그리고 GE의 이미지 마케팅과 일치하도록 소매업자들이 회사에 대한 굳은 신뢰를 가지도록 하였다.

소비자 관리 측면에서 GE는 항상 중개업자들에게 의존하였기 때문에 엄밀한 의미에서 '소비자 지향 회사'라고 말할 수는 없지만, 대규모 사업 못지않게 소비자 관리 또한 철저하게 해 왔다고 볼 수 있다. 소비자와의 직접 거래보다는 소매업자로 구성된 유통망을 형성함으로써 GE의 판매 사업은 계속 번창할 수 있었다.

다양화를 위한 노력

현재 GE는 '핵심역량 구축 기업'이라고 불리고 있다. 쉽게 말해서 사업 확장의 비결은 (1) 경쟁력 있는 분야를 파악하여 (2) 그 점을 더욱 발전시키는 것이다.

스워프를 선두로 하여 GE의 독자적 경쟁력 제고 노력은 몇 가지 주요 분야에 초점을 맞추고 이루어졌으며, 이를 바탕으로 새로운 사업 분야를 개척하기도 하였다. 대표적인 예로서 방송 사업과 원자재 분야를 들 수 있다.

초기의 다양화 시도

라디오와 텔레비전

- 1922년 : 스키넥터디에서 WGY와 함께 라디오 방송 사업을 시작하여 최초의 라디오 드라마 "늑대"를 방송함.
- 1928년 : 텔레비전 방송 사업을 시작하면서 최초의 TV쇼 "여왕의 메신저"를 방영함.
- 1940년 : 뉴욕 시까지 TV 방송 범위를 확대하고 FM 라디오 방송을 시작함.

원자재 혁신

- 1940년 : 새로운 실리콘 화학제품을 발명하여 실리콘 분야의 사업을 시작함.[1]

스위프와 영이 구사한 소비자 전략은 전반적인 결과를 고려할 때 엄청난 격변을 불러일으켰으며, 그 결과 GE의 브랜드와 상품 이미지는 같은 업계 내에서 최고의 가치를 갖게 되었다. 그들의 전략은 코핀과 일맥상통하는 면이 많았으며, 기존 사업뿐만 아니라 여러 업체에 전기 장비를 판매하는 수단으로서 새로운 핵심 시장을 개척하였다는 점에서 더욱 발전된 면모를 보였다. 이 전략은 대공황 중에도 계속 적용하였으나, 제2차 세계대전으로 인해 약간의 수정을 거치게 되었다.

GE와 웨스팅하우스 RCA를 설립하다

1906년에 스웨덴 이민자 출신으로 GE에서 기술자로 일하던 에른스트 알렉산더슨이 음성 전송이 가능한 교류기를 발명함에 따라 무선 산업의 초석이 마련되었다.

굴리엘모 마르코니가 경영하던 회사 아메리칸 마르코니는 이미 방송용으로 알렉산더슨이 개발한 교류기를 구입하였으며, 1915년에는 4백만 달러 상당의 교류기를 추가적으로 주문하였다. 이 계약으로 GE는 200킬로와트 용량의 대규모 기계 설비를 생산하기 시작하였으나 공교롭게도 미국의 제1차 세계대전 참전과 시기를 같이 하게 되었다. 1918년에 완성된 이 기계는 대서양 너머까지 휴전 소식을 전하는 데 사용되었다. 우연의 일치로 인한 방송 시스템의 시작으로 정부 관료들은 무선통신이 단순한 커뮤니케이션 수단이 아니라, 국가 이익에 절대적으로 필요하다는 것을 알게 되었다.

제1차 세계대전 당시에 해군차관보였던 프랭클린 델라노 루스벨트는 다른 국가가 무선통신 기술에 대한 통제권을 갖는 것을 원하지 않았다. 그는 다른 정부 관료들과 함께 GE에 압력을 가하여 아메리칸 마르코니의 추가 주문을 거절하게 만들었다. 당시 마르코니는 알렉산더슨의 교류기만이 전세계적 규모의 무선통신을 구축할 수 있는 유일한 수단이라는 강한 확신을 갖고 있었으므로 GE의 주문 거부는 엄청난 타격이 아닐 수 없었다. 다급해진 마르코니는 러시아 출신의 천재 기술자인 데이비드 사노프에게 이 문제에 대한 자문을 구하였으며 사노프는 마르코니의 확신이 옳다는 점을 입증해 주었다.

마침내 1919년이 되어 코핀은 아메리칸 마르코니에게 GE와의 합병을 제안하기에 이르렀다. 합병 제안이 긍정적으로 받아들여짐에 따라 GE와 웨스팅하우스 공동 소유의 RCA를 창립하게 되었다.(GE는 이 회사 지분의 60퍼센트, 웨스팅하우스는 40퍼센트를 소유하였다.) RCA는 GE, AT&T, 웨스팅하우스, 유나이티드 프루츠(United Fruit)와 미국 해군이 가지고 있던 각종 특허권을 사용할 수 있었다. 얼마 지나지 않아 RCA는 아메리칸 마르코니에 대한 영국 마르코니의 기업지배권을 매입하였다.

데이비드 사노프는 RCA의 경영 책임자가 되었고 오웬 영은 회장으로 임명되었다. 영은 GE의 회장직을 겸임하게 되었다. 새로 창립된 RCA는 독립적인 제조설비를 갖추지 못하였으므로 RCA의 모든 제품 생산은 GE와 웨스팅하우스에서 담당하게 되었다.

1922년, AT&T는 뉴욕에 라디오방송국(WEAF)을 세우고 아메리카 방송(Broadcasting Corporation of America)을 설립하였다가 1926년에 이를 RCA에 매각하였다. RCA는 매입 이후에 즉시 NBC(National Broadcasting Company)를 설립하였는데, 이 회사의 지분 중 절반은 RCA가 차지한 반면, 30퍼센트는 GE가 소유하고 나머지 20퍼센트는 웨스팅하우스가 갖게 되었다.

1928년 1월에 에른스트 알렉산더슨은 가로세로 3인치 크기의 영상 이미지를 무선 연구소에서 스키넥터디에 있는 자신의 집으로 전송하는데 성공하였다. 이는 최초의 영상 전송이었으며 4개월 후, GE는 최초의 전송에 사용된 이미지보다 3배나 더 큰 이미지를 전송하는데 성공하였다.

같은 해인 1928년에 RCA는 무선통신 계열사를 RCA-Red와 NBC-Blue로 분리하기로 결정하고 미국 최초로 스키넥터디 주를 넘어서 전국적 규모의 텔레비전 정규 방송을 시작하였다. 이듬해인 1929년에는 에디슨 소유의 회사 중 하나였던 빅터 토킹머신을 1억 5,400만 달러에 매입하였다.

야망과 포부가 가득했던 기업가 데이비드 사노프는 GE와 웨스팅하우스가 RCA를 장악하고 있다는 사실에 상당한 불만을 품고 있었다. 그는 이 두 회사가 소비자와 국내 시장을 자본화하지 못하고 있으며 산업이나 군사용 무선 설비에만 지나치게 편중하고 있다고 판단하였다.

마침내 그는 정부 내의 인맥을 사용하여 사법부에게 '무선 독점'에 대한 독점금지 조사를 실시할 것을 강력히 요구하였다. 루스벨트가 취임하기 직전인 1932년에 GE와 웨스팅하우스는 RCA에 대한 투자 지분을 포기하고 RCA의 경영권 독립을 인정하라는 법원의 판결을 받게 되었다. 사노프는 이러한 판결에 매우 만족하여 즉시 RCA 경영에 가담하였으며, 곧 그의 아들인 로버트가 경영권을 이어받았다.

GE와 웨스팅하우스는 법원의 판결로 인해 빼앗긴 소유권에 대한 정당한 보상을 얻고자 부단히 노력하였으나 결국 실패하고 말았다. GE는 겨우 1백만 달러를 회수할 수 있었고 RCA의 본부는 뉴욕시 렉싱턴가 570번지로 옮겨졌으나 1950년대에 그곳은 GE의 본부가 되었다. RCA는 이미 잘 알려진 록펠러센터로 다시 이주하였다. 설상가상으로 특허권 회사들이 당시 상당한 가치를 창출할 수 있었던 TV 관련 특허권(칼라 TV 관련 특허권을 포함)을 상실하게 되고 새로운 시장 개척이나 확장 단계의 시장에 발을 들여놓는 것조차 금지당하면서 GE와 웨스팅하우스는 상당한 타격을 입었다.

방송 시장이 GE의 관심을 끌었던 이유

내가 1980년부터 1983년까지 GE의 비즈니스 분석가로 재직할 동안 GE의 사업 중 가장 성공적인 사업 분야에 대한 분석을 실시한 경험이 있다. 분석 결과에 의하면 방송 사업은 전기 산업과 유사한 면이 매우 많으므로 GE의 주력 사업으로 자리잡고 있었다.

두 분야 모두 네트워크와 기술에 기반을 둔 사업이었으므로 GE는 (1) 전문기술과 (2) 막강한 특허권 보유에 따라 매우 유리한 입장에 있었다. 또한 일정수준 이상의 고객들과 선택적인 거래를 함으로써 충격완충 장치를 확보하는 동시에 높은 수익을 얻을 수 있었다. 고부가가치의 라디오와 TV를 개발하여 판매할 수 있는 기회가 주어지자, GE는 새로운 프로그램과 더 복잡한 구조를 가진 시스템을 개발할 필요성을 인식하였다. 이로 인해 호순환 전략의 효율성을 더욱 향상시킬 수 있었다.

사실상 사노프는 이미 그가 인수했던 '비독점화'된 회사에 이 전략을 사용하고 있었고 이로 인해 RCA는 1970년에 새로운 경영 전략을 도입하기 이전까지는 큰 성공을 거두면서 높은 사업 수익을 유지하였다.

스워프와 영이 정부와 공공단체에 상당한 영향력을 행사할 수 있었으나, 데이비드 사노프는 이들을 능가하는 정치적 수완을 발휘하고 있었다. 그는 대규모 사업체에 대한 대중의 반감을 이용하여 당시 급속도로 성장하던 통신 시장의 통제권을 아무런 대가도 치르지 않고 고스란히 거머쥐었던 것이다.

GE의 길고도 복잡한 역사를 통해 발견할 수 있는 또 하나의 아이러니는 잭 웰치의 성공에 RCA가 크나큰 공헌을 했다는 점이다. 이 점은 웰치 시대를 논하는 장에서 자세히 다루게 될 것이다.

전 세계적 경쟁 기업의 지분 확보를 위한 노력

스워프는 인터내셔널 GE (IGE)를 설립함으로써 GE의 경영에 첫걸음을 내딛었다. IGE는 각종 수출업과 외국 라이센스를 담당하는 GE의 국제협력회사였다. 스워프는 자신의 재직기간 동안 IGE를 통하여 각국의 제휴사와 동등한 지분점유율을 유지하기 위하여 노력하였다.

예를 들어 독일에서 IGE는 AEG(Allegemeine Elektizitäts-Gesellschaft, German General Electric)의 지분 40퍼센트를 소유하고 있었으며 AEG 이사회는 스워프를 포함하여 3명의 IGE 임원이 참여하고 있었다. 이뿐만 아니라 당시 독일의 대표적인 전구회사인 오스람(Osram)의 지분 16퍼센트와 초기 단계였던 무선통신 사업을 주도하던 텔레푼켄(Telefunken)의 지분도 60퍼센트 정도 소유하고 있었다.

독일의 경우는 한 가지 사례에 불과한 것이었다. IGE는 세계 각국에 있는 주요 전기 제조업 분야의 다양한 업체에 상당한 지분을 확보하고 있었다. 이러한 지분 소유를 통하여 IGE는 해당 기업체에 막강한 영향력을 행사할 수 있었다. 이는 결국 GE가 경쟁업체의 행보와 가격을 통제할 수 있는 수단으로 사용되었다. 이와 같은 적극적인 해외 사업 확장은 매우 이례적인 규모로 이루어졌으며, 오늘날의 많은 미국 기업들 또한 이와 같은 영업 전략을 적극적으로 사용하고 있다.

포에버스 협정

당시로는 국제 카르텔(가격 결정과 통제의 목적으로 설립된 카르텔)이 법적으로 인정되었으며, 전 세계 여러 국가가 적극 후원하기까지 하였다. IGE는 국제전구 카르텔과 국제전구협회(National Electric Lamp Association)의 포에버스(Phoebus) 협정을 이끌었다.

카르텔은 소규모 업체의 생존과 성장에 필수적이며, 새로운 시장의 성장에 큰 도움이 된다고 판단하여 이를 적극적으로 옹호하였다. 주요 산업별로 다수의 카르텔이 경쟁관계를 유지하였기에 특정 산업 전체를 장악하는 단독 카르텔은 없었다는 면에서 독점과는 엄연히 다른 성격을 가지고 있었다. 카르텔은 어느 정도 제휴업체나 공동투자 업체와 같은 기능을 담당하였으며, 이와 같은 기업 담합은 오늘날의 비즈니스에서도 종종 찾아볼 수 있다.

물론 지금도 석유수출국기구(OPEC)와 같은 카르텔이 존재하는 것이 사실이다. 석유수출국기구는 전 세계적으로 가장 널리 알려져 있는 매우 강력한 카르텔이라 할 수 있다. 이는 생산과 가격을 통제하고 생산량을 어느 나라 혹은 어느 지역에 할당할 것인지를 결정한다. 오늘날 대부분의 선진국이 경쟁 촉진을 위해 카르텔을 금지하는 독점방지법이 있다.

하지만 일부 국가들은 카르텔 형성을 허락하고 심지어 적극적으로 후원하는 경우도 있다. 이 경우 중국이나 두바이처럼 관련 기업체는 정부가 운영함으로서 훨씬 더 강력한 카르텔을 형성하게 된다. 현재 대부분의 산업에서 카르텔의 일부 특징을 가진 제휴관계나 상호 특허 사용허가와 같은 다양한 형태의 기업 연합을 찾아볼 수 있다.

하지만 생산이나 가격을 통제하지 않기 때문에 대부분의 경우 합법적인 것으로 간주되고 있다. 라이센스를 제공하거나 확보하는 것, 교역 협정을 맺는 것 그리고 비즈니스 동맹을 맺는 것은 분명 여러 가지 이점이 있다.

여기에서 중요한 것은 '공유와 결탁'의 차이를 분명히 하는 것이다. 이 점을 명확하게 구분하지 못하면 불법 협력, 가격 담합, 기타 비윤리적이거나 불법적인 행위로 인해 문제가 발생하게 되고 거래관계를 무효화하는 것 외에는 다른 해결책을 찾을 수 없는 상황에 이르게 된다.

GE의 경영에서 제휴와 동맹은 빼놓을 수 없는 핵심 요소였다. 스워프는 이러한 경영 전략의 중요성을 누구보다도 잘 이해하고 있었기에 국가재건법의 핵이 되었던 자신의 '스워프 계획'에서 미국 내 카르텔을 합법화하려는 시도를 서슴지 않았다.

적응력

분명 스워프와 영은 '성공적인 경영'을 하였다고 말할 수 있다. 전기산업 분야를 확장하고 GE의 독보적인 위치를 공고히 하기 위하여 완벽하고 효율적인 전략을 사용하였다. 이 전략에 필요한 모든 핵심 요소들에 주의를 기울였으며, 코핀과 마찬가지로 법이 허용하는 범위를 최대한 활용하고 회사의 성장을 위해 관련법을 적극 활용하는 노력도 아끼지 않았다. 이러한 자세는 시장개척과 산업 확장에 아주 모범적인 태도라 할 수 있다.

☑ **독자를 위한 제안** 현재 사용하고 있는 전략을 처음부터 끝까지 완전히 재분석하여 전체적으로 일관성이 있는지를 검토한다. 현재 실시 중인 방침과 전략상 우선순위를 두어야 할 요소가 일치하는지 그리고 경영자로서 초점을 맞추고 있는 사항과 관련성이 있는지 확인한다. 또한 법은 언제라도 바뀔 수 있다는 점을 염두에 두고 현재의 경영 전략이 법적으로 문제가 없는지의 여부를 계속 시험해 보아야 한다. 최근에 법적 논쟁에 휘말린 몇몇 회사들의 경우에서 알 수 있듯이, 이러한 점에 주의를 게을리 하면 예상치 못한 문제로 이어지는 화근이 될 수 있기 때문이다.

PART Ⅱ

다양화와 분권화

☑ 경영 환경과 주요 전략

- **전쟁의 승리** GE와 몇몇 주요업체는 소비자 제품과 산업용 제품 생산을 위한 자원 활용에 초점을 두었다가 무기 생산과 제어시스템 및 추진력 시스템 개발과 핵무기 개발 등에 주력하기 시작했다. 그 결과 제2차 세계대전이 끝날 무렵이 되자 GE는 전기 시스템 회사에서 고도로 다양화된 기술기반 기업으로 탈바꿈할 수 있었다.

- **분권화**(decentralization) 대부분의 기업과는 다르게 코디너와 리드(1950-1963년)는 전기산업 위주의 경영을 탈피하여 회사의 주력 산업을 계속 다양화하기 위해 노력했다. 그들은 목표 중심의 경영 체제를 새롭게 수립하고 최고경영진으로 하여금 당시 진행중이던 21여 개의 사업체의 규모와 성격을 결정할 수 있도록 조정했다.

- **전문적인 경영** 여러 종류의 사업체를 다룰 수 있는 전문경영인의 필요성이 높아짐에 따라 GE는 본사가 직접 운영하는 경영개발센터를 설립하고 주요 경영 기술과 리더십 테크닉에 대한 훈련 및 적용 과정을 개설했다. 또한 무료 컨설팅 서비스를 통해 투자수익률 20퍼센트와 판매수익률 7퍼센트를 확보하기 위하여 노력했다.

- **'보울웨어리즘' 및 로널드 레이건의 변신** 코디너와 리드는 경영을 맡은 이후로 큰 정부와 대규모 노동조합의 영향력이 갈수

록 커지는 것을 경계하였다. 이에 따라 노동조합이 회사를 통제하거나 경영권을 간섭하는 일을 방지하고 비우호적인 법이나 규제사항이 만들어지는 것에 대처하기 위하여 새로운 개념의 노동조합과 정부와의 관계를 맺기 위한 프로그램을 개발하기에 이르렀다. 이 프로그램의 일환으로 나중에 미국 대통령이 된 로널드 레이건을 영입하여 자유 경영의 중요성을 대중에게 적극적으로 홍보하고 정부와 노동조합의 관료주의적 태도가 미치는 부정적인 영향에 사람들의 관심을 이끌어냈다. 레이건은 이러한 메시지를 전달하는 역할을 수행하는 과정에서 자유주의적 성향을 벗어버리고 보수주의자로 전향하게 되었다.

■ **'전기회사의 대음모'** 불행하게도 GE와 몇몇 자회사의 주요업체 간부들이 가격담합을 조장한 혐의로 고발되었다. 이로써 코디너는 자신을 뒤이어 GE의 경영을 맡을 인물을 선정하지 못하게 되었고, 회사 성장 또한 50억 달러 수준에 머물렀다.

■ **9가지 주요 벤처사업** 새로운 CEO가 된 프레드 보크(Fred Borch)는 기업의 성장 촉진을 위하여 4가지 상품과 5가지 서비스 업종으로 이루어진 9가지 주요 벤처사업을 책임지게 되었다.

5 장

■ ■ ■

전쟁의 승리

1940년 무렵 미국 내 대부분의 지도층 인사들은 당시 남아 있던 소수의 동맹과 계속해서 치열한 전쟁을 벌여야 한다는 현실에 공감했다. 이미 프랑스는 히틀러의 지배하에 들어갔고 스탈린은 러시아를 움켜쥐고 있었다. 이탈리아는 무솔리니의 지배 하에서 연합군에 반대하여 싸운 악의 축에 가담하고 있었으며, 영국은 대규모의 공중 폭격으로 거의 폐허와 다름없는 상태였다.

루즈벨트 대통령은 미국 국민들에게 전쟁에 참여해야 할 필요성을 납득시키는데 상당한 어려움을 겪고 있었다. 그는 가까스로 무기 대여법의 입법에 성공하여 영국에 군수품과 각종 구호물자를 제공할 수 있었다. 이를 포함한 몇 가지 자극을 받은 후에 미국 내의 기업들은 서서히 소비자용 제품이나 산업용, 상업용 제품 생산에 총력을 기울이던 기존 경영방침을 버리고 군사용 설비와 무기 개발에 투자를 확대했다.

GE는 초기 60년 동안 전기 수요 창출과 리더 기업으로서의 이미지를 구축하는데 많은 노력을 기울였다. 그러나 제2차 세계대전을 계기로 전기 분야의 리더에서 고도로 다양화된 기업으로 다시 태어나게 되었다. 전세계적 규모의 전쟁 발발이라는 상황에 비추어 볼 때, 마케팅 분야에 대한 상거래의 일반 규칙은 사실상 잠시 보류되었다. GE는 군사적 수요에 초점을 맞추고 기존에 보유하고 있던 기술과 자산을 고도의 무기 및 군비 시스템 개발에 투자하기 시작했다.

대부분의 미국 기업에게 전쟁 후의 상황은 대풍년과 같은 호기였다. 전쟁이 진행되는 동안 전쟁과 무관한 제품의 생산이 사실 중단되다시피 했으므로, 전쟁 후에는 그동안 억제되었던 수요가 엄청난 규모로 살아나고 있었다. 뿐만 아니라 외국 경쟁업체가 거의 없는 상황이었기에 미국 정부는 유럽과 일본의 재건에 관련하여 상당한 규모의 투자가치가 있음을 파악했다. 당시 많은 사람의 교육수준과 경제여건이 급속도로 회복되고 있었으므로 미국 제조업체들은 기하급수적으로 늘어나는 수요를 감당하는 것 자체도 결코 만만치 않은 일이었다.

전쟁중에 이미 GE의 최고경영진인 찰스 윌슨(Charles Wilson)과 필립 리드(Philip Reed)는 정부의 고위 관료로 발탁되었으며, 스워프와 영은 임시로 회사 경영을 책임지게 되었다. 1945년에 윌슨과 리드가 GE의 경영진으로 복귀하여 더욱 고도화되고 다양화된 새로운 기업 이미지를 구축하고 경영 전반에 걸쳐 몇 가지 주요 변화를 시도했다. (그림 5-1 참조)

이제 GE의 역사에서 가장 중요한 시기에 나타난 세부 사항을 본격적으로 살펴보자.

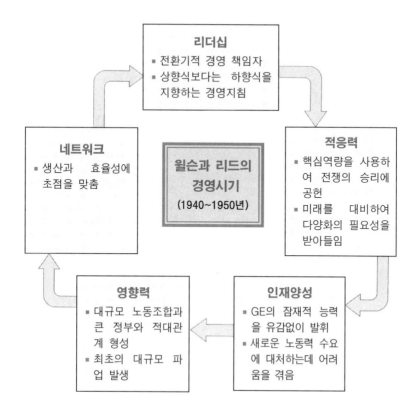

그림 5-1 윌슨과 리드의 경영시기와 LATIN

사무실 보조원과 특허권 전문 변호사

1940년에 스위프와 영은 새로운 경영팀을 도입하여 찰리 윌슨을 스위프의 후계자인 사장으로 임명하고 필립 리드를 회장으로 임명했다. 당시 GM의 총수로서 '자동차업계의 찰리'라는 별칭으로 불리던 찰리 윌슨이라는 동명이인이 있었으므로, GE의 새로운 경영진이 된 찰리 윌슨은 '전기업계의 찰리'라는 이름으로 알려지게 되었다.

윌슨은 12세에 GE의 자회사였던 스프라그 전기회사에서 사무실 보조원으로 일하기 시작했다. 그는 점차적으로 상위 업무를 맡게 되었고 야간 학교에서 회계, 엔지니어, 수학 등 여러 분야의 실무지식을 계속 공부하여 생산과 제조 분야의 전문가로 성장했다. 후에 윌슨은 각종 소규모 설비와 주요 설비를 모두 포함하여 일반 소비자용 제품 전반을 담당하는 부사장의 자리에 오르게 되었다.

필립 리드는 위스콘신대학 출신의 전기 엔지니어이자 포드햄대학에서 법학을 전공한 변호사였다. 그는 특허법을 전공했고 1927년에 GE의 법률팀에서 일하게 시작했으며 40세에 마침내 이사회 회장이 되었다.

초기에 윌슨과 리드가 경영진으로 활동한 기간은 불과 2년에 지나지 않았다. 1942년에 윌슨은 전쟁재건위원회를 맡게 되었고 리드 역시 미국 경제위원회의 위원직을 맡게 되었다.

두 사람이 3년간 GE를 떠나 있는 동안 제라드 스위프와 오웬 영은 퇴직을 만류하는 강한 압력을 받게 되었다. 이러한 상황은 매우 이례적인 것으로, GE 경영진들은 퇴직 이후에 회사 경영에 관여하는 것은 전례가 없는 일이었다. 일반 기업과 다르게 GE 경영진은 퇴직 이후에는 이사회 위원으로 활동하는 것조차도 허락되지 않았다. 그러나 전쟁이라는 특수한 상황 때문에 스위프와 영을 붙잡은 결정은 회사를 위한 특별한 예외로 인정되었다.

전쟁이 끝날 무렵인 1945년, 윌슨과 리드는 본래의 위치로 복귀했다. 윌슨은 5년간 회사 경영을 맡고 있다가 다시 정부 관료로 이직했으며 리드는 1959년까지 계속 회장으로 활동했다.

기업의 노하우와 기술을 사용하여 전쟁의 승리에 공헌하다

제2차 세계대전이 진행되는 동안, 미국 기업들은 전쟁 이전에 일반적으로 염려하던 제품 개발이나 경쟁업체 등에 대한 걱정거리 등을 깨끗이 잊을 수 있었다. 당시 모든 기업들의 최대 관심사는 회사의 힘을 군수 물자를 생산하는데 투입하여 전쟁에서 승리할 수 있도록 조력하는 것이었다. GE 역시 전쟁의 승리를 위해 회사의 모든 자산을 사용한다는 단순명료한 전략을 유지하고 있었다.

당시 경영진은 회사의 핵심역량이 무엇인지 파악하여 새로운 목표를 위해 이를 사용하는 방법을 마련하기 위해 고심했다. 이러한 자기 성찰과 방향 전환을 통해 이룩한 몇 가지 성과를 소개한다.

추진기, 레이더 및 통신 시스템

추진기 관련 기술을 사용하여 GE의 기술자들은 1천 7백여 대 이상의 해군 전투함대를 위한 새로운 추진 시스템을 개발했다. 전기기계용 터빈 기술을 사용한 결과 해군 구축함을 위한 255개 이상의 구동장치를 생산했을 뿐만 아니라 최초의 레이더 시스템과 무선통신 설비를 생산했다. 해군용 대포 조준기도 새롭게 개발되어 미국의 정식 병기 공장으로 등재되었다.

최초의 미국 제트 엔진

일찍이 영국 정부는 제트 추진기를 사용한 비행기의 견본 제품을 생산한 적이 있으며 GE는 이를 좀더 실용화하는 일에 착수했다. 결국 GE는 군사용 제트 엔진의 주요 공급업체로 인정받았으며, 얼마 지나지 않아 상업용 제트 엔진사업을 시작했다.

핵물리학

연구개발 실험실의 꾸준한 노력으로 마침내 원자 폭탄을 생산할 수 있게 되었으며, 이 기술을 사용하여 원자력 발전소와 핵잠수함 프로그램을 완성할 수 있었다.

윌슨과 리드의 귀환으로 고도화된 기업으로 탈바꿈하다

1945년 윌슨과 리드가 경영진으로 복귀할 무렵, GE는 상당히 다양하고도 고도화된 모습을 갖추고 있었다. 윌슨과 리드가 회사를 떠날 무렵에는 3개 분야에서 사업을 진행했으나, 그들이 돌아왔을 때에는 무려 21개 이상의 분야에서 각종 제품과 서비스를 생산하고 있었다. GE가 다양한 분야에서 새로운 상품을 개발하며 오랫동안 축적해온 기술적 노하우를 온전히 활용한 결과라 할 수 있다.

물론 이러한 발전은 GE만이 해낼 수 있었던 것은 아니었다. 다른 주요 업체들 역시 비슷한 발전을 이루었다. 전쟁이 끝나갈 무렵에 웨스팅하우스 또한 고도로 다양화된 기업으로 성장하여, 새로운 성장 분야에서 GE의 막강한 경쟁자가 되었다.

자동차 산업에서는 포드와 GM이 상당한 인지도를 가지고 있었다. 포드와 GM은 곧이어 다양한 시장 분야에서 GE와 경쟁적 관계를 이

루었지만 곧 원래의 분야인 자동차 생산에만 핵심역량을 집중하게
되었다.

새로운 GE

일부 경쟁업체들과는 달리 GE는 계속해서 다양화된 기업 모습을
유지했다. 다음은 GE가 현재 생산하고 있는 새로운 제품과 시스템
그리고 서비스 분야의 일부라 할 수 있는 것들이다.

추진기 시스템

이 시스템은 선박과 비행기, 기관차의 동력을 공급하기 위해 개발
되었다. 이로써 공군과 해군용 군수물자 분야에서 GE는 단연 독보적
인 업체가 되었으며, 곧 비행기용 제트엔진 사업에 착수하게 되었다.
GE는 여전히 이 분야에서 선두적인 존재이다. 항공우주선 제조와 방
위산업 분야에서도 최정상의 자리를 고수했으나 1980년에 웰치에 의
해 매각되었다. 이러한 기술을 바탕으로 전기 발전을 위한 가스 터빈
을 발명하기도 했다.

전기공학

전쟁 동안 GE는 군사용이나 산업용 전기제품 생산에서 많은 발전
을 이루었다. 그 결과 산업용 제어, 산업용 컴퓨터 및 수많은 전자통
신 사업 등을 포함하여, 새로운 전기공학 기반의 여러 분야를 개척하
게 되었다. 뿐만 아니라 기존의 전자공학 기계 장치를 대체할 수 있

는 전기공학적 발전 분야에서도 상당한 기술적인 진보를 이루었다.

원자력 발전

전쟁 이후 원자력 발전은 새로운 주요 산업으로 각광받게 되었다. GE는 전기설비 장치를 위한 비등수형 원자로(BWR)를 개발했으며, 이는 후에 하이먼 리코버가 개발한 핵잠수함을 위한 가압경수로 개발의 밑거름이 되었다.

산업자동화 및 생산성 시스템

GE는 자동화 시스템과 전기공학 및 컴퓨터 기술을 이용한 생산성 향상에 상당한 기술을 갖추게 되었으며, 이러한 기술을 사용하여 산업자동화 시장을 주도했다. 그리고 제조 및 생산 공장 또한 크게 혁신했다.

원자재

GE는 화학 및 원자재에 대한 축적된 기술을 사용하여 실리콘 생산을 향상시키고 군사용 설비에 사용할 수 있는 대체 원자재를 개발하기에 이르렀다. 이러한 핵심역량의 기술을 통해 GE는 플라스틱과 인공 다이아몬드 제조에서 혁신적인 진보를 이룰 수 있었다.

이미 살펴본 것처럼, 제2차 세계대전이 끝나고 윌슨과 리드가 경영진으로 복귀할 무렵, GE를 비롯한 거의 모든 미국 기업들은 상상을 초월한 새로운 시대를 경험하기 시작했다.

억압된 소비자, 산업체 그리고 공공 수요에 대한 최대 자본화

전쟁이 일어나기 전에 미국은 대공황으로 무기력해진 상태였다. 소비자 시장과 산업, 상업 시장 모두 엄청난 시련을 겪고 있었으며 전쟁이 아니었다면 미국 경제와 세계 전체의 경제는 아마 회복하기 어려웠을지도 모른다. 전쟁이 엄청난 상처와 손실을 가져온 것은 사실이지만, 이로 인해 미국 내수 경제를 시작으로 세계 경제가 재도약할 수 있는 계기를 갖게 되었다.

전쟁이 진행되는 동안에는 실질적으로 소비자 제품 생산이 중단되다시피 했으므로, 거의 모든 종류의 소비자 제품에 대한 수요가 상당히 억압된 상태로 커져가고 있었다. 한 가지 수요를 만족시키면 곧 또 다른 수요가 급상승했다. 예를 들어 전쟁 이후로 주택에 대한 수요는 걷잡을 수 없이 높은 상태였음을 말할 필요도 없었다. 주택업체들은 대량 생산 기술을 사용하여 즉시 대량의 주택 공급에 착수했다. 예를 들어 롱아일랜드 지역의 레비타운은 전쟁중에 비행기와 선박을 비롯해 군용 수송장비를 생산하기 위해 개발한 공법을 그대로 적용한 주택 건설이 이루어졌다.

새로운 주택 공급에 이어 곧 가정용 설비에 대한 수요와 GE의 새로운 도급 분야에 대한 수요가 급증했다. 공장에서 생산된 수많은 자동차는 판매점에 진열되기가 무섭게 팔려나갔다.

무기와 군용 시스템 생산을 위해 개발된 전기공학과 전자통신 기술 또한 소비자 및 산업용 수요를 충족하기 위한 다양한 생산 활동에 사용되었다. 이로써 라디오와 텔레비전 시장은 폭발적인 성장을 경험했다. 레이더 기술은 요리용 전자레인지 개발에 사용되었다. 이처럼 다양한 기술 적용으로 GE는 수많은 분야에서 소비자 신제품을 공급할 수 있었다.

이곳저곳에 새로운 도시가 건설되고 고속도로와 전기통신망이 건설되었다. 결국 당시에 중요한 것은 무엇을 짓느냐가 아니라 어떻게 건설할 것인가 혹은 어떻게 단시간 내에 시장상품화할 것인가였다. 그 결과 제조공장과 판매시설 또한 다량으로 건설해야 했으며 GE는 산업 및 상업 각 분야에서 엄청난 성장을 했을 뿐만 아니라 새로운 전기 시스템 개발에도 착수하게 되었다. GE의 사업 분야에는 원자력 발전소와 가스 터빈도 추가되어 눈부신 성장을 이루었다.

교육 수준이 높은 중산층과 부유 계급의 등장

제대군인 원호법(GI Bill, 제2차 세계대전에서 공헌을 한 군인들에게 정부가 대학교육자금을 지원하는 법 - 옮긴이)에 따라 수백만 명의 군인들이 평시라면 꿈조차 꿀 수 없었던 대학교육을 받을 수 있게 되었다. 그 결과 고등교육과 부를 동시에 이룬 신흥 중산층이 등장했으며 세련되고 고차원적인 신제품에 대한 수요가 창출되었다.

정부 사업과 연구개발비

전쟁에서 얻은 여러 가지 경험 중 한 가지는 다른 기업과 마찬가지로 정부와 협력하는 법을 터득한 것이다. GE는 이제 공공 자금을 활용하여 새로운 시스템이나 신제품, 원자재 및 전기공학을 개발하는 방법을 터득했다. 또한 정부 프로그램을 통해 다양한 산업 분야 및 소비자 제품과 상업용 제품에 궁극적으로 사용될 중간 제품을 개발하게 되었다. 오늘날 우리가 사용하고 있는 다양한 첨단기술 제품들은 이러한 프로그램의 결과로 볼 수 있다.

정부 사업은 판매 이익이 높지 않은 편이지만 현금흐름이 좋으며 정부 운영의 생산 공장과 책임 투자라는 이점 때문에 회사 입장에서는 투자자금 압박에 시달릴 위험이 적다는 장점이 있었다. 이는 GE를 비롯한 여러 미국 기업의 경쟁력 제고에 크게 도움이 되었다.

외국 경쟁 기업의 부재

이처럼 다양하면서도 대규모로 이루어진 사업 확장을 자세히 살펴보면, 대부분 미국 기업들이 거의 독점하다시피 했음을 알 수 있다. 유럽의 경쟁업체들은 전쟁의 여파로 미국 기업들에 경쟁할 상황이 전혀 아니었기 때문이다.

뿐만 아니라 마셜 플랜(Marshall Plan) 및 여러 정부기반 프로그램을 통해 미국 기업들만이 이러한 프로그램의 후원 대상이 될 수 있었다. 즉 GE와 일부 미국 기업들만이 엄청난 액수의 정부 자금에 관해 독점적 혜택을 누릴 수 있었다.

비용에 대한 부담으로부터 해방

당시 대규모 노동조합과 큰 정부의 영향력 또한 핵심적 변화 중 한 가지로 꼽을 수 있다. 대공황과 뉴딜 정책이 맞물리면서 1930년대 후반의 노동조합은 막강한 영향력을 행사했으며 전쟁이 진행되는 동안 연방정부는 모든 산업체를 국영화하고 생산 품목과 생산 시기를 통제하고 있었다. 대부분의 경우 비용은 초점의 대상이 아니었다. 노동조합은 파업할 권리를 잃었으며 임금도 동결된 상태였다.

전쟁 이후에 각 산업과 기업의 경영자들은 이러한 생산과 공급체제를 원래대로 소비자와 산업 및 상업용 제품과 시스템 생산에 초점을 맞추기 위해 전환하는 동시에 군사적 책임을 이행하기 위해 노력해야 한다는 이중 부담을 안고 있었다.

이로 인해 판매나 마케팅 그리고 시장 경쟁이 아니라 제조 능력과 제조 활동 자체에 모든 역량을 쏟아 붓게 되었다. 또한 거의 모든 제품에 대한 소비자 수요가 공급량을 초과한 상황이었으므로 가격 또한 기업의 고민거리에서 제외되었다. 이 시기 동안 회사 경영진들의 주요 관심사는 장기 마케팅이나 효과적인 경쟁 전략 수립이 아니라 공장 건립과 필요한 노동력을 확보하여 제품을 생산하고 공급하는 것이었다. 이 때문에 1970년대까지는 전략적 회사 운영이라는 개념 자체가 사라지게 되었다.

업체마다 제품을 생산하여 조달하기에 바쁜 나머지, 비용 특히 노동력 비용에는 실질적 관심을 쏟을 수 없었다. 회사가 대부분 노동조합의 요구를 모두 수용했으며 심지어 부가 혜택도 아끼지 않았다. GE 역시 다음에서 설명하는 것처럼 이런 면에서 엄청난 예외적인 혜택을 제공했다.

경영진은 건강보험, 생명보험, 무상연금 및 근무연한 단축 등과 같은 장기적 혜택을 제공함으로써 임금 인상에 대한 보완책을 마련하고자 했다. 요즘처럼 훨씬 경쟁적인 상황에서는 대부분의 기업들이

1940년에서 1970년 사이의 호황기에 약속한 바를 실제로 실천하는 것이 사실상 어렵다고 말할 수 있다.

GE 역사상 최초의 대규모 파업 발생

앞에서 언급한 바와 같이 스워프와 영은 전쟁이 일어나기 전에 상당히 협조적이면서도 긍정적인 근무 분위기를 형성했다. 그러나 전쟁이 진행되자 파업 자체가 금지되고 모든 경제 관심사가 전쟁의 승리라는 국가의 목적에만 온전히 몰두하게 되었다.

전쟁이 끝나자 이러한 분위기는 상당한 변화를 겪게 되었다. GE의 노동조합들은 점차 요구사항을 확대하면서 크고 작은 마찰을 일으키기 시작했다. 윌슨은 비록 밑바닥부터 시작하여 회사 핵심 경영진까지 승진한 장본인이긴 하지만 임금인상과 각종 혜택 확대를 요구하는 근로자들에게 그리 호의적인 태도를 보이지 않았다. 그는 이러한 요구가 합리적이지 않다고 판단하여 파업이 일어나더라도 타협하지 않겠다는 강한 의사를 표명했다.

1947년 엄청난 규모의 유혈 파업이 발생하고 말았다. 이는 GE의 역사에 있어서 최초이자 유일한 파업으로 기록되고 있다. 필라델피아에서 발생한 이 파업은 경찰이 동원될 정도로 대규모로 진행되었으며, 1930년대의 자동차 산업의 파업을 연상케 할 정도로 심각한 수준이었다.

이로써 당시 공산주의적 성향은 아니지만 사회주의적 성향이 지배적인 전기회사 노동조합의 결의는 더욱 강해졌다. 또한 협조적이었던 조합과 회사의 관계는 적대적으로 변질되었고 결국 다음 장에서 살펴보게 될 '보울웨어리즘'을 선택하게 되었다.

월슨은 1950년에 정부 관료직으로 되돌아갔다. 그는 5년 동안 GE 경영을 이끈 최단기 CEO로 남게 되었다. 그는 당시 비서실 임원이었던 랄프 코디너를 자신의 경영후계자로 지목했다. 코디너는 전쟁복구위원회에서 월슨과 함께 일했던 인물로 월슨이 크게 신임하던 사람이었다. 한편 필립 리드는 1959년까지 코디너가 이끄는 경영진에 계속 남아 있었다.

월슨이 경영을 이끌었던 시기에서 가장 주목할만한 점은 그가 오랜 기간 동안 경영을 맡지 않았음에도 당시의 복잡한 상황에 잘 대처할 수 있는 실력과 경험을 갖춘 훌륭한 후계자에게 최고경영자의 자리를 넘겨줌으로써, 회사의 발전에 기여했다는 점이다.

비즈니스 리뷰

리더십

윌슨은 자수성가한 대표적 인물로 리더십 배양을 위한 여러 가지 장단점을 일깨워줄 수 있는 사람이다. 그는 1912년 GE에 합류한 후 차근차근 자신의 커리어를 발전시켰으며, 기존의 GE가 추구하고 있던 경영의 방향을 완전히 이해하고 있었다. 그러나 그는 전쟁 이후의 회사 경영을 통해, 당시 급변하던 회사의 필요에 비해 개인적 경험이 너무나도 부족하다는 점을 여실히 증명했다.

경영자들은 세상을 바꾸려는 욕망을 안고 있다. 그러나 그보다 중요한 것은 현실 속에 자신의 모습을 적응할 수 있는 능력을 갖추는 일이다. 이러한 능력이 없는 경영자는 경영권을 포기하는 것이 좋다. 다행히 윌슨은 이 점을 깨닫고 즉시 경영권을 넘겨주었다.

▶ **독자를 위한 조언** 독자가 경영하는 기업이 만나게 될 시장이나 환경의 변화를 주의 깊게 분석하고 현재의 경영전략이 앞으로 예상되는 변화에 적절한 것인지 냉정하게 판단해야 한다. 만약 부적절하다고 느껴진다면 서둘러 적절한 대응책을 마련해야 한다.

적응력

장점 개발 이것은 기존의 핵심 역량의 중요성을 강조하는 것이다. GE는 전쟁이 진행되는 기간과 전쟁 이후의 시기를 통하여 기존의 원자재, 화학, 전기공학 및 전기기계 분야의 기술로 새로운 사업 개척을 이룰 수 있음을 온전히 증명했다.

▶ **독자를 위한 조언** 현재 보유하고 있는 모든 내부 기술과 능력을 검토하여 새로운 분야에서 활용할 수 있는 면이 있는지 분석해야 한다. 현재 보유한 기술을 모두 활용하여 새로운 상품, 서비스 등 궁극적으로 새로운 사업 분야를 개척하기 위해 최선을 다하고 있는지를 자문해야 한다. 창의력을 발휘해야 하며 자신을 냉정하게 비판할 줄도 알

아야 한다. 물론 최종 결정을 내리기 전에 신중하게 판단하는 것도
매우 중요하다. 선택적인 태도를 취하여 성공을 거둘 가능성이 높은
몇 가지 기회만을 시도해 보는 것도 좋은 방법이다. 단시간에 너무
많은 것을 이루려는 욕심은 버려야 한다. 이 점은 6장에서 보크의 벤
처 사업에 관해 논의할 때 더 살펴보자.

인재양성

전쟁 때문에 GE는 인재양성과 훈련을 등한시하였지만 직원 상당수와 핵
심 경영진이 공적인 임무로 자리를 비운 상황에서도, 경영상의 성공을 이
룰 수 있는 기존 인력의 실력을 재확인할 수 있었다. 이는 코핀과 스워프
그리고 영이 이끌어 온 평생 기반의 인재양성 프로그램이 실제로 효율적
이었음을 증명해주었다.

▶ **독자를 위한 조언** 어려운 시기에 기존 인력이 어느 정도의 위기관
리 능력을 가지고 있는지 재확인할 필요가 있다. 또한 핵심 인재들이
상당수 빠져나간 상황에서 이를 보완할 대책을 가지고 있는지 자문해
보기 바란다.

영향력

윌슨의 영향으로 불필요한 대규모 파업이 일어나면서 회사의 경영이 상
당한 타격을 입었으나 그가 노동조합과 정부의 부당한 요구에 대해 확고
한 입장을 취했다는 점은 높이 평가할 만하다. 파업이라는 결과만 배제할
수 있다면 그의 경영철학 자체는 앞으로 GE가 노동조합이나 정부 방침
에 어떻게 대응할 것인가에 대한 모범적인 사례로 인정할 수 있을 것이
다. 뿐만 아니라 당시 그의 강경한 태도는 현재 대다수의 주요 기업들이
겪고 있는 어려움을 피하는데 도움이 되었다고 할 수 있다. 과거에 노동
조합과 정부의 모든 요구조건을 수용하고 이를 가격 인상으로 보상하려
던 방침은 오늘날 많은 부작용을 초래했다.

▶ **독자를 위한 조언** 기업의 운명을 결정하는 경영 관련 결정에 막대
한 영향력을 미칠 수 있는 주변 분위기를 잘 이해해야 한다. 이해자

집단이 부당한 요구를 하거나 경영권과 회사의 업무 분위기에 부정적인 영향을 줄 수 있는 행동을 할지 모른다. 이러한 사례는 8장에서 자세히 다룬다.

네트워크와 시스템

기업의 역량을 활용하여 전쟁에 대처하기 위한 새로운 시스템이나 상품을 개발하는 것은 결코 놀라운 일이 아니다. 이는 오히려 그동안 GE의 경영 시스템이 성공적으로 이루어져왔음을 보여주는 계기였다.

▶ **독자를 위한 조언** 현재 경영 시스템과 재정 및 전략 구조를 돌이켜보고 그 효용성과 미래 가치 혹은 관련성을 재검토해야 한다. 실천적인 면이 부족한 사항이 있다면 이를 효율적으로 개선하도록 노력해야 한다.

6 장

■ ■ ■

분권화를 통한 성장

1920년대가 미국 제조업체들에게 호황기였다면 1950년대는 2차 세계대전 이후 제2의 호황기라 할 수 있다.

UN이 조직되어 뉴욕에 둥지를 틀었다. 이 기구의 목적은 또 다른 전세계적 규모의 전쟁과 그에 따라 발생할 수 있는 파멸적 결과를 방지하는 것이었다. 전쟁으로 짓밟힌 유럽과 극동 아시아 지방은 미국의 자금 지원으로 재건되었다. 혁신적인 소비자 제품과 산업용 제품에 대한 수요는 계속 증가하고 있었으나 이를 감당할 수 있는 능력을 갖춘 공급업체는 미국 기업들뿐이었다.

돌이켜보면 이 시기에 미국의 대다수 기업들은 해이하고 다소 느슨한 태도, 좀더 정확히 말하면 '배부르고 만족한' 태도로 일관하고 있었다. 기업들의 대부분은 생산만 하면 소비자들이 모여드는 이른바 '꿈의 구장'이라는 전략을 가지고 있었다.

결국 미국 제조업체들은 공장을 지어 제품을 생산하고 그저 주문이 들어올 때까지 편안히 기다리는 태도로 일관했다. 그 결과 전략적 사고와 마케팅 기술 그리고 시장 예측 등과 같이 국제 마케팅 실전에 필요한 기술은 퇴보하고 있었다. 이와 같은 기업 경영 기술은 근육과도 같아서 사용하지 않으면 금방 못쓰게 되어 버린다는 점을 망각한 상태였다.

코디너와 리드는 GE의 경영을 맡은 이후 고도의 경영 시스템을 구축하여 기업의 주요 성장기회를 포착하는 일과 기존의 기업 이익을 다양화하는데 많은 노력을 기울였다.

두 사람은 과거에 실시한 전 직원 능력개발 프로그램을 확대하여 인재양성을 계속하는 동시에 새로운 훈련 프로그램을 도입했다. 하지만 가장 주목할 만한 성과는 '전문 경영' 개념을 받아들여 크로톤빌이라는 최초의 대규모 경영진 연수원을 설립했다는 것이다.

또한 새로운 건강과 연금, 저축 프로그램을 제공하여 다시 종업원들과 이익을 공유하려는 경영진의 의도를 공식적으로 표명했다. 여기에는 미국 최초의 회사별 매칭기프트 제도(사원이 기부행위를 할 때 회사도 일정비율을 부담하여 기부하는 제도로 기업과 비영리단체를 연결시키는 새로운 시스템 - 옮긴이)가 포함되어 있었다. GE는 각 직원들이 출신 대학에 기부하는 정도에 따라 회사 또한 대학에 일정액을 기부했다. 또한 GE 재단(GE Foundation)을 창립하여 각종 자선 사업을 장려하고 체계화하는데 공헌했다.

앞에서도 언급했듯이 코디너와 리드가 정부나 노동조합을 바라보는 시각은 스워프나 영과는 매우 달랐다. 코디너는 큰 정부와 대규모 노동조합을 경영권과 각종 권한을 위협하는 대상으로 인식했으며, 이들의 영향력을 약화시킬 목적으로 대규모의 노동조합 견제 및 커뮤니케이션 시스템을 구축하기 시작했다. 그는 마침내 노동조합과 정부의 영향력을 상쇄하기 위해 고안된 '보울웨어리즘'이라는 매우 성공적인 프로그램을 개발했다. 여기에는 그 후에 미국 대통령이 된 로널드 레이건의 영입과 그리고 그의 사상의 전환이라는 독특한 상황이 있었다.

전체적으로 볼 때 1950년에서 1960년까지의 기간은 GE의 입장에서는 매우 성공적인 시기였다. 이 기간 동안 회사는 양적으로나 수익면에서나 모두 엄청난 성장을 이루었다. 그러나 이러한 모든 결과가 '전기회사의 대음모'에 의해 무산되고 회사가 경영진을 선택할 능력을 상실하면서 회사의 성장에 큰 타격을 입게 되었다.

이어지는 3개의 장에서는 코디너와 리드의 경영시기를 (1) 성장전략, (2) 목표관리 (3) 큰정부와 대규모 노동조합에 기꺼이 맞서는 자세 등에 초점을 맞추어 살펴보려고 한다.

코디너와 리드의 경영시기

1950년에 찰스 윌슨은 자신의 경영진 중 한 사람이었던 랄프 코디너를 다음 GE 최고경영자로 선택하면서 필립 리드가 회장직을 계속하도록 만들었다.

랄프 코디너는 원래 제품 판매원으로 에디슨 제너럴 일렉트릭 가전제품의 세일즈와 판촉 부서에 근무했다. 1939년 그는 GE를 떠나 쉬크 레이저(Schick Razor)의 대표이사가 되었다가 3년 후에 다시 원래 상사인 찰리 윌슨과 함께 전쟁복구위원회에서 일했다. 윌슨이 GE로 복귀하게 되자 코디너는 그를 따라 GE로 옮겨와서 그의 경영진에 합류하여 활동했다.

1950년이 되자 윌슨은 회사 경영에 흥미를 잃고 다시 정부 관료직으로 옮기기로 결정했다. 그는 회사 경영을 코디너에게 맡겼으며, 코디너는 1950년부터 1958년까지 사장으로 일했고 1958년부터 1963년까지는 이사회 회장으로 활동했다.

목표관리의 등장

주요 기업들은 대부분 전쟁 이후에 생산품목을 줄였지만 코디너와 리드는 기존의 다양화 전략을 유지하기로 결정했다. 그들은 고도로 다양화된 회사를 경영하려면 새로운 경영 방식과 조직적 구조가 필요하다고 판단했으며, 이는 후에 지혜로운 판단임이 입증되었다. (그림 6-1 참조) 따라서 이들은 학계와 컨설팅 전문가들의 조언에 귀를 기울이면서 변화가 필요한 분야가 무엇인지를 결정했다.

GE의 경영진은 마침내 '목표관리(Management by objectives, MBO)'라는 새로운 경영 개념을 받아들여 회사를 여러 개의 생산 부문으로 분산하여 구성했다. 회사는 생산 부문별로 조직을 재조직하고 최종적인 회사의 재정적 목표인 7퍼센트의 판매수익률과 20퍼센트의 투자수익률을 확보하기 위해 경쟁력 있는 사업 전략과 계획을 수립하였다.

기존의 집중화된 회사 구조에 비해 이러한 결정은 매우 파격적인 변화였다. 목표관리 제도를 도입하기 전에는 경영진이 직접 목표를 세우고 관련 전략을 개발했으며 각 업무 부서들은 경영진의 지시를 수정 없이 거의 그대로 따르는 것이 일반적이었다. 사실상 중앙집중

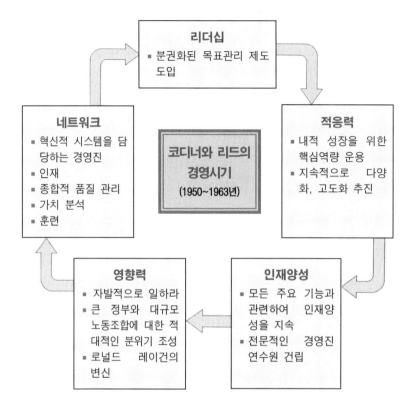

그림 6-1 코디너와 리드의 경영시기와 LATIN

식 구조에서 각 제품별 담당자에게로 실제 경영권을 넘겨주는 방식
으로 변화되었다고 볼 수 있다.

분권화

코디너는 각 주요 산업 분야별로 경영진(그룹과 부서)을 3단계로 구
분했다. 주요 그룹에는 소비제품, 산업설비, 전기설비를 포함시켰고
각 부서는 기술, 판매, 제조, 재정, 고용관리 시스템을 구축하도록 했

다. 이 점에 대해 그 어떤 변형도 허용하지 않았기 때문에 모든 조직 구조는 기본적으로 동일하게 유지되었다. 수익이 5천만 달러가 넘는 부서의 경우에는 다시 좀더 작은 규모의 부서로 세분화했다.

그 결과 1956년이 되자, GE는 100여 개의 제품생산 부서에서 350 가지의 제품 라인을 통하여 20만 개의 개별 제품을 생산했으며, 평균 3천 혹은 4천 달러의 수익을 거두었다. 상품 구조를 보면, 소비자 제품이 35퍼센트, 사업 및 산업용 제품이 25퍼센트, 고성능 방위산업, 전기공학과 원자력 제품 20퍼센트 그리고 다른 제조업을 위한 부속 품과 원자재 공급이 20퍼센트를 차지했다.

광범위한 종업원 주주제도

코디너는 이해관계자가 많을수록 GE가 특정 인물이나 투자 그룹에 의해 경영권을 지배당할 확률이 적다고 믿었다. 따라서 주가가 100달러에 이르면 소규모 투자자들에게 주식을 자동적으로 분배하여 매입할 수 있도록 했다. GE는 이러한 주식 분배 정책을 계속 고수하고 있다.

또한 직원들에게 주식 구매를 장려하기 위해 직원들이 체계적으로 GE 주식에 투자할 수 있는 주식 보너스 프로그램을 개발하기도 했다. 즉 직원들은 1달러를 투자할 때마다 회사로부터 50센트의 보너스를 받을 수 있었다. 이는 오늘날 많이 활용되고 있는 401(k) 프로그램(401(K)는 미국의 근로자 퇴직소득보장법의 401조 K항에 규정되어 있는 기업연금제도를 의미한다. - 옮긴이)과 유사하며 이미 40여 년 전에 활용되었다는 점에서 매우 놀라운 사실이다.

외부 이사회

코디너는 다양한 경험과 출신 배경을 가진 외부 인사들로 이사회를 구성하려고 다음과 같이 자신의 의사를 밝혔다.

소유주의 이익을 보장하기 위하여 **GE**의 이사회는 총 **19**명으로 구성하며, 회사 임원은 회장과 본인을 포함하여 **2**명만 허용할 것이다. 이사회 외부 위원은 국내인으로 교육, 식품, 농업, 광산, 제조, 마케팅, 금융, 운송업 등 다양한 업무 배경과 경험을 갖춘 사람들로 구성될 것이다.[1]

이 방법 또한 GE만의 독특한 전략은 아니었지만 시대에 매우 앞선 것이었다. 실제로 요즘 많은 기업들은 다양한 배경을 가진 외부 인사들을 이사회에 유치하기 위해 노력하고 있다.

내적 성장

코디너는 분권화된 경영진들에게 위험을 기꺼이 감수하면서, 합병이나 제휴관계를 모색하기보다는 기업의 내적인 힘, 다시 말해 '핵심 역량'을 바탕으로 새로운 상품과 서비스를 개발하도록 촉구했다. 그의 요구에 따라 각 부서는 단기 혹은 장기적인 면(단기적 수치 목표를 달성하면서 장기적인 안목으로 새로운 기회와 도전을 모색)을 모두 고려하여 균형을 유지하기 위해 노력하게 되었다.

건축업체들을 새로운 유통망으로 활용

당시 주택건설이 상당한 호황을 누리고 있었으므로 GE는 주택업체와 아파트 건설업체들과 직접 거래하기 위해 새로운 유통망을 만들었다. 이는 GE의 가정용 전기제품을 새 주택에 보급함으로써 나중에 소비자들이 제품을 업그레이드할 때 자동적으로 GE나 핫포인트(GE의 가전 브랜드)의 제품을 계속 찾도록 하기 위해서였다. 아울러 GE는 전용 서비스 매장을 설치하여 소매업체나 개별 하청업체가 차후 서비스까지 책임지지 않도록 배려했다.

소비자 그룹의 주요 가전제품 부서는 계속해서 요리, 설거지, 냉동 등의 기능을 갖춘 새로운 상품을 개발했다. 특히 전자레인지나 전자유도 가열조리기 등을 위해 새로운 기술을 개발하거나 기존 제품의 품질과 외관을 향상시키며 주방을 가족 모두를 위한 공간으로 만들기 위해 많은 노력을 기울였다.

새로운 방식의 냉난방 제품도 계속 시장에 선을 보였으며, 특히 웨스론(Weathron)이라는 히트 펌프는 사용자들이 직접 냉난방을 조절할 수 있도록 제작되었다. 기존 선풍기의 대체품으로 공간별 에어컨이 보급되면서 방별로 냉방을 할 수 있게 되었다.

혁신적인 소형 가전제품 개발

혁신적인 제품기획자 윌라드 사로프가 이끌었던 GE의 소형 가전제품 부서는 양치, 헤어드라이, 토스트 굽기와 커피를 내리는 등의 일상 활동에 대한 몇 가지 새로운 방법을 개발했다.

자동차 산업에서 매우 효과적이었던 제품가치하락 접근법을 사용하여, 소비자들에게 새로운 특징이나 디자인 업그레이드 혹은 두 가지 모두를 제공하기 위해 기존의 전기제품을 업그레이드할 필요성을 계속 인지시켰다. 사로프는 또한 기존 백화점에 GE 매장을 개점하여 판매 대상과 유통망을 더욱 확대했다.

라디오와 이동용 텔레비전과 스테레오를 비롯한 새로운 가전제품을 생산하기 시작했으며, 소매업체와 일부 백화점 매장을 통해 보급했다. 새로운 제품의 개발과 튼튼한 소매 유통망, 적극적인 광고 활동, 공정거래 가격 등이 잘 어우러져서 주요 가전제품과 소형 전기제품의 판매는 호황을 누렸으며, 각 분야에서 최고의 브랜드로 자리를 잡았다.

공정거래와 가격할인 방지를 위한 노력

제품의 최종 판매자를 선정하고 각 제품별 가격에 대한 통제권을 유지하는 GE의 근본 비결은 공정거래법이라 할 수 있다. 이 법에 따르면 제조업체들은 자신의 생산품을 판매할 대상을 직접 선택할 수 있고, 또한 허락 없이 판매하려는 소매업체들을 저지할 권리를 부여받았다. 따라서 GE와 같은 제조업체들은 가격 파괴나 헐값에 제품을 넘기는 일을 막을 수 있었다. 또한 스워프와 영이 사용한 방법처럼 판매점이나 소매 체인점 사이에 일정한 가격대를 형성하고 유지하는 것이 법으로 보호되었다.

1950년대 초반에는 '할인판매'라고 불렸던 새로운 소매 열풍이 나타나서 소매업체와 가격에 대한 제조업체의 기존 권리를 크게 위협하기 시작했다. 최초의 디스카운팅 전략은 뉴욕에 위치한 마스터스에서 실시했다. 오늘날의 샘스클럽이나 코스트코와 비슷한 방식의 '클럽 플랜'을 적용하여 공무원들을 대상으로 할인판매를 시도했으며, 같은 종류의 거래업체에 비해 파격적인 가격 덕분에 굉장히 좋은 반응을 얻었다. 마스터스의 성공은 다른 업체들도 이 방법을 모방하게 만들었으며, 곧 콜벳이 일반 대중을 대상으로 할인판매 전략에 의한 판매를 시작했다.

GE가 이끄는 주요 제조업체는 할인판매업체들이 자신들의 물건을 판매하지 못하도록 법적 조치를 취하기로 결정했다. 당시에 할인판매 전략을 받아들인 소매업체들은 대부분 넘쳐나는 재고를 처리하려는 '체인 영업점 형태의 소매업체'들로부터 물건을 공급받았다. 여러 차례의 법정 공방이 있었지만, 결국 할인판매업체들이 승소했으며 공정거래법은 위헌 판결을 받게 되었다.

이처럼 공정거래 규칙과 가격통제에 대한 법적 권리를 상실함에 따라 미국 내의 소비자 상품 제조업체들은 점점 몰락의 길을 걷게 되었다. 소매업의 이윤이 크게 감소했고 그에 따라 제조업체 역시 이윤 하락으로 인하여 많은 어려움을 겪었다. 또한 할인판매업체들은 판매 후 관리 서비스를 제공하지 않았기 때문에 GE와 같은 제조업체들은 직접 소비자를 관리하는 애프터서비스 망을 더욱 확대하는 부담까지 떠안았다. 아울러 할인판매업체들이 일본이나 한국과 같이 새로 개척한 해외시장에도 손을 뻗쳐 미국산 경쟁업체의 제품보다 훨씬 더 낮은 가격으로 공략하기 시작했다.

그 결과는 현재 명확히 드러나고 있다. 해외 브랜드가 이러한 시장을 완전히 장악하고 있다고 해도 결코 과언이 아니라 할 것이다.

아직도 GE의 제품들이 소비자용 전기제품의 대부분을 형성하고 있지만 이러한 제품 생산과 공급을 실제로 담당하는 것은 프랑스의 톰슨이다. GE에 이윤을 창출해 주는 것은 주요 가전제품에 대한 서비스 분야라 할 수 있다.

전기설비의 의존도를 한층 더 높임

여러 가지 냉난방 기구와 라디오, 텔레비전 등 더 많은 종류의 가전제품 보급이 증가됨에 따라 발전 설비 또한 더욱더 확대 보급할 필요성이 대두되었다.

GE는 경쟁회사인 웨스팅하우스와 함께 이 기회를 포착하여 사업 확장에 주력하기로 결정했다. 전쟁 동안 발전시킨 기술적 노하우를 사용하여 두 회사는 적극적으로 핵반응기와 가스터빈 개발에 노력을 기울였으며, 기존의 대형 석탄 발전소와 석유 발전소의 크기와 효용성 또한 확장시켰다. 계속해서 효율성이 뛰어난 신형 교류기와 송전 시스템을 개발하여 적시적소에 전기를 공급할 수 있도록 했다.

또한 코핀과 스워프가 마련한 관계 기반의 전략을 계속 유지하면서 각종 전기설비 업체에 특별 서비스를 제공함으로써 그들의 지속적인 성장과 이윤 증대를 위한 후원을 아끼지 않았다. 다음은 이러한 후원 사업의 일부를 설명한 것이다.

1. **무료 안내** GE는 각종 전기설비 업체에 무료로 소비 동향을 알려주고 수요를 예상하여 그에 따라 적절한 설비공급 계획을 마련할 수 있도록 도움을 제공했으며, 수요에 앞서 최소한 17퍼센

트의 예비전력 공급을 확보하는 것이 중요함을 일깨워주었다. 후에 이 수치는 관련업계의 기준치로 인정되었다. 이로 인해 아주 특수한 상황을 제외하고는 해당 수요를 충분히 감당할 수 있는 준비를 갖추게 해 주었다. GE 역시 주문 내역에 따라 제조공장에서 어떠한 준비가 필요할 것인가에 대한 '기본적인 대비'를 하도록 지시할 수 있었다.

2. **투자수익률 기반의 비율 설정** 각종 전기설비 업체들이 GE의 도움을 받아 각 지역별 담당 공무원에게 특정 투자수익률 창출을 보장해주는 범위 내에서 전기요금을 부과해 줄 것을 요구했다. 이로써 설비업체들이 설비의 구입과 설치를 확장함에 따라 투자수익률이 또한 증가하게 되었고 결과적으로 GE뿐만 아니라 다른 주요 전기제품과 시스템 생산업체는 더 우수한 성능의 설비를 공급할 수 있게 되었다.

3. **정부 운영 설비업체보다 민영업체를 선호** GE는 정부가 직접 소유하고 운영하는 설비업체보다는 개인이 운영하는 전기설비 업체에 지속적인 도움을 제공했다.

4. **전 직원 훈련 실시** 각종 설비와 시스템을 안전하고 효율적으로 운영하고 관리할 수 있도록 제품계약이나 시스템 설치를 계약할 때 훈련과정을 의무적으로 포함시켰다. 설비업체 운영자들은 GE가 제공하는 최고 수준의 경영과 운영 프로그램에 참가할 기회를 얻을 수 있었으며 그 결과 현재 대다수의 전기설비 업체 대표들은 GE의 훈련 프로그램을 이수하여 GE의 경영 정신을 사실상 함께 공유하는 사람들이라 할 수 있다.

5. **전기설비 업체의 위험 부담 감소** GE는 원자력 시스템을 판매할

때에는 '턴키방식의 원자력 가격제도'를 실시하여 전기설비 업체의 위험 부담을 감소시켜 주었다. 다시 말해 원자력 시스템의 기획, 제조, 설치에 이르기까지의 모든 과정을 포함한 가격을 제시함으로써 해당 설비업체의 위험 부담을 해소해 주거나 극히 적은 위험 부담으로 원자력 시스템이라는 새로운 기술을 이용할 수 있게 해 주었다. 이로 인해 원자력 발전소에 대한 수요가 더욱 증가했고 GE의 주요 경쟁업체들도 동일한 방식의 가격정책을 사용하게 되었다.

GE와 전기설비 업체 사이의 관계 전략은 매우 효율적이었으며 GE와 거래관계를 맺은 설비업체는 계속 사업을 확장할 수 있었다. AT&T 등과 같은 업체의 주식은 상한가를 유지함에 따라 진정한 의미의 '과부와 고아가 생계를 의존할 만한 주식'으로 인정받았다. 전기설비 분야가 안정적으로 발전함에 따라 국가 경제도 크게 안정되었다. GE와 해당 분야의 경쟁업체들이 사업을 확장하고 계속 발전했음은 말할 필요도 없다.

요컨대 이는 모두에게 긍정적인 상황이었다. 하지만 이러한 분위기도 '전기회사의 대음모'에 부딪히면서 사라져버렸다. 자세한 내용은 8장에서 살펴보자.

턴키방식의 비용계산에서 실수를 범하다

안타깝게도 GE는 원자력 시스템 가격을 턴키방식으로 결정한 것을 후회하게 되었다. 관련기관인증을 얻는데 필요한 비용과 건설 당사자인 노동자들과 조합원들에 관련된 총 비용을 잘못 계산했을 뿐만 아니라 핵 반응기가 표준화되지 않은 까닭에 각 주문업체별로 맞춤 설계를 해주기 위한 추가 외 비용과 이로 인한 안전 부담 비용 등이 추가되었기 때문이다.

여기에 다른 몇 가지 이유가 더해지면서 원자력 발전소를 건설하는 총 비용이 예상을 훨씬 웃돌았고 결국 GE는 상당한 손실을 감수하게 되었다. 하지만 턴키방식은 이미 거래 표준으로 자리를 잡은 상태였기에 핵반응 시스템을 공급하는 업체는 대부분 엄청난 손실로 큰 타격을 입게 되었다.

결국 1970년대까지 GE를 비롯한 주요 공급업체들은 원자력 발전소 건설과 관련해서 상당액의 손실을 겪어야 했다. 당시 새로 설치되는 핵반응기가 없었기 때문에 미국 내 원자력 관련 산업체가 이윤을 계속 창출할 수 있었다. 당시 핵반응기는 표준화된 생산제품이 아니었기에 본래의 제조업체만이 기존의 원자력 발전 시설을 유지, 보수 혹은 개량하는데 필요한 부품이나 해당 서비스를 제공할 수 있었다. 이는 기술 산업 분야에서 대규모 설비를 구축하는 것이 중요하다는 것을 보여주는 좋은 사례라고 할 수 있다. 지난 2006년에 도시바가 웨스팅하우스의 원자력 관련 산업을 인수하기 위해 50억 달러 이상을 기꺼이 지불했던 것도 이와 같은 이유 때문이라 할 수 있다.

미국은 아직도 전기 총생산량의 20퍼센트를 원자력 발전소에 의존하고 있다. 스리마일 섬의 원자력 발전소 사고에서 볼 수 있듯이 원자력 발전소가 안고 있는 위험성이 매우 높은 편으로 원자력 산업 분야에 적지 않은 부담을 안겨 주는 것이 사실이다. 그러나 이러한 결과는 결국 해당 산업의 표준화를 제대로 실시하지 않은 탓이며 GE

는 이 점에서 비난을 피할 수 없을 것이다.

잘못된 기술을 적용하는 실수를 반복하다

이 사건을 자세히 살펴보면서 어떤 교훈을 얻을 수 있는지 함께 생각해 보자. 이 기간 동안 주목을 끈 기술이 두 가지인데, 한 가지는 비등수형 원자로(BWRs) 기술이고 다른 하나는 가압수형 원자로(PWRs) 기술이다.

GE는 비등수형 원자로 기술을 선택했고 웨스팅하우스를 비롯한 다른 업체들은 가압수형 원자로 기술을 선택했다. 이는 지난 20세기 초에 GE와 웨스팅하우스 사이에 벌어졌던 직류와 교류 전기의 대결 구도를 연상시키는 상황이었다.

가압수형 원자로 기술은 원자력 잠수함용으로 개발된 것으로 비등수형 원자로 기술보다 훨씬 더 널리 보급되었다. 당시 판매된 설비의 75퍼센트 이상이 가압수형 원자로 방식으로 설계되었다. GE 역시 해군용 잠수함에 가압수형 원자로 기술을 적용했으나 여전히 비등수형 원자로 기술을 선호하는 입장을 고수했다.

현재의 판단으로는 GE가 잘못된 기술을 선택했다는 점이 부인할 수 없는 사실이지만(이와 대조적으로 직류 전기를 선택한 빌라드는 당시 자신의 판단 오류를 인정하고 회사의 초점을 교류 전기 중심으로 전향했다.) 당시 코디너가 이끄는 경영진과 이들을 뒤이은 후계 경영자 역시 비등수형 원자로 기술을 계속 고집했다.

그동안 프랑스와 일본(원자력 발전에 크게 의존하는 국가로서 자국 내 에너지 생산이 거의 없었던 나라들이었음)은 원자력 발전에 새로운 접근법을 사용하여 자국 내 모든 원자력 발전소의 표준화 작업을 이루었다. 이로써 두 나라는 원자력 발전으로부터 전기 수요의 90퍼센트를 얻는 놀라운 결과를 얻게 되었다.

예상과는 달리 원자력 발전에 대한 대중적 인식이 향상되면서 수요가 늘어나게 되었고 다행히 원자력 발전 사업이 다시 자리를 잡고 성장하기 시작했다.

미국이 곧 수입 석유나 가스를 사용하여 오염투성이의 전력을 생산하는 방법을 대체하기 위하여 원자력 발전 의존도를 높일 것이라는 점에는 의심의 여지가 없다. 그러나 원자력 발전 의존도를 높일 경우에는 반드시 핵반응기 기술을 표준화해야 하며, 기존 원자력 발전 시스템에서는 사용 후 핵폐기물에 대한 처리방침이 없었지만, 이제는 핵폐기물을 안전하고도 유용한 방법으로 처리할 수 있도록 해야 한다.

내부적 성장의 장단점

코디너는 모든 제품 부서마다 연구개발 센터의 기술과 노하우에 각 부서별 기술을 접목시켜 새로운 제품을 개발하도록 지시했다.

이 점에 대하여 코디너는 매우 설득력이 있으면서도 강한 어조로 독려했다. 예컨대 1956년에 그가 말한 내용을 인용하면 다음과 같다.

비록 우리 회사는 전기에 대한 기본적 기술만 가지고 시작했지만 이제는 다양한 기술 분야에서 발전된 면모를 갖추고 있다. 예를 들어 우리가 개발한 설계는 일찍이 단열 원자재의 기술적 한계를 인지했고 즉시 상업적 용도와 무관한 단열, 방음 자재 개발을 위한 화학연구를 시작하게 되었다.

이처럼 전구에서 터빈에 이르기까지 여러 상품은 주로 활용할 수 있는 금속 종류가 무엇이냐에 따라 크게 제약을 받았다. 따라서 더 효율성이 높은 터빈기계와 소비자의 만족도를 더욱 향상시킬 수 있는 전구를 생산하기 위해서 GE는 야금술 연구에 더욱 힘을 쏟아 현재 특수 금속을 직접 생산할 수 있게 되었다.

그리고 과학이나 기술의 미개척 분야를 섭렵함으로써 기존 기술과 새로운 기술을 적절히 융합하고 전력 생산의 기본 기술로 신흥 상품시장 개발을 선도하게 되었다.[2]

1955년에 발행된 GE의 연간 실적보고서는 회사의 내부 발전과 노하우를 바탕으로 이룩한 신제품을 강조한 부분을 많이 찾아볼 수 있다.

- 전력 생산이나 선박 혹은 기관차용 추진력 시스템에 사용될 가스용 터빈(가스 터빈을 단순히 전력 생산에만 국한시킨 것이 아니라 선박과 기관차에 사용될 수 있도록 응용한 점이 돋보인다.)
- 소비자 대상 품목 혹은 산업 응용 분야에 활용이 가능한 실리콘
- 제품 구조나 건물 결함 조사에 활용이 가능한 산업용 X레이 설비
- 공업용 혹은 산업용 전자공학, 제어, 자동화 시스템
- 전기 시스템 그리드 제작용 컴퓨터
- 분쇄, 연마용 인공 다이아몬드[3]

자신과의 경쟁

이러한 방법이 갖고 있던 큰 한계점 중 하나는 특정 상황에서 각 부서들이 서로 경쟁적인 관계를 유지할 수밖에 없었다는 점이다. 예를 들어 제트 엔진 부서와 가스 터빈 부서는 두 종류의 가스 터빈을 개발하여 시장 판매에서 경쟁적인 위치에 놓였다. 이러한 문제 상황은 보크가 경영권을 행사할 때까지 계속되었다. 그 결과 소비자들이 혼란을 겪으면서 GE는 다른 회사와의 경쟁에서 적잖은 손실을 입게 되었다.

무작정 새로운 상품을 개발하는 일에만 주력하면서 GE는 승자와 패자를 가르는 외적 요소에 충분한 관심을 기울이지 못하는 실수를 범하고 말았다. 히트 펌프의 예를 들어보면, GE는 날씨에 관계없이 미국 전역에서 히트 펌프를 사용할 수 있다는 잘못된 생각을 가지고 있었다.

뉴욕의 크로톤빌에 히트 펌프 제조기술을 시연할 수 있는 공장까지 건설했으나 GE의 예상은 빗나가고 말았다. GE가 제작한 '웨스론'이라는 히트 펌프는 기온이 급격히 변하거나 춥고 눈이 많이 내리는 지역에서는 효율적이지 못했으며, 심지어 제대로 작동하지도 못했기 때문이다.

크로톤빌에 새롭게 건축한 시설은 기대에 못 미치는 효과로 GE를 몹시 난감하게 만들었다. 새로운 경영관리 센터에 냉난방이 제대로 이루어지지 않은 것은 물론, 외관상 보기 좋지 않았기 때문에 GE의 실패를 강조하는 결과를 초래했다. 결국 GE는 이 시설을 제거하고 기존의 강제통풍 방식의 냉난방 시스템을 다시 설치했다.

공공사업을 위한 지속적인 후원

정부와 거래를 맺은 업체들은 대부분 많은 혜택을 얻게 되었다. 거래 이윤만 높은 것이 아니라 적어도 정부가 일방적으로 계약을 취소하기 전까지는 수요 또한 지속적으로 발생했기 때문이다.

그러나 GE를 포함한 일부 업체들은 정부와의 거래에서 몇 가지 더 생각해보아야 할 요소가 있음을 알게 되었다. 코디너는 그 점을 이렇게 설명했다.

GE가 일반 상업적 거래나 민간사업을 선호하는 이유는 회사 주도 적인 혁신이 가능하고 이윤 또한 높게 나타나기 때문이다.

그러나 우리는 앞선 기술 덕분에 군부대로부터 각종 설비와 시스템 개발과 생산을 지속적으로 요청받고 있다. 이에 대하여 우리는 가시적인 기술 향상에 도움이 된다고 판단될 경우에만 이러한 요청을 수락할 방침이다. 주로 고성능 과학무기 장비나 군 기술로는 생산이 불가능한 요소에 국한될 것이다.[4]

그러나 몇 십 년 후에 잭 웰치가 경영권을 이어받자 즉시 모든 정부 관련 사업에서 손을 떼면서 이와 같은 방침도 무효가 되었다.

사업용 컴퓨터 : 잃어버린 기회

1956년에 GE는 아메리카 은행(Bank of America)에 공급할 회계처리용 전자기록장치(Electronic Recording Machine Accounting, ERMA)을

개발하기로 계약했다. 당시로는 3천 1백만 달러의 ERMA에 대한 계약은 비정부기관과 맺은 최고 액수의 컴퓨터 시스템 관련 계약으로 이를 수주하기 위해 28개의 경쟁업체를 물리쳐야 했다. 그러나 랄프 코디너가 상업용 컴퓨터 시장에 개입하는 것을 반대하면서 문제는 시작되었다.

1956년 이전에 GE는 당시 떠오르는 분야인 컴퓨터 산업에서 진공관과 중계기, 소형 모터와 IBM용 부품 등을 생산하고 있었다. 따라서 ERMA 시스템 개발은 GE의 입장에서 획기적인 도약이 될 수 있었다.

이 시스템은 컴퓨터와 여러 가지 자동화 수표 처리와 분류 설비로 이루어진 당좌예금 계좌관리 시스템으로서, 미국에서 가장 권위 있는 은행에서 사용될 것이었다. 이는 컴퓨터 산업 분야의 한 획을 긋는 일로 결코 쉽게 찾아오지 않는 기회였다.[5]

그러나 코디너는 GE가 컴퓨터 산업에 뛰어드는 것에 거부권을 행사했다. 그 이유는 아직도 확실히 밝혀지지 않았다. 그러나 이 기회를 놓친 것이 큰 실수임에는 논란의 여지가 없을 것이다.

코디너를 뒤이은 경영자들이 여러 차례 이 실수를 만회하려 노력해 보았으나, 이미 IBM이 컴퓨터 분야를 완전히 장악한 탓에 성공하지 못했다.

신흥 세력의 경영권 간섭에 대한 통제

코디너는 당시 군벌의 성격을 띤 신흥 내부 세력에 회사의 경영권을 빼앗기지 않으려고 신경을 곤두세웠다. 전쟁 직전과 전쟁이 진행되는 기간 동안 주요 전기설비 지역의 경영진들이 회사 전체에 대한 상당한 영향력을 행사하게 되었으며, 이들은 주요한 변화에 대해 모두 거부하는 입장을 취했다. 즉 GE가 추구하는 다양화 전략에 비협조적인 태도로 일관했으며, 특히 최고경영자인 코디너의 권위에 정면으로 대항했다.

이러한 전기설비 업체를 경영하는 신흥세력의 영향을 약화시키기 위하여 코디너는 몇 가지 행동을 취하게 되었다.

1. 코디너는 스키넥터디에 있던 본사 사무실을 뉴욕 렉싱턴가 570번지로 이전했다.
2. 이미 언급한 신흥세력들이 엘펀협회와 그들의 회합 장소인 어소시에이션 아일랜드를 장악하자, 어소시에이션 아일랜드를 폐쇄하고 뉴욕의 크로톤빌에 경영연구 개발센터를 설립했다.
3. 회사 내의 권력 구조를 재조직하고 변혁시켰다.
4. 급속도로 성장하는 소비재 산업과 공업 분야에 초점을 맞추었다.

외부인처럼 경영권을 행사

코디너는 회사를 인수하여 자신의 방식대로 회사를 새롭게 기틀을 잡으려는 외부인처럼 행동하는 성향을 강하게 드러냈다.

어떤 면에서는 실제로 외부인과 다름없는 경우도 있었다. 그는 전쟁이 일어나기 전, GE를 떠나 쉬크 레이저사의 CEO가 되었으며 찰리 윌슨과 함께 전쟁복구위원회에서 활동하기도 했다. 이러한 외부 경험을 통해 그는 넓은 시야를 갖추고 자신감을 키우는 등 개인적으로 성장하는 기회를 얻었다고 볼 수 있다.

이러한 관점에서 본다면 찰리 윌슨은 온전히 GE 내부에서만 성장한 인물로서 코디너와는 대조적이라 할 수 있다.(찰리 윌슨 또한 코네티컷의 브릿지포트에서 소비자 업무 담당 임원으로 일했으며, 스키넥터디에 형성된 신흥세력과 분리된 입장을 고수했다.) 윌슨의 경우에도 회사 외부와의 경험을 더 얻었다면 많은 도움을 얻을 수 있었을 것이다. 한편 잭 웰치 또한 윌슨과 유사한 길을 걸었던 인물이긴 하지만 그를 가리켜 사고방식이 구식이라고 할 사람은 아무도 없을 것이다.

적응력

내부 성장에 기반을 둔 사업 코디너는 인수나 합병이 아니라 자체 사업 확장에 더 많은 노력을 기울였다. 그는 확장이나 투자 가치가 있는 능력과 기술, 노하우 분야를 판단하기 위한 시스템을 별도로 구축했다.

▶ **독자를 위한 조언** 별도의 시간을 내어 현재 운영하고 있는 기업이 어떤 장점을 가지고 있는지를 파악하고 이를 어떻게 새로운 사업으로 확장할 것인지 연구해야 한다. 이 때 너무 많은 분야에 욕심을 내지 말고 선택적이 될 필요가 있다. 또한 단지 장점처럼 보이는 것이 아니라 객관적으로 봤을 때도 확실하게 유리한 장점에 투자해야 한다.

7 장

■ ■ ■

전문 경영

코디너의 분권화를 통한 성장 전략의 핵심 요소 중 한 가지는 그가 새로운 성장의 기회를 감지하고 이를 계획에 따라 실제적인 성과로 이어갈 수 있는 전문 경영진을 양성했다는 것이다. 과거의 GE 경영진들과 마찬가지로 코디너와 리드는 직위에 관계없이 모든 직원의 능력 개발에 남다른 관심을 기울였으며 직원 훈련에 집중적으로 투자했다. 그들은 심지어 최고의 경영진 양성을 위한 특별한 '연수원'을 건설하기까지 했다.

오너가 아닌 전문 경영인

코디너는 GE 경영진들의 자격을 '모든 이해관계자의 최상의 이익을 추구하기 위하여 주식투자자들이 선출한 이사진이 고용한 직원'

들로 제한했다.[1]

당시 경영진 대다수는 GE가 '내 회사'와 다름없다는 신념을 가지고 투자자와 소비자 그리고 직원들의 간섭에서 벗어나 자유로운 경영을 추구하고 있었으나, 이는 코디너의 경영지론과 반대되는 양상이었다.

전문 경영인의 등장

코디너는 다양화되고 분권화된 회사를 운영하기 위하여 새로운 방식의 경영이 필요하다고 판단했다. 그는 경영도 공학이나 회계학 그리고 과학과 마찬가지로 하나의 전문 분야로서, 학습이 필요한 즉, 학습이 반드시 선행되어야 하는 근본 경영원칙이 있다고 확신했다.

공학도의 경우처럼 전문 경영인도 문제를 해결하기 위해 그리고 조직의 크기, 성숙도, 기술적 발전 정도에 관계없이 모든 조직을 잘 이끌어가기 위한 도구와 기술을 갖출 필요가 있었다. 이러한 코디너의 주장 또한 장점과 단점을 모두 가지고 있었다. 그의 경영철학은 보다 넓은 범위의 경영진들에게 높은 수준의 훈련을 제공하는 뒷받침이 되었다.

그러나 그의 생각 밑바탕에는 '실력을 갖춘 경영진은 무엇이든 다 할 수 있다'는 전제가 숨어 있었다. 이러한 불가능을 추구하는 코디너의 신념 때문에 GE는 곧 여러 가지 어려움을 겪게 되었다.

전문 경영이 종교화되다

몇 가지 점에서 볼 때, 코디너는 전문 경영을 하나의 종교처럼 생각했다.

1. 코디너는 경영의 궁극적인 최고의 원칙을 수립하고 문서화하기 위해 필요한 사람들을 선별하기 시작했다.
2. 그는 자신만의 연수원(크로톤빌)을 세우고 연구, 개발, 교수를 시작했다.
3. 또한 〈블루북〉이라는 경전을 만들고 8개의 계명을 제시했다.
4. 대제사장과 선교사 역할을 수행할 인물을 별도로 '임명'했다.
5. 경영진들의 활동을 감사하고 평가하여 그가 제시한 경영원칙과 지침의 실행 여부를 추궁했다.
6. 제시된 8가지 계명을 적용했는가의 여부에 따라 경영진 개개인에게 상벌이 주어졌다.

최고 전문가 탐색 : 절대 원칙의 수립과 문서화

코디너는 '경영의 과학자'로 알려진 해럴드 스미디를 자신의 오른팔로 기용했다. 스미디는 재정적 자원을 적극 활용하여 최고 수준의 경영 전문가를 발탁하는 업무를 맡았다. 당시 피터 드러커(Peter Drucker)와 같은 석학과 메이나드(H. B. Maynard), 맥킨지(McKinsey), 부즈 알렌 해밀턴(Booz Allen Hamilton)과 같이 유명한 컨설턴트가 물망에 올랐다.

이를 다른 말로 표현하면 '변화에 필요한 투자를 아끼지 말고 최고의 전문가를 얻기 위해 노력하라'는 의미이며, 지금도 GE가 추구하고 있는 주요 경영정책 중의 하나이다.

연구, 개발, 교수를 위해 설립된 크로톤빌 연수원

코디너는 기존의 경영 방식에서 탈피하기 위해 뉴욕 북부의 동떨어진 지역에 새로운 경영 연수원을 설립했다. 이 연수원은 실력 있는 컨설턴트와 교수들의 거주 공간과 교수활동을 위한 건물 등으로 구성되어 있었다. 이 중에서 '피트(Pit)'라고 부른 공간은 특별한 의미를 가지고 있었다. 이곳은 활발하게 의견 교류를 촉진하기 위해 만든 원형 강의실이다.

크로톤빌의 경영진은 교수와 작가뿐만 아니라 경영관련 과학자들로 구성되었다. 코디너와 스미디가 간부들을 경영대학원에 보내지 않고 직접 교수시설을 만들어서 그들을 훈련한 이유는 다음과 같다.

- GE는 직원 대부분이 경영훈련 프로그램을 이수하도록 했다.
- GE는 기존의 다른 회사에서 이미 사용되고 있는 사례 연구를 빌려오는 것보다는 회사 내부의 사례를 직접 분석하고 연구하는 것이 더 실용적이라고 판단했다.
- 경영진이 원하는 주제로 수업을 구성하여 진행할 수 있기를 원했다.
- 크로톤빌의 연수원에 필적할 만한 외부 교육기관을 찾는 것이 사실상 어려웠다.

크로톤빌의 연수원은 여러 학계의 석학과 전문 컨설턴트의 도움을 얻고, 회사 내부의 축적된 노하우를 추가하여 13주 과정의 연속적인 집중 교육 프로그램을 개발했으며, 신중하게 선발한 80명의 직원들에게 첫 교육을 실시했다.

첫 교육에서 참석자들은 교육이 실시되는 13주 동안 귀가하거나 사무실과 연락을 주고받는 등의 자유를 누리지 못했다. 즉 일터와 가족으로부터 완전히 분리된 것이다. 이처럼 지나치게 강도 높은 교육을 비롯해 외부 세계와 단절된 탓에 교육 참석자들은 엄청난 스트레스를 받게 되었다. 알려진 바에 따르면 참석자 중 한 명은 이러한 스트레스를 이기지 못하고 자살했다.

크로톤빌의 발전

첫 교육 이후, 교육 프로그램은 줄곧 13주 체제를 유지했다. 그러나 일정기간 단위로 휴가기간을 허락하여 참석자들이 몇 차례 귀가할 수 있도록 조처했다. 약 3개월의 교육기간 동안 직원 능력개발, 명령이 아닌 설득법 훈련, 팀워크와 통합업무 개선방법, 주요 업무성과 분석, 다양한 보상제도의 활용을 통한 동기부여법 등을 집중적으로 교육했다.

당시 경영진들은 큰 정부와 대규모 노동조합의 영향력이 증대되는 것을 상당히 우려하고 있었으며, 영국이나 다른 유럽권 국가의 경우처럼 미국에도 사회화 입안이 추진될 것에 대한 두려움이 팽배했으므로 경제, 사회, 정치적 변화에 대한 여러 차례의 교육도 함께 실시되었다.

미 육군에 근무할 당시에 나는 세뇌의 기술과 과학을 배운 적이 있으며 심지어 이 주제로 강의를 진행한 경험도 있다. 그래서인지 GE로 복귀했을 때, 크로톤빌의 교육과정이 바로 이 세뇌기술을 사용

크로톤빌의 교육과정 개발

교육과정은 혁신적이고도 창의적이었다. 오전에는 유명한 정치가, 정부 관료, 경제전문가와 사회학자 등 국내외 유명 인사들의 강의를 들으며 회사 외부적 견문을 넓힐 수 있었다. 대부분의 경우 국가 계획을 옹호하는 사람들이나 정부, 노동조합의 영향력 확대를 찬성하는 사람들이 초빙되었다. 이를 통해 교육 참석자들은 GE와 같은 견해를 가지는 사람들이 아닌 반대편 입장의 생각과 행동방침을 깊이 이해할 수 있는 기회를 가졌다.

오후 수업은 외부강사들의 강의를 분석하고 토론하는 내용으로 이루어졌다. GE가 추구하는 입장과 방침과 비교하여 각 강의 주제별로 GE의 입지를 명확히 이해했는지를 확인할 수 있었다.

하고 있음을 금방 알 수 있었다. GE의 경영철학을 주입하기 위해 교육 참석자들을 고립시켜서 강도 높은 훈련과 교리화된 수업을 병행하는 방식은 중국이나 베트콩들이 미국 포로들을 세뇌하기 위해 사용한 방법과 너무나 흡사했다. 당시 이 방법이 매우 효과적이었음은 더 이상 말할 나위가 없다. 많은 군인이 수감 중에 반전 옹호자로 탈바꿈했다. 크로톤빌의 교육을 받은 대부분의 참석자들 역시 GE가 추구하는 경영철학을 절대적으로 옹호하는 입장을 취했다.

코디너는 크로톤빌과 관련된 인적 재정적 투자로부터 그가 얻고자 한 결과를 평가하였다. 1956년에 4천명의 경영진과 전문가들에게 전문 경영과정을 이수한 것을 시작으로 하여 1959년까지 총 2만 5천명, 즉 전체 직원의 11퍼센트에게 교육을 이수할 목표를 세웠다.[2] 이는 전례 없는 대규모 교육 계획으로 코디너를 뒤이은 경영진들도 이처럼 확대된 교육 목표를 계속 유지하기 위해 많은 투자를 해야 했다.

예를 들어 이러한 교육은 막대한 물적, 금전적 비용이 뒤따랐으며 웰치의 경우 워크아웃(Work-Out), 식스시그마(Six-Sigma) 프로그램의 형태로 실행되었다.

GE의 전문 경영을 위한 경전

코디너는 자신의 경영철학을 관철시키기 위해 선교사를 임명하는 것뿐만 아니라 경전을 만들 필요성을 인식하고, 자신의 컨설턴트인 스미디에게 <블루북>으로 알려진 파란색 표지의 대형 양장본 고급 책을 발행하도록 했다.

<블루북>은 전문 경영에 관한 4가지 주요 요소를 다루고 있었다. 계획, 조직, 통합, 실천이라는 네 가지 주요 요소는 해당 영문 표현의 첫 글자를 따서 POIM이라 명명했고 당시 경영 관련 최고 전문가들의 조언을 종합한 내용이라 할 수 있다. 이는 드러커가 1954년에 발행한 주요 서적인 <경영의 실제(The Practice of Management)>의 주요 내용과 일치하는 원리였다.

또한 코디너는 1956년에 자신의 저서인 <전문 경영분야의 새로운 개척자(New Frontiers for Professional Management)>을 발간하여 GE의 주요 경영진과 전문가들에게 배부했다. 그는 이 저서를 통해 <블루북>에 제시한 자신의 경영철학을 다시 강조했다.

선교사 임명

<블루북>이 GE 경영의 경전과 같다면, 이제 코디너는 이 경전의

내용을 굳게 믿으며(혹은 적어도 옹호하는 입장을 취하며) 그 내용을 널리 전파할 사람들을 원하게 된다. GE는 주저 없이 <블루북>을 교재로 삼아 경영원리를 강의하거나 그 내용을 전파할 사람들을 물색하기 시작했다. 또한 GE가 새롭게 마련한 경영 컨설팅 서비스를 받은 사람 가운데 많은 이들이 <블루북>의 내용을 전파할 선교사적 임무를 받아들였다.

측정 서비스

코디너는 변화를 시도하고 유지하려면 경영진들이 가시적인 결과에 대한 보상을 받을 필요성이 있으며, 또한 실제적인 효과가 있는 수행 결과가 있을 때에 보상을 제공해야 함을 잘 알고 있었다. 그는 자신의 경영 종교의 또 다른 중요한 부분으로서, 여덟 가지 주요 결과적 분야를 지정했다. 이 책에서는 이를 GE의 '전문 경영 8가지 계명'이라고 명명하기로 한다.

여덟 가지 계명 혹은 척도

1. 수익성
2. 시장 점유율
3. 생산성
4. 상품 리더십
5. 인사 관리
6. 근무 태도
7. 공공 책임성
8. 단기 목표와 장기 목표 사이의 균형

GE가 회사 운영의 초기 단계에서 겪었던 시련의 시기, 즉 1893년에 회사가 거의 파산의 위기를 맞았던 때가 있었다. 그 이후로 GE는 재정 운영에서 두 가지 중요한 요소, 즉 투자수익률과 현금흐름에 항상 주의를 기울였다. 이로 인해 지금까지의 회사 경영에 있어서 일정 수준의 수익과 긍정적인 현금흐름을 기반으로 성공가도를 걸을 수 있었다.

그러나 코디너는 경영진들에게 재정적인 면을 넘어서 더 많은 발전을 이룩할 것을 기대했다. 이 점에 대해서 그는 자신의 저서에 다음과 같은 의견을 제시했다.

투자수익률이나 자금회전율 혹은 판매순수익 비율 등과 같은 기존의 수익창출 수단이 유용한 정보 획득에 도움이 되는 것은 사실이다. 그러나 이와 같은 요소들은 경영진이 효과적인 미래 계획을 수립하는 안내 역할을 할 수 없다는 점이다. 이러한 요소들은 사실상 경영진이 수립한 계획이 성공을 거두었을 때 부수적으로 따라오는 효과에 불과하기 때문이다.

현재 우리 회사가 사용하고 있는 척도방법을 살펴보면, 수많은 방법이 있긴 하지만 경영진이 궁극적으로 추구하는 목표에 도달하기 위한 균형 잡힌 근거를 제시하는 면에서는 많이 부족하다.[3]

코디너는 이 점을 앞장서서 연구하여 '회계 서비스를 위한 영구적인 조직'라고 일컫는 '측정 서비스'를 개발했다. 이것은 필요에 따라 구체적인 기준을 설정하고 이를 실천하는 방안을 구상하며 주기적으로 이러한 방안의 적용 실태를 점검하는 일을 담당하게 되었다.

이렇게 1960년대 중반 이후로 전문 경영과 8가지 주요 척도는 GE의 경영 시스템에서 필수불가결한 요소로 자리 잡게 되었다. 이로 인해 유익한 점도 많았으나 문제 또한 적지 않았다. 좋은 의도로 시작했지만 현실적인 결과는 기대에 미치지 못하는 경우가 대부분이었으며 특히 경험이 부족하거나 해당 업무를 깊이 이해하지 못한 경영담당자가 임용되어, 상황과 잘 맞지 않는 방법을 사용하면서 특히 많은 어려움이 야기되었다. 결국 '경영자는 모든 것을 할 수 있다'는 근본적인 가설 자체가 결함이 있다는 것이 여실히 드러났으나 회사로서는 그 점을 인정하기에는 너무 멀리 가버린 상태였다.

지나치게 많은 측정으로 인한 마찰과 대립의 발생

당시 GE는 '측정에 관해 만족스러운' 입장이라 할 수 있었다. 저자 또한 한 때 경영진에게 GE가 계속 이러한 경영방식을 고수할 것, 즉 절대로 변경하지 말 것을 강력히 권한 바 있다.

그러한 코디너가 자신의 경영 지침에서 제시한 몇 가지 요소는 그리 쉽게 측정할 수 있는 요소들이 아니었다. 예를 들어 시장 점유율이란 항상 당해 시장 상황과 관련지어서만 의미를 가지는 개념인데, '당해 시장'의 범위설정이 담당 책임자나 담당 부서의 업무 결과를 실제보다 더 부풀리기 위한 목적으로 확대되는 일이 종종 있었다. 이로써 당해 시장과 시장 점유율에 대하여 관련 부서나 경영책임자들 사이에 심각한 견해 충돌이 일어났다.

또한 근무 태도나 공공 책임성과 같은 요소들 역시 가시적인 개념이 아니었으므로 이러한 혼란을 더욱 가중시키는 결과를 낳았다. 사실상 객관적인 측정이 가능한 요소는 수익성뿐이었다. 코디너가 제시한 새로운 경영 지침은 이론적으로는 매우 설득력이 있었지만 현실에 적용했을 때 문제점이 많다는 점이 명확히 증명되었다. 그러나 이미 이러한 요소들은 실제 경영에 적용되어 GE의 방식으로 틀잡힌 상태였다.

코디너의 노력으로 군벌적 세력을 제거하고 각종 경영관련 교육 프로그램을 개설하며 회사 전체를 하나로 통합하여 재조정할 수 있었다는 점에는 의문의 여지가 없다. 그러나 이러한 업적을 이루는 동안 그는 여러 사람들과 적이 되었다. 당시 경영진과 주요 간부들 중 대다수가 지나치게 경직된 코디너의 경영방식에 강한 불만과 거부감을 가지게 되었다. 결국 그들은 코디너를 대항할 기회를 찾아서 정면으로 코디너에 맞서는 것을 서슴지 않았다.

GE 연수제도의 확장과 강화

랄프 코디너는 업무 주요 분야 담당자들이 모두 실력과 실전 대처 능력을 갖춘 전문인들로 구성되기를 원했으며, 이에 따라 기존의 기능 훈련 프로그램의 횟수와 종류를 대폭 확장하기로 결정했다. 이를 위해 코디너는 경영학계의 인물들과 광범위한 결속 관계를 맺기 시작했다.

회사 기능 서비스 조직

회사 기능 서비스 조직은 각 부서별 기능에 따라 별도로 구성되었으며 컨설팅과 감사, 대학졸업자 모집, 회사 전체의 신입사원 훈련과 각 단계별 훈련 개발 프로그램의 진행을 맡게 되었다.

기능별 컨설팅은 각 생산부서의 필요에 따라 무료로 제공되는 서비스로서 컨설팅 담당자들이 직접 해당 기능 부서에 참여하여 필요한 훈련 프로그램을 개발하고 실시하는 독특한 방식으로 진행되었다. 즉 GE는 전체 품질관리, 가치분석, 경영평가, 인터뷰 등에서 독보적인 존재였기에 각 부서별 특정 필요에 따라 훈련 프로그램을 즉석에서 개발하고 제공할 수 있었다.

이에 더하여 기능별 감사도 진행되었다. 각 부서가 주어진 프로그램을 잘 적용했으며 기대한 결과가 산출되었는가의 여부에 초점을 맞추었고, 각 부서별 전담 감사반이 조직되어 업무 전반에 대한 종합감사를 원칙으로 삼았다.

저자의 개인적인 경험을 잠깐 소개하겠다. 버지니아 주의 웨인스보로에서 인적자원 감사업무를 맡은 적이 있다. 당시는 근무 태도, 노동조합 활동, 커뮤니케이션 관리, 위임 업무, 기타 지역 사무를 평가했으며 세부 보고서를 작성하여 상부 경영진과 책임 부서에 제출했다. 이 보고서에 기초하여 차후 계획과 중요사항을 결정하여 필요한 조처가 빠짐없이 이루어지도록 했다.

아쉽게도 당시 직원들과 경영업무 담당자들은 매우 큰 반감을 가지고 있었다. 의도는 좋았으나 그 결과는 실망스러운 경우가 종종 발생하면서 부서 수준의 경영업무는 컨설팅, 감사 업무반의 기대를 만족시키지 못했다. 그 결과 생산부서 책임자들은 직접 외부 컨설턴트의 자문을 구하여 본사의 컨설턴트 팀이 제안한 사항에 대한 직접적으로 반대 의견을 제시하는 일이 발생하기에 이르렀다.

당시 회사 기능 서비스 조직은 대학졸업자 모집업무 전반을 책임지고 있었다. 따라서 여러 분야의 주요 대학 학생취업 지도실과 긴밀한 관계를 유지했다.

기능별 서비스 훈련 프로그램의 확대적용

각 기능별 서비스 조직은 회사 전체를 대상으로 하는 훈련과 교육 프로그램을 개발하여 진행했다. 코디너는 경영의 분권화를 추구했지만 단일한 '회사 이미지와 동등한 상호 관계'를 설정하는 것이 중요하다는 점을 인정했다.

코디너의 지휘 아래에 기존의 훈련 프로그램이 대폭 개편되었다. 일례로 엔지니어 분야에서는 다음과 같이 세분화된 세 가지 프로그램이 개설되었다.

1. 기존의 '테스트 프로그램'은 '엔지니어링 프로그램'으로 이름을 바꾸고 회사 전체를 대상으로 적용했다.
2. 고급 엔지니어링 프로그램을 개설하여 특정 수준 이상의 학위를 가진 사람들을 훈련하는 반면에 신입사원을 대상으로 법인 연구 개발센터에서 제공하는 일반 엔지니어 연구과정을 마련했다.
3. 창의적 엔지니어 프로그램을 통해 더 독창적이고 혁신적인 사고를 통한 신상품 개발을 주도했다.

재무 분야에서는 비즈니스 훈련 과정을 재무경영 프로그램(Finance Management Program, FMP)으로 이름을 바꾸고 재무, 회계 관련 기술 습득에 초점을 맞추도록 했다. FMP 과정을 우수한 성적으로 마친 사람들은 종종 이동감사반에 편성되어 최소 3년 이상 진행되는 힘겨운 이동 업무를 경험하게 했다. 사실 주요 재무 간부들과 업무 담당자들은 대부분 FMP 과정이나 이동 감사반을 수료한 사람들이었으며, FMP 과정을 수료한 후에 이동 감사반에 발령받지 못한 사람은 결국 회사를 그만두는 양상을 보이게 되었다.

제조 분야에서 코디너는 제조 전문가를 양성해야 한다고 뼈저리게 느꼈으며, 이에 따라 제조 훈련 프로그램(Manufacturing Training Program, FTP)을 개설했다. 이 과정에 참여한 연수생들은 생산공정, 산업공학, 구매, 품질관리와 상품계획, 통제 등을 포함하여 사실상 모든 분야의 제조 업무를 직접 배우도록 했다.

고객 우선 정신

코디너는 타고난 세일즈맨이었다. 그는 이미 자신의 저서에서 "고객을 모든 면에서 우선적으로 고려해야 한다"는 입장을 분명히 밝혔으며, 최종적으로 상품을 판매하지 못했다면 엄밀히 말해서 비즈니스맨으로서 실패한 것이라고 굳게 믿었다. 하지만 코디너 역시 판매와 마케팅이 반드시 같을 수 없다는 점을 인정했기에 다음 분야에 대한 훈련 프로그램을 마련했다.

- **마케팅 훈련 프로그램**(Marketing Training Program, MTP) 이 프로그램은 1년 과정으로서, MBA 학위 소지자들을 대상으로 4곳의 연수원에서 각 3개월씩 진행되었다.
- **기술 마케팅 프로그램**(Technical Marketing Program, TMP) 이 프로그램은 기술적인 배경이 필요한 특정 분야에 초점을 맞춘 것

으로 기술보다는 판매 지향적 성향을 가진 공학 분야 학위 소
지자들을 위해 마련되었다.

■ **광고 판매 촉진 프로그램**(Advertising and Sales Promotion
Program, ASP) 회사 내부의 광고, 홍보 담당 부서의 필요성을
인식함에 따라 이 프로그램을 마련하여 'GE 지향적인 성향을
가진 고객'을 대상으로 창의적이면서도 효율적인 광고와 홍보
활동을 촉진했다.

인사관리에서 인적자원관리로의 확대

대부분의 회사들이 '인사 분야'를 전문적으로 다루지 못하고 힘들
어하는 모습을 볼 수 있는데, 이것은 내부 구조가 인사 문제, 즉 '행복
과 복지 추구'를 크게 중요시하는 경향이 강하기 때문이다. 이 분야의
담당자들은 경영진과 직원들 사이의 중간자적 입장에 있으며 서로의
만족을 가장 중요시하게 된다. 그래서 이러한 인사 업무 담당자들을
가리켜 '사내 목사'라고 부르기도 한다.

코디너와 그의 동료인 르무엘 볼웨어(Lemuel Boulware)는 직원들
과 잘 어울리면서도 노동조합의 영향력에 맞설 만큼 대담성과 재능
을 겸비한 인재들로 인사팀을 구성하기로 결정하고 종업원관계 훈련
프로그램(Employee Relations Training Program, ERTP)을 마련했다.

이 프로그램의 참가자 중 대부분이 법학과 출신이거나 석사학위
소지자로서 주로 제조 부문에 투입되어 제조 업무에서 발생하는 문
제점과 관련 상황에 대한 명확한 이해를 얻기 위해 제조 과정을 이수
했을 뿐만 아니라 노동조합이나 지역사회와 관련된 이슈들을 다룰

수 있도록 훈련받았다.

저자 또한 재무훈련 프로그램을 마친 후에 이 프로그램을 이수했으며 몇 차례 공장 주임직을 포함하여 제조 분야의 업무를 직접 체험했다. 나를 포함하여 상당수의 참가자들은 사회과학자적 성향보다는 비즈니스맨으로서의 기질이 훨씬 강했으므로, 이러한 제조공정 관련 훈련은 생산직 근로자들뿐만 아니라 그들과 노동조합 사이의 관계를 더 잘 이해할 수 있는 기회가 되었다.

GE의 모든 훈련 프로그램에서 발견되는 특징

GE의 모든 훈련 프로그램에는 몇 가지 공통점이 있다. 회사 전체를 대상으로 실시되며, 재능 있는 신입사원 발굴에 초점을 맞추고, 3년 동안 계속되며 매우 강도 높은 수준의 훈련을 제공한다. 또한 훈련 참가자들의 실습 과정과 이론 강의 중에 계속적으로 평가활동을 실시한다.

- **회사 전체를 대상으로 실시** 코디너는 회사의 응집성을 중시하여, 분권화의 경향으로 회사 분위기가 나뉘는 것을 경계했다. 따라서 모든 프로그램은 회사 전체를 대상으로 개발했으며 회사전체 단위로 실시했다.
- **재능 있는 사원 발굴** 신입사원들은 명석하고 근면하며 헌신적인 태도를 보이는 사람들로 선발했다. GE는 '황태자'같은 인재가 아니라 진보를 향해 노력을 아끼지 않는 태도를 더 높이 평가했다. 신입사원은 대부분 중산층이거나 노동자 출신이었다.

- **3년의 훈련 기간** MBA 학위 소지자를 대상으로 하는 1년 과정의 마케팅 훈련 프로그램을 제외하고는 모든 훈련 프로그램은 6개월의 실습을 포함한 3년 과정으로 마련되었다. 또한 대부분의 훈련 프로그램이 2~3곳을 이동하면서 실시되었다.
- **강도 높은 까다로운 훈련 내용** 대부분의 훈련 과정은 대학교 교육 과정에 준하여 개발되었고 일부 훈련은 대학원 과정의 수준으로 구성되었으며, 일반 이론에 GE의 경영관행을 접목했다. 훈련 강사는 해당 학계의 전문가가 아니라 실질 업무 담당자로 지정했다. 엔지니어링이나 재무관리 과정과 같은 일부 프로그램은 평가를 실시하여 대학 교육과정처럼 학점을 부여했다.
- **'발전이 아니면 퇴출'** 훈련 이수자들은 모두 6개월마다 평가를 받아 향상되지 못한 경우 퇴출되었다. 평가 점수는 또한 인사 고과 혹은 최종 취업여부를 결정하는 자료로 활용되기도 했다.

기능별 훈련 프로그램은 곧 GE의 주요 특징 중 하나로 자리 잡았으며 코디너는 이를 계속 확장하면서 전문성을 강화시켜 왔다. 이 프로그램의 목표는 일반 전문성과 GE를 위한 특별한 기술을 모두 갖춘 개개인 양성이었기에, 모든 훈련은 GE의 방식으로 진행되었다.

최종 목표는 훈련 이수자들이 GE의 가족이 되어 헌신적으로 회사를 위해 일하도록 고무하는 것이었다. GE의 채용방침에 이러한 이미지가 반영되자, 이 프로그램이 발전이 아니면 퇴출이라는 강한 성향을 띠고 있음에도 불구하고, GE를 평생직장으로 여기는 풍조가 더욱 강화되었다.

변화를 시도할 때는 결과에 대한 두려움을 잊어라

이 프로그램에 대하여 저자가 발견한 문제점들 중의 하나는 실습 과정이 불과 6개월에 지나지 않는다는 것이다. 이 기간은 훈련참가자들이 변화를 시도하기에는 충분하지만 그 결과를 온전히 관찰하기에는 부족한 시간이었다.

대부분의 경우 훈련 참가자들이 시도한 변화는 충분한 시간을 두고 검토한 것이 아니었기에, 그로 인해 발생한 크고 작은 문제점들을 다음 훈련 참가자가 떠안게 되는 상황이 종종 발생했다. 일부 경영책임자들이 심각한 수준의 변화(차후에 큰 문제로 이어질 변화)를 유도한 다음에, 그 결과가 가시화되기도 전에 다음 훈련 이수자들에게 자리를 넘겨주었으며, 이와 같이 동일한 문제 상황이 끊임없이 반복되었다. 다행히도, 현 CEO인 제프리 이멜트는 이 문제점을 깨닫자마자 주요 전문직 임원들과 경영 담당자들의 임기를 연장하여 그들이 내린 결정으로 인한 직접적인 결과를 처리하도록 마련했다.

비즈니스 리뷰

리더십

다양화, 분권화, 목표별 경영 코디너가 이끄는 경영팀은 다양화 추구 전략에 있어서 하향식 다양화는 한계가 있음을 인지하고, MBO라는 다소 모험적인 새로운 방식을 선택했다. 이 방식을 적용하는 것이 어느 정도 위험 부담을 초래했으나 일단 결정한 경영전략에 비추어 일관성 있는 조직운영과 방침 적용이 중요하다는 점에 동의했다.

▶ **독자를 위한 제안** 회사의 보상 시스템을 분석하여 그것이 현재 적용하고 있는 경영전략과 융화되는 것인지 생각해보기 바란다. 이 두 가지가 서로 어울리지 못한다면 경영 전략을 수정하거나 적용 방법을 재검토할 필요가 있을 것이다.

인재양성

전문 경영 분권화를 하는데 가장 중요한 요소는 지위의 고하를 막론하고 모든 경영책임자들이 합당한 기술, 훈련, 실력을 갖추는 것이다. 그러나 이러한 이론의 맹점은 경영책임자가 경영관련 훈련을 통해 상호 이동이 가능하며 어떤 사업 분야나 상황에서도 항상 성공할 수 있다는 가정 자체이다.

▶ **독자를 위한 제안** 해당 시장이나 관련 산업에서 가장 중요한 기술이 무엇인지 명확히 이해해야 한다. 또한 해당 분야에 대해 주요 경영간부와 전문가들이 충분한 실전 능력을 갖추고 있는지의 여부도 반드시 확인해야 한다. 훌륭한 경영인이라면 무엇이든지 척척 해낼 수 있다는 맹목적인 믿음은 버리는 것이 좋다.

기능별 훈련과 개발 비즈니스는 개인이 아니라 여러 사람의 노력으로 이루어지는 것이다. 또한 비즈니스를 위해 구성된 팀은 각 주요 기능별로 합당한 재능을 갖춘 사람들로 구성되어야 한다. GE는 각 기능별로 여러 재능을 갖춘 인력을 확보했기에 평균적인 기준으로 볼 때는 성공적이었으나 많은 시간과 비용을 소모했다. 사실 GE가 실시한 훈련 프로그램과 같은 규모나 범위를 감당할 수 있는 회사는 거의 없다고 해도 과언이 아니다.

▶ **독자를 위한 제안** 자신의 회사에서 가장 필수적인 기능이나 기술이 무엇인지 명확히 정의를 내린 다음 현재 직원들에게 적어도 가장 필수적인 기능, 기술에 대한 연수를 받도록 마련해 주어야 한다. 시간이 지남에 따라 이러한 기능적 필요도 변화될 수 있음을 기억해야 하며, 시종일관 동일한 기능만 강조하거나 한 가지 특정 기능이 모든 필요를 충족시킬 수 있다는 안일한 태도는 결코 성공을 가져다주지 못한다는 점을 인정해야 한다.

네트워크

지나치게 많은 상호모순적인 방법 코디너는 스스로 여덟 가지 주요 방침 혹은 주요 결과를 설정했다. 하지만 이러한 요소들이 항상 일정한 것은 아니었으며 심지어 어떤 요소들은 서로 충돌하기까지 했다. GE가 추구한 요소는 너무 많을 뿐만 아니라 몇 가지 주요 요소를 강조하는 것을 소홀히 했기에 많은 문제점을 발생시켰다.

▶ **독자를 위한 제안** 물론 수치적 결과 산출이 매우 중요한 일이지만, 조직 운영을 통제하기 위해 이러한 측정 도구를 사용할 때 선택적이 될 필요성이 있다. 지나치게 복잡하거나 상호 모순적인 방법이나 보상 체계를 피해야 한다. 어차피 모든 사람을 만족시키는 이상적인 방법을 찾는 것은 불가능하며 완전한 의미에서 공평한 방법 또한 적용한다는 것은 현실적으로 어려운 일이다.

8 장

■ ■ ■

로널드 레이건의 변신

큰 정부와 대규모 노동조합에 대한 랄프 코디너의 강한 반감이 바로 이번 8장의 주제라 할 수 있다. 코디너는 다음과 같이 자신의 의견을 드러낸 바 있다.

우리 회사는 지금 다른 기업들과 같이 외부의 도전을 받고 있으며, 주로 대기업들에서 더 심각하게 나타나고 있다. 이 중에는 가장 심각한 네 가지 문제가 있으며, 이것은 지금 국가의 사회적, 경제적 성장의 걸림돌로써 직간접적으로 피해를 주고 있다. 그 문제점은 다음과 같다.

1. 성공이나 도전 의욕을 가로막는 지나치게 무거운 세금
2. 노동조합의 통제할 수 없는 강한 힘이 대중의 이익에 관계없이 자신들의 목적만 지나치게 추구하는 경향
3. 연방 정부가 큰 힘과 집중화를 통하여 국가 경제활동에 통제권

행사

4. 이른바 '대규모 비즈니스'라 일컫는 분야, 즉 경제적, 사회적 필
요와 관계없이 지지자를 끌어모으기에 바쁜 대중선동가들이 좋
아하는 분야가 안고 있는 문제점[1]

코디너는 이와 같은 상황을 극복하기 위해 매우 강력한 프로그램
을 개발했다. 그는 과거에 함께 일했던 르무엘 볼웨어를 기용하여 이
러한 문제점에 대처하기 위한 경영 교육 프로그램을 창안했다. 이와
동시에 대규모 노동조합과 큰 정부의 부정적인 영향력에 효과적으로
대처하기 위한 준비를 갖추었다.

로널드 레이건 : 메시지 전달자

볼웨어는 당시 무명배우에 불과했던 로널드 레이건을 영입하여
'제너럴 일렉트릭 극장'이라는 텔레비전 프로그램의 진행자로 삼았
다. 더욱 중요한 것으로, 레이건은 노동조합과 대규모 사업의 위험성
과 자유 기업경영의 장점을 사내 전체에 홍보하는 일종의 선교사 역
할을 맡게 되었다.

레이건은 미국내 곳곳의 GE 계열사를 찾아다니며 경영책임자들
과 일반 직원을 대상으로 많은 면담을 가졌으며, 이를 통하여 정치적
소양을 갖추기 위한 충분한 경험을 얻을 수 있었다. 그는 다분히 애
국적이면서도 비즈니스 지향적인 입담으로 많은 인기를 얻었으며,
원래 자유주의자로서 과거 노동조합 대표를 지내기까지 했으나 차차
보수적인 성향을 강하게 발전시켰다. 1962년에 제너럴 일렉트릭 극

장이라는 프로그램이 8년간의 방영을 최종적으로 마무리한 시기를 기준으로 볼 때, 레이건은 전국에 흩어져 있는 135개의 GE 산하 각종 연구개발기관과 제조공장을 순회하면서 25만 명의 사람들에게 메시지를 전달했다.

르무엘 볼웨어라는 인물과 그의 연설은 레이건에게 총제적인 변화를 유도하여 그를 자유주의자에서 보수적인 공화주의자로 탈바꿈시켰다.

노동조합 활동을 지양하고 회사친화적인 지역으로 이동

코디너는 기존의 GE 공장지역을 벗어나서 새로운 곳에 제조설비를 마련했다. 낮은 노동비용, 노동조합의 영향력 약화, 주정부 혹은 지방정부와의 우호적인 관계 등을 포함한 몇몇 기준에 따라 새로운 공장입지를 결정했다.

이러한 결정을 통해 그는 스키넥터디, 린, 브리지포트, 필라델피아 등지에 있던 기존의 공장에서 발생한 여러 문제들의 재발을 방지하고자 노력했다. 당시 기존 공장지역에서는 노동조합의 핵심 요새와 같았으며 지역사회 주민들은 공장입지를 핑계로 GE가 지역사회에 많은 빚을 지고 있다는 주장을 강하게 드러냈다.

이러한 이유로 '회사의 미래를 위하여' 주요 제품을 생산할 새로운 공장입지로 루이스빌과 켄터키 등의 지역이 선택되었다. 그러나 IUE는 이미 더 적극적이고 발 빠르게 움직였기에 새로운 공장이 설립될 무렵 이미 노동조합을 설립하여 기존의 동북부 지역이나 GE의 공장마다 설립된 그 어떤 노동조합보다도 더 반대적인 성향이 강한 노동조합이라는 평을 얻었다.

그러나 GE는 다른 업체들처럼 공장 이전(심지어 해외로도 이전하는 일이 있었음)을 하나의 방편으로 삼아 회사와 노동조합, 그리고 회사와 지역사회와의 관계를 변화하려는 시도를 멈추지 않았다. GE로서는 새로운 영향력을 행사할 수 있는 돌파구였지만, 기존의 GE 계열사가 위치한 지역(스키넥터디, 린, 시러큐스) 사회의 적대감을 더욱 부추겼으며, 공장 이전의 필요성을 더욱 가중시키는 요인이 되었다.

보울웨어리즘 : "옳은 일을 하기 위해 기꺼이 노력한다"

노동조합에 대한 GE 방침은 "옳은 일을 하기 위해 기꺼이 노력한다"라고 간단히 요약할 수 있다. 무엇보다도 GE는 특정 조합이 세운 패턴이 규칙화 되어 다른 유사한 경우에 확대 적용되는 형태를 띠게 되는 패턴 복사 방식을 물리치기 위해 노력했다. 하지만 이 방법은 자동차업계에서는 오랜 관행으로 자리 잡고 있었다. 볼웨어에 따르면 "노동조합 위원들이 패턴에 따른 협상법을 구사하면서 조합원들이 '탐욕스럽고 사악한 경영진에 대한 통쾌한 승리'를 거두는 듯한 인상을 심어주며" 그에 따라 조합원의 주도 하에 회사가 마지못해 옳은 일을 하는 방향으로 끌려간다는 느낌을 갖게 만들고 있었다.

볼웨어는 이러한 방법이 직원들의 생각 속에 자본주의와 회사 모두에 대한 부정적인 인식을 강화시킨다고 생각했다. 또한 이 방법은 회사 측이 교섭 시작단계부터 기꺼이 동의할 의사가 있었던 교섭 내용이 그저 노동조합만의 힘겨운 노력으로 성사된 것처럼 보이게 하기 때문에 직원들의 반감을 더할 뿐만 아니라 생산성까지 저해할 우려가 있다고 믿었다.

공정하면서도 확고부동한 제안

이에 따라 볼웨어는 패턴 방식을 완전히 철폐하기로 마음먹었으며 GE가 제시한 모든 교섭 조건을 일일이 분석하는 수고를 아끼지 않았다. 얼마 지나지 않아서 그는 선불 방식에 의한 구체적 조건을 명시한 경쟁 '상품' 즉 계약을 만들어 이를 '공정하면서도 확고부동'하다고 표현했다. 그는 이 계약이 노동조합원들의 구미를 당기는 조건을 갖추고 있는 동시에 회사와 소비자들이 가지고 있는 한계를 충분히 고려하고 있다고 주장했다.

자신의 일은 스스로 하라

볼웨어의 감독에 따라 회사는 노동조합원과 비조합원 모두의 필요와 요구를 파악하기 위한 대규모 조사 작업에 착수했다. 이 조사의 결과에 따라 회사는 공정하면서도 직원들의 만족도를 높일 수 있는 월급을 비롯한 각종 혜택 패키지를 만들어 되었다. 이는 임금, 보험, 교육비, 연금에 이르기까지의 모든 요소를 포함하는 것으로 노동조합과의 협상 실시 이전에 조합 측에 제시한 후, 회사 측은 더 이상의 양보나 타협을 거부하는 입장을 고수했다. 동일한 패키지를 비노동조합원들에게도 제시했으며, 노동조합이 이를 수락하느냐의 여부와 관계없이 회사 방침이 그들에게 적용될 것임을 알려주었다.

노동조합과 회사 사이의 교섭이 계속 진행되었으나 회사 경영진은 이 패키지가 회사로서 제시할 수 있는 최고의 조건임을 분명히 못 박아 두었으며, 일부 세부 사항은 수정할 수 있지만, 설사 노동조합이 협상을 거부하고 파업에 돌입한다 할지라도 패키지의 기본 내용은 결코 양보할 수 없음을 분명히 밝혀두었다. 당시 노동조합에 가입하지 않은 업체들의 수가 상당히 많았을 뿐만 아니라 기존 노동조합들 또한 서로 긴밀한 유대 관계를 맺고 있지 않았으므로 경영진은 이 제안을 통해 협상에서 유리한 입지를 선점할 수 있었으며, 동시에 각 조합장들의 존재 자체가 미미한 의미를 띠게 만들었다. 이로써 노동조합들의 반감과 실망감을 더욱 키우게 되었으나, 대부분의 경우 회사가 제안한 협상 패키지를 거의 수정하지 않은 채 받아들이기로 결정했다.

노동조합 위원들은 이러한 상황에 불쾌함을 감추지 못했다. 그러면서 회사가 제안한 패키지는 사실상 수락과 퇴출 사이에서 선택을 강요하는 것으로, 겉으로는 '상호 이익의 균형'을 추구한다고 하지만 사실상 회사가 '거의 신과 같이 거부할 수 없는 존재'로 군림하려 한다고 비난했다. 그들은 회사 측이 정당한 방법으로 교섭에 임하고 있지 않다고 주장하면서, 사실상 상품 가격을 인상하지 않더라도 기존의 '부풀린' 이윤을 사용해서 직원들에게 더 많은 혜택을 제공할 여력이 있다고 주장했다.

이러한 상황의 전개를 '보울웨어리즘'이라 부르게 되었으며, 이는 세계 곳곳에서 찾아볼 수 있는 상황으로 보편화되었다. 볼웨어는 자신이 융통성이 부족한 것이 아니며, 항상 노동조합이 '노사 쌍방의 이익을 균형 잡히게 추구하기 위해 변화가 불가피하다는 것을 증명하는 정보'를 제시할 경우 이를 기꺼이 수용할 수 있다고 주장했다. 이렇게 볼웨어와 노동조합 위원들 간의 사상 대립이 계속되면서 외부에 알려지자 정치가들과 언론인들, 신문 논설위원들까지도 이러한 대립에 합세하게 되었다.

결국 1960년에 와서 GE와 전기, 무선, 기계 국제 노동조합 즉 미국 노동총연맹과의 협상이 결렬되면서 3주간의 파업으로 이어졌고, 결국 전국노동관계위원회(National Labor Relations Board, NLRB)는 GE가 '불합리한 노사관계'에 대한 책임이 있다는 판결을 내렸다.

1969년의 미국 항소법원 역시 이러한 판결을 지지하면서 GE는 '진실한 주장'이 아니라 '허위 주장'에 대한 책임이 있다고 판시하면서, GE가 이끌어온 노사협상 방식이 '노동조합원들에게 노동조합 자체가 사실상의 영향력이나 실제적 쓸모가 없는 조직'이라는 점을 강조하고 있으며 '고용주만이 피고용인들의 이익을 사실상 대변해 줄 수 있는 주체라는 인상을 주어 노동조합의 권위를 실추시켰으며 동시에 고용주 스스로의 지위를 변화시킬 수 있는 능력을 심하게 손상시켰다'고 지적했다.[2]

볼웨어가 1961년에 GE 경영진에서 사퇴하면서 그의 주요 경영철학이자 행동 지침이었던 보울웨어리즘 방법 또한 자취를 감추었다. 또한 새로운 정보 기술 중심의 국제 경쟁력이라는 시대적 흐름에 따라 노동계와 GE 내의 노동조합이 실질적 세력을 잃게 되면서, 당시 막강한 영향력을 가지고 있던 반대적 성향의 노동조합 역시 사라지고 말았다.

종합해 보건대 볼웨어의 경영 방식은 현 GE의 노동관계 방침의 핵심 요소로 자리 잡았으며, 이를 통해 GE는 다른 업체들이 감히 시도하지 못했던 일을 시도할 수 있었다. 즉 GE는 모든 이해 관계자들의 이익을 고르게 추구할 수 있다고 판단한 방법을 대담하게 실제 경영에 사용했다. 전체적인 결과를 고려하면 GE의 종업원들은 회사가 제안한 내용에 대부분 만족했으며 GE의 경영 또한 계속 성공적으로 유지되었다. 즉 GE가 노동조합 관계에 대한 본사의 입지를 흔들림 없이 고수함으로서 불필요한 비용이나 혜택을 빼앗기는 일을 방지할 수 있었다. 사실 그러한 추가 비용의 발생으로 GM이나 포드와 같은 상당수의 주요 업체들이 고질적인 문제 상황을 떠안게 되었으며 지금까지도 이 문제를 완전히 해결하기 위해 엄청난 노력을 기울이고 있는 현실이다.

보울웨어리즘이 성공한 이유

GE 경영에서 보울웨어리즘 방식이 효과를 본 이유를 살펴보자.

우선, GE는 항상 종업원들의 복지에 관심을 가지고 건의 프로그램(1906), 연금(1912), 보험(1920) 제도와 같이 종업원들을 장기적으로 배려하는 제도를 실시한 바 있다.

둘째, UE는 사회주의적 성향의 노동조합으로서, 당시 GE의 직원들이 직면한 문제보다는 '시민 혁명'에 더 초점을 맞추고 있었다. 이와 같은 성향은 당시 평판이 좋지 못한 매카시 청문회에서로 더욱 적나라하게 드러나고 말았다.

셋째, CIO는 짐 캐리의 주도 하에 비공산주의적인 성향의 노동조합을 구성하여 이에 맞서게 되었다. 새로운 노동조합인 IUE가 UE의 조합원들을 끌어들이기 위해 노력하면서 노동조합 내의 분열이 발생하기 시작했다. 하지만 당시에는 이들뿐만 아니라 GE에는 팀스터 (Teamsters)나 IBEW 등을 포함해서 막강한 힘을 가진 또 다른 노동조합들이 활동하고 있었다. 이처럼 수많은 노동조합이 서로 경쟁하는 와중에 볼웨어와 그의 경영 후계자들이 협상에서 유리한 입지를 얻어서 결국 성공을 거두게 되었다. 자동차, 철강, 운송 업계의 경우 각기 단 하나의 노동조합이 형성되어 고용주와 협상을 주도했던 것과는 크게 대조적이라고 할 수 있다.

넷째, 경영진은 맡은 바 임무를 소홀히 하지 않고 노동자들에게 당시로서는 매우 혁신적인 내용의 각종 혜택을 아낌없이 지원했다. 대부분의 경우 직원들은 이러한 회사 측의 배려에 만족했기에 파업발생률이 계속 낮게 유지되었다.

다섯째, GE는 업계 전체에 영향을 미치는 협상 조건을 강하게 거부했으며 항상 협상은 회사 단위로 추구했다. 대부분의 경우 웨스팅하우스를 비롯한 주요 전기제조업체들이 GE의 방식을 그대로 받아들였으나, 이는 엄연히 회사별 방침으로 간주되었으며 동종업계 내의 일반적인 규칙은 아니었다. 이러한 성향 또한 다른 업계와는 크게 구별되는 하나의 특징이었다.

마지막으로 GE 경영진들은 이윤이 낮은 공장은 즉시 이전 조치했다. 특히 노동조합이 형성되어 있지 않으면서 새로운 일자리 특히 GE에서의 근무를 선호하는 도시를 위주로 공장을 이전했다.

개인적으로 볼 때 노동조합이 실제적인 영향력을 상실했으며 이는 전기업계뿐만이 아니라 다른 주요 산업의 경우도 마찬가지라고 할 수 있다. 노동자들의 파업으로 사회의 질서가 깨지는 것은 어디에서도 환영받지 못하는 현상이기 때문이다. 특히나 월터 루서, 조지 미니, 마이크 퀼, 존 루이스 등과 같은 거물들이 사망함에 따라 노동조합을 주도하던 핵심 세력들이 사라진 것 또한 이들의 세력 약화를 초래한 이유라고 할 수 있다. 노동조합 측은 합병과 통합 등을 통해 결속과 영향력을 유지하기 위해 노력하고 있으나 현재 이들은 미국 노동자 전체를 기준으로 볼 때 극히 작은 부분을 형성하고 있을 뿐이다.

이 책을 집필할 때도 미국노동총동맹(AFL)에 분열이 발생하여, 라틴 아메리카계의 사람들과 기타 소수민족의 주도 하에 서비스 분야에 별도의 노동조합이 등장하여 기존 동맹과 분리되었다. 1930년대에도 이와 비슷한 일이 발생했는데, 당시 AFL의 공예 노동조합에서 떨어져 나온 노동조합이 CIO가 된 것이다. 하지만 이 제조업체 노동조합의 세력이 매우 미미한 편이었으므로 GE는 계속해서 보울웨어리즘 방식을 현대적인 모습으로 수정한 방식을 적용하여, 고용주로서의 책임에 충실하면서 노동자들의 필요와 요구사항을 파악하여 되도록 '전폭적으로' 지원하려고 노력했다.

노동조합이 안고 있던 가장 실제적인 어려움은 모든 회사가 제조공정을 외국에서 진행하거나 생산 주요과정을 외국기업에 의뢰한다는 점이었다. 이로써 제조공장이 가장 유리한 지역을 선점하면서 파업의 부정적인 결과를 무마할 수 있게 되었다.

우리 사회에 큰 변화가 일어나거나 엄청난 위기가 닥치지 않는 한, 현재 GE가 실행하고 있는 노사관계 전략이 계속될 것으로 전망된다. 전문직 계층의 직원들이 노동조합을 조직할 때야 비로소 새로운 노동조합의 개념이 등장할 것이다. 실제로 2005년부터 상당수의 전문직 종사자들(의사, 대학교수, 판사, 심리학자와 기타 전문직 종사자)이 정부 기관이나 자신들의 고용주에 맞서서 그들의 이익을 대변해 줄 누군가가 필요하다는 점에 크게 공감하면서 기존 노동조합에 가입하거나 새로운 노동조합을 구성하기 시작했다.

민영 전기 시스템과 공공 전기 시스템의 대립

GE는 여러 가지 공적 문제에서 대담하고도 양보 없는 입장을 여러 차례 반복했다. 예를 들면 테네시 강 유역 개발계획(TVA)을 포함하여, 정부 운영의 전기 설비의 확대에 대한 입장은 그 어느 때보다 강경했다.

TVA 등의 정부 프로젝트는 뉴딜정책의 일환으로서 모든 설비를 국유화하기 위한 사업 목적을 가지고 있었다. GE는 당시에 정부와의 거래를 그리 선호하지 않았으며 사회봉사 지향적인 GE의 경영진조차도 정부와 거래를 시작하면 곧 가격이 붕괴되고 GE의 경영에 위기가 닥칠 것이라는 두려움을 안고 있었다.

하지만 특정 소비자 그룹을 회피하는 동시에 다른 소비자 그룹과 긴밀한 관계를 형성한다면 회피 대상이 된 소비자 그룹과 적대적인 관계가 형성되는 것은 너무나도 당연한 이치였다. 그러나 GE는 몇 가지 이유 때문에 이러한 방침을 고수하기로 결정했다.

첫째 이유는 위에서 말한 바와 같이 정부를 고객으로 받아들일 경우, 가격 문제에서 양보하지 않을 수 없기 때문에 회사의 경쟁력에 큰 타격을 입게 된다는 점이었다.

둘째, 정부 소유의 설비로 인해 전체적인 공급 가격이 낮추어질 경우 다른 설비들(사실상 다른 모든 설비) 역시 차례대로 국유화될 확률이 높았다. 그 결과 GE가 부가가치 서비스를 제공할 수 있는 여지는 점차 좁아질 것이고, 결국에는 설비 생산자도 국영 기업의 소유권 안에 포함될 것이라는 예상이 주도적이었다. 일찍이 스워프와 영은 공공 서비스 지원에 많은 투자를 했으나 유럽 다수 국가들의 경우처럼 회사 자체를 국영화하는 것은 결코 동의하지 않았다.

마지막으로 가격 경쟁력 약화는 미국 내 외국 기업들에게 유리한 자리를 내주게 되어 시장 내 세력판도에 엄청난 변화를 가져올 우려 또한 생각하지 않을 수 없었다.

놀랍게도 1950년대 후반에 '전기회사의 대음모'가 드러난 이유 중한 가지는 TVA 입찰과 관련되어 있었다. 공개입찰로 진행되면서 1950년대 당시에 회사에 적대적인 감정을 가지고 있던 여러 노동조합들이 입찰 내역을 공개했으며, 이를 통해 사실상 가격 경쟁이 없었다는 점이 만천하에 알려지게 되었다. 당시 입찰자들이 시장을 분할하여 소규모 업체들에게 주문을 내주었으나, 사실상 시장 내 상당 부분을 차지하면서 자신들의 입지를 공고히 하는데 주력했다는 사실이 여실히 드러났다.

결국 여러 소비자들 중에서 특정 소비자와 긴밀한 협조 관계를 맺는 것은 상당히 위험한 행동이라 할 수 있다. 수십 년 내에 배척당한 소비자들을 향해 내밀었던 칼날이 자신을 향해 돌아올 수 있기 때문이다.

GE의 부정행위 사건 : 전기회사의 대음모

이미 살펴본 바와 같이 코디너는 기존 사업 확장뿐만 아니라 새로운 시장 개척과 새로운 시스템 개발, 광범위한 인력 자원 관리 및 지역사회 연계 프로그램 실시 등에서 놀라운 수완을 발휘했다. 이로 인해 회사 총수익뿐만 아니라 순이익 또한 크게 증가되었다.

그 결과 GE 경영진은 호의적인 평가를 얻게 되었다. 코디너는 곧 자신의 뒤를 이을 경영 후계자 선택에 고심하기 시작했으며 로버트 팩스턴 회장을 지목했다. 팩스턴은 이미 전기 시스템 회사의 이사로 활동하면서 놀라운 경영 능력으로 잘 알려진 인물이었으므로 GE의 경영 적임자로 인정을 받았다.

그러던 와중에 전기회사의 대음모라는 가격 담합에 대한 스캔들이 발생했다. GE뿐만 아니라 웨스팅하우스, 앨리스찰머스 등을 포함하여 기타 주요 전기시스템 혹은 전기제품 생산업체들이 테네시강 유역 개발공사와 같은 몇몇 정부 프로젝트의 입찰에서 가격 담합을 유발한 혐의로 기소되었다. 이들은 유죄 판결을 받고 거액의 벌금형을 선고받았다. 뿐만 아니라 고위 경영진들은 별도로 기소되어 징역형을 선고받기까지 했다. 다른 업체들은 경영진 대부분을 사면해주고 해고를 보류한 반면에, 당시 GE의 경영진은 전원 해고되었다.

가격 담합 스캔들의 부정적 결과

이 사건 발생의 여파는 극히 부정적인 몇몇 결과를 낳았다. 첫째 GE가 당시 전기설비 업체들(전기업계에서 GE가 성공을 거둘 수 있었던 근본적인 요소)과 맺고 있던 긴밀한 협조관계는 큰 타격을 입고 사실상 완전히 사라져버렸다. 이 사건으로 여러 전기설비 업체의 경영진들은 GE와의 거래에서 적대적인 태도를 나타내었다. 그들은 지멘스, 히타치, 도시바와 같은 외국 기업과의 새로운 거래 관계를 모색했으며 GE를 포함한 미국내 생산업체는 이들에게 기존의 지배적인 입지를 고스란히 내주어야 했다. 또한 그동안 미국내 시장 진출을 시도하지 못했던 다른 국제 기업들이 물밀듯이 밀고 들어와서 전기설비 업계의 판도를 바꾸어 놓았다.

뿐만 아니라 전력시스템 분야에서 GE는 상당수의 주요 간부들을 잃게 되었다. 피츠필드에 위치한 전력 생산, 배전 변환 기지와 필라델피아의 개폐장치 설비공장에 근무하던 경영진 전원이 해고되었지만, 이들의 빈자리를 채워줄 인재를 찾는 것은 결코 쉽지 않은 일이었다. 이러한 상황의 여파로 GE의 총수입은 50억 달러에서 3년 이상 제자리걸음을 면하지 못했다.

가격 담합에 대한 의혹을 다룬 뉴스가 보도될 당시에 나는 피츠필드에서 연수를 받고 있었다. 가장 영향력이 높은 노동조합이었던 IUE는 당시 상황에 대한 유인물을 작성하여 배부함으로써 일부 계약의 경우 입찰액의 차이가 센트 단위로 설정되어 있었으며 당시 업계의 시장점유 순서에 따라 입찰순서 혹은 성공여부가 결정되었다는 사실을 폭로했다. 이 유인물에는 가격 담합 사실뿐만 아니라 동종업체 사이의 시장배분 구조 또한 설명되어 있었다. 즉 GE와 웨스팅하우스가 가장 높은 점유율을 가지고 있었으며 앨리스찰머스와 같은 업계들도 소규모이긴 하지만 일정수준 이상의 점유율을 유지하고 있음을 한 눈에 알아볼 수 있게 되었다.

당시 종업원 관계, 제조 관련 연수에 참가하고 있던 직원들은 법률팀이 작성한 것으로 보이는 해명자료를 배부하게 되었다. 노동조합 위원들과 연수생들이 동시에 회사의 정문에 서서 각자의 유인물을 배부하는 상황이 발생했다. 당시 노동조합 측이 제공한 유인물의 내용이 더 쉽고 설득력 있게 구성되어 있었으므로 사람들은 그 유인물을 남김없이 받아갔다.

하지만 회사 측이 법률팀을 통해 발행한 해명자료는 너무나도 딱

딱한 법률 용어와 자기 방어적인 표현들만 가득했다. 이 자료를 받아 가려는 사람을 찾기도 힘들었으며 결국 상당량의 유인물이 배부되지 못하고 쌓여 있었다. 우습게도 노동조합 사람들이 연수생들을 불쌍히 여겨 유인물 배부를 도와주었기에 겨우 배부활동을 마칠 수 있었다.

주말이 되자 변압 부서의 주요 간부 전원이 정직되었다. 이 정직 처분에는 부서 감독자, 총 책임자 두 명, 마케팅, 판매 담당 부사장도 포함되었다. 월요일 아침이 되고 보니 사실상의 업무를 담당할 관리자 중 남아있는 사람이 아무도 없이 전원 해고되었고, 부서 총책임자 지위는 제조부서 부사장이 맡게 되었다. 분명히 제조부서 분야 사람들은 가격 고정문제에 대해 아무것도 모르는 상황이었으므로 그쪽 경영진들만이 해고당하지 않았던 것 같다.

당시 코디너의 뒤를 이을 경영진으로 지목된 로버트 팩스턴은 피츠필드에서 한 연설 중에 자신과 코디너는 이 음모의 진행에 대해 전혀 아는 바가 없다고 공식적으로 밝혔다. 하지만 곧 그가 사임한 것으로 볼 때 전혀 아는 바가 없다는 그의 말도 사실이 아닌 것 같다.

팩스턴이 연루되었다가 강제 사임당하면서 코디너의 경영 후계자가 되지 못한 점에 착안해서 이 사건은 'GE의 워터게이트 사건'이라고도 할 수 있다. 이 사건으로 코디너의 이미지 또한 많이 실추되었다. 코디너는 한직으로 물러나긴 했으나 닉슨과는 달리 해고되지는 않았다.

영향력

"즉시 그리고 주저 없이 행동하라" 코디너가 이끄는 경영팀은 노동조합과 정부의 역할에 대해 미국의 주요 기업 리더들이 가지고 있던 일반적인 생각과 전혀 다른 관점을 가지고 있었다. 노동조합과 정부가 경영권을 장악하려는 의도로 손을 맞잡는다고 믿었기에 이들을 통제하기 위한 강도 높은 대책을 마련했으며 심지어 장차 미국의 대통령이 될 인물을 기용하여 그의 힘을 빌려 노동조합을 제지하기까지 했다.

▶ **독자를 위한 제안** 현재 주요 이해관계자들의 세력 관계를 온전히 이해하고 있어야 하며 이들이 언제든지 같은 편에서 적으로 혹은 그 반대 방향으로 바뀔 수 있다는 점을 염두에 두어야 한다. 전략적 사고방식으로부터 배울 수 있는 한 가지 분명한 사실은 주요 이해관계자 전원을 계속 평가하면서 동맹관계와 적대관계의 형성 가능성에 유의하는 것이 무엇보다도 중요하다는 점이다.

맡은 바 본분에 충실하면서 확고한 자세를 유지 GE는 해야 할 일을 뒷자리로 미루는 법이 없으며 종업원이나 회사 양측의 입장에서 볼 때 옳다고 생각되는 일이 결정되면, 파업 위협에 맞서서도 굴하지 않고 강경한 자세로 일관하는 점에서 높이 평가할 수 있다. 이러한 방침은 GE가 노동 비용에 대한 제어권을 유지하면서 종업원 혜택 수여 여부를 결정할 수 있는 근간이 되었다. 만약 이러한 면에서 실패했다면 GE는 분명 장기적으로 부정적인 결과를 참아내야 했을 것이다.

▶ **독자를 위한 제안** 현재 회사가 감당할 수 있는 내용이 무엇인지 냉정하게 분석해 보고 경영권을 빼앗기거나 불필요한 비용이 발생하는 일을 강요받는 일이 없도록 주의해야 한다. 따라서 종업원들에게 영향을 줄 수 있는 여러 가지 사회 정치적, 경제적 문제에서 경영진의 입장을 확실히 해둘 필요가 있다.

9 장

■ ■ ■

GE는 무엇이든지 원하는 바를
다 이룰 수 있다

프레드 보크는 GE에서 처음 재무 감사원으로 일을 시작했으나, 상당히 오랜 기간 동안 세일즈와 마케팅 분야에서 일했다. 그는 크로톤빌 경영컨설팅 센터의 위원이자 기업 마케팅 서비스 부문의 부사장을 역임했으며, 1959년에는 소비자 제품 그룹의 책임자가 되었다. 1963년 12월 마침내 GE의 사장이자 CEO로 정식 임명되었다.(그림 9-1 참조)

그는 회사 경영에 새로운 활력을 불어넣을 필요가 있음을 감지했으며, 이것이 사실상 위험부담이 높은 시도라는 것도 알고 있었다. 그는 자신의 마케팅 경험을 살려, 시장을 기반으로 GE의 핵심역량과 장점을 살릴 수 있는 새로운 성장 기회를 만들기 위해 노력했다.

성장위원회

보크는 회사의 내부와 외부 인사들 중에서 최고의 실력을 갖춘 인물들로 구성된 성장위원회(Growth Council)를 구성했다. 이 위원회는 GNP보다 성장 속도가 높은 시장 기회와 GE의 능력을 발휘하여 경쟁력을 키울 수 있는 분야를 파악하는 임무를 맡게 되었다.

보크는 서비스 분야의 이윤이 비교적 높은 편으로 외국과의 가격 경쟁에 크게 영향을 받지 않는다는 점에 착안하여 상품개발뿐만 아니라 서비스 개발 분야에도 주력하도록 지시했다.

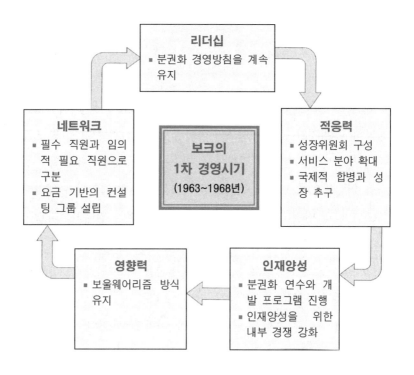

그림 9-1 보크의 1차 경영시기와 LATIN

성장위원회의 제안

GNP보다 빠른 속도의 성장과 GE 역량의 활용이라는 두 가지 주요 기준에 따라 이 위원회는 총 9가지의 새로운 기업후원 사업을 제안했다.(표 9-1 참조)

성장기반 벤처 사업을 위한 제안사항

제품 관련	서비스 관련
원자력 에너지	엔터테인먼트
컴퓨터	지역사회 개발과 주택공급
상업용 제트엔진	개인 서비스와 금융 서비스
고분자 화학	의약품
	교육

표 9-1 성장위원회가 추천하는 9가지 제품 및 서비스 벤처 사업

벤처 상품 1 : 원자력

코디너는 이미 원자력 발전을 GE의 주요 분야로 설정한 바 있으며, 이 위원회는 GE가 이 분야에 계속 주력하여 BWR 주문을 확보하고 이윤은 적은 편이지만 턴키방식의 가격 전략을 유지할 것을 권고했다.

이러한 제안의 배경은 최대 규모의 원자력 시설을 확보한 업체가 최종적으로 승자가 될 것이라는 가정이었다. 위원회에 따르면 원자력 관련 산업에는 GE가 반드시 승산을 계산해 본 후에 적극적으로 참여해야 할 분야가 있으며, 특히 두 가지 기회에 주목할 필요가 있었다. 한 가지는 농축 서비스 제공이고 또 다른 하나는 기존 설비의 핵폐기물을 안전하게 처리하는 문제였다.

안타깝게도 원자력은 이윤이 높은 사업이 아니라는 점이 드러나면서 스리마일섬 사건과 체르노빌 폭발 사건을 계기로 사실상의 성장이 중단되다시피 했다. 하지만 원자력 시장이 무너진 후에도 GE는 이 사업에서 완전히 손을 떼지 않았다. 원자력 사업이 수익을 창출할 수 있는 기회는 새로운 주문이 없고 오직 반응기 생산을 담당한 기존 회사들이 보수 유지 분야에 주력할 때에만 찾아볼 수 있었다. GE는 이 점을 충실히 증명하여, BWR 설비를 서비스할 수 있는 유일한 업체로 인식되면서 원자력 분야에서 수익을 내기 시작했다.

벤처 상품 2 : 업무용 컴퓨터(GE의 베트남)

1956년 아메리카 은행(BOA)과의 계약으로 GE는 컴퓨터 분야에서 사실상 거래와 재정적인 위기에 봉착했지만 코디너의 개입으로 어려움을 모면할 수 있었다.

이러한 실패에도 불구하고 GE 내에는 회사의 재무, 회계, 생산 시스템에 컴퓨터를 도입하는 것이 필요하다는 목소리가 점차 커졌으며 GE는 IBM 투자를 즉시 확대하여 IBM의 최대 소비자가 되었다. 당시 GE는 이미 제조, 공정, 전기설비 컴퓨터 사업을 진행하고 있었으며 제조 과정의 상당 부분에 자동화 시스템을 적용한 면에서 단연 리더의 입지를 유지하고 있었다. 특히 항공 분야에 있어서 군사용 설비나 방어 설비의 컴퓨터 통제 기기의 공급은 거의 전담하다시피 하고 있었다.

당시 사업용 컴퓨터 시장은 초기 성장 단계였고 GE는 대규모 컴퓨터 사업의 기반을 이미 갖추고 있었기 때문에 이 분야에서 앞선 기술을 보유했다고 평가되었을 뿐만 아니라, 회계와 기업 응용 분야에서 독점적인 소프트웨어를 개발한 상태였다. 따라서 성장위원회는 상업용, 기업용 컴퓨터 시장에 진출하여 IBM과 경쟁해 볼 것을 적극 권유했다.

이에 따라 GE는 피닉스와 애리조나에 새로운 사업체를 구성하고 프랑스의 머신 불(Machine Bull)을 인수하게 되었다. 하지만 성장위원회가 다음과 같은 몇 가지 중대한 계산 착오를 범했기 때문에 이 사업은 큰 성공을 거두지 못하고 말았다.

1. 위원회는 경영정보 시스템(MIS) 담당자들이 IBM이 아닌 새로운 제품을 시도하는 것을 꺼려한다는 사실을 간과했다.
2. 이러한 시도에 소모되는 비용은 위원회가 예상한 것보다 훨씬 더 큰 액수임이 드러났다.
3. 대여 사업은 대규모 현금흐름이 요구되었다.
4. 당시 위원회는 '백설 공주와 일곱 난쟁이' 현상을 내다보지 못했다.
5. 성공적인 경영자라고 해서 반드시 모든 일에서 성공을 거두는 것은 아니었다.

'IBM을 선택한 이유로 해고된 사람은 없다' 첫 번째 실수는 소비자 정보 시스템 경영자들과 전문가들이 IBM의 컴퓨터가 아닌 시스템에 적응하기 힘들 것임을 예상하지 못한 것이다. 당시 정보 서비스를 진행하던 대부분의 경영진들과 전문가들이 IBM의 컴퓨터를 사용해서 업무를 보고 있었기 때문에 다른 시스템을 다루는데 능숙하지 못했으며 새로운 시스템을 사용하려는 모험 정신 또한 부족했다.

당시 정보기술 관련 업체들 사이에는 GE의 무모한 도전을 두고 이러한 말이 회자되었다. "비록 IBM의 컴퓨터가 최고는 아닐지 모르지만, IBM의 제품을 구입한 것 때문에 회사에서 쫓겨난 사람은 없다" 결국 보수적인 성향으로 인해 IBM 시스템에 대한 기존 선호도는 바뀌지 않았다.

컴퓨터 구매 비용 외에 더 많은 추가 비용이 있다 둘째, 컴퓨터 시스템을 교체하는데 소모되는 고가의 비용과 번거로운 과정이 미치는 영향이 과소평가된 것도 실패의 요인으로 작용했다. GE로서는 이 사실을 너무 힘겨운 방법으로 깨닫게 된 것이다. 컴퓨터 시장에 발을 들여놓기로 결정한 다음에 보크와 그가 이끄는 경영진은 사내의 모든 IBM 시스템을 GE가 생산한 시스템으로 교체했다. 하지만 이 작업은 생각보다 어렵고 상당한 기간이 소모되는 일이었다. 기계 설비뿐만 아니라 관련 소프트웨어도 모두 다시 설치해야 했으며 이에 따라 설비 작동에 대한 연수 또한 전면적으로 실시할 필요성이 대두되었기 때문이다. 설상가상으로 특정 업무분야에서는 GE가 생산한 설비가 과거의 IBM 시스템에 비해 성능이 떨어진다는 평가를 받기도 했다. 이와 같은 결과는 GE의 생산성과 이윤에 엄청난 부정적 영향을 남겼다.

대여 사업은 막대한 현금 유통이 필요하다 셋째, 자문위원회는 컴퓨터를 판매가 아니라 대여할 경우에 필요한 재정적 요구사항과 필요조건을 온전히 파악하지 못했다. IBM은 이미 장비 대여 쪽으로 대규모의 지원 서비스망을 구축하여 다른 기업이 감히 넘보지 못할 정도로 막강한 상태였다.

당시 IBM은 컴퓨터 판매뿐만 아니라 고객 대상의 대여 서비스도 실시했기에 소비자들은 컴퓨터 구매를 위한 자본 투자 없이 IBM으로부터 설치와 차후 서비스 및 소프트웨어 관련 지원까지 받을 수 있었다. 이로 인해 GE를 비롯한 다른 경쟁업체들은 컴퓨터 시장 분야에서 입지를 넓혀가기 위해 상당액의 투자를 감수해야 했으며, 이는 결국 자본 대결로 이어지게 되었다.

하지만 이러한 대결 구도는 GE가 기존의 전기설비를 판매해온 방식과는 큰 차이가 있었다. 전기설비의 경우 다른 자본을 끌어다 쓸때가 많았으며 설비 운용에 따른 수익 창출도 기대할 수 있었고, 생산 과정에서 공급업자의 진행 비용을 지불하는 것도 가능했다. 즉 전기설비 시장은 현금흐름에 매우 융통성 있는 방법을 적용할 수 있었기에 자금 압박에서 비교적 자유로웠다.

'백설 공주와 일곱 난쟁이' 위원회는 또한 다른 회사들(웨스팅하우스, 하니웰과 컨트롤데이터 등의 업체)이 컴퓨터 생산에 관심을 가지고 있었으며 GE와 동시에 이 시장에 진출할 수 있었다는 사실을 고려하지 않았다. 공교롭게도 이러한 가정이 그대로 현실이 되자 컴퓨터 업계는 순식간에 기존 경쟁업체인 유니백(Univac), 지멘스와 히타치 등과 경합을 벌이면서 새로 등장한 기업들로 붐비게 되었다. 이를 가리켜 '백설 공주와 일곱 난쟁이' 현상, 다시 말해 IBM이 백설 공주와 같고 나머지 기업들은 난쟁이와 같다는 분석이 나오기까지 했다.

GE로서는 이러한 상황 전개가 굉장히 난처하기 짝이 없을 뿐만 아니라 사실상 큰 이윤을 기대할 수 없게 만들었다. 프랑스 기업인 머신불을 인수했음에도 불구하고 GE는 컴퓨터업계에서 일정 수준이상의 인지도를 얻은 기업으로 성장하지 못했고, 새로운 개척 시도로인한 재정적 비용 부담만 떠안게 되었다. 사업 실패에 타격을 입은 경영진 중 일부가 회사를 떠나면서 GE가 처한 부정적인 상황은 더욱오랫동안 지속되었다.

성공적인 경영자라고 해서 모든 일에서 성공을 거두는 것은 아니다

앞에서 살펴본 코디너의 경영 철학 중에 성공적인 경영자는 모든 일을 다룰 수 있도록 훈련받아야 한다는 것을 기억할 것이다. 이 가정은 특히 컴퓨터업계 진출 시도를 통해 그 오류가 명백히 드러났다고할 수 있다.

컴퓨터 사업을 맡게 된 당시 경영진 중 대부분의 사람들이 이 분야의 기술적 측면이나 현금, 자본 집중적인 시장의 성격을 거의 경험해보지 못했기 때문에, 기존에 이 시장을 장악하고 있던 현금자본을 대량 확보한 경쟁업체에 맞설 준비를 전혀 갖추지 못했다. 크로톤빌에서 제공한 연수조차도 이들에게는 아무런 도움이 되지 못했고 오히려 이 시장에 진출하려는 과정에서 GE는 우수한 경영진 중 상당수를 놓치고 말았다. 회사 측은 차차 경영진의 구성에 변화를 시도하여 해당분야의 전문가를 영입했으나 이미 시작된 출혈을 막기에는 역부족이었으며 주요 경영진과 전문가들이 회사를 떠나는 것을 막지 못했다.

이 상황을 가리켜 'GE의 베트남'이라고 부른다. 미국이 엄청난 노력을 기울여 투자를 확대했음에도 불구하고 막대한 손실과 더불어 패배를 인정할 수밖에 없었던 베트남전과 매우 유사하기 때문이다.

벤처 상품 3 : 상업용 제트 엔진

지난 제2차 세계대전 중에 GE는 제트 엔진 개발에 지대한 공헌을 했다. GE와 프랫앤휘트니(Pratt&Whitney, P&W)는 상업용 비행기 동력 공급에 이와 같은 새로운 기술이 유용할 것이라는 점에 의견 일치를 보았으나 GE가 군수용품 공급에 주력하는 동안, P&W는 이미 이를 상업용으로 발전시키는 일에서 앞서나갔으며, 그 결과 이 분야 시장에서 75퍼센트의 점유율을 순식간에 확보했다.

성장위원회는 상업용 제트엔진 장비의 잠재력에 남다른 관심을 보였으며, 그 결과 GE는 두 곳에 제조공장을 건설하게 되었다. 신시내티 주 교외에 위치한 이브데일은 대규모 항공기 엔진사업의 중심지가 되었으며 매사추세츠 주 린은 소규모 군용 엔진 생산의 거점이 되었다.

상업용 엔진 부서의 총책임자로 제2차 세계대전 당시 플라잉 타이거 전투기 기술자였던 게르하르트 뉴먼이 임명되었다. 그는 이 시장 분야를 석권하기에 충분한 의욕과 경쟁력을 갖춘 리더였다.

당시 주요 경쟁사로는 GM의 앨리슨 팀과 유나이티드 테크놀로지(United Technology) 소속의 P&W를 꼽을 수 있다. GM은 자동차 외의 사업 분야에서 철수 단계에 있었기에 앨리슨이 이끄는 생산팀은 큰 후원을 받지 못했으나 유나이티드 테크놀로지의 대표였던 해리 그레이는 P&W의 상업용 엔진 생산 사업을 적극적으로 지지해 주었다.

의사 결정을 담당한 두 그룹 제트 엔진을 판매하려면 두 종류의 의사결정 그룹에게 긍정적인 인상을 심어주어야 했다. 첫 번째 그룹은 주요 상업용 항공기 제조업체인 보잉, 맥도넬, 더글러스로서 그들의 항공기에 가장 좋은 엔진이라는 확신을 시켜주어야 했다.

또 다른 관련 그룹은 바로 항공사였다. 항공사들은 안전과 안정성 면에서 최고의 품질을 추구할 뿐만 아니라 운용, 수리, 유지비용이 낮은 제품을 선호했다. 또한 항공사와 항공기 제조업체들은 여러 업체별로 항공기 수리 기술자들을 고용하는 비용을 부담스러워했기 때문에 주로 하나의 업체를 선정하는 것이 일반적인 관행이었다.

P&W가 이미 상업용 항공기 엔진 분야에서 75퍼센트의 점유율을 확보하고 있었으며, 항공기 제조업체들과 항공사 모두 P&W의 품질과 서비스에 만족하는 편이었기 때문에 GE로서는 P&W를 추월하는 일이 결코 쉽지 않았다. 이에 GE는 2단계 작전을 구사하기로 결정했다. 작전 1단계는 경쟁사의 엔진보다 효율성이 좋으면서 운용비용과 유지, 보수비용이 훨씬 낮은 엔진을 개발하는 것이었다.

하지만 이러한 고성능 엔진 개발로는 P&W를 이길 수 없었다. 작전의 두 번째 단계는 독특하게도 재무 분야에 대한 전략이었다. 항공운수업이 자본집약적인 산업이라는 특성에 착안하여 GE의 항공기엔진 사업은 GE 크레디트와 긴밀한 협력체계를 구축했으며 항공사들에게 파격적인 조건의 자금지원 프로그램을 제시했다. 이는 엔진뿐만 아니라 다른 분야에 있어서도 판매와 대여를 동시에 지원하는 방식으로 구성되었다. 예컨대 특정 항공사가 거래 항공기 제조업체에 GE의 엔진을 장착할 것을 요구한다면 GE가 직접 이 항공기를 구매한 다음 이를 해당 항공사에 대여하는 방식을 적용한 것이다.

이러한 제안은 매우 파격적이면서도 위험 부담이 높았지만 거래 조건이 너무나 좋았기 때문에 항공사로서는 이를 거절하는 것이 비합리적이라고 생각될 수밖에 없었다. 이로 인해 여러 항공기 제조업체들이 P&W에 등을 돌리고 GE와 손을 잡기 시작했고 시장 점유율에 큰 변화가 일어났다. 어느새 GE가 전체 시장의 75퍼센트를 점유하고 P&W는 나머지 점유율에 만족해야 했다.

이와 같이 금융상의 이점을 강조한 전략을 구사한 결과 GE는 보수, 유지, 엔진 정비 서비스 역시 급격한 발전을 이루었으며 노동이나 부속 판매에서 얻은 총수익과 더불어 새로운 사업에서 상당한 이윤을 얻게 되었다.

이 사업이 성공을 거두면서 다른 제조업체들이 즉시 GE의 사례를 뒤쫓기 시작했다. 어떤 의미에서 보면 GE가 P&W를 밀어낸 것은 IBM이 GE와 다른 경쟁업체들을 컴퓨터 시장에 들어오지 못하게 막은 것과 유사하다고 볼 수 있으며 그 성공의 규모도 흡사하다고 말할 수 있다.

벤처 상품 4 : 고분자 화학

코디너는 자신의 저서에서 GE의 원자재 사업이 어떤 과정을 거쳤는지 밝힌 바 있다. 그는 대부분의 경우 기존의 발전기나 변압기에 단열처리를 하는 새로운 방식이나 더 나은 방식을 시도하던 과정에서 뜻하지 않은 결과를 통해 원자재 사업을 시작한 것으로 설명하고 있다.

실제로 GE가 원자재와 화학 사업을 성공적으로 시작할 수 있었던 것은 새로운 발명과 전략적 리더십이 절묘한 조화를 이룬 것에서 기인한 것이다.

GE의 원자재 사업이 성공한 이유 중 하나는 화학박사인 찰리 리드의 공헌이라고 해도 과언이 아닐 것이다. 그는 독창성뿐만 아니라 리더십에서도 타고난 재능을 가진 사람으로서 다양한 능력과 자질을 가진 개개인들을 하나의 팀으로 구성하고 이들로 하여금 독자적인 사업 개척을 시도하게 했다. 이와 같은 리더십은 GE 경영의 주요 특징으로 자리 잡게 되었다. 또한 이 방식이 성공적으로 운영되면서 잭 웰치라는 인물을 얻게 된 것이라고도 볼 수 있다.

그의 리더십 철학은 단순하면서도 엄청난 효과를 가지고 있었다. 그가 구성한 팀은 GE의 자원과 화학분야의 축적된 기술을 사용하여 주요 산업 분야별로 상당한 가치를 가진 문제들을 해결하는데 주력했다. 또한 이 팀은 듀폰을 비롯한 몇몇 경쟁자들이 주도하고 있던 고용량 제품 분야에서 경쟁하는 것은 의도적으로 피해갔다. 리드가 이끄는 팀이 렉산과 노릴 등의 새로운 소재 개발에 성공을 거듭하면서 이 분야의 사업은 날로 확장되었다.

플라스틱 산업의 독특성 / 웰치형 문화　플라스틱 비즈니스 팀은 항상 GE와의 독립성을 강조하면서 자신들이 별개 업체로 생각하였다. 그러한 자신감이 넘치는 기업 활동으로 몇 차례의 벤처 사업에서 남다른 성공을 거둔 것도 사실이다. 하지만 이 비즈니스 팀이 GE의 자회사임은 부인할 수 없는 사실이며 특별히 '다르다'고 말할 수 있는 독특성을 가진 것은 아니라고 보아야 한다. GE의 계열사 대부분이 자신들만의 경영문화를 가지고 있기 때문이다.

나로서는 GE가 다양화 정책을 추구한 이래로 'GE 문화'라 부를 수 있는 한 가지 특징을 찾아보는 것은 사실상 불가능하다고 생각한다. GM, 포드 혹은 거스너가 경영권을 잡기 이전의 IBM과는 달리, GE는 단일한 스타일이나 문화를 가진 적이 없다고 볼 수 있다. GE가 다양화 정책을 추구하면서도 성공적인 경영을 유지할 수 있었던 이유가 다름 아닌 다수 문화가 공존하는 것을 허용했기 때문이다.

요약하자면 지금까지 살펴본 4가지 벤처 제품은 성공과 실패가 뒤엉켜있는 결과를 낳았다.(표 9-2 참조)

벤처 제품의 결과		
대실패	**기대에 부응하지 못함**	**성공적인 결과**
컴퓨터	원자력	항공기 엔진
		고분자 화학

표 9-2 네 가지 벤처 상품의 결과 평가

벤처 제품의 특징

지금까지 살펴본 벤처 제품의 공통적인 특징 중 한 가지는 대규모의 잠재력을 안고 있는 시장을 겨냥했다는 점이다. 물론 성공을 거두기까지는 상당한 인내심과 금융상의 투자가 필요했다. 네 분야 모두 장기적인 거래 관계를 설정해야 했으므로 GE는 고객들에게 고품질의 제품을 공급하는 것뿐만 아니라 해당 분야의 우수한 기술과 금융상의 뒷받침, 효율적인 경영에 크게 의존하지 않을 수 없었다. 이는 GE의 경영진이 이미 상당한 노하우를 쌓아온, 전기설비 분야와 유사점이 많다고 할 수 있다. 결국 GE가 성공을 거둔 분야와 유사한 분야를 개척했을 때 성공 확률이 높아진다는 결론을 얻게 된다.

컴퓨터는 완전히 실패했고 원자력 분야도 기대에 못 미치는 결과로 이어졌으나 항공기 엔진 분야는 금융 서비스와 손을 잡고 완벽한 성공을 거두었고 고분자 화학 역시 약간 시간이 걸리긴 했으나 큰 수익을 거둘 수 있었다.

성장위원회의 벤처 서비스 공략

기존의 GE 경영진은 서비스를 자체적인 사업으로 인식한 것이 아니라 상품이나 시스템을 판매하는 하나의 수단으로 생각했다.

하지만 보크는 다양한 이유를 들어, 새로운 고이윤 서비스 사업을 적극적으로 추진했다. 우선 상품 판매보다 서비스업은 더 많은 이윤을 손쉽게 얻을 수 있다는 장점이 있었다. 또한 서비스업은 외국 경쟁업체의 위협에 큰 영향을 받지 않았으며 회전주기적인 성향이 낮은 사업이었다.

그리고 기존의 상품 제조업과 연계함으로써 고객과의 관계를 더욱 돈독히 할 수 있다는 장점도 있었다.

성장위원회의 추천으로 추진된 5가지 벤처 서비스업

1. 엔터테인먼트
2. 지역사회 개발과 주택 사업
3. 개인 서비스와 금융 서비스
4. 의료 서비스
5. 교육

벤처 서비스 1 : 엔터테인먼트

GE는 RCA에서 물러난 이후에도 계속해서 각종 라디오, 텔레비전 방송국을 합병하거나 운영했다. 성장위원회는 텔레비전 네트워크와 독립 방송국을 위한 새로운 프로그램 구성을 시도할 좋은 기회를 놓치지 않도록 권고하면서 기존 영화 채널에 보급할 수 있는 영화배급 사업에 주목하기 시작했다.

'꾸준한 사업 확장'이라는 경영 철학에 따라 GE는 새로운 회사인 투모로우 엔터테인먼트를 설립하고 영화를 포함해 특별 방송 프로그램을 제작하기 시작했다.

오락산업의 독특성　데시 아나즈 주니어가 주연한 <마르코 (Marco)>라는 첫 작품은 사실상 예술적인 면에서나 흥행 면에서도 완전한 실패작이었다.

뿐만 아니라 GE의 경영진(기존의 안정성 위주의 집단)은 할리우드식 패턴에 완전히 무지하다는 점이 여실히 드러났다. 수많은 사례 가운데 한 가지만 여기에 언급해 본다면, GE는 모든 종업원들에게 신체검사를 실시했다. 따라서 영화 출연진들도 GE 본사의 방침에 따라 신체검사를 받을 것을 요구했다. 이들은 검사 요구에 순순히 응하더니 본사 건물에 실오라기 하나 걸치지 않은 나체로 등장하여 복도를 활보하는 상황을 연출하기에 이르렀다.

이러한 에피소드는 GE가 엔터테인먼트 사업을 시작하면서 겪은 일화 중 한 가지에 불과하다. 이처럼 GE는 방송 사업에 참여할 준비를 제대로 갖추지 못하고 있었다.

성장위원회의 빗나간 예상들 하지만 이보다 더 심각한 문제들이 밝혀졌다. GE의 성장위원회는 영화 사업(관련 극장계를 포함하여)이 당시 고도의 통제 하에 이루어지고 있었으며 새로운 제작업체가 영화관에서 상영기회를 얻는 것이 하늘의 별따기만큼 힘들다는 것을 알지 못했다. 게다가 텔레비전 방송 시장은 주요 스튜디오와 방송망들이 프로그램을 거의 독점하고 있던 실정이었다.

결과는 불 보듯 뻔하게 전개되어 GE는 엔터테인먼트 사업에서 이윤은 고사하고 성장의 기회조차도 제대로 활용하지 못한 채 물러나야 했다.

최근 몇 년 동안 GE는 또 다시 상당한 위험 부담을 안고 고이윤 사업 기회를 포착하기 위해 노력했다. 예를 들어 GE는 2003년에 유니버셜 스튜디오를 인수하여 보크의 경영 방침을 부활시키려는 듯한 움직임을 취했다. 하지만 보크가 이 사업을 내부적으로 성장시키는 데 주력한 반면, 웰치와 이멜트는 인수 자체에 큰 의의를 두었다는 점에서 전혀 다른 성격을 띠고 있는 시도라고 할 수 있다.

벤처 서비스 2 : 지역사회 개발과 주택 사업

성장위원회가 내놓은 제안 중 가장 주목할 만한 것은 지역 사회의 경제 기반 설비를 비롯하여 각종 시설, 학교, 상권, 주택 지역 등을 포함한 완벽한 도시를 건설하려는 계획이었다.

GE는 메릴랜드 주의 콜롬비아를 대상 지역으로 선정하고 이곳에 어플라이언스 파크이스트를 마련하여 이를 기반으로 여러 사업의 물꼬를 트고 새로운 지역 사회 건설의 기반으로 삼았다.

GE는 이 시설을 통해 전력 공급의 제반 시설과 송전 시스템을 구축할 목표를 가지고 있었다.

또한 GE의 가정용품과 히트 펌프, 통신 기구, 전기 장비를 갖춘 '미래지향형 가정'의 설계를 시작했다. 이와 같은 새로운 주택 건설은 GE가 발명한 혁신적인 소재를 중심으로 이루어졌다.

또한 주택 소유자나 상업용 건물 소유주를 위한 금융 서비스도 마련했다. 이와 같이 GE는 주요 거주 지역을 새로이 개발함으로써 이에 따라 창출되는 부가가치 산업의 확장을 꾀했으며 동일한 사업을 다른 지역에도 확대 적용하려는 계획을 가지고 있었다.

실패의 이유 우선 GE는 새로운 지역사회 구축사업을 전개하기에 앞서 저가의 토지를 확보하는 문제를 해결하지 못했다. 이와는 대조적으로 디즈니는 디즈니 월드나 드림타운과 같은 초대형 놀이공원 시설이 들어설 것이라는 점을 숨긴 채 여러 해 동안 토지 확보에 노력했다. 지금으로서는 이러한 토지 확보가 중요하다는 것이 명확해졌으나, 당시로서는 GE가 이 일의 중요성을 깨닫는 것이 쉽지 않은 것 같다. GE와 같은 대기업이 상당량의 토지를 매입하고 있다는 사실이 알려지자 수많은 사람이 모여들어 토지 가격 상승을 부추겼다.

또한 GE는 지방 정부나 주 정부로부터 대규모 건설사업 허가를 받는 일이 쉽지 않다는 사실을 간과했다. 개발제한 구역에 관한 규제로 주택단지 건설은 물론 기본 단위의 주택 건설도 상당한 어려움을 겪어야 했다.

마지막으로 투쟁적이며, 정치적으로 깊은 연계를 가지고 있었던 고가상품 노동조합의 영향으로 일이 더 복잡해졌을 뿐만 아니라 비용이 더욱 소모되는 결과를 낳았다. 더욱이 볼웨어의 노동조합 제어 전략을 이 상황에 적용하지 않았기에 상황은 GE가 통제할 수 있는 수준 이상으로 전개되었다.

벤처 서비스 3 : 개인 서비스와 금융 서비스

성장위원회는 기존의 소비자 서비스에 잔디 관리, 페인트칠, 목공, 배관 등을 포함한 여러 가지 가정용 서비스를 확대 적용할 것을 권유했다. 이 전략의 목적인 각종 수작업 및 관련 서비스를 체계화하여 생산성과 효율성을 증진시키는 것으로, 연간 서비스 계약 체결 조건을 통해 소비자들이 관련 비용을 미리 계획할 수 있도록 배려하는 동시에 회사는 1년 단위의 서비스 계획에 따라 운용할 수 있었다.

이러한 부가 서비스 계획 중 일부만이 상용화되었다. GE는 실제 이윤은 부품 판매에서 더 많이 거두어들일 수 있다는 점과 지역 내 기존 서비스업체에 효과적으로 경쟁할 수 있을 정도로 효율적인 시스템을 구축하는 것이 결코 쉽지 않은 일이라는 점을 깨닫게 되었다. 따라서 새로운 기회를 통한 사업 확장보다는 기존의 주요 공급품 서비스와 구매계약 확보에 더 주력하는 방향을 택했다.

원스톱 금융 서비스 성장위원회의 제안 중 가장 성공적인 것으로 원스톱 금융 서비스 개발을 꼽을 수 있다.

당시의 금융 서비스는 지나칠 정도로 세분화되어 있었다. 은행은 보험이나 투자 서비스를 제공할 수 없도록 되어 있었고 투자업체들은 은행 기본 업무를 제공할 수 없었다. 또한 각 분야별로 연방 정부나 주 정부 단위의 크고 작은 규제가 이 분야의 발전을 저해하고 있었다. 위원회는 GE의 독자적인 능력을 활용하여 완전 통합형 소비자 중심 금융 서비스를 고안했다. 새로운 서비스의 중심은 오늘날 일반화되어 있는 '원스톱 금융 서비스 패키지'라고 할 수 있다.

성장위원회의 의도는 회사의 보험, 연금, 투자, 대출 기술을 사용하여 GE 크레디트(GECC)를 통한 통합 패키지 서비스를 제공하는 것이었다. 여기에는 신용 업무를 포함하여 건강, 생명보험과 뮤추얼펀드 그리고 GE만의 기술과 시스템에 기반을 둔 투자 조언 서비스가 포함되었다.

GECC의 강점은 두 가지로 요약할 수 있었다. 첫째 GECC는 당시 경쟁 상대였던 은행이나 보험 등의 투자업체들과 달리 각종 제약을 받지 않았기 때문에 원하는 서비스 형태를 자유자재로 제공할 수 있었다. 또한 모회사가 신용등급 평가에서 AAA로 평가되었기 때문에, 아주 낮은 금리로 자금을 융통할 수 있었다.

이러한 금융 서비스는 다섯 가지 벤처 서비스 중에서 가장 큰 성공을 거두었으며, 웰치가 소비자 부서 담당자를 거쳐 CEO에 이르기까지 계속해서 회사 포트폴리오의 주요 부분을 차지했다.

성장위원회의 권유로 회사가 이 분야에 관심을 갖기 시작했으나 20여 년 이상이 흐른 후에야 비로소 GE의 경영 전략에서 이것이 중요한 요소로 자리 잡게 되었다.

벤처 서비스 4 : 의료 서비스

GE의 연구개발 센터에서 잘 알려진 발명가로 활동했던 윌리엄 쿨리지는 X레이 튜브를 현대화함으로써 의료 진단분야에 대혁명을 일으켰다. 1930년대에 들어와서 GE가 픽커링(Pickering)을 인수하면서

의료 관련 X레이 분야에서 GE의 입지는 더욱 높아졌다.

성장위원회는 의료 분야에서 X레이의 쓰임을 더욱 확대하여 의약품 분야의 벤처 사업을 확대할 가능성에 주목했다. 이에 따라 병원에 금융과 경영 서비스를 제공하고 의료 진단을 포함한 여러 가지 의료 시스템을 개발하고 보급하는 사업을 확장할 계획을 수립했다. 또한 GE는 이러한 의료 서비스 상품을 병원뿐만 아니라 다른 일반 기업의 건강관리 프로그램에 공급함으로써 사업을 확장할 수 있다고 판단했다.

챔피언의 부족 기업 내부의 새로운 벤처 사업 시도는 강력한 리더십을 가진 챔피언의 손에 맡겨질 때 비로소 실제화될 수 있었다. 하지만 GE는 헬스케어 분야의 벤처 기회를 성공으로 이어줄 챔피언 인재를 확보하지 못했다.

내가 기억하기로는 1970년대 초에 GE는 X레이 사업을 처분하려고 했다. X레이 분야에서 GE가 앞서나가지 못하고 있으며 CAT 기술과 같은 첨단 시설이 기존의 X레이 시스템을 밀어내리라 예상했기 때문이었다.

그러나 이 사업 분야도 마침내 잭 웰치라는 적절한 챔피언을 만나게 되었다. 그는 자기공명 영상장치(MRI)과 같은 새로운 기술에 투자를 대폭 늘렸으며 혁신적인 경영진을 배치하여 회사의 주력 사업으로 키워나갔다. 이러한 노력의 일환으로 현재 CEO인 제프리 이멜트와 같은 인재 양성이 가능했으며 그는 여전히 헬스케어 분야의 사업을 전폭적으로 지지하고 있다.

벤처 서비스 5 : 교육

GE는 종업원 훈련과 개발에 있어서 초창기부터 남다른 투자를 아끼지 않았으며 지금도 여러 가지 교육 과정을 개발하고 있다. 성장위원회는 컴퓨터 기술과 '체계화된 학습' 시스템을 통해 기존의 교육 과정을 대폭 개편하려는 계획을 수립했으며 취학 전 아동 대상 교육과 초등학교 교육을 주요 대상으로 삼았다.

제너럴 러닝(General Learning)이라는 새로운 자회사를 설립하여 GE의 노하우와 기술을 사용하고 교육 과정의 효율성을 높이며 학습 과정을 개선하기 위한 목표 실천에 돌입했다. GE는 기존 교육 시장에 아무런 연고가 없었기 때문에 실버 버뎃을 비롯한 몇몇 교과서 출판사를 인수함으로써 교육 시장에 첫 발을 내딛었다.

취학 전 아동 교육을 위한 새로운 방법 모색의 일환으로 보육원 운영 회사도 인수했다. 유아교육 시장은 아직 태동단계였기 때문에 동일한 사업 확장을 추진하는 경쟁사의 제재 없이 사업을 확장할 수 있었다. 그러나 이 분야도 전략적으로 제대로 평가된 것이 아니었다. GE는 교육 관련 노동조합의 영향력을 온전히 파악하지 못했고 주정부와 연방정부 교육담당 부서가 새로운 교육 방식을 지지하지 않는다는 점을 알지 못한 채 벤처 사업을 시작했기 때문이다.

뿐만 아니라 각 지역 학교운영회는 저마다 교육에 대해 독립적인 생각을 가지고 있었으며 이에 대한 표준화된 지침이 없는 상태였기 때문에 교사들의 노동조합과 각 학교 행정가들은 교육 분야에 대한 민영 기업의 개혁적 시도에 큰 관심을 보이지 않았다. 사실 이들은 GE에 대한 막강한 거부 세력을 조직했으며, 그 결과 GE의 시도는 참패를 하게 되었다.

벤처사업 성적표		
실패한 사업이나 새로운 사업 분야로 변환된 사업		성공한 벤처사업
대실패로 끝난 분야	변환된 분야	
컴퓨터	원자력 서비스로 변환	항공기 엔진
엔터테인먼트	–	기술공학 플라스틱 제품
지역사회 개발	–	금융 서비스
교육	–	의료 시스템
개인 서비스	생활용품 서비스로 변환	

표 9-3 벤처사업을 크게 두 가지로 나누어볼 수 있다.
(첫 번째 칸은 실패로 끝난 벤처 사업을, 두 번째 칸은
벤처 사업으로 이어진 사업 분야를 나타낸 것이다. 마
지막 칸은 성공을 거둔 분야를 보여준다.)

성장위원회의 새로운 사업 시도에서 얻은 교훈

보크의 성장위원회 활동과 그 결과로 실시된 벤처 사업 운영으로
부터 많은 점을 배울 수 있다.(표 9-3 참조)

성장위원회가 성장 잠재율이 큰 사업 분야를 선별하는 능력을 갖
추고 있었다는 사실은 누구나 인정할 것이다. 성장위원회가 관심을
보인 벤처 사업 분야는 모두 주요 산업으로 성장했으며 지금도 투자
가치가 높은 분야로 평가되고 있다. 실제로 이 분야에 집중 투자하여
엄청난 수익을 거두면서 사업을 확장한 기업도 꽤 많다.

GE는 몇몇 분야에서 시장의 생명 주기에 비추어 볼 때 지나치게

때 이른 시도를 하였으며, 특히 철저한 전략적 분석 없이 동시에 다수의 사업을 추진했다. 결국 당시에 새로 시작한 모든 사업을 관리하는데 필요한 자원을 충분히 확보하지 못하여 실패를 겪게 되었다.

세계화를 향한 진보

이와 같이 고도로 복잡한 내부의 벤처 사업을 추진함과 동시에 보크는 기업의 세계화 사업에 착수했다. 몇몇 자회사가 이 움직임에 동참하면서 유럽시장 진출을 위한 해외기업 인수 활동을 시작했다.

전구사업체는 당시 포에버스 협정의 최초 당사자였던 독일 전구 제조업체인 오스람의 지분을 확대하였다. 텔레비전 사업 분야에서는 독일 텔레비전 회사인 KUBA의 인수 작업이 한창이었고 이탈리아의 GE 계열사인 COGENEL 역시 인수 대상으로 선정되었다.

그러나 얼마 지나지 않아, 이러한 인수 작업이 물거품이 될 것이란 사실을 깨닫게 되었다. 오스람은 전구 사업 확장에 도움이 되기는커녕 오히려 훼방꾼과 같았다. KUBA는 흑백 텔레비전 시장에서는 단연 독보적인 기업이었으나 당시 컬러 텔레비전 기술이 각광받으면서 새롭게 주도권을 장악하고 있었다. 시장 주도권을 빼앗긴 텔레비전 시장은 좀처럼 회복하지 못했으며 COGENEL의 경우에도 같은 문제가 발생했다.

또한 GE 경영진의 대부분이 국제사업 확장에 대한 경험이 부족하여 외국 기업을 지휘하는데 부족한 점이 많다는 것이 드러났다. 일부 경영진은 자신의 커리어에 이러한 외국기업 관련 이력이 도움이 되지 않는다고 판단하여 기업 세계화 작업을 탐탁지 않게 여겼다. 게다가 해당 국가의 문화를 배려하지 않고 GE의 경영 방식을 무조건 관철시키려는 태도 또한 실패의 큰 이유로 작용했다.

직원 과잉

보크 경영의 2단계를 살펴보기 전에 그에게 맡겨진 또 다른 대형 문제를 잠깐 살펴볼 필요가 있다. 그가 경영권을 처음 장악할 당시의 회사는 적대적인 성향이 강한 직원들로 이루어져 있었고 그 수 또한 많았기 때문에 인건비 또한 엄청난 수준이었다.

아마 독자는 코디너가 대규모의 컨설팅 서비스를 하면서 분권화된 각 사업 분야를 지원했다는 사실을 기억할 것이다. 이때 컨설턴트의 임무는 경영진의 활동(심지어 경영진이 컨설턴트의 도움을 원하지 않는다 할지라도)을 지원하고 도와주는 것이었다. 당시 컨설팅 서비스가 무료로 제공되었기에 경영진 대부분은 이러한 것을 달갑게 여기지 않았다.

설상가상으로 경영 책임자들이 기능관련 감사 업무를 병행하는 경우가 많았다. 이로 인해 경영진들은 감사 활동을 통해 알게 된 내부 지식에 의존하면서 컨설팅 서비스 담당자들은 사내 입지가 더욱 좁아지게 되었다.

그 결과 경영진과 컨설팅 업무 담당자들 사이에 크고 작은 마찰이 끊임없이 발생했다. 마침내 보크가 컨설팅 업무 부서의 규모를 축소하고 이 서비스에 대한 의무 사용 요구를 폐지하자 경영진들은 환영하였다.

두 종류의 스태프 조직

보크는 경영 컨설팅 서비스 중 마케팅 컨설팅 부문을 조정하면서, 당시 사내에 매우 재능 있는 전문가들이 많다는 것을 알게 되었다. 그는 스태프 조직을 축소하기 위해 이들을 해고하지 않고, 시간과 비용을 절감하는 동시에 이러한 전문 인력을 계속 고용해 둘 수 있는 묘안을 마련했다. 그는 스태프 조직을 회사 업무 스태프와 회사 컨설팅 서비스로 분리했다.

회사 업무 스태프는 회계, 재무, 법률, 투자자 관련, 업무인력 관리, 종업원 관리 업무로 이루어진 조직으로 회사 경영을 위한 기본 구조를 그대로 유지했다.

이 외의 기타 조직은 모두 회사 컨설팅 서비스(CCS)라는 새로운 조직으로 재편성되었고 GE 최초의 여성 부사장인 메리언 켈로그의 지휘를 받게 되었다. 그녀는 종업원 평가분야에서는 최고라는 평판을 얻고 있던 GE의 대표적인 인물이었다.

CCS는 엔지니어링, 제조, 경영진 교육, 마케팅, 홍보와 판매 촉진, 전략적 계획의 6개 주요 분야로 세분화되었다. CCS는 기본 수준의 연구 프로그램을 포함하여 조직화된 대졸자 모집전형을 담당했으며 경영관련 기능과 연수개발 전문 프로그램뿐만 아니라 요청이 있을 경우 기존의 경영진을 위한 온라인 컨설팅 서비스도 마련했다.

도산시킬 것인가 아니면 도산당할 것인가

CCS의 서비스가 유료화됨에 따라 외부의 컨설팅 조직이나 교육 담당업체와 경쟁관계에 놓이게 되었다. 이에 따라 CCS의 비용은 외부 경쟁업체와 동일한 수준으로 조정되었다. 즉 보크가 의도한대로

CCS의 가치에 대한 신뢰를 바탕으로 CCS에 서비스를 의뢰할 수 있게 되었다. 또한 CCS 조직은 GE의 소비자와 공급업체, 비영리 교육 단체나 지역사회 기관에도 유료 서비스를 제공하거나 교육 프로그램을 유상으로 제공했다.

이러한 의도는 CCS의 서비스를 유료화하여 경쟁력 있는 가격으로 공급함에 따라 해당 직원의 수를 적정 수준으로 유지하여 최종적으로는 남다른 기술과 능력을 갖춘 직원만이 남을 수 있게 하려는 것이었다. 또한 각 생산 부문별로 자체 연수 프로그램을 마련하고 직접 직원모집 활동을 전개하며 가능한 한 현재 상황에 유지하도록 했다.

또 다른 실수

보크의 예상과는 반대로 직원 수는 오히려 늘어났다. 그 이유는 보크가 당시 서비스 담당자들과 해당 전문가들의 능력을 잘못 판단했기 때문이라고 할 수 있다. 그는 당시 서비스 분야 전문가들이 경영담당 부서와 친분을 가지고 있었기에 그들의 능력뿐만 아니라 개인적 친분으로도 인정받는 사람들이라는 사실을 미처 알지 못했다. 컨설팅 서비스의 비용이 외부 업체와 비슷한 수준이었으나 그들은 GE의 체계와 업무를 잘 알고 있었기 때문에 상대적으로 고품질의 컨설팅 서비스를 제공할 수 있다는 점에서 훨씬 유리한 입장이었다.

CCS는 유료 서비스에 만족하지 않고 사업을 더욱 확장하게 되어 더 많은 직원을 고용하게 되었다. CCS는 설립 이후 첫 3년 동안 엄청난 성장을 이루어, CCS의 실력뿐만 아니라 기업의 내외적 성장 공헌도를 여실히 증명했다.

인력 확보를 위한 GE 내부의 경쟁

대학졸업자 모집을 줄이고 회사 내 전 부문의 기업 연수생 숫자를 대폭 감소함에 따라 각 부서나 업체별로 직원 모집 활동이 가속화되기 시작했다. 결국 기존 부서 사이의 직원 모집 경쟁이 불가피해졌다. 일부 부서는 직접 여러 대학과 직업전문학교를 방문하여 직원모집을 위한 기반을 마련하기 위해 노력했다.

회사를 넘어서 연합으로

보크의 분권화 전략과 사내 유료 서비스화 정책으로 인해 GE는 단일 기업이 아니라 여러 개의 독립 경쟁업체로 이루어진 연합과 같은 모습으로 바뀌어갔다.

이에 따라 직원들은 GE 전체를 하나의 기업으로 보는 것이 아니라 각자 근무하고 있는 업무 분야에 더 많은 애착을 가지게 되었다. 이로 인해 각 사업 분야 사이의 경쟁이 더욱 강화되면서 애사심은 많이 사라지게 되었다.

보크의 성장 기회 벤처사업을 통해 여러 가지 새로운 사실이 밝혀졌으며 GE는 이를 전략적 사고와 경영 시스템에 반영하여, 최종적으로 GE만의 규범으로 정리했다. GE가 시도한 벤처 사업이 성공과 실패를 동시에 경험한 이유를 살펴보기로 하자.

리더십

벤처 사업이 성공을 거두기까지의 시간에 대한 계산 착오 성장위원회가 관심을 보인 사업 분야는 모두 현실적으로 수익 창출이 용이한 분야였다. 그러나 새로운 분야의 사업을 시작하려면 최소한 수십 년이 필요하며 꾸준하고 지속적인 투자와 안정된 리더십, 인력과 자금 투자가 필수적이다. 이러한 요소가 잘 갖추어짐에 따라 제트 엔진과 금융 서비스, 원자력 사업의 부활 등이 성공할 수 있었다.

▶ **독자를 위한 제안** 새로 시작하는 사업이 일정수준 이상으로 성장하고 이윤을 창출할 때까지 걸리는 시간을 현실적으로 계산하되, 지나치게 보수적이 되거나 필요 이상으로 낙관적이 되지 않도록 주의해야 한다.

동시에 너무 많은 벤처 사업을 추진 GE의 최대 실수는 동시에 9가지 벤처 사업에 착수하여 충분한 재정과 인적 지원을 하지 못한 것이다. 사실 각 분야별로 현금이나 자본 지원을 더 강화할 필요가 있었기에, 9가지 분야에 필요한 점을 모두 합친다면 이는 GE가 아니라 그 어떤 기업이라도 감당할 수 없는 수준이 될 수밖에 없었다. GE로서는 9개의 사업을 시작하면서 파산하지 않은 것이 천만다행이라고 해야 할 것이다.

보크의 경영을 통해 기업이 괄목할 만한 성장을 이룬 것은 부인할 수 없는 사실이다. 3년 동안 회사 총수익은 30억 달러 이상 증가되었다. 그러나 이는 순이익 증대와는 무관한 것으로 기업 경영계획과 우선순위 설정을 재고할 필요성을 일깨워 주었다.

▶ **독자를 위한 제안** 선택적이 되는 것이 매우 중요하다. 감당할 수 있는 능력 이상의 것을 욕심내는 것은 현명하지 못하다. 성공확률이 높은 가장 좋은 사업 기회에 초점을 맞추면서 본격적으로 사업을 추진하기 전에 성공에 필요한 요소를 자세하게 살펴보아야 한다.

적응력

업무 이해 부족 성장위원회가 잠재력이 풍부한 새로운 사업을 발굴하는데 성공했지만 해당 분야의 상품이나 서비스를 판매하는 무엇이 필요한지를 온전히 이해했다고는 할 수 없다. 해당 분야의 경쟁 상황이나 기존 점유 업체의 반응을 온전히 파악하지 못했으며, 무엇보다도 중요한 점은 정부와 노동조합의 영향력과 통제권을 전혀 고려하지 않은 것이 큰 실수였다.

▶ **독자를 위한 제안** 새로운 벤처 사업이나 기업 인수 등을 통해 사업을 확장할 계획이라면 관련 제반 요소를 철저히 분석해야 한다.

인재양성

불가능이 없다는 과신 GE 경영진은 불가능에 대한 두려움이 전혀 없었기에 사업 규모나 기술, 시장 상황 등에 관계없이 어떤 새로운 사업이라도 성공할 수 있다는 자신감에 가득 차 있었다. 이러한 자신감은 코디너와 스미디의 경영시기에서부터 비롯된 것으로 GE 경영진의 오랜 자부심이었으나 벤처 사업의 실패로 무참히 깨지고 말았다.

▶ **독자를 위한 제안** 현재 사업이 잘 되고 있다고 해서 다른 분야에서도 성공할 수 있다는 과신은 피해야 한다. 모든 사업은 각 분야별로 승자와 패자를 나누는 별도의 기준이 있기 마련이다.

네트워크

직원들이 자신의 생계를 직접 책임지도록 요구 보크는 직원들이 자신들의 고용 여부를 직접 지켜내도록 맡기면 직원 수를 줄일 수 있을 것으로 예상했으나, 그의 생각은 완전히 빗나가고 말았다. 하지만 직원 고용 조건을 임의재량으로 하여 유료 서비스의 성공 여부로 결정한 방식은 매우 효과적임이 입증되었다.

이 방식은 몇 가지 장점을 가지고 있다. 첫째 장점은 다윈의 진화적 발상, 다시 말해 적자생존 법칙을 활용한 것이다. 또한 직원들이 고객을 확보하기 위해 발 벗고 나서도록 유도하여 사업 기반을 다졌다. 하지만 사내 친분 관계에 의존하거나 몸을 사리는 방식으로 해고를 모면한 직원들도 몇몇 있다는 문제점도 안고 있다.

▶ **독자를 위한 제안** 현 직원 체제를 필수 직원과 임의적 필요 직원으로 분류하고 임의적 필요의 경우, 현 체제를 유지할 것인지 아니면 외부 인력을 동원해 대체할 수 있는지를 판단해야 한다. 현 체제에 따라 임의적 필요 직원을 계속 고용할 경우에는 그들이 스스로 자신들의 필요 가치를 창출하도록 요구하는 것이 좋다.

실수를 인정하고 즉시 수정하라 보크의 장점은 이러한 실수를 인정하고 그의 재임기간 후반기에 회사의 경영 시스템을 수정하여 같은 실수가 반복되지 않도록 조치한 것이다. 실수를 인정하고 이를 복구하기 위한 대규모 수정작업을 피하지 않는 태도는 보크가 남긴 긍정적 유산이다.

▶ **독자를 위한 제안** 누구나 실수를 저지른다. 그것이 중요하든 사소하든 간에 모든 실수는 경영 활동의 일부이며 일정 수준의 위험을 감수해야 한다는 점은 부인할 수 없다. 중요한 것은 보크처럼 기꺼이 실수를 인정하고 이를 만회하기 위한 노력을 기울여야 하며, 변명하거나 실수를 감추려고 해서는 안 된다는 점이다.

이제 프레드 보크의 경영 제2단계를 살펴보자. 여기에서는 선택적 경영, 전략적 사고와 의사결정의 도입이라는 특징에 주목해야 한다.

포트폴리오 리더십

☑ 경영 환경과 주요 전략

- **실수의 인정** 보크의 벤처 사업 시도는 욕심이 앞선 무리한 시도였다. 그 결과 '유능한 경영인은 어떤 일이든지 해낼 수 있다'는 믿음을 산산 조각내고 말았다. 전체 시도한 사업 중 네 가지만이 성공을 거두었으며, 그 역시 예상보다 더 오랜 기간이 지나서야 수익을 창출하기 시작했다.

- **전략적 포트폴리오 경영** 1968년에 보크는 매우 혁신적인 전략적 포트폴리오 경영 시스템을 창안했으며, 이는 그의 후계자인 레지 존스(에 의해 수정되고 발전하였다. 수준 높은 직원 연수 방침을 그대로 유지하는 가운데, 주요 경영책임자와 전문직 전원을 세미나와 워크숍에 참여하게 하여 새로운 사고 과정이나 의사결정 과정을 효과적으로 활용하는 방법을 익히도록 했다. 또한 회사 내외부의 컨설턴트를 적극 활용하도록 권장했다.

- **경영권 계승 계획에 초점을 맞춤** 존스는 자신의 후임자를 찾기 위해 심혈을 기울였으며 경영권 계승을 위한 대규모 계획 시스템을 구축하기에 이르렀다. 그 결과 이 시스템을 통해 고급 인력을 개발하는데 큰 실효를 거두었으나, 이 때문에 몇몇 주요 기업의 확장 기회를 놓치기도 했다.

- **무조건 신성시할 이유는 없다** 잭 웰치(1981~2001)는 모든 사업 분야를 적극적으로 개혁하면서 수익이 낮은 분야는 과감하게 정리하거나 투자를 중단했으며, 모든 재정적인 여력을 집중하

여 금융 서비스 분야의 세계적 기업으로 성장하기 위해 노력
했다.

- **RCA 경영권이 다시 GE의 손으로 돌아오다** 웰치는 RCA를 다
시 인수하여 GE로 합병하는데 성공했다. 이를 통해 GE는 방송
업계에서 영향력 있는 기업으로 성장했으며, RCA와 GE의 사
업을 통합하여 고가의 서비스 산업을 창출했다. 즉 전략적 포
트폴리오 개념을 성공적으로 현실화한 것이다.

- **문화 혁명** 웰치는 크로톤빌을 자신의 전용 무대로 삼아 사내
문화 개혁에 앞장섬으로써 '최고의 CEO'로 알려지게 되었다.

- **'웰치는 이제 물러나라'** GE는 공동시장 관리의 힘을 제대로 파
악하지 못하는 바람에 결국 하니웰 인수 허가를 얻지 못했다.
이 일로 웰치는 경영진에서 물러나게 되었다.

10 장

■ ■ ■

실수의 인정

이윤 없는 성장

보크가 벤처 사업에 뛰어든 결과 GE는 3년 만에 매출이 30억 달러 증가하였다. 그러나 앞서 9장에서 언급한 것처럼 이와 같은 새로운 수익 발생은 실질적인 사업증대로 이어지지 않았다. 오히려 회사는 현금 확보 문제로 상당한 어려움을 겪어야 했으며, 투자자들과 GE의 경영진 모두가 이 문제로 고심해야 했다. 시도한 사업 중 일부 사업 만 수익을 창출했으며 예상보다 오랜 기간이 지나서야 자리를 잡고 정상적인 운영 궤도에 진입한 것을 볼 때, 이 벤처 사업에 대한 투자 는 지나친 욕심에 따른 무리한 도전이라는 점이 분명해졌다. 결국 보 크는 새로운 전략에 따른 경영 시스템을 도입하여 사업 평가에 새로 운 변화를 시도하게 되었다.(그림 10-1 참조)

포트폴리오 경영의 근원

벤처 사업 중에서 가장 실망스러운 결과를 안겨준 분야는 컴퓨터였다. GE는 이미 금융 및 경영 시스템 운영에 컴퓨터를 적극 활용하는 면에서 선두적인 기업이었으나, 당시 강력한 경쟁업체인 IBM을 쓰러뜨리기에는 모든 면에서 역부족이었다. 프랑스의 컴퓨터 기업인 머신 불(Machine Bull)의 인수로 유럽시장 내 점유율을 높였지만, 미국 내의 기업 활동에는 직접적인 도움이 되지 않았다. 오히려 GE는 미국 문화와 프랑스 문화를 접목시키는 가운데 만만치 않은 문제들을

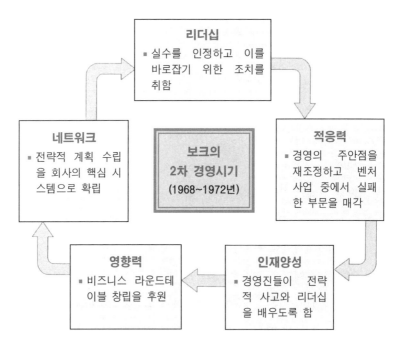

그림 10-1 보크의 2차 경영시기와 LATIN

겪어야 했다.

GE의 경영진은 컴퓨터 시장에서 2인자로서의 자리를 확고히 하기 위해 또 다른 '난쟁이'를 인수하여 이를 통해 IBM을 공략할 발판을 삼는 것이 유일한 해결책이라고 결론지었다. 당시 기업용 컴퓨터 업계에서 잘 알려진 하니웰(Honeywell)이 가장 적합한 대상으로 결정되었다.

하니웰 인수 업무는 재무 담당 이사이자 협상 분야의 전문가인 레지널드 존스(Reginald Jones)의 손에 맡겨졌다. 협상 초기 단계에서 하니웰의 경영진은 합병보다는 GE의 컴퓨터 사업 분야를 매입하는 쪽으로 더 많은 관심을 보였는데, 존스와 보크의 입장에서는 이를 매각 처분하여 손실을 줄이는 것이 미처 생각하지 못한 묘안처럼 들렸다. 그들은 상황을 재검토한 후에, 끝을 알 수 없는 컴퓨터 사업에서 기약 없이 손실만 감당하는 것보다는 이를 매각하는 것이 훨씬 낫다는 결론을 재확인했다.

GE는 하니웰에게 컴퓨터 사업 운영 전반을 인계했으나, 당시 떠오르는 사업 분야였던 시분할 방식 서비스는 남겨두었다. 시분할 방식 서비스란 사용자들에게 신청을 받아 컴퓨터 사용 시간을 판매하는 것으로 신청자는 전화선을 통해 대형 컴퓨터 및 저장 자료에 접근할 수 있었다. 이 사업은 엄청난 성장 잠재력을 가진 분야로 평가받았으며, 실제로도 현재 인터넷 및 무선 시스템에서 선두적인 위치를 고수하고 있다.

돌이켜볼 때, GE는 매각보다는 주로 매입을 많이 하는 기업이었다. 1세기가 넘는 오랜 GE의 역사를 통해 볼 때, 매각은 불과 몇 건에 지나지 않는다. 따라서 컴퓨터 사업 매각은 이례적인 일이라고 할 수

있다. 이러한 거래를 통해, 전략적인 면이나 수익적인 면에서 성장 가
능성이 낮은 사업을 매각하는 것이 GE 경영의 새로운 방식으로 자리
잡게 되었으며 전략적 포트폴리오 경영 시스템 도입의 시작점이 되
었다. 그 이후로 GE의 자회사 대부분이 회사의 포트폴리오로 인식되
고 있으며 이들이 회사의 전략에 부합되는가의 여부를 주기적으로
평가하게 되었다. 특정 부서 및 사업이 더 이상 알맞지 않다고 판단
될 경우 그 부서는 퇴출 대상이 되었다.

컴퓨터 판매 사업에서 한 가지 아쉬운 점은 GE가 자신의 필요에
가장 알맞은 컴퓨터를 구매하여 사용하는 것이 아니라 GE와 하니웰
의 합작 컴퓨터를 구매하기로 결정한 것이다. 이는 GE가 컴퓨터 사
업에 처음 발을 내딛을 때 했던 실수를 반복하는 것으로 향후 회사의
업무처리에 적잖은 걸림돌이 되었다.

도대체 무엇이 잘못된 것일까?

9개의 벤처 사업 중 5개 사업이 실패하고 유럽 소비자를 기대만큼
확보할 수 없게 되자 GE는 사업 기회를 평가하는 방법을 변환할 필
요성이 있다고 판단했다.

전통적인 방식에 따라 보크는 GE 미래의 성공을 위하여 무엇이
변화되어야 할 것인가를 판단하기 위해 새로운 평가단을 구성했다.
이 평가단은 당시 소비자 비즈니스 담당 부사장인 데이브 댄스의 지
휘 하에 여러 학계의 전문가들과 컨설팅 전문가들의 지혜를 모아 근
본적인 문제점을 찾는 작업에 착수했다.

첫 번째 이유 : 규모와 확장 규제 이론

코디너는 생산 부문을 회사의 근간 부서로 삼으면서, 매출이 5천만 달러를 넘을 경우 해당 부서를 몇 개의 소규모 부서들로 재분할해야 한다는 방침을 수립해 두었다. 이러한 '통제범위' 이론의 전제는 한 사람의 담당 경영자는 정해진 숫자의 업무 보고서만을 처리할 수 있으며, 관리할 수 있는 매출 또한 일정액을 넘어서는 안 된다는 것이었다. 이로써 생산 부문의 숫자는 시간이 갈수록 증가했고, 설상가상으로 이러한 부서간의 긴밀한 협조는 물론 관련 시장과의 연계성이나 경쟁상황에 대한 이해가 약화되었다. 결국 수많은 부서가 존재했으나 실제 '거래'를 담당하는 것이 아니라 사내 공급자로서의 역할 이상을 담당하지 못하는 한계를 드러냈다.

첫 번째 해결책 : 전략적 사업단위를 창출함

연구팀은 기존의 생산 부문을 없애고 '전략적 사업단위(Strategic Business Units, SBU)'로 이를 대체할 것을 제안했다. 또한 다음의 세 가지 특정 기준에 따라 모든 생산 부문을 평가했다.

1. 생산 부문은 사내 생산 공급업무가 아니라 실제적인 외부 시장에서 사업을 전개해야 한다.
2. 생산 부문은 명확하게 확인할 수 있는 고객과 경쟁업체를 확보해야 한다.
3. 생산 부문은 맡은 업무에 대한 통제권을 행사하여 GE의 다른 자회사나 관련 부서에 의존하지 않고 업무를 진행할 능력을 갖추어야 한다.

이러한 기준에 따라 전략적 사업단위의 숫자는 125개에서 43개까지 줄어들었다. 이와 같은 변화는 바람직한 방향으로 이루어졌으나 아직 부족한 면이 남아있었던 것이다. 회사의 업무부서 숫자는 감소되었으나 합리적인 평가와 안정적인 경영을 위해 필요한 조정 사항이 많이 남아있었다. 또한 확장을 억제하려는 기존 사내 문화가 쉽게 사라지지 않았기 때문에 관료주의적 성격의 부서 및 자회사 구조를 개혁하는 것은 쉽지 않은 일이었다. 새로운 조직 구조에 따라 총수익 2천 3백만 달러에서 최고 10억 달러에 이르기까지 다양한 규모의 사업단위가 만들어지면서 문제는 더욱 복잡해졌다.

그 결과로 주요 전기제품 생산 부문의 경우 매출이 10억 달러에 이르는 그룹 단위의 전략적 사업단위가 출현되었다. 동시에 수익 수준이 수백만 달러인 전신 업무나 케이블 사업의 경우, 부문 단위의 사업단위가 형성되었다. 주요 전기제품 그룹은 회장실에 직접 보고하는 단위로 인정되어 법인 경영진과 스태프 조직의 감사를 받았지만 전신 업무와 케이블 사업 부문의 경우는 부서별 경영 감독자를 통해서 그룹 이사의 결재를 얻어야 했다.

그 결과는 소규모 사업이었기에 많은 이윤을 얻지 못했다. 게다가 전략적으로 주요 사업에 포함되지 않았던 전신 사업과 케이블 사업은 3번 이상 검토한 반면, 이보다 훨씬 전략적으로 중요하면서도 큰 규모로 진행한 사업은 단 한 번 검토하는 것으로 그쳤다. 이로 인해 최고경영진은 중요하지 않은 사업 검토에 시간을 낭비하게 되었고 중요도가 높은 사업이나 고도로 복잡한 사업을 분석할 시간을 충분히 가질 수 없게 되었다.

두 번째 이유 : 공식적인 전략적 평가의 부재

코디너와 보크가 제시한 분권화 경영 시스템의 근간은 목표관리(MBO)라 할 수 있다. 각 사업별 경영자들이 일반 목표를 설정하면 하부 경영 책임자들이 이를 달성하기 위해 노력했다. 사업 전략은 검토 대상이 아니라 상부 경영자들의 결정에 온전히 맡겨졌으며 최고경영진의 경우 해당 사업계획의 재정적인 면만 살펴보는 것이 관례였다.

전반적으로 볼 때, 시장과 고객 그리고 경쟁업체 평가와 관련하여 경영진의 업무 진행은 만족스럽지 못했다. 이들은 기술적인 면을 포함하여 사회, 정치적인 상황의 동향 파악에 빠르게 대처하지 못하고 결국 경영 위기를 맞게 되었다. 이로 인해 GE의 경영은 많은 허점과 오류 그리고 생각지 못한 실패로 얼룩지게 되었다.

두 번째 해결책 : 연 단위 평가 시스템 구축

연구팀은 새로운 경영 및 전략 계획 시스템 수립을 강력히 권고했다. 즉 새로 등장한 전략적 사업단위는 시장 내 변화를 철저히 분석하고 회사 운영에 영향을 미치는 외부의 경쟁업체 사이의 변화나 자원의 변화를 예측할 준비를 갖추어야 했다. 이를 통해 예상치 못한 상황의 발생 빈도와 그로 인한 부정적 여파의 범위를 축소하고 변화에 적절히 대응할 태세를 갖추는 것이 연구팀의 권고 목적이었다.

그림 10-2에서 알 수 있듯이, 새로운 경영 시스템은 연간 계획 체제를 유지하고 있었다. 이 시스템은 12월과 1월에 걸쳐 회사 전반을 철저히 분석한 결과를 큰 그림으로 요약하는 것으로 시작했다. 이 분석 결과는 회사 내외부의 전문가들이 각 사업단위에 보고하는 형태로 소개되었다. 세션 A에서 각 사업단위의 경영진은 특정 분야에 대

한 외부의 주요 의견(정치, 사회, 경제적 면)을 이해하게 되고 이를 사용하여 각 사업별 전략 수립 및 평가에 활용했다.

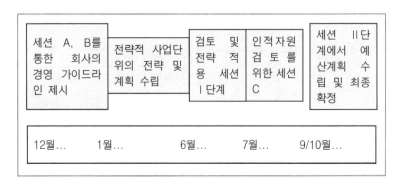

그림 10-2　보크 경영시기에 나타난 GE의 전략적 계획 시스템 캘린더

세션 B에서는 상위 경영진이 각 사업단위별로 구체적인 재정적 목표 혹은 달성 요구조건 목록을 제시했다. 이는 과거의 목표관리 과정과는 다른 것으로, 새로운 경영진은 회사의 최종 경영목표가 현실적이어야 한다는 점에 크게 공감했으며, 각 사업단위별로 전략 수립을 완료하고 전체적인 결과 평가가 이루어진 후에 경영목표를 수립했다.

세션 A, B를 통해 얻은 정보와 건의사항을 바탕으로 전략적 사업단위별로 개별 경영전략과 사전 재정자원 확보가 이루어졌다. 이 점에 대해 따로 정해진 형식이 있는 것은 아니었지만 다음 세 가지 사항은 반드시 준수해야 했다.

- 첫째, 각 사업단위별 경영 책임자가 직접 프리젠테이션을 실시

한다. 물론 핵심 경영진을 회의에 대동할 수 있지만 전략 설명이나 재정적 사항에 대한 계획 브리핑은 책임자가 직접 실시한다.

- 둘째, 모든 프리젠테이션 자료는 세션 실시에 앞서 상부 경영진과 회의 참석자들에게 충분히 검토 시간을 두고 사전에 제공해야 한다.

- 셋째, 프리젠테이션은 영상 자료를 포함하여 명확하고 간결하게 준비한다. 이 요구 조건은 전략과 재무 문제를 수립하고 방어하는 것과 관련하여 각 사업단위별 책임자들에게 상당한 부담거리로 작용했다.

GE의 전통에 따라 인적 자원에 대한 고려사항이 계획 과정의 주요 요소 중 한 가지에 포함되었으며, 이를 위한 특별 세션(세션 C)이 마련되어 각 부문의 경영을 맡게 될 적임자를 선정하는데 남다른 관심을 기울였다. 이 특별 세션에 대한 내용은 존스 경영시기의 핵심 내용이므로 다음 장에서 자세히 다루기로 한다.

이로써 세션 1단계가 마무리되면 각 사업단위는 프레젠테이션 내용 가운데 수정하거나 유지할 필요성이 있는 부분에 대한 피드백과 구체적인 권고사항을 받게 되며, 기업금융 담당부서가 최종적으로 추진업무 예산을 확정하고 각 사업단위별 재무 담당자가 투자자 및 주주들의 기대에 부응하도록 노력할 것을 권고했다.

이러한 세션은 일종의 협상과정이라고 볼 수 있다. 일반적으로 각 사업단위별로 조정된 재정은 항상 요구조건에 비해 낮은 수준이며 마지막에 이를 확정하기 위해 여러 차례의 협의 단계를 거치게 된다.

이때 현실적이며 실천 가능한 결과를 이끌어내는 것이 가장 중요한 것으로 여겨졌다. 이 문제를 해결한 사람 또한 존스이므로 구체적인 사항은 다음 장에서 논의하도록 하겠다.

가장 중요한 목표는 각 사업단위별로 현실적인 기대치를 수립함으로써 스스로를 기만하거나 상부 경영진을 실망시키는 일이 없도록 계획하는 것이었다. 기존의 벤처 사업은 성공 여부에 관계없이 여러 가지 면에서 경영진에게 크고 작은 충격을 주었으며 이로써 주식시장내의 신용도는 상당한 타격을 입었다. 그러므로 새로운 경영 시스템은 충격을 최소화하며 기업의 신용도를 안정시키는데 주안점을 두게 되었다. 이 시스템을 도입한 이후로 각 사업단위 경영 책임자들이 상부 경영진에게 충격을 주는 일은 가장 부정적인 것으로 인식되어 직위해제나 해고 요인으로 작용하게 되었다.

세 번째 이유 : 전략가가 아닌 계획수립가

GE의 경영진은 크로톤빌의 최고경영자 프로그램과 전문적 비즈니스 경영과정에 의해 훈련된 사람들이므로 계획, 조직, 통합 및 측정 등에 관해 고도의 훈련을 받았지만 전략적 사고, 의사 결정 및 계획으로 이어지는 과정에는 익숙하지 않았다. 다음에서 몇 가지 구체적인 이유를 살펴보자.

첫째, GE는 자신들의 능력을 굳게 확신하는 기업이었다. 즉 전쟁 중 사업 확장 및 기타 사업 성공에 힘입어 새로운 사업을 개척할 때에도 기존의 경영 방침을 변화하려는 시도는 전혀 고려하지 않았다.

둘째, GE는 재무, 인적, 물적 자원을 보유하는 능력이 무한했다. 이를 바탕으로 그 어떤 분야의 경영도 성공할 수 있다는 자신감에 차 있었다. 이러한 생각 때문에 기존의 경영방침이나 경영진의 사고 전환의 필요성은 전혀 고려하지 않았으며, 새로운 사업을 시작할 때에도 할 일을 확인하고 실천하는 것에 주력했다.

벤처 사업 및 몇 차례의 인수 사업을 통해 이러한 믿음이 잘못된 것임이 확연히 드러났으며, 경영진이 주요 전략 기술면에서 부족한 점이 많다는 점을 인정할 수밖에 없었다.

세 번째 해결책 : 전략적 계획 기술을 발전시키다

보크는 새로운 시스템을 도입함에 따라, 새로운 기술 습득이 필요하다는 점을 인정했다. 즉 각 전략적 사업단위별 경영 책임자들은 단순한 기능직 전문가가 아니라 독립 경영책임자처럼 생각하고 행동하는 방법을 배워야 했다.

먼저 외부 환경과 고객, 경쟁업체를 폭넓게 이해해 보유 자산을 객관적으로 평가하는 안목을 길러야 했으며 현재 사용가능한 자산 혹은 자원과 경영에 필요한 요인을 연결하는 방법을 익혀야 했다. 이미 필요한 기술을 갖추고 있다는 믿음이나 그러한 기술을 쉽게 익힐 수 있다는 자만심은 경계의 대상으로 여겨졌다.

이처럼 세상을 바라보는 안목을 새롭게 하고 더 겸허한 태도를 지향하는 가운데 프레드 보크는 데이브 댄스에게 새로운 원칙과 기술을 가르치기 위한 계획 수립에 대한 자문을 구했다. 데이브의 경우, 전 직원들이 모든 사업단위를 방문하여 각 사업별 특색을 익히도록 했다. 보크는 "그런 방법으로도 뭔가 충분하지 않은 느낌이 든다. … 나는 주요 간부, 직원 및 사업단위 책임자들을 크로톤빌에 소집해서 전략적 계획 수립을 가르치고 싶다. … 그것도 속성 방식으로"라는 반응을 보였다.

보크가 직원들을 두 가지 타입으로 분류하면서 크로톤빌의 교육도 무료 및 유료 서비스 프로그램으로 전환되었다는 점은 이미 언급한 바 있다. 즉 크로톤빌의 교육 내용은 그 비용만큼의 효과를 제시함으로써, 교육기관으로서의 효용성을 스스로 증명할 수 있도록 개편되었다.

이와 같은 새로운 도전은 성공적인 결과를 거두었으며, 당시 나는 동료 경영진에게 기술적인 면뿐만 아니라 일에 대한 강한 동기를 불어넣어 주었다는 점에서 특히 긍정적인 결과를 가져왔다. 또한 당시 나는 관리자의 한 사람으로서 그 때 마련된 새로운 프로그램 중 한가지인 전략적 사고와 의사결정 과정을 설계했으며, 임시로 '미래를 위한 계획'이라고 이름을 붙였다. 사실 보크가 새로운 전략적 계획 경영 시스템을 도입하기로 결정했을 때, 나는 이 프로그램의 모의실험을 제안하려 했다.

새로운 시스템 도입에 대한 소식을 듣고, 나는 당시 상부 책임자였던 린디 살린에게 내가 창안한 프로그램에 대한 프리젠테이션을 준비하여 댄스와 그의 측근들에게 보여줌으로써 GE 경영진들에게 전략적 사고의 기술을 전수할 방법을 제시할 것을 건의했다. 댄스는 나의 제안을 수락했으며 크로톤빌 내에 전담팀을 구성하여, 사고 과정을 정리한 5일간의 교육 프로그램을 개발하게 되었다. 이 전담팀에는 나를 포함하여 경영과학 전문가인 클리프 스프링거와 마케팅 전문가인 켄 미셀, 컴퓨터 전문가인 데이브 슬림스가 참여했다.

당시 전략적 경영이라는 개념을 다룬 서적은 수없이 많지만, 우리가 필요로 하는 논리적 사고 과정에 대한 유용한 자료는 사실

전무한 상태였다. 그래서 전담팀은 캐프너와 트리고(Kepner-Tregoe)의 문제해결 및 의사결정 분석 과정과 기타 학계의 연구자료 및 보스턴 컨설팅 그룹(Boston Consulting Group), 맥킨지(McKinsey)와 제휴사들, 아더 리틀(Arthur D. Little) 등 여러 분야의 발표 자료를 모두 검토했다.

이렇게 조사한 결과, 경쟁관계에 대한 외부적 환경과 조직적 평가에서 출발하여 우선순위를 설정하고 부족한 자원 배분에 대한 의사결정으로 마무리되는, 매우 독특한 사고 접근법을 개발하게 되었다. 이 방법의 주안점은 논리적, 객관적 사고이며 그저 막연한 새로운 형식개발이 아니라 전략 개발에 실질적 도움이 되는 도구로서 이 방법을 이해할 것을 분명히 언급했다.

이처럼 크로톤빌의 전담팀 구성을 통해 GE 경영진이 안정적인 전략적, 재정적 경영계획을 수립하도록 하기 위한 방법을 개발했지만, 당시 상부 경영진은 이 방법을 환영하지 않았으며 실제 도입에 앞서 테스트를 통해 그 효용성을 검증할 것을 요구했다. 이에 따라 가장 비판적이고 공격적인 성향의 간부 20명을 선발하여 이들을 대상으로 모의실험을 실시하게 되었다.

실험을 위해 1주 분량의 실험용 프로그램을 개발하여 선발대상에게 적용했다. 처음 5일 동안 수정된 형태의 혁신적인 인바스켓(in-basket ; 관리자의 결재능력을 높이기 위한 훈련방법 - 옮긴이) 시뮬레이션을 실시했으며, 이를 기초/일반이라고 불렀다. 이는 전형적인 전기설비 운영에 국한된 것으로 두 개의 팀을 구성하여 경쟁하는 가운데 상대방을 이길 수 있는 전략을 구상할 것을 요구했다. 보크와 그의 경영진은 이 프로그램이 과거의 분권화 추구 당시에 만들어 낸 <블

루북>과 비슷하다는 인상을 피하기 위해서, 교수진이 책이나 매뉴얼, 워크시트를 사용하지 못하게 했다.

5일에 걸쳐 전략수립 과정의 각 단계를 토의했으며 실제 전략 수립에 적용했다. 5일이 지난 후에는 각 팀이 '기업 임원' 그룹에게 자신의 팀 전략을 프리젠테이션하도록 했다. 이때 수립한 전략의 질적 수준 및 프리젠테이션 수준에 따라 팀별 성적을 부과했다.

또한 5일이 지난 후에 댄스와 그의 경영팀은 이 교육 프로그램에 대한 공개 평가를 열고, 참가자들이 이 프로그램의 교수 내용 및 교수 담당자들을 그대로 유지하면서 회사 전체 교육 프로그램으로 실시할 것인가의 여부에 대한 의견을 청취하였다. 크로톤빌 경영진과 담당 교수팀은 나와 함께 공개 평가장의 뒷좌석에 앉아서 떨리는 마음으로 평가회의 최종 결과를 기다려야 했다.

예상대로 평가회의 결과는 매우 낙관적이었다. 참석자 모두가 이 교육 프로그램이 매우 전문적이면서도 효율적이므로 회사 전체를 대상으로 실시할 가치가 있다는 점에 동의했다. 그러나 참석자들은 각 부서별 직원을 교육할 때, 가이드 자료 및 워크시트가 필요하며 컨설턴트나 학계 및 외부 업체로부터 도움을 얻는 방법을 안내해야 한다는 점을 지적했다.

이어서 보크와 회장단에게 프로그램을 개략적으로 소개하는 형태의 프레젠테이션이 네 시간동안 진행되었다. 보크는 크게 만족했으며 모든 경영진, 각 사업부문 임원들이 이 교육과정을 이수하도록 할 것을 지시했다. 그 결과, 3.5일 과정의 전략적 계획 고위과정 프로그램이 13개의 세션으로 준비되었으며, 크로톤빌에서 14주 동안 실시되었다.

또한 GE의 기초/일반 컴퓨터 비즈니스 시뮬레이션 프로그램을 수정하여 고위 임원(이들 중 대부분이 스스로 전략적 사고 및 계획수립을 할 수 있다고 자부하는 사람들이었음)들이 새로운 교육과정을 수료함과 동시에 주요 학계 및 컨설턴트와 교류하는 방법을 익히도록 하였다.

이 교육 프로그램은 3.5개월 동안 끊임없이 제공되었기 때문에 프로그램을 보완할 시간적 여유가 없었다. 나는 이 프로그램이 실시되는 내내 교수진으로 활동했으며, 상당히 힘들었지만 매우 보람된 경험이었다. 이 일을 통해 경영이라는 역동적인 분야에서 컨설턴트이자 교수로 활동할 수 있는 기반을 다질 수 있었다.

추가 과정

모든 사업단위별로 독립된 전략적 계획 수립가를 확보해야 했기에 이 계획수립 담당자들을 위한 심도 깊은 교육은 매우 중요한 요인이 되었다. 이를 비롯한 여러 가지 이유로 다시 2주간의 교육 프로그램이 마련되었다. 교육의 첫 주 내용은 응용과정 중심으로 진행되었으며, 당시 GE가 실천하고 있던 시뮬레이션을 더욱 종합적인 안목에서 이해할 수 있도록 구성되었다. 두 번째 주의 교육내용은 이들이 컨설팅 도움을 제공하거나 계획 수립 과정을 보완하는 여러 단계에 대한 심층적인 학습과정이 마련되었다.

코디너와 스미디처럼 교육 대상자들을 세뇌시키는 일을 방지하기 위하여 보크의 교육 팀은 매뉴얼이나 책을 별도로 발행하지 않았다. 그 대신 각 사업단위 책임자에게 높은 수준의 전문적 자료를 담은 시청각 패키지를 마련해주었으며, 이들이 하부 직원들에게 교육 내용을 전달할 때 활용할 수 있도록 훈련시켰다. 그림 10-3에서 보는 것처럼, 이 패키지를 통해 전략 수립 과정의 주요 단계와 그 결과를 한눈에 알아볼 수 있는 논리흐름도인 '버블 다이어그램'이라는 개념을 GE에 도입하게 되었다.

전략적 사업단위의 계획이 장황하고 현실성이 부족한 탁상공론으로 전락하는 것을 막기 위해서, 경영진은 모든 자료를 '간결하고 이해하기 쉽게' 정리할 것을 강조했다. 현재 추진하고 있는 사업과 주요 구성요소의 위치 및 앞으로 나아갈 방향을 제시하기 위한 방법으로 포트폴리오 행렬방식을 권장했다.

이 프로그램이 실시되면서 보스턴 컨설팅 그룹(BCG)과 A. D. 리틀(ADL)의 컨설턴트들이 추천 사항을 매트릭스로 요약하여 프리젠테

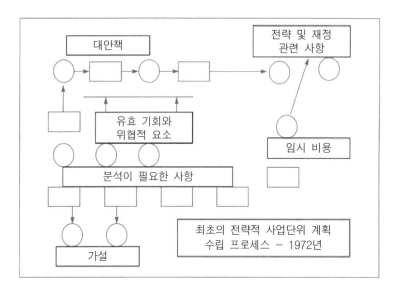

그림 10-3 보크와 존스의 경영시기에 사용된 전략적 사고
및 의사결정 과정의 버블 다이어그램

이션을 실시해 주었다.

그림 10-4와 같이 BCG는 추진 사업과 관련 요소를 4개의 블록으로 각각 제시했으며 시장 성장 및 업체의 상대적 시장 점유율을 한눈에 알아볼 수 있도록 했다. BCG는 기업별로 흑자 사업에 투자를 더욱 확장할 필요성, 즉 성공 가능성이 있는 사업에 대한 집중 투자의 유용성에 초점을 맞추었다.

이와 대조적으로 ADL의 매트릭스는 그림 10-5와 같이 투자 수익률과 판매 이익률을 위주로 작성되었으며, 이 두 가지 수익률이 높은 시장에 집중 공략할 필요성을 강조했다.

GE의 경영진들은 각 사업 부문별 포트폴리오의 상대적 장점을 살

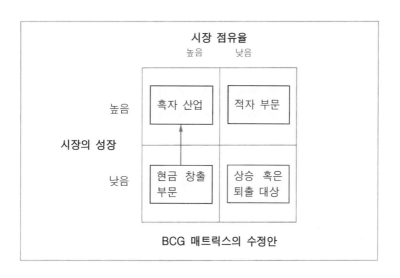

그림 10-4 **보스턴 컨설팅 그룹이 1970년에 제시한 수정
안**(흑자 사업에 투자를 더욱 확장할 필요성,
즉 성공 가능성이 있는 사업에 대한 집중 투자
를 권장하고 적자 부문을 제거할 필요성을 강
조했다.)

리면서 일목요연하게 표현한 매트릭스 표현법을 매우 좋아하게 되었으며, 맥킨지의 도움을 얻어 '9개 블록 매트릭스'로 알려진 새로운 매트릭스 형태를 고안했다.(그림 10-6 참조) 이 매트릭스 또한 일부 수정을 거쳐 모든 전략적 계획 관련 서류의 필수요소가 되었으며, 회사 전체의 업무 포트폴리오를 요약할 때에도 사용되었다.

GE는 각 사업 분야별 경영 책임자들에게 사업 자금 확보를 위해 투자은행 앞에서 프레젠테이션을 하는 중이라고 가정해 볼 것을 권고했다. 즉 회사의 재무자료, 물적자원, 인적자원은 한계가 있으므로 이를 최고의 투자가치가 있는 사업 분야를 선정하여 효율적으로 분배하는 것이 중요하며, 이러한 분배를 극대화하기 위해 다른 분야의

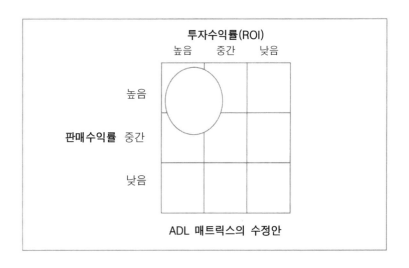

그림 10-5 **GE의 워크숍에 사용된 ADL 포트폴리오의 매트릭스 수정안**(투자수익률과 판매수익률 모두 최적화할 수 있는 사업 분야 및 제품에 대한 투자에 초점을 두었다.)

투자는 조정하거나 심지어 전면 중단하는 것도 고려할 수 있음을 강조한 것이다. 바로 이러한 태도의 전환이 전략적 포트폴리오 경영의 시작점이 되었다.

이 시스템을 성공적으로 운영하기 위해 양질의 자료와 정보가 필수적이라는 점이 곧 명확히 드러났다. 따라서 경영진은 전략적 사업단위 책임자들에게 다음과 같이 도움을 적극 구하도록 권유했다.

- **외부 컨설턴트** : 워크숍이 진행되면서 몇몇 컨설팅 회사가 주요 관심대상으로 부각되었다. GE는 각 사업단위와 스탭 조직에게 개별적 판단에 따라 이러한 컨설팅 회사로부터 도움을 얻을 필

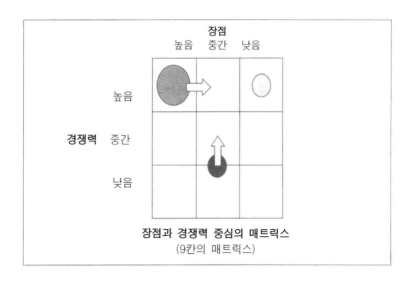

그림 10-6 보크와 존스의 경영시기에 GE에서 사용된 9개 블록 매트릭스(사업 분야별 장점과 경쟁력에 따라 제품과 사업 분야를 평가할 필요성을 강조했으며 양적, 질적 요소 양측 모두를 고려한 다이어그램)

요성을 인식시켰으며 관련 컨설턴트 및 시장 조사전문기관의
리스트를 제공하기까지 했다. 다수의 조직이 실제로 계획수립
에 관한 자문을 이들로부터 구했다.

- **내부 컨설턴트** : 그동안 기업 컨설팅 서비스는 다양한 분야에
  대한 컨설팅 서비스와 특별 워크숍을 통해 많은 도움을 제공했
  다. 또한 전략 개발과 검토를 위한 새로운 전략적 계획 및 마케
  팅을 위한 컨설팅 기구가 조직되었다. 물론 이러한 서비스를
  사용하려면 각 사업단위는 비용을 지불해야 했으며, 사용료는
  외부 서비스 기관에 비추어 경쟁력 있는 수준으로 설정되었다.
- **특별 워크숍** : CCS와 크로톤빌의 주도로 특별 세미나와 워크숍
  이 여러 차례 마련되었다. 뿐만 아니라 일반 경영 및 경영개발
  프로그램을 포함하여 주요 경영자 교육 프로그램의 경우 전략
  적 계획수립을 위한 별도의 과정이 증설되었다. 이 과정에서는
  전략적 사고의 기술과 과학을 가르칠 뿐만 아니라 참가자들이
  외부 세계에 대한 현실적인 인식을 가질 수 있도록 훈련했으며,
  경쟁력 있는 평가와 전략을 보다 향상시키는 방법에 관해 교육
  도 실시했다.

당시 사회적 분위기를 고려해 볼 때, 한 가지 흥미로운 점을 발견
할 수 있다. 사실 1960년대 후반은 사회가 상당히 불안정한 시기였다.
학교에서는 학생들의 데모가 끊이지 않았고 주요 도시마다 폭동과
시민들의 항거가 잇따라 발생했다. 이로 인해 기업 활동과 인력 확보
에는 상당한 어려움을 겪었다. 크로톤빌은 양측 모두를 수용하여, 행
동을 예상할 수 있는 기업을 지지하는 입장의 대표자들뿐만 아니라

기업 활동에 반대하면서 주요 사회, 정치적 변화를 지지하는 사람들도 고용대상으로 인정했다. 즉 경영진은 이들 모두에게 편견 없는 기회를 부여했으며 사실상 그들을 통해 교육대상자들이 현 사회의 주요 문제점을 정확히 파악할 수 있게 되기를 기대했다.

요약하면 크로톤빌은 지적 자유와 에너지를 높은 수준으로 유지하여 유익한 것을 많이 얻었다고 볼 수 있다.

이로써 GE를 경영하는데 상당히 큰 패턴이 형성되었다. 보크는 지역사회와 세상을 바꾸는데 영향력을 미치려고 많은 노력을 기울였으며 GE의 영향력 또한 강하게 미치기를 기대했다. 그 때문에 그는 여러 기업의 총수들과 동맹관계를 형성하여 각종 공공 정책 및 정부 정책 수립에 적극적인 태도로 관여했다. 그 결과 1972년에 비즈니스 라운드테이블이 창립되었다.

이 단체의 두 가지 주요 목적은 다음과 같다.

1. 여러 기업체의 대표들이 함께 노력하여 사회의 경제 및 기업 활동에 영향을 미치게 될 특정 이슈를 분석한다.
2. 정부와 대중을 위해 시기적절한 정보와 실용적이고 긍정적인 행동 지침을 제안해 준다.

레지 존스는 이 단체의 대표로 계속 활동하면서 정치 및 경제 정책 수립에 대한 상당한 영향력을 행사하게 되었다. 라운드테이블은 코디너와 볼웨어가 만들어낸 정부 간섭을 최소화하면서 독립적인 경영을 추구하는 GE의 경영 방침의 연속체라고 볼 수 있다.

리더십

실수의 인정   보크는 자신이 지나치게 많은 것을 추구했으며, 그 결과 태도를 변화할 필요성이 있다는 사실을 기꺼이 인정했다는 면에서 남다른 리더였다. 사실상 그는 최초로 GE가 이끌어온 사업 중 일부를 그만두거나 축소시키려는 시도를 통해 GE에 급진적인 변화를 초래한 인물이라 할 수 있다.

▶ **독자를 위한 조언**   주기적으로 한 걸음 물러서서 현재 추진중인 사업을 재검토하고 특히 사업의 결과를 분석할 때 현재 올바른 방향으로 나아가고 있는지 생각해보아야 한다. 실수가 있었거나 결과가 좋지 않을 경우에는 주저 없이 필요한 조처를 취하고, 경영자로서 실수를 범했을 때 더 늦기 전에 인정하는 태도를 보여야 한다.

시장기반의 사업단위   코디너는 회사 부서의 조직 구성을 내부적으로 결정했다. 그는 통제 범위 설정을 우선으로 하여 미리 정해놓은 매출 규모에 따라 부서의 구분 단위를 결정했다. 이 때문에 회사내 부서들 사이에 경쟁이 치열해지면서 외부 시장에 대한 정확한 안목을 잃게 되었다. 보크는 전략적 사업단위의 규모를 결정하기 위해 몇 가지 외부 기준을 도입했다. 그리고 지나치게 많은 사업단위가 생겨나서 기존의 회사 조직 구조를 유지하는데 어려움을 겪었다.

▶ **독자를 위한 조언**   현재 조직 구조를 분석해 보고 각 사업단위가 각자의 독립적 경영이 가능한지, 합당한 의사결정이 이루어질 수 있는 규모인지 그리고 다른 사업과 긴밀한 관련성을 맺고 있는지 분석해 보아야 한다. 만약 이러한 사업단위가 실제 시장에 기반을 둔 것이 아니며 현실적인 경쟁관계도 없이 주도적인 경영을 하지 못하는 상황이라면 이를 통합하거나 다른 사업단위 부문으로 묶어야 할 것이다. 사업단위의 숫자는 최소한의 수준으로 유지하는 것이 바람직하며 수평적 조직 구조를 형성하기 위해 노력해야 한다.

단순한 계획 수립이 아니라 전략적 사고를 위해 노력 GE의 새로운 시스템은 기존의 회사 전통을 과감히 벗어나서 전략적으로 사고하면서 계획을 수립하는 방법을 교육하는데 모든 초점을 맞추고 있었다. 이를 위해 교육, 컨설팅 및 다양한 각도에서 분석이 이루어졌으며 각 사업단위는 자유로운 형식에 따라 현재 추진사업 내역을 요약하여 보고하고, 단위별 경영 책임자들은 상위 경영진의 핵심 질문에 대한 답변을 준비하도록 요청받았다. 이러한 상하 커뮤니케이션 라인을 마련하여 모든 경영 관련자가 사업 성공에 필요한 내용을 인식할 수 있도록 도움을 받게 되었다. 이 시스템 자체가 여러 가지 무리한 사항을 요구한 것은 사실이지만, GE의 기업 규모와 복잡성을 생각해 볼 때, 그와 같은 사항이 꼭 필요했다고 말할 수 있다.

▶ 독자를 위한 조언 GE와 같은 시스템 구조를 살펴본 후 현재 독자로 운영하고 있는 기업을 향상시키기 위한 모델로 적합한지 고려해야 한다. 모델 기업의 방식을 도입할 때에도 항상 선택적인 자세를 유지하도록 한다. 모델 기업의 모든 전략이 자신의 기업에 적용될 수 없으므로 핵심만 도입하도록 한다.

학문적 자유 크로톤빌은 창립 이래 기업의 변화를 주도하는 역할을 담당했다. 코디너는 크로톤빌을 활용하여 분권화 및 전문적 경영기법을 교육하고 상품화했다. 당시 그가 창안한 조직과 접근법은 매우 완고한 편이었으며 교수법을 거의 세뇌시키다시피 했다. 크로톤빌이 그만의 생기를 되찾아 '관점의 다양성'을 수용하게 된 것은 보크 시대에 들어서서 이루어졌다. 보크와 그의 팀은 크로톤빌의 운영에 과도한 간섭을 하지 않았다.

▶ 독자를 위한 조언 자신의 기업이 이미 경영 개발 및 직원연수 프로그램을 갖추고 있거나 외부 기관으로부터 관련 서비스를 제공받는 중이라면, 선전이나 세뇌적 성격이 강하지 않은지를 검토해 보자. 서로 상충되는 의견이 있다면 이를 숨김없이 표현하고 함께 토의해볼 수 있는 분위기를 형성해주어야 한다. 그렇지 못하면 직원들의 사기가 저하되고 근시안적인 사고방식에 젖어들게 되며, 최악의 경우 미처

예상하지 못한 문제까지도 발생할지 모른다.

예기치 못한 상황의 발생과 그 여파의 최소화　보크는 자신이 GE를 이끄는 동안 예기치 못한 상황을 수차례 경험하면서 이에 대한 대안책을 연구하게 되었다. 그는 부정적인 면을 포함하여 기업 활동의 모든 면을 표면화시킬 수 있는 시스템을 창안했다.

▶ **독자를 위한 조언**　예기치 못한 상황의 발생을 전면적으로 막는 것은 불가능하지만, 기업 내부와 외부를 면밀히 조사하여 필요한 변화를 찾아낼 수 있는 관리 시스템을 가동하는 것이 반드시 필요하다. 현재 기업 활동에 상당한 영향을 미치게 될 변화가 필요하다고 판단될 경우, 이를 감시하는 시스템을 마련하여 신속하고 효율적인 방법으로 변화를 시도하는 것이 바람직하다. 가장 중요한 것은 기업의 내부 혹은 외부 상황으로 인해 전혀 예기치 못한 상황에 봉착하는 일이 없도록 예방하는 것이다.

11 장

■ ■ ■

가지치기와 매각

보크가 GE의 경영진에서 물러날 무렵, 전 세계는 혼란의 소용돌이에 빠져 있었다. 베트남 전쟁이 진행중인 가운데 '위대한 사회(The Great Society)'는 서서히 몰락하고 있었다. 미국 전역에서 폭동과 시민들의 데모가 끊이지 않았으며, 주요 기관들은 공격 대상이 되어 그 기능이 마비된 상태였다.

보크가 GE의 변화를 주도적으로 이끌었지만, 그는 자신이 제시한 새로운 시스템이 시작 단계이며 당시 월스트리트는 회사의 경영 진로를 긍정적으로 평가하고 있다는 사실을 인지했다. 그래서 보크는 일관성 있게 회사의 수익을 창출할 수 있는 기업의 힘을 더욱 강화하기 위해 새로운 사람에게 경영권을 넘기기로 결정했다.

오랜 고심 끝에 보크는 당시의 최고재무책임자(CFO)인 레지날드 존스를 그의 경영권을 이어받을 사람으로 지목했다.

존스는 펜실베이니아의 와튼경영대학원을 졸업한 후, 1939년에 비즈니스 트레이닝 코스에 참가했다. 이 프로그램을 수료한 이후에는 유명한 이동감사반에서 8년 동안 활동했다. 그는 소비자, 전기 설비, 공업 분야, 건축을 비롯해 물류 사업 등에서 관리자로 일했으며, 1968년에 최고 재무책임자로 임명되었다. 그는 당시 실패를 거듭하고 있었던 컴퓨터 사업을 하니웰에 매각함으로써 성공적으로 이 문제를 해결할 수 있었다.

존스는 여러 가지 재능을 가진 인물로서 특히 명령이 아니라 설득을 통해 기업을 이끌어나가는 외교관적 재능이 탁월한 사람이었다. 그는 회사 내부뿐만 아니라 외부로부터 이미 실력 있는 비즈니스 리더로 인정받고 있었으며, 특히 정직성과 충직한 면에서 높은 점수를 얻고 있었다. 또한 존스는 새로 도입된 전략적 경영 시스템을 적극적으로 찬성하는 입장을 유지했다.(그림 11-1 참조)

새로운 CEO의 사무실

당시 존스의 멘토와 같은 필립이 59세의 나이로 예기치 않은 죽음을 맞게 되어, 존스는 공동경영자를 잃고 말았다. 어쩔 수 없이 그는 '회장실'을 새롭게 구성하게 되었다. 오랫동안 경영진 중 가장 높은 자리를 고수해온 사장실을 없애버리고 본인이 회장과 CEO라는 두 가지 역할을 모두 맡게 되었다.

존스는 다양한 개성과 리더십 스타일로 다른 사람들을 능숙하게 다루었으며, 여러 성격의 스타일과 개성을 가진 사람들을 하나의 그룹으로 모아 경영에 조언하도록 했다.

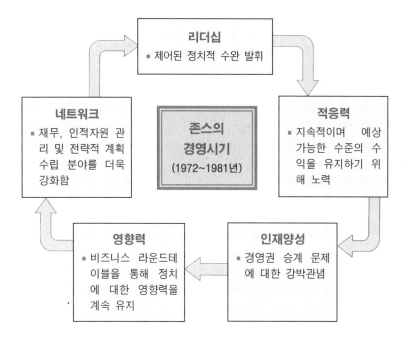

그림 11-1 존스의 경영시기와 LATIN

그 중 한 사람은 테디 루즈벨트와 비슷한 성향을 가진 잭 파커라는 임원이었다. 그는 개인주의자로서 전설적인 러프 라이터 기병대처럼 아프리카 탐험을 즐기는 사람이었다. 그는 우주항공 분야에서 책임자로 근무한 경험이 있으며 볼웨어의 뒤를 이어 직원관리 팀장으로 일했다. 뿐만 아니라 협상에 대한 이론과 실제 기법을 개발하는 일에 열중했으며 정부와 대규모 노동조합에 맞서 기업을 보호하기 위한 많은 노력을 기울였다.

새롭게 구성된 CEO 사무실의 또 다른 구성원으로서 전략계획 수립 책임자이자 소비자 그룹의 임원이었던 데이브 댄스와 그의 최고

재무책임자였던 알 웨이를 꼽을 수 있다. GE의 경영 체제에서 최고 재무책임자는 언제나 리더십 팀에서 중요한 인물이다.

이렇게 리더십 팀 확대개편이 필요한 이유는 당시 기업의 규모가 커지고 갈수록 복잡해지고 있었으며, 이에 대한 새로운 전략적 사업 단위의 구조를 파악하고 관리하기 위한 능숙한 고위 경영진이 필요했기 때문이다.

연금을 매입하다 : 유타 인터내셔널

존스는 GE의 포트폴리오에 안정적이고 예측 가능한 현금흐름과 수익을 창출하는 것이 매우 중요하다고 생각했다. 그리하여 당시 유타 인터내셔널(Utah International)의 CEO이며, GE의 이사회 임원이었던 에드먼드 리틀필드가 존스가 안정적인 수익 창출 수단에 지대한 관심을 가지고 있다는 사실을 이미 알고 있었으므로 회사 합병을 제안했다.

유타 인터내셔널(UI)은 야금용 석탄 업계에서 잘 알려진 기업이었으며, 당시 일본에 우수한 품질의 석탄을 공급하는 주요 공급업체로서 유망한 기업이었다. 뿐만 아니라 각종 전기설비에 우라늄을 공급하는 사업도 확장 추세에 있었으므로 GE의 전기설비 분야에 매우 큰 도움이 될 기업으로 평가되었다. 존스는 몇몇 주요 측근의 도움을 얻어 UI에 대한 평가를 실시했으며, 높은 자산이익률과 지속적인 현금 수익에 만족하여 이 회사가 GE의 합병대상으로 적합하다는 결론을 얻었다. 그는 그 당시까지 알려진 최대 규모의 합병을 실시하기 위해 즉각적으로 행동하기 시작했다.

또하나의 계산 착오

하지만 존스의 예상은 빗나가고 말았다. UI의 석탄 사업은 곧 하향세를 보이기 시작했으며, 존스의 기대와 달리 현금 수익을 창출하는데 만족스러운 결과를 가져오지 못했다. 설상가상으로 기존 GE의 사업과도 전혀 어울리지 않는 사업 분야임을 뒤늦게 깨닫게 되었다.

당시 나는 경영기획 부서의 임원으로 일하고 있었으며, 나를 비롯한 많은 임원들은 존스가 합병에 동의했다는 사실에 충격을 받았다. 내가 보기에는 당시 회사 내에서 선발된 일부 전문가들이 실시한 UI에 대한 평가는 실제 그 기업이 고수익을 창출할 수 있는 잠재력을 지나치게 과대평가했다.

또한 UI와 GE는 기업 문화가 크게 달라서 크고 작은 마찰이 일어날 수 있는 상황이었다. 당시 UI의 본사는 샌프란시스코에 그리고 주요 업무부서는 오스트레일리아와 남아프리카에 흩어져 있었다. GE의 경영진이 이러한 해외업무에 대한 폭넓은 이해를 갖지 못했을 뿐만 아니라 UI 측의 경영진들은 이 점에 대해 안내하거나 교육하려는 자세를 보이지 않았기 때문에 처음부터 이 합병은 전략적으로나 사업적인 면에서 바람직한 결정이 아니었다.

결국 이 합병은 전략적 계획이 아니라 막연한 기대와 과거의 결과에만 전적으로 의존한 결정에 따른 대표적인 사례라 할 수 있다. 존스는 이 합병이 자신의 판단 착오였음을 결코 인정하지 않았으며, 결국 유타 인터내셔널에서 손을 떼기로 결정한 것은 존스가 아닌 잭 웰치였다.

전략적 경영 및 계획 수립 시스템의 제도적 확립

UI 합병 전략에서 실패하긴 했지만, 존스는 지속적으로 보크의 전략적 계획수립 및 경영 시스템을 이끌어 나갔다. 그는 이 시스템을 도입함으로써 각 사업 분야의 실제 변화와 움직임을 잘 파악할 수 있으며 벤처사업을 시도하면서 겪었던 실수를 반복할 수 있다고 확신했기 때문이다. 그는 회사 직원들과 법인 컨설팅 서비스 팀을 활용하여 모든 전략을 재검토했으며 각 전략적 사업단위 별로 전략에 따른 브리핑 자료를 만들게 했다. 하지만 존스의 경우 직접 모든 전략을 일일이 평가하는 방식을 고집했다는 점은 주목할 만하다.

마지막 장(세션 I과 세션 II)에서 논하게 될 전략 세션은 상당히 어려운 과정이었으나 신사적으로 진행되었다. 존스는 자신의 생각과 다른 전략이 제기되더라도 회의가 끝날 때까지 기다렸다가 그것에 관한 개인 피드백을 발표했다. 그는 재무 분야에 폭넓은 경험을 갖추고 있었으며 특히 이동감사반으로도 오랫동안 활동했기에, 분석하는 일에도 능숙했다. 또한 전략 사이의 공백이나 흐름상 자연스럽지 못한 부분을 놓치는 법이 없었다. 그 외의 분야에 있어서는 회사 내의 기술, 마케팅 및 경쟁 전문가의 도움을 받아 이 세션을 진행했다.

존스의 방식은 직설적이었다. 각 전략적 사업단위의 경영 책임자들은 직접 프레젠테이션을 진행해야 했으며, 그들의 전략이나 가설에 대한 질문에 직접 대답할 책임을 지게 되었다. 즉시 대답할 수 없는 질문을 받게 되면, 세션이 끝난 직후에 다시 대답해 줄 것을 요구했다. 그리고 나서 각 사업단위별로 존스와 다른 부사장으로부터 피드백을 받게 되었으며 직원들의 경우는 직접적인 의견이나 건의사항을 제시할 기회를 갖지 못했다.

존스는 모든 사업단위별로 전략적 계획 수립을 전담하는 직원을 두어야 한다고 주장했다. 또한 계획 수립 전담자와 각 사업단위별 경영 책임자들은 모두 예외 없이 크로톤빌에서 전략적 계획 수립에 대한 교육 연수를 받도록 했다. 하지만 프레젠테이션이나 전략 수립에 사용해야 할 정해진 양식이나 패턴은 따로 부여되지 않았다. 즉 전략적 사업단위는 각자 독립된 기업이라는 가정에서 출발하여, 투자자들 앞에서 프레젠테이션을 한다는 기분으로 전략이나 경영 계획을 준비했다. 즉 각 전략적 사업단위 경영 책임자들은 최대한 효율적인 커뮤니케이션 수단을 각자가 개발하거나 찾아서 적용할 수 있었다.

전략적 계획 수립이 관료주의적 성격을 띠게 되다

새로운 프로세스를 시작할 때 흔히 볼 수 있듯이, 전략적 계획 수립 시스템 역시 예상대로 전개되는 양상을 보였다. 초기 몇 년 동안은 회사 경영에 긍정적인 효과를 가져다주었다. 전략 또한 갈수록 큰 효과를 보았고 재정적으로도 많은 진전을 이루었으며, 예상치 못한 상황을 사전에 방지하는 면에서도 큰 발전을 이루었다. 하지만 갈수록 이 시스템은 독특한 방향으로 흐르기 시작하여 관련 회의와 서류 작업이 지나치게 늘어나서 다음과 같은 상황에 이르게 되었다.

- **연례 계획 수립을 위한 모임 개최** 매년 전략적 계획 수립을 위한 모임을 가졌으며, 이를 두고 웰치는 '계획 수립을 위해 계획 담당자들이 모여 또 다른 계획 담당자들과 이야기하는 모임'이

라고 표현했다.

- **베스트 프랙티스를 선별하여 책으로 발간** 베스트 프랙티스를 모아 만든 책은 사실상 전략적 문제에 초점을 두고 발간된 것이 아니라 프레젠테이션에 치중한 자료였다. 내 생각에 이 책자는 매우 훌륭한 자료이긴 하지만 피상적인 내용으로 그쳤다.
- **계획 검토 및 방어를 위한 모임** 계획과 방어적 성격의 모임 때문에 많은 시간이 낭비되었다. 각 기능별 직원 조직(엔지니어링, 마케팅, 제조 및 재무)마다 실제 업무 진행보다는 계획을 재검토하고 사업단위별로 이 계획을 방어하는 시간을 별도로 줄 것을 요구하는데 더 많은 시간과 노력을 허비하게 되었다. 이러한 관행이 너무나 비합리적이었으므로 결국 전략통합 조직이 별도로 마련되었으며, 나는 이 조직의 책임자로 일하면서 각 기능별 조직이 사업 전략 수립의 원래 의도와 결과를 그르치는 일을 막기 위해 노력했다.

각 사업 분야별로 이 시스템을 도입하여 실시하자 문제는 더 심각해졌다. 사업 분야마다 전략적 계획을 수립하는데 상당한 인력을 동원했으며 심지어 각 분야별 경영책임자의 권한을 침해하는 경우도 나타났다.

투자자 기대 창출과 이에 부응하기 위한 노력

GE의 정책 중 일관성과 예측 가능성이 높은 것은 매년 일정한 현금 배당금을 지급하는 것이다. 이 정책은 대공황 때부터 지금까지 오랫동안 실시되었다. 또한 주가 상승을 통해 주식 투자자들이 투자와 배당금이라는 두 마리 토끼를 동시에 잡게 해주는 것이 GE의 경영진의 일관된 목표 중 한 가지였다.

과장된 약속은 금물이며 예측하지 못한 상황은 최대한 방지하라. 이것은 GE 경영진이 여러 해 동안 추구해온 경영 철학이자 성공 경영의 특징 중 한 가지이다. 1950년대에 코디너는 투자자 관계관리(Investor Relations, IR)를 시작하여 새로운 법인 기능 서비스에 포함시켰다. 이 비즈니스의 목적은 투자 분석가들 사이에 현실적인 기대치를 유지하면서 이를 회사 내부에 알려서 실제로 성취가능한 수익성의 수준을 경영자들이 이해하게 하는 것이었다. 이를 두고 '월스트리스의 기대에 부응하기'라는 별칭이 사용되기도 했으며, 곧 GE의 일반경영 지침 중 한 가지로 자리를 잡았다. 지금은 일반화된 경영방침이지만 1950년대에는 매우 획기적이었다.

존스는 이러한 면에서 가장 노련한 경영진 중 한사람이었다. 그는 투자자 관리, 재무 및 전략적 계획 수립 분야의 전문가들과 자신을 보좌하던 부회장을 하나의 팀을 구성한 다음 지속적으로 성취할 수 있는 기대 수준을 설정하도록 지시했다.

존스와 그의 스탭이 사용한 접근법은 다음과 같다.

1. 월스트리트의 주요 분석가들을 만나서 그들이 무엇을 원하는지 알아낸다.
2. 현재 진행중인 모든 사업 전략을 재검토하고 재무적인 관점에서 어떤 가능성이 있는지 평가한 다음, 이를 기반으로 월스트리트에서 기대하고 있는 수준에 도달할 수 있을 것인지의 여부를

판단한다.

3. 월스트리트의 기대에 부응하기 어렵다고 판단될 경우, 부족한 점을 보강하기 위한 전략을 수립한다.

전략적으로 부족한 점을 보완

GE뿐만 아니라 전 세계 모든 기업이 그러하듯이, 현재 성취할 수 있는 기업 능력을 실제보다 낮게 공표하며 가장 낮은 수준의 목표에 대한 경영계획이나 전략을 협상 중에 언급하기 마련이다. 이렇게 함으로써 외부의 관점에서 성공 확률을 높이며 실제로 성공을 하면 여러 가지 긍정적인 효과를 얻게 된다. 하지만 이와 대조적으로 경영난을 겪고 있는 사업분야의 경우에는 기업 구조조정 방침이나 심지어 사업 퇴출이라는 위험에도 불구하고 자기평가에서 실제보다 훨씬 과장된 모습을 서슴지 않으며 당당한 목표 설정은 거의 하지 않는 경향을 볼 수 있다.

이러한 태도로 인해 기업 수준에서 원하는 기대치보다 실제 기업 경영팀이 제시하는 목표는 항상 낮게 설정된다.

존스 이전에 경영자들이 내놓는 기업 활동 수준과 월스트리트의 기대치 사이의 격차는 모든 분야의 예산을 동일한 비율로 높여 줌으로써 해소하였다. 하지만 존스는 모든 사업 분야의 수익 수준을 일정하게 증가시키도록 강요한다면, 일부 사업체의 경우 이미 승인된 경영 전략을 추진하는데 많은 어려움을 겪게 되리라는 걱정을 떨칠 수 없었다. 더욱이 그는 대부분의 사업체가 이미 과장된 약속을 내걸었기 때문에 기존의 약속을 성취하는 것도 현실적으로 벅차다는 점을 고려하지 않을 수 없었다. 결국 그는 월스트리트를 대상으로 자신의 약속조차 지킬 수 없게 되었다.

예상을 벗어난 부분을 조명하기 위한 매트릭스 개발

이 난국을 벗어나기 위해 기획 및 재무부서는 각 사업분야별 전략과 재정 관련 약속을 재검토하고 일관성 있게 계획하고 진행되는지의 여부를 감시하기 위한 시스템을 마련했다. 간단하고 쉽게 시각화할 수 있는 방법을 사용해야 한다는 방침에 의해 그림 11-2와 같이 새로운 매트릭스를 개발하게 되었다.

각 사업단위는 네 개의 투자 카테고리로 재편성되었다. 제1 카테고리(혹은 '우선투자')가 가장 높은 수준이며 제4 카테고리가 가장 낮은 수준으로 설정했다. 각 단위별로 사업 전략을 검토하여 투자 우선순위와 전략 사이의 일관성 여부를 집중적으로 조사했다. 각 사업 카테고리 사이의 투자 우선순위와 전략의 효과 등을 조사하기 위한 특별 매트릭스가 별도로 사용되었다.

그림에서 알 수 있듯이, 투자 우선순위에서 A사업과 B사업은 적극성에서 높이 평가되고 있으며, D사업은 적극성이 부족한 관계로 일찍 사업을 정리하려는 움직임을 볼 수 있다. 반면에 C사업은 우선순위에 비해 적극성이 지나치게 높은 것으로 나타나고 있다.

이러한 평가 결과를 토대로 하여 존스는 예상에서 벗어난 양상을 보이는 사업단위에 관심을 기울여 그러한 현상이 일어난 이유를 찾기 시작했다. 일부 사업의 경우 경영 전략에 변화를 주었으며 일관성 유지를 위해 예산을 조정하거나 기대수준을 이루기 위해 각 사업단위별로 자원 분배를 정확히 하기 위한 별도의 노력을 기울이기도 했다.

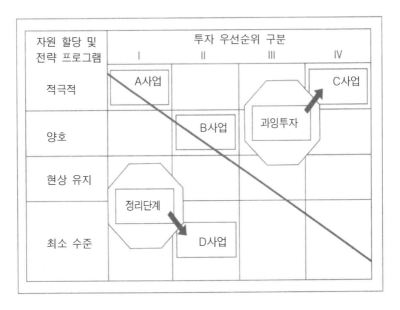

그림 11-2　특정 사업단위의 전략과 자원 분배의 일관성 여부를 검토하기 위해 존스가 사용한 다이어그램
(충분한 자원이 할당되지 않은 사업은 사선 아래 부분에 배치하고 과잉투자가 이루어진 사업 분야는 사선 위에 배치했다. 사선에 접하는 사업 분야는 기대에 부응하고 있다고 간주할 수 있다.)

경제 정보와 평가

경제 전망이라는 새로운 개념이 평가와 자원 지원에 적용되었다. GE는 외부로부터 얻는 정보를 보완하기 위해 자체적으로 경제 모델을 개발했다. 종합적으로 볼 때, 이러한 분석을 통해 GE는 잠재적 사업 기회 및 위험 요소를 더욱 명확하게 파악할 수 있게 되었다.

또한 시드니 쇼플러가 개발한 '수익최적화 모델'이라는 새로운 프로그램을 사용하여 다양한 전략 구사를 통한 예상 수익을 예측할 수 있게 되었다. 이 프로그램은 GE의 기존 기업 활동을 토대로 개발된 것이었다.

내부 벤처활동

존스는 새로운 사업 분야를 개척하고 확장할 필요성을 깊이 인식하고 있었다. 유타 인터내셔널을 인수한 후에도 계속해서 회사의 능력과 기술을 바탕으로 새로운 사업에 진출하는 일에 상당한 관심을 보였다.

그가 사용한 네 가지 접근법은 다음과 같다.

1. 계획 시스템을 우선에 두었다. 이 시스템 운영의 일부과정으로서 그는 모든 사업단위별로 새로운 벤처 사업을 시도할 분야를 연구하도록 했다.
2. 다음으로 기업 연구개발센터에 벤처 전담 조직을 설치하여 GE만의 기술과 능력을 활용할 수 있는 새로운 방법을 연구했다.
3. 또한 계획 부서 내에 벤처자금 업무를 신설하고 여러 사업단위들이 선정한 새로운 벤처 분야를 위한 자금을 관리하도록 했다.
4. 마지막으로 시장 기반의 기업전략 계획을 주도했다. 존스는 새로운 안목으로 기업을 바라볼 수 있는 계획을 원했다. 그는 당시 항공기술 업무를 책임지고 있던 부사장인 댄 핑크를 계획 수립의 감독자로 임명했다. 그는 MIT를 졸업한 인재로서 혁신적인 리더라는 평을 얻고 있었다. 댄이 임명된 지 얼마 지나지 않아 나는 그의 기업 전략가로 발탁되었다.

구조화된 조직의 일반적인 문제점 중 한 가지는 사업단위의 고유 업무와 무관하게 기업을 분할하여 각 사업단위를 매우 편협하고 근시안적으로 만들어버리는 것이다. 이로 인해 각 단위를 뛰어넘는 사업을 시도할 기회를 활용할 수 없게 된다. 심지어 그러한 기회를 포착하는 것조차 불가능해진다.

댄과 나는 기업에 대한 혁신적인 하향식 외부 분석자료를 개발하여 모든 부서와 전략적 사업단위에 의도적으로 보급함으로써 기업 전체를 총괄하는 새로운 기회 및 위험요소를 파악하는 방법을 제공했다. 1981년에 작성된 경영계획은 GE를 다음 6개 분야로 나누어 중점 추진할 것을 권고하였다.

1. 에너지
2. 에너지 응용 및 효율화
3. 커뮤니케이션, 정보 및 센서사업 부문
4. 원자재 및 자원
5. 운송 및 추진동력사업 부문
6. 편재성 서비스

우리는 기존의 전략적 계획과는 성격이 전혀 다른 간결하고 시각적 효과가 높으며 행동 중심적인 새로운 계획을 만들었다. 이는 다시 네 가지 단계로 나누어볼 수 있다.

1. GE라는 기업의 입장에서 중요성을 결정한다. 각 분야에서 GE

의 현재와 미래에 대한 중요성을 먼저 판단하게 된다. 우선 총수입, 소득, 현금흐름 등에 있어서 해당 분야가 기업 전체에 기여한 정도와 투자에서 몇 퍼센트가 이 분야에 할당되었는가를 기준으로 평가한다.

예를 들어, 에너지 원료, 전기설비 시스템과 서비스 등을 포함하는 에너지 분야에서는 5년 이상 회사의 수익 중 20퍼센트를 창출했으나 실제 소득은 10퍼센트에 지나지 않았다. 이 분야에서 기업의 투자가 21퍼센트이며 지출은 17퍼센트였다. 이러한 평가 결과가 나오자 에너지 분야가 왜 수익에서 부진을 면하지 못하는지 의문이 제기되었으며, 이 분야에 대한 투자를 계속 유지해야 할 것인가에 대해 의견이 분분해졌다.

2. **GE가 현재 실시하고 있는 사업 분야 혹은 계획중인 사업 분야의 전략과 추진 방향을 구체적으로 기술한다.** GE의 현재 기업 활동과 계획중인 변화를 시각화하기 위하여 '전략적 전투지도'라는 이름의 독특한 그래픽 작업이 진행되었다. 이는 단 한 페이지에 현재 생산중이거나 개발중인 상품, 시스템 혹은 서비스를 도식화하고 뒷면에 이와 관련된 현재 사업 전략 혹은 계획중인 전략을 설명한 자료였다.

예컨대, GE는 에너지 분야에서 유타 인터내셔널과 전력 시스템이라는 두 개의 다른 조직을 운영하고 있었다. 유타의 중점 사업은 석탄, 우라늄과 몇몇 석유자원 개발이었으며 전력 시스템의 초점은 터빈, 발전기, 원자력 설비 및 각종 시스템과 서비스 제공이었다.

3. **전략적 대안을 개발한다.** 에너지 분야의 다른 업체들 또한 전략

적 전투지도를 활용하여 전략적 평가를 실시하고 GE가 도입할 것으로 예상되는 부가적인 경영방침을 알아내기 위해 노력했다. 에너지 분야에서 엑손, 웨스팅하우스, 지멘스, 컴버스천 엔지니어링 등의 업체들이 파슨스, 포스터 휠러, 맥더모트 등의 전문가들과 손을 잡고 GE가 자신들의 계획으로부터 새로운 전략을 세울 가능성에 대해 검토했다.

4. **권고 사항을 제기하거나 새로운 도전과제를 창출한다.** 앞으로 예상되는 긍정적인 결과와 위험요소(GE가 전략을 바꿀 능력이 있는지의 여부와 앞으로 상당한 영향력을 가지는 성공적인 기업이 될 수 있을 것인가의 여부를 포함하여)를 완벽하게 평가한 다음 이와 관련된 구체적인 권고 사항을 제시하도록 한다. 이는 주요 사업 분야와 부서에 관련 분야별 도전과제를 부과하는 형식으로 이루어졌으며, 다음해의 전략적 계획 설계 세션의 준비단계로서 각자 연구하고 조사한 내용을 보고할 수 있도록 준비시켰다.

1981년 경영계획 수립에 대한 전략적 권고사항

이와 같은 방식으로 6개 분야 모두를 평가한 결과, 1981년 경영계획에 아래와 같은 권고 사항을 포함하게 되었다.

에너지 이 분야는 유타 인터내셔널과 전력 시스템을 가리킨다. 전체적으로 이 분야는 회사의 19.6퍼센트를 차지하는 사업이다. 추천 전략은 GE를 에너지 시스템 중심의 기업으로 변환시켜 에너지 서비스를 확대하여 실시하며 풍력이나 태양 에너지와 같은 새로운 에너지 자원 개발에 노력하는 것이다.

에너지 응용 및 효율화 이 분야를 위한 권고 사항은 선택적인 상품과 서비스 제공에 맞추었던 초점을 전환하여 소비자들이 더 생산적이 될 수 있도록 유도하며 소비자 에너지 소모를 낮추는 효과를 노리는 것이다. 이를 위해 '미래형 공장'을 설립하는 것, 즉 GE의 다양한 상품과 서비스를 포함한 GE만의 내부 제조 전문 기술을 통합할 필요성이 대두된다.

커뮤니케이션, 정보 및 센서사업 부문 이 분야는 기업 전체 수익의 15.9퍼센트를 차지하고 있으며 정보 및 커뮤니케이션 소프트웨어와 서비스, 시스템, 설비 그리고 커뮤니케이션 네트워크로 세분화할 수 있다. 이 분야를 위한 권고 사항은 GE의 상품, 시스템 및 서비스를 통합화하여 보다 고부가가치의 정보와 솔루션을 상업, 산업, 의료 및 군수 시장 등에 제공하는 것이다. 쉽게 말하자면 여러 가지 하드웨어와 설비를 공급하는 것이 아니라 솔루션을 전문으로 제공하는 기업으로 발전해야 한다는 것이다.

원자재 및 자원 이 분야는 기존의 특수 소재 응용 확장 사업을 계속하는 것이 바람직하며, 플라스틱 사용과 전자기기 관련 소재에 대한 초점을 확대하며 유타 인터내셔널을 상품성 위주의 금속 산업에서 합금이나 희귀금속과 같은 특수금속 전문기업으로 전환하는 등의 방법을 시도하도록 권고했다.

운송 및 추진동력사업 부문 이 분야 역시 기존의 추진기관 개발사업을 계속하면서 GE의 항공사 고객에게 더 큰 만족을 줄 수 있는 새로운 방법을 모색할 필요성을 지적받았다. 이 문제와 밀접히 관련된 사항으로서, 항공사업 분야의 파산을 막기 위한 금융서비스 강화안을 연구하는 것이 급선무였다.

편재성 서비스 이 분야의 경우 GE 크레디트의 영향력을 더 확대하여 세계적 규모의 금융 서비스 회사로 성장시키는 것과 개인 고객 및 기업 고객 모두의 매출을 더욱 신장시킬 필요성이 지적되었다.

출발은 좋았으나 오래 지속되지 못함

이러한 분야별 접근법은 기업 전체를 아우르는 통합을 지향함과 동시에 각 사업 분야별 경쟁력을 선택적이면서도 이윤을 확대할 수 있는 방법으로 통합하여 새로운 기회를 창출하거나 이를 극대화하는 면에 초점을 맞추고 있었다. 이는 후에 웰치가 말한 '벽 없는 조직(boundaryless company)'과 같은 것으로써 사실상 제2차 세계대전 이후로 GE의 경영진이 부딪친 도전 과제 중 가장 어려운 것이었다. 이른바 하나의 거대합병 기업처럼 보이는 GE라는 환경 속에서 시너지 효과를 창출하는 것이 요구되었다.

존스는 분야별 접근법에 남다른 열정을 보였으나, 이것이 자리를 잡기도 전에 회사에서 물러났다. 최종적인 추진 계획이나 권고 사항 등은 결국 각 사업 분야별로 창안되고 완성되어 실제 경영전략에도 포함되었지만, 후임 경영자인 웰치는 다음과 같은 몇 가지 이유로 이 방법을 그리 탐탁지 않게 여겼다.

- 무엇보다도 이 방법은 웰치가 제안한 것이 아니었다. 웰치는 기존방식을 고수하기보다는 자신이 개발하거나 창안한 방식을 사용하기를 즐기는 사람이었다.
- 둘째로 분야별 접근법은 이론적으로 완성되기도 전에 GE의 경영에 도입되어 이른 감이 없지 않았다. 뿐만 아니라 웰치는 이 방법을 안정화시키는 것보다는 다른 몇몇 문제를 먼저 해결할 필요성을 느꼈다.
- 마지막으로 웰치는 전략적 계획 수립 조직의 규모가 비합리적이라고 판단하여 경영권을 잡자마자 기업 간접비를 줄이는 것을 첫 번째 목표로 삼았다. 그는 진취적이며 강력한 조직을 구축하여 GE의 관료주의적 모습에 대한 적극적인(일부 사람들에 의하면 보복적인) 변혁을 감행했다.

주도적인 경영진의 탄생

존스가 경영권을 행사하던 초기에는 높은 인플레이션을 겪고 있던 시기였다. 외국의 경쟁업체들이 미국 시장에 대한 적극적인 공략을 펼치고 있었으며, 일부 시장의 경우 이미 외국 업체들이 장악하고 있었다. 새로운 마이크로프로세스 기술이 연구소를 떠나 본격적인 사업 분야로의 면모를 갖추어가고 있었다.

존스는 이러한 외부의 변화를 모든 사업단위별로 반영할 필요성을 느꼈으며 여러 사업 분야를 기업 단위의 프로그램 실시와 대처방안 제시를 통해 후원하기로 결정했다. 이를 위해 그는 세 가지 주도적 프로그램을 만들었다.

첫 번째 프로그램은 높은 인플레이션으로 인한 어려움과 난관에 대처하는 방법에 관한 것이었다. 존스는 인플레이션의 영향에 흔들리지 않기 위해 각 사업 단위별로, 또한 전체 기업으로서 해야 할 일이 무엇인지 결정하기 위해 별도의 조직을 편성했다.

두 번째 사항은 외국 경쟁업체의 도전과 성공에 대응하는 방법이었다. 모든 사업 단위별로 경영 계획을 수립할 때는 주요 경쟁업체를 분석하고 이들에게 시장을 빼앗기지 않기 위해 해야 할 일을 요약하여 포함시키도록 했다. 또한 경영기획부를 통해 몇 개의 기업 수준의 경쟁 팀을 구성하여 주요 경쟁업체를 분석하도록 했다. 특히 경쟁업체들이 GE의 기업 활동에 미치는 영향과 이에 맞서기 위한 전략적 대응방안을 연구했다.

여기에는 주요 사업 분야별 직원들과 본사 직원들이 함께 참여했다. 이들은 혁신적이면서 대담한 태도를 보였으며, 기존의 GE 기업 운영 계획의 범위 내에서 주요 경쟁업체에 대응하기 위한 통합적인 기업 계획을 구상했다. 지멘스, 히타치, 웨스팅하우스, 도시바, 필립스 등의 기업에 대응하기 위한 구체적인 계획이 마련되었으며, 존스의 검토를 거쳐 이들 기업과 전 세계 시장의 다양한 분야에서 경쟁하게 될 해당 사업 분야에 전달했다.

존스의 경험은 재무 분야에 국한되기는 했으나, 그는 마이크로프로세서가 GE의 전반적인 기업 활동과 GE 제품의 지속적인 경쟁력에 어떤 영향을 미치게 될 것인가에 상당한 관심을 보였다. GE의 자랑스러운 전통에 따라 존스는 기술 구사방법에 대한 각 사업 단위별 교육은 모두 크로톤빌에서 진행해야 한다고 생각했다. 그의 주장은 사업 창립이라는 긍정적인 면과 기존 사업에 대한 상당한 침해 혹은 방해가 발생할 가능성이라는 부정적인 면을 모두 고려한 것이었다.

　모든 전략적 사업단위가 이 일에 참여하게 되었다. 당시 조명사업 분야는 이 점에 대해 거세게 항의했는데, 그 이유는 마이크로프로세서를 포함한 새로운 사업 분야가 조명사업과는 무관하다는 생각이 팽배했기 때문이다. 얼핏 보기에는 그들의 주장도 일리가 있어 보였지만 조명 시스템에 관한 세미나를 통해, GM의 밥 코닝은 새로운 기술이 조명 시스템의 특성과 형태에 상당한 변화를 줄 수 있다는 점을 금방 깨닫게 되었다. 그는 보다 종합적인 재검토를 요구한 후에 세미나장을 떠나갔다. 물론 그의 판단은 정확했다. 오늘날 조명 시스템은 전자공학으로부터 많은 영향을 받았으며, 사실 조명 시스템 대부분이 이러한 고도의 기술에 전적으로 의존하고 있는 실정이다.

인적 자원 포트폴리오 접근법

　앞서 수차례 언급한 바와 같이 GE의 전략적 계획 수립 시스템은 제한된 자원을 최대의 잠재력을 갖춘 사업 분야에 적절히 할당해야 한다는 현실적 상황을 기반으로 개발된 시스템이다.

　얼마 지나지 않아서 기업 경영진들은 사람이야말로 가장 중요하고도 부족한 자원이라는 사실을 알게 되어 '세션 C'이라는 특별 세션을 마련했다. 이 세션의 초점은 주요 인재를 위한 개발 및 평가 진행과 동시에 적합하지 않은 사람들을 가려내는 것이었다.(그림 11-3 참조)

　전략적 계획수립에 관련된 기존의 세션들처럼, 새로운 세션 역시 시간에 기반을 두고 있었다. 10장에서 설명한 4, 5월에 계획된 세션 C를 위한 모임에 앞서, 모든 사업단위의 주요 경영진과 전문가들은 각자의 기업 활동에 대한 평가와 피드백을 받게 되어 있었다. 그 후에 이들은 다음의 세 가지 카테고리 중 하나로 편성되었다.

■ 제 1 카테고리는 상위 20퍼센트, 즉 '최고의 잠재력을 지닌 인재들'을 말한다. 이 카테고리의 개개인들을 위해 커리어 및 지위 승계 계획을 개발하여 개별 통보해주었다. 이들은 크로톤빌의 경영간부 프로그램에 초대받거나 기타 특별 임무 혹은 조언자로 활동할 기회를 얻었다.

■ 제 2 카테고리는 제 1카테고리를 뒤이은 70퍼센트, 즉 대부분의 직원들을 가리킨다. 여기에 분류된 사람들은 주어진 업무 표준을 달성하고 있지만 상부 경영진으로 승진될 가능성은 없다.

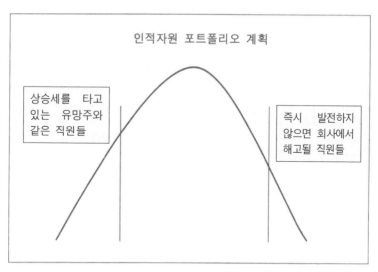

그림 11-3   이 그림은 GE의 전문가 및 경영 담당자들이 각자의 근무평가 자료를 기준으로 분류되는 방법을 보여준다.

- 제3 카테고리는 최하 10퍼센트의 사람들로서 기술이나 업무 처리능력을 향상시키지 않으면 해고될 위기에 놓이게 된다.

고위 경영진들은 봄에 열리는 세션 C에서, 최상위 20퍼센트 및 최하위 10퍼센트로 분류된 사람들을 평가한 자료와 커리어 계획의 내용을 검토하여 최종 승인을 하거나 일부 수정을 요구하게 된다. 10월이 되면 두 번째 세션 C가 열리고 지난봄의 평가 이후로 변화된 내용을 점검하며 봄에 수립한 계획이 잘 실천되고 있는지 확인한다. 바로 이 때 '최하 10퍼센트'로 분류된 직원들에게 최종 결정을 내리게 된다. 기대에 부응하지 못하는 사업단위를 과감하게 정리해왔듯이, 이들 중 대부분이 회사에서 퇴출당했다.

결국 이러한 세션의 목적은 사업 전략과 재정적 요소 및 인적 자원과 관련하여 기업 내부의 일관성을 유지하고 장기 혹은 단기 수준의 기대치와 원하는 목표를 이루는 것이다.

이 시스템은 1970년대에 항공기 엔진과 항공 산업 그룹을 개발할 때 사용된 모델을 수정한 것으로 이미 언급한 바 있는 마리온 켈로그의 아이디어에 뿌리를 두고 있다. 켈로그는 GE 역사상 최초의 여성 부사장이자 인사 고과 및 평가 시스템 분야에서 전문가로 활동했다. 뿐만 아니라 업무능력 평가에 대한 초기 서적 중 하나인 <업무능력 평가를 위해 해야 할 일(What to Do about Performance Appraisal)>을 저술하였다.

여기서 저자로서 잠깐 개인적인 생각을 언급하겠다. GE에 근무하게 된 초기에 나는 인적자원 관리업무를 맡았으며, 당시에는 인적자원 평가가 기업의 성공에 필수적이라는 생각에 전적으로 공감했다.

하지만 결국 이 시스템 또한 부정적인 방향으로 흐르고 말았다. 그 이유 중 한 가지는 직원들 대부분이 자신의 이력서를 꾸미느라 기업에 실제적인 공헌을 하는 면에서 소홀해졌기 때문이었다.

입사초기의 연수 프로그램과 직무 이동 프로그램을 포함하여 모든 평가와 관련된 여러 가지 문제점 중 한 가지는 모든 프로그램이 암묵적으로 사람들이 단기적인 안목을 갖도록 훈련했기 때문이다. 즉 눈에 띄는 큰 성과를 거둔 사람들이 인정을 받고 승진함으로써 자신의 업무를 인계받는 새로운 연수생에게 모든 일을 떠맡겨 버리는 일이 비일비재하게 발생하는 것이다.

동일한 현상이 다수의 경영 책임자들과 인사관리 간부들 사이에서도 발생했다. 이들은 지금 우리가 '회생전문가'라고 부르는 사람들처럼 행동했다. 즉 상황이 좋지 않을 때 나타나서 '사업을 돌려놓는' 영웅처럼 움직였던 것이다. 당시 기업의 비용 측면에만 초점을 맞추고 장기적인 전략을 위한 시간이나 개념을 무시한다면 즉각적인 결과를 보여주는 것은 그리 어려운 일이 아니었다.

아직도 이러한 사고방식이 미국 내 여러 기업들에서 발견되고 있어 상당히 안타깝다. 상당수 CEO가 기업의 경영 상태를 조작하거나 부분적으로만 최적 상태를 유지하는 것을 목격할 수 있다. 그러다 나중에 기업이 파산될 때에 정작 자신들은 가끔 수천만 달러를 챙긴다.

대중적 입장을 계속 유지

이렇게 회사 내부에 여러 가지 큰 변화를 시도하는 가운데 존스는 주요 사회정치와 경제 이슈에 대한 공식적 의견을 표명해온 GE의 전통을 잊지 않고 고수했다.

그는 비즈니스 라운드테이블의 운영책임자로 활동하는 동시에 여러 정부 패널과 연구기관에 참여했다. 존스는 의지가 강한 인물이었지만 자만심이 강한 사람은 아니었기에 '비즈니스 정치가'로 알려지면서 사람들의 신망을 얻게 되었다. 대통령 직속 수출위원회의 의장으로 임명된 이래로 그는 세계 무역 확대 및 미국의 경쟁력 회복을 위해 열심히 노력했다.

그는 기업과 정부 사이의 관계 개선에 크게 기여한 인물로 대중에게 잘 알려지게 되었다. 세 명의 미국 대통령과 그 각료들이 경제적 정책을 수립할 때마다 수시로 그에게 자문을 구했다. 정치 분야에서 존스의 최대 업적은 워싱턴의 대통령을 설득하여 국가 의자산편성 문제를 인식하도록 도운 일이다. 또한 세금, 교역, 화폐 개혁, 실직 및 인권 문제 등의 여러 가지 사회 이슈에서 대변인으로서 중요한 역할을 계속 수행했다.

경영 승계계획 수립에 대한 강박관념

인력관리 조직의 도움으로 존스는 상당한 비용을 투입하여 지금까지 없었던 정교한 승계 시스템을 개발했다.

이는 1973년 GE 이사회가 존스의 CEO 자리를 계승할 12명의 후보들을 검토하던 중에 착안한 시스템이다. 존스는 후보 명단에 웰치의 이름을 넣음으로써 총 후보 숫자를 13명으로 늘였는데, 이로써 CEO 후보 경쟁이 더욱 치열해졌다.

1976년이 되자 후보 명단에 남은 사람은 6명으로 줄어들었다. 그

해에 새로운 부서가 설치되어 존스가 직접 이들 중 한 명을 지목할 수 있게 되었다. 이 부서는 전략적 사업단위의 일부 부서를 포함하여 여러 가지 단계로 나누어진 그룹과 부서 등을 총괄하는 조직이었다.

CEO 후보들은 사전 경험이나 배경이 전혀 없는 낯선 분야에 각기 임명되었다. 이에 따라 플라스틱 분야에서만 일해 왔던 웰치는 소비자 부서에 임명되었다. 소비자 업무 전문가인 걸트는 산업 분야로 보내졌다. 나머지 후보들은 페어필드 본사, 코네티컷 본부 및 다른 기업 본부에 임명되었다.

또한 이들은 새로 일하게 된 분야에서 수익을 창출하라는 새로운 과제를 맡게 되었다. 각자는 자신만의 전략적 계획을 수립하고 인적 자원 및 직원 능력 개발, 재정적 요소 및 기능별 직원 고용 등에 대한 결정을 내림으로써 임명받은 전략적 사업단위의 경영 및 평가를 모두 진행하게 되었다. 대부분의 경우 각 사업단위의 조직은 기업 수준으로 상당한 규모였기에 이는 결코 쉬운 일이 아니었다.

존스는 부회장 및 인사 전문가들과 함께 모든 후보들의 업무수행 능력을 평가했으며, 특히 경영진으로서 리더십이 어느 정도인지에 초점을 맞추었다. 약 4년에 걸친 후보 선정 기간이 끝나갈 무렵, 존스는 CEO 후보들에게 만약 그들이 비행기 사고로 죽게 된다면 누구를 자신의 후계자로 지목할 것인지 질문했다.

이러한 선발 과정이 진행되는 동안 나는 주요 경영개발 교육 프로그램을 진행하면서 네 시간의 전략적 역사를 강의했다. 이는 과거 GE 경영자들이 사용한 경영전략을 분석하는 수업이었다. 수업이 마칠 무렵이 되면 늘 연수생들은 누가 최종적으로 선정될 것이라고 생각하는지를 내게 물었다. 물론 최종 선택이 누구에게 돌아갈지 알 수 없었지만, 어쨌든 굉장히 흥미로운 일종의 예언적인 의미의 한 가지 사실을 알게 되었다.

과거의 CEO들 중에서 코디너를 제외하고 모든 사람의 이름이 다섯 혹은 여섯 개의 알파벳으로 이루어져 있었다는 점을 지적하면서 여섯 명의 후보 가운데 두 사람(웰치와 걸트)만이 유력하고 나머지 후보들은 이름이 너무 길거나 짧아서 안 된다고 말한 적이 있다. 현 CEO인 이멜트 역시 이름에 대한 예언적인 기준에 온전히 들어맞았다는 점 또한 주목할 만한 사실이다.

어쨌든, 다른 후보들과 큰 차이를 보인 잭 웰치가 최종적으로 선택되었다.

웰치가 CEO 자리에 임명될 무렵 낙선한 후보자 중 세 명은 회사를 퇴사했으며, 에드 후드와 존 벌링엄은 계속 남아 있었다. 스탠 걸트는 가족들이 이해관계를 맺고 있었던 회사 러버메이드(Rubbermaid)를 인수하여 성공적으로 사업을 확장하여 높은 신임을 얻고 있는 CEO로 알려지게 되었다. 걸트는 러버메이드에 이어 한동안 굿이어(Goodyear)를 경영하기도 했다. 탐 밴처슬라이스는 GTE의 최고운영책임자이자 차기 CEO로서 일하게 되었다. 하지만 정치 문제에 연루되면서 그 자리를 잃게 되었으며, 다시 아폴로(Apollo) 컴퓨터를 인수했다. 밥 프레드릭은 RCA의 최고운영책임자가 되었다.

엄청난 비용을 요구했던 과정

이처럼 매우 정교하며 오랜 시간과 비용을 투자해야 하는 후계자 선정 과정은 분명 가장 능력 있는 GE의 CEO들을 배출하는데 많은 도움이 되었다고 말할 수 있다. 하지만 이로 인한 몇 가지 부정적인 여파도 고려하지 않을 수 없다.

1. 각 부서 사이의 경쟁이 치열해지면서 기업 내의 협동정신이 사라졌다. 바로 이러한 이유로 웰치가 '벽 없는' 기업 운영을 시작할 필요성을 절실히 느꼈던 것이다. 자세한 내용은 다음 장에서 다루기로 한다.

2. 많은 비용과 직원 수요가 발생하면서 각 부서별 전략적 계획 수립 과정이 더욱 복잡해졌다. 또한 전략적 계획 수립이 가장 적절한 전략을 개발하는 것이 아니라 단순한 경쟁 게임으로 전락해버렸다. 이로 인해 워크아웃(work-out) 과정이 등장하게 되었으며, 웰치는 직원들을 대할 때 다소 감정이 좋지 않은 듯한 태도를 보이게 되었다.

3. 경영과 분석 활동에 또 다른 업무가 부과됨에 따라 전략적 분석 프로세스의 속도가 둔화되고 더욱 난해해졌다.

4. 보크의 벤처 사업을 계기로 경영자들이 모든 일에서 성공을 거둘 수 있다는 기대감이 현실적이지 않다는 점이 입증되었으나, 또다시 각 부서별 경영 책임자들은 경험과 능력이 부족한 분야에 임명되는 모순적인 상황이 계속되었다.

다시 말해, 존스의 승계 과정을 통해 존스 자신을 비롯한 다수의 경영자들이 GE에서 없애려고 했던 몇몇 부정적인 사고와 행동들이 오히려 강화되는 결과를 낳게 되었다.

만약 웰치가 선택되지 않았다면

사실 나는 그의 스타일이나 나이를 고려해 볼 때, 웰치가 경영권을 물려받게 될 것이라고 생각하지 않았으며 다른 사람들도 나와 같은 생각일 것이라 믿고 있었다. 그렇다면 여기서 우리는 한 가지 흥미로운 질문을 생각해 보지 않을 수 없다. 만약 웰치가 아닌 다른 유망한 후보자들 중에서 한 사람이 차기 경영자가 되었다면 GE는 어떻게 변모했을까?

물론 웰치가 매우 성공적으로 경영을 했다는 점에는 의문의 여지가 없다. 하지만 나는 당시의 다른 후보들 또한 훌륭한 경영자가 되었을 것이라는 점 또한 의심하지 않는다. 스탠 걸트는 단순히 세일즈와 마케팅 분야의 전문가로 판단할 인물이 아니다. 그가 경영을 맡았다면 아마 소비자 사업 분야를 더욱 발전시켰을 것이라고 생각된다. 밴처슬라이스는 기술 분야에 대한 관심이 많으므로 아마 웰치의 관심사 밖에 머물렀던 커뮤니케이션과 정보 분야에 초점을 맞추었을 것이다. GE의 전통적인 경영자의 태도를 가장 강하게 보였던 후드와 프레드릭은 아마 계속 그러한 스타일을 유지했을 것 같다.

하지만 이들 모두 존스가 경영권을 주도할 당시 상당한 수익 창출의 기회로 각광받고 있었던 금융 및 상품 서비스 분야에 주력했을 것이라는 점은 확실하다. 왜냐하면 당시 주요 상품 제조 및 판매 시장이 침체나 몰락 단계였으며, 일부 서비스 업종만이 도시에서 찾아볼 수 있었기 때문이다.

무엇보다도 탈락한 후보자들 전원은 유타 인터내셔널을 매각 처분했을 것이며, 웰치에게 명성 혹은 비난(이는 독자의 관점에 따라 달라질 수 있는 평가이다)을 가져다준 다른 자회사 매각 처분의 대부분을 그대로 이행했을 것이다. 웰치의 전략적 상승점이 되었던 RCA에 대해서는 섣불리 개인적인 예상을 말하는 것이 쉽지 않지만, 아마도 손톤 브래드쇼로서는 웰치가 아닌 다른 후보자들에게 그처럼 파격적인 가격에 RCA를 인수하라는 제안을 하지 않았을 것이며, 설령 그런 제안을 했더라도 다른 후보자들은 포트폴리오의 나머지 부분을 처리하는데 있어서 웰치만큼 현명하지 못했을 것이다.

무엇보다도 다른 후보자들은 최고경영자가 되었다 하더라도 20년 동안 그 자리를 계속 유지하지는 못했을 것 같다. 경영권의 변화에 대한 월스트리트 민감한 반응을 고려해 보건대, 잦은 최고경영자 교체는 현재 GE가 누리고 있는 높은 자산 평가에 악영향을 미쳤을 가능성이 높다.

할 일은 직접 처리하라 우리는 존스에게서 한 가지 교훈을 얻을 수 있다. 직접 경영전략과 이에 대한 초기 반응을 연구한 다음 비로소 직원들에게 자신과 다른 관점의 연구를 진행하게 하는 점이다. 그는 철저히 연구하면서 심도 있는 질문을 하였으며 다른 이들의 의견에도 귀를 기울였다. 그는 최종 결정을 직접 내렸으며 긍정적이거나 부정적 소식에 직접 관심을 나타냈다.

▶ **독자를 위한 조언** 경영자로서 직접 기업 경영에 필수적인 전략과 운영 프로그램을 검토하고 연구하는 자세를 가져야 한다. 물론 직원들을 활용할 수 있지만 전적으로 직원들의 연구 조사에 의존하는 것은 바람직하지 못하다.

현실적인 기대치를 설정하라 존스는 모든 주요 이해관계자들을 감안하여 현실적인 기대치를 설정했다는 점에서는 전문가적인 면모를 보였다. 대부분의 경우 존스는 자신이 하겠다고 약속한 내용을 그대로 실천했으며 그렇게 하지 못한 경우에는 실패나 부진의 이유를 밝혔다.

▶ **독자를 위한 조언** 경영성과를 검토를 할 때 상식적인 방법을 동원해야 한다. "과연 이것이 합리적인 것인가?"라는 질문을 던져보는 것은 어떨까? 시간이 지나면서 각 사업단위별로 약속한 내용을 정말 이루고 있는지 명확히 알 수 있을 것이다. 기대치에 못 미치는 점에 대해서는 이유를 찾아보고 필요한 조정을 해야 한다.

경영권 승계자를 선택하는 시스템은 목적을 위한 수단 이상이 되어서는 안 된다 나는 존스의 경영권 승계자 선택 과정이 하나의 강박관념이 되어버렸다는 점은 누구도 부인할 수 없는 사실이라고 생각한다. 굳이 전담 부서나 관료주의적 단계를 설정하지 않았더라도 성공적으로 차기 경영자를 찾을 수 있었을 것이다.

◪ **독자를 위한 조언** GE가 사용한 방법을 검토해 보고 자신의 상황에 따라 적절히 단순화해서 적용하기 바란다. 차기 경영자를 선택하기 위한 목적으로 경영 시스템에 새로운 부분을 추가하거나 직원을 늘릴 필요가 전혀 없다는 점을 잊어서는 안 된다. 물론 이 점은 기업 경영에서 매우 신중히 처리해야 할 중요한 문제이기는 하지만, 이로 인해 다른 부분에 대한 관심이 소홀해지거나 우수한 인재들을 잃는 일이 발생하는 일은 없어야 한다.

12 장

■ ■ ■

무조건 신성시할 이유는 없다

잭 웰치가 차기 최고경영자로 선임되자 회사 내부 사람들뿐만 아니라 외부인들도 놀라움을 감추지 못했다. 그는 혈기왕성하고 다소 무모해 보이기까지 했으며, 기존의 GE 경영자들에 비해 전통적인 면모가 부족한 사람이었기 때문이었다. 하지만 레지 존스는 참신한 아이디어와 독특한 경영 스타일을 고려할 때, GE를 새로운 방향으로 이끌어가기 위해 웰치가 적임자라는 결정을 확고히 했다.

GE에서 '커뮤니케이션 최고전문가'로 일했던 로널드 레이건이 대통령이 되던 바로 그 해에 웰치는 GE의 정식 CEO가 되었다. 당시 사회 전반에 팽배한 인플레이션은 난제였으며 서서히 가라앉는 양상을 보였지만 여전히 연간 7퍼센트라는 높은 수준을 유지하고 있었다. 따라서 미국 내 주요 기업의 회생을 위해 국제화를 추구하는 것이 무엇보다도 중요한 상황이었다.

일본의 자동차업체를 선두로 몇몇 외국 경쟁업체들이 이미 미국 시장에 성공적으로 입성했다. 존스의 예상대로 소형 가전제품업체들은 제품의 종류, 업무 절차 및 제조 시스템을 바꾸기 시작했다. 고질적인 문제였던 에너지 고갈 및 보급의 어려움으로 인해 기업 비용은 더욱 치솟았으며, 결국 대부분의 기업들은 대체 원자재나 외부 생산업체를 찾지 못하면 아예 문을 닫을 수밖에 없는 상황이 되고 말았다.

결국 산업 전반을 주도할 수 있는 근본적인 변화로써 보다 역동적인 변화를 시도할 필요성이 대두되었으며, 이는 새로운 사고 과정과 우선순위를 결정하는 것을 의미했다.

존스가 남겨준 유산

다행히도 존스의 리더십은 그 빛을 오랫동안 발했다. 현재 GE가 재정적으로 튼튼한 기반을 자랑하고 있는 것은 당시 월스트리트로부터 신임을 잃지 않았던 덕분이라 할 것이다. 존스의 노력으로 GE는 외부의 기대를 저버리지 않고 늘 일관성 있는 모습을 보였으며 치명적일 수 있는 예상 밖의 문제 상황도 거의 겪지 않았다. 총매출은 100억 달러에서 220억 달러로 두 배 이상 늘어났으며 수익 또한 빠른 속도로 증가하여 5억 7500만 달러에서 14억 달러가 되었다.

또한 GE의 전략적 계획 수립 시스템에 힘입어 각 사업 분야별 포트폴리오를 전략적으로 평가했을 뿐만 아니라 투자 대상 분야와 매각 혹은 투자 중단 분야를 선정하는 문제를 오차 없이 처리했으며 가장 성장 잠재력이 높은 비즈니스 기회에 기업의 자산을 집중적으로 할당했다. 또한 실력 있는 사람 중심의 경영팀 체제를 기반으로 가장 능력있는 임원과 관리자를 비롯해 전문가에 대한 보상 제도를 강화하여 다른 기업으로 빠져나가는 일을 막기 위한 기업 제도 개선을 추진할 수 있었다.

현재 GE가 전 세계적으로 가장 훌륭한 경영체제를 유지하고 있는 기업이라는 점은 명백하며, 사업가들뿐만 아니라 여러 정부 관료들로부터 존경받던 인물이었던 존스가 바로 이러한 성공을 일구어낸 장본인이라 할 수 있다.

반면에 여전히 문젯거리로 남아있는 몇 가지 점도 간과할 수 없다. 존스의 예상과는 달리 유타 인터내셔널의 수익은 일관성을 유지하지 못하고 부진하여 만족스럽지 못했다. 또한 유타의 경영진들은 GE의 경영 방식에 대한 거부감을 지속적으로 표명했다. 결국 유타와 GE는 온전한 통합을 이루지 못하고 해체될 수밖에 없었다. 또한 스태프 조직이 비대해지고 관료적인 성향이 지나치게 강해지면서 종종 변화의 걸림돌로 작용했다.

GE의 포트폴리오 분석과 우선순위 결정이 순차적으로 이루어졌음에도 불구하고 GE는 불필요한 비즈니스 분야를 정리하는데 많은 어려움을 안고 있었다. 존스는 당시 텔레비전 사업 분야가 부진하다는 이유로 히타치에 매각하기를 원했으나 GE의 매각 신청은 미국 정부의 거부로 물거품이 되었다. 다른 사업 분야에 대한 매각 시도도 몇 차례 있었으나 모두 수포로 돌아갔다.

새로운 스타일의 경영자

일반적으로 대부분의 기업들이 차기 경영자를 임명할 때 비슷한 방법을 사용하는데, 기존의 경영자를 거울에 비춘 이미지처럼 닮은 점이 많은 인물을 선호하기 마련이다. 하지만 GE는 개성이나 리더십 스타일 및 경영의 주안점 등이 서로 다른 인물들이 GE의 경영권을 이어가는 면에서 매우 개방적인 태도를 유지했다.(그림 12-1 참조)

존스와 웰치가 여러 면에서 엄청난 차이를 보였다는 점은 부인할 수 없다. 존스는 회사 내외부에서 항상 신사적이면서도 외교적 수완

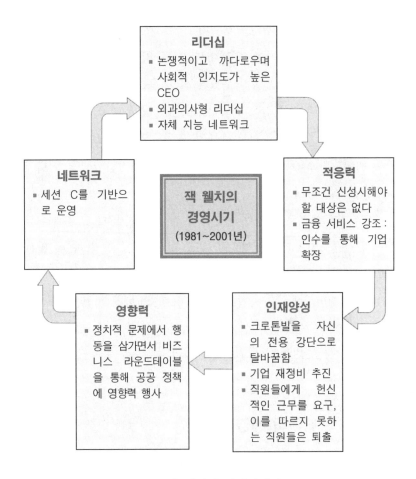

그림 12-1 잭 웰치의 경영시기와 LATIN

을 발휘했다. 그는 다른 사람들의 의견에 귀를 기울였으며 적절한 시기가 올 때까지 비판이나 개인적 의견을 조용히 유지할 줄 아는 사람이었다.

하지만 웰치는 정반대적 성향을 보였다. 그는 사람들을 자극하거나 동기를 부여하기 위해서 서슴지 않고 도전적인 태도를 보이거나 비평을 가하고 심지어 공공연하게 모욕을 주기까지 했다. 한 측근의 말에 의하면, "웰치는 도전을 주고받는 것을 즐기는 사람이었다. 그는 아랫사람을 못살게 굴거나 자신의 의견을 거침없이 표현하기로 잘 알려져 있었다. 한번은 경영진의 부사장 한 사람과 장시간에 걸쳐 감정적인 언사를 서슴지 않으며 계속 언성을 높였기에 당시 회의에 참석한 임원들 전체를 당황하게 만들었다. 그러더니 곧 자신의 앞에서 물러나거나 굽히는 태도를 보이지 않은 점을 높이 평가하여 그 사람을 매우 칭찬했다."고 한다.[1]

웰치와 관련해서 나 또한 개인적으로 비슷한 경험을 여러 차례 했기 때문에 이러한 측근의 말도 전혀 근거가 없지 않다고 생각한다.

존스와 웰치는 단순히 개인적인 스타일만이 다른 것이 아니다. 예를 들면, 존스와 당시 고위 경영진들은 포트폴리오 경영 시스템의 개념을 매우 흡족하게 여겼다. 이들은 전형적인 GE 경영진으로서 당시 GE의 여러 분야에 개인적인 친분관계를 유지하고 있었다.

따라서 GE 기업 평가결과 퇴출 및 구조조정이 필요한 사업 분야가 명확히 드러나더라도 존스의 경영팀은 이를 실제로 단행하는데 어려움을 안고 있었다. 뿐만 아니라 GE는 사업을 매각할 때 모노그램까지 함께 처분하는 것을 꺼려했기 때문에 매각처분 사업들은 구매자들의 구미를 당기게 하는데 어려움을 겪을 수밖에 없었다.

하지만 웰치는 이러한 기존 분위기에 전혀 휩쓸려 들어가지 않았다. 그는 GE에서 계속 근무해왔음에도 불구하고 자신이 남들과 다른 '아웃사이더'라는 점을 굉장히 자랑스럽게 여겼다. 따라서 웰치는 GE가 기존에 갖고 있던 것을 뒤엎는데 전혀 주저하지 않았으며, 그 어느 것도 신성불가침의 영역으로 분리해 놓아야 할 대상으로 여기지 않았다. 이러한 웰치의 태도는 존스가 이끌던 경영팀이 감히 시도하지 못했던 조치들을 과감히 단행할 수 있는 힘이 되었다.

또한 존스가 만들어낸 기업문화는 사람들이 지킬 수 없는 약속은 아예 말하지 못하게 만들었다. 이는 좋은 의도를 가진 방침으로 실제로 긍정적인 결과를 낳기도 했지만 기존의 보수적인 분위기를 심화시켰다는 면에서 안타깝다고 할 수 있다. 하지만 웰치는 사람들이 마음껏 표현하도록 권장했다. 그는 오히려 허풍이나 과장된 약속을 할 배짱을 가진 경영진들을 선호했으며 그렇게 할 때, 기대 이상의 성취를 얻을 수 있다고 믿었다.[2]

존스와 웰치는 커뮤니케이션 전달체계와 정보를 획득하는 방법에서도 상당한 차이를 보였다. 존스는 조직의 공식적인 커뮤니케이션 전달체계를 통해서만 정보를 얻었으며, 비즈니스나 주요 관련 이슈에 대한 공식적인 보고사항 외의 내용에는 관심을 갖지 않았다.

하지만 웰치는 크로톤빌과 경영진 회의를 통해 자신이 만나보아야 할 주요 사업 분야의 인물들을 직접 가려내기 시작했다. 이는 실제 여러 비즈니스 분야에서 일어나는 상황에 대한 여러 각도의 의견을 수렴하여 자신의 경영 전략이나 인적자원 관리 차원에서 다루어야 할 문제점을 파악하기 위한 의도를 가지고 있었다. 즉 웰치는 더욱 현실적인 정보에 눈을 뜨게 되었으며, 결코 공식적인 의사소통 전달체계에 의존하는 것으로 만족하지 않았다.

웰치는 사내 여러 직원들과 직접 필사한 개인적 메모를 주고받으면서 비공식적 커뮤니케이션 체계를 계속 강화했으며 업무와 관련해서 개인적으로 괄목할만한 업무를 수행한 경우 칭찬을 아끼지 않았다. 나 또한 웰치가 직접 쓴 개인 메모를 고스란히 모아두었는데, 개인적으로 내게 가치 있는 내용이 가득하기 때문이다.

이로써 개인의 성장과 공식적인 승진 절차 사이에 대립 구조가 형성되었다. 웰치가 GE의 경영권을 주도하기 이전에는 GE 자체의 성장이 개인의 이미지 관리보다 항상 우선적인 관심사가 되었다. 하지만 1980년대 후반을 기점으로 웰치와 그의 GE 경영방식에 대한 기사와 서적이 봇물을 터트리듯 쏟아져 나왔다. 이는 개인적으로 각광의 대상이 되기를 원치 않았던 기존의 GE 경영자들과는 매우 대조적인 현상이라고 할 수 있다.

어쩌면 웰치를 둘러싸고 있던 '그의 개성에 대한 신봉자'들 때문에 개인적 취향이 기업에 더 큰 영향을 미친 것일지 모른다. 물론 레지 존스 또한 여러 사업 분야 중 몇몇 사업에 특별한 애착을 가지고 있었지만 이를 공공연하게 밝힌 적은 없었다. 하지만 웰치는 그러한 자신의 의견을 스스럼없이 공식화했다.

전체적으로 볼 때, 웰치는 좋고 싫음이 분명하며 직관력과 관찰력이 뛰어난 포트폴리오형 경영자로서의 개인적 자질을 유감없이 발휘했다. 뿐만 아니라 그는 조정이나 퇴출 대상으로 지목된 사업 분야나 직원들에 대한 행동을 취할 때도 전혀 주저하지 않았다. 하지만 그러한 태도는 그의 전략적 단기 목표와 궁극적 기업 경영에 도움이 되지 못했다.

단순화 추구 : 웰치가 창안한 세 개의 고리

웰치는 모든 문제를 단순화하는 것을 선호해 자신이 좋아하는 것과 싫어하는 것 그리고 자신의 원하는 결과를 표현하기 위한 단어나 기호를 직접 만들어서 사용했다. 그가 직접 만든 그림 중 한 가지로 '세 개의 고리 다이어그램'을 들 수 있다.(그림 12-2 참조) 이것은 사업 단위별 우선순위와 전략적 방향을 제시하기 위해 기존에 사용되던 9개의 셀로 구성된 매트릭스를 대체하게 되었다.

웰치는 회사를 서비스, 기술 및 핵심 사업 분야 등 세 개의 고리로 나누고 구조조정이나 제거 대상으로 간주되는 기타 사업 분야를 물음표로 표현했다. 이처럼 평가 및 의사결정 방법을 단순화하는 것은 웰치가 종종 사용하는 방법으로서, 그의 명확한 좋고 싫음과 경영의 도를 간결하게 표현하는데 더할 나위 없이 효과적이었다.

사실 이러한 세 개의 고리는 참신하고 파격적이라는 평가를 얻었

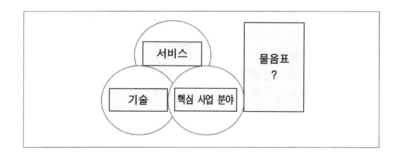

그림 12-2 세 개의 고리를 사용하여 간결하게 표현한 잭 웰치의 경영 전략 디이어그램 (자신이 관심을 가진 사업 분야와 제거의 대상으로 삼은 사업 분야를 확연히 구분했다.)

으나 사실 존스가 전략적 평가를 적용한 결과를 토대로 내린 결정사항 중 핵심을 포착한 것이라고 할 수 있다.

그림 12-3은 웰치가 세 개의 고리 안에 넣은 사업 분야와 그렇지 않은 분야를 한 눈에 구분할 수 있게 해 준다. 그가 고리 안에 표시한 사업 분야는 모두 우선순위 1단계 혹은 2단계에 해당하는 분야이며, 예외적으로 존스가 GE를 경영할 당시에 우선순위 3단계로 분류된 항공우주 산업 분야가 웰치의 선호 사업으로서 세 개의 고리 안에 포함되었다. 하지만 웰치는 곧 항공우주 산업을 RCA 자산에 포함시켜서 매각처분했다는 점을 간과해서는 안 될 것이다.

웰치의 고리 안에 들지 못한 사업 분야는 우선순위 3단계 혹은 4단계에 해당하는 사업 분야들이었으며 단 한 가지 예외로서, 우선순위 2단계였던 소형 가전제품도 고리에서 제외되었다.

다시 정리하면, 웰치의 고리는 기존의 투자 매트릭스 표현법과 전혀 다르게 보이지만, 결국 존스의 평가 결과를 그대로 표현한 것이다. 존스가 경영할 당시에 투자 우선순위를 설정하기는 했으나, 존스를 비롯한 경영진은 이러한 전략적 의사결정을 실행하는 면에서는 성공적이지 못했으며 웰치 시대에 와서야 그 빛을 보게 되었다.

"잭 웰치가 칼을 뽑아들다"

웰치는 처음 2년 동안 '푼돈 장사'라고 불렀던 71개의 생산 라인을 매각처분하면서 118개의 거래를 성사시켰다.[3]

■ **중앙 냉방기기** 웰치는 이 분야가 최첨단 기술과 무관할 뿐만

아니라 시장 내의 점유율도 또한 높지 않다고 판단하여 이를 트레인에 매각 처분했다.(웰치는 이 사업 분야를 '배관업'이라고 부를 정도로 싫어했다.)

- **소형 가전제품** 웰치는 소형 가전제품을 'GE 가정용품'이라고 부르며 매각 대상에 포함시켰다. 이 분야는 단순 기술을 바탕으로 한 생산 분야로써 가격 경쟁이 높은 반면에 실제 이윤은 많지 않은 편이었다. 현재 부회장인 밥 라이트는 콕스 방송(Cox Broadcasting)에서 돌아오자마자, 이 분야의 책임자로 임명되었

| | 투자 우선순위 | | | |
	제 1 우선순위	제 2 우선순위	제 3 우선순위	제 4 우선순위
서비스업	금융 정보 건설 및 공학 분야 원자력			
첨단기술	원자재 항공기 엔진	의료 시스템 산업 전자공학	우주항공 산업	
핵심역량 분야	조명 터빈	주요 전기제품 운송 모터 설비 대여		
기타 기기		소형 가전제품	중앙 냉방기 대형 변환기	TV/오디오 고압용 개폐장치 유선/케이블

그림 12-3 웰치가 제시한 세 개의 고리와 물음표에 해당하는 사업 분야를 존스의 투자 우선순위에 적용하여 분석한 자료

지만, 소형 가전제품 분야를 활성화시키는데 실패했으며, 결국 블랙 앤 데커(Black and Decker)에 매각처분하게 되었다.

GE의 모노그램 판매

웰치가 이와 같이 여러 분야의 매각처분을 단행할 수 있었던 이유 중 한 가지는 기존 경영자들이 생각지도 못한 행동을 시도했기 때문이다. 그것은 바로 각 사업 분야를 GE의 모노그램과 함께 매각한 것이다. 오늘날에도 GE의 모노그램은 매우 고가의 브랜드로서 거의 신성시되는 법인 자산이라해도 과언이 아니다.

GE는 어떤 분야에 뛰어들더라도 GE라는 브랜드명이 최소한 시장점유율 5퍼센트를 보장하는 발판이 될 것이며, 어떤 경우는 상품 자체보다 브랜드 가치가 더 높게 평가될 수 있다는 확신을 가지고 있었다.

따라서 GE라는 모노그램을 다른 기업이 사용할 수 있게 한다면, 이론상으로 볼 때 GE라는 브랜드의 이미지가 실추되어 다른 자회사에 상당한 악영향을 주게 될 것이라고 믿었다. 바로 이러한 이유로 존스가 텔레비전 분야를 히타치에 넘길 때에 모노그램은 팔지 않았던 것이다.

하지만 웰치는 냉방기기 사업과 소형 가전제품 분야를 매각하면서 매수업체인 트레인과 블랙 앤 데커에게 5년 동안 GE라는 브랜드명을 사용할 수 있도록 허락했다. 그는 RCA와 소비자 가전제품 분야를 톰슨에 넘길 때에도 모노그램을 포함하여 매각했으며, 이때는 모노그램의 사용 기한을 별도로 지정하지 않았다.

유타 인터내셔널(UI) 또한 웰치가 별로 탐탁지 않게 여기던 사업분야였다. 앞서 설명한 것처럼, UI는 일본인을 주고객으로 하는 야금용 석탄 및 우라늄 채광업체로서, 수익이 매우 불규칙적이었다. 하지만 UI는 존스가 남다른 애착을 갖고 매입한 자회사였기 때문에 웰치는 존스의 심기를 건드리지 않기 위해, UI를 처분할 때에는 평소와 달리 신중을 기해야 했다.

UI를 매각한 이유에 대해, 웰치는 이렇게 설명했다. "인플레이션이 누그러지면서 UI는 일관성 있는 수익 증대라는 기업 목표에 맞지 않는 것으로 드러났다. 나의 경영목표는 모든 직원들로 하여금 자신의 노력이 회사 발전에 기여한 바가 크다는 점을 직접적으로 느끼게 해 주는 것이지만 UI의 경우 지나치게 불규칙적으로 발생하는 수익 때문에 이러한 경영목표에 상당한 장애 요소로 작용했다."[4]

웰치는 UI 매각 대상으로 네 개의 업체를 선정했으나, 래드 정유 (Ladd Petroleum)는 분리하여 GE가 보유하는 조건으로 브로큰 힐 프라퍼티(Broken Hill Properties)에 UI를 넘기기로 결정했다. UI는 24억 달러, 즉 1977년에 존스가 UI를 매입할 때 지불한 금액보다 1억 달러나 높은 가격에 매각되었다. 6년 후에 웰치는 남겨두었던 래드 정유를 5억 1,500만 달러에 매각했다.[5]

이처럼 웰치는 대대적인 포트폴리오 정리 작업을 추진했다. 그 중에서도 바로 RCA 처분이야말로 웰치가 RCA와 GE의 자산을 통합하고,[6] 그의 전략적 포트폴리오 경영방식에 맞지 않는 일부 자회사를 단호히 매각할 수 있는 발판이 되었다.

웰치의 개인적 거래

손턴 브래드쇼는 GE에 근무하면서 CEO 후보로서 웰치와 경쟁을 벌였던 밥 프레드릭을 RCA의 최고운영책임자로 영입했다. 이로써 그는 브래드쇼가 퇴직할 때 RCA의 CEO가 될 수 있는 가장 유력한 후보가 되었다. 하지만 브래드쇼는 RCA가 독립적인 비즈니스로서 오래 버티지 못할 것임을 깨닫게 되었다.

브래드쇼는 전설적인 투자 은행가인 펠릭스 로하틴의 아파트로 잭 웰치를 초대하여 GE의 RCA 인수를 제안했다. 한 가지 재미있는

RCA는 GE와 잭 웰치 모두에게 성공이었다.

1. RCA는 해리스, 마틴 마리에타 그리고 톰슨과 거래 협상을 벌일 때 자금을 지원해주었다.
2. RCA 때문에 GE는 다시 텔레비전 네트워크 사업에 뛰어들어 이 분야에서 상당한 성공을 거둘 수 있었다.
3. 예전에 웰치는 콕스 시스템을 매입할 능력이 없어서 케이블 사업에서 실패했지만, RCA를 통해 다시 GE는 당시 급성장을 이룩하고 있던 케이블 사업에 참여하게 되었다.
4. RCA는 GE의 의료 시스템 사업을 전 세계적 규모로 확장하고 강화하는 밑거름이 되었다.
5. RCA를 기반으로 GE는 전 세계 위성 사업 분야에서 주도적인 입장을 취할 수 있었다.
6. GE는 RCA를 통해 얻은 수천만 달러의 현금을 사용하여 다른 투자 기회 및 기업 성장 기회를 마음껏 누릴 수 있었다.

전체적으로 볼 때 GE는 RCA를 통해 전체적인 전략적 포트폴리오 효과를 높일 수 있었다.

점은 당시 프레드릭은 이 비공식 모임에 참여하지 않았으므로, 이 거래의 직접 당사자가 되지 못했다.

RCA를 인수할 경우에 기대할 수 있는 증가자산으로는 RCA가 위치한 록펠러센터 건물이었다. 사노프의 강요로 인해 GE와 웨스팅하우스가 RCA에서 손을 떼던 시기에 제너럴 일렉트릭은 렉싱턴가 570번지에서 RCA와 본사를 공유할 처지에 놓였던 적이 있다. 그래서 RCA는 새로운 록펠러 센터에 멋진 본부를 마련했고 GE는 렉싱턴가의 허름한 건물에 홀로 남았다가 코네티컷의 페어필드로 사무실을 이전했다. 따라서 브래드쇼의 제안에 따라 RCA를 인수하면서 GE는 록펠러센터의 소유권을 가지게 되었으며, 이를 오늘날의 명칭인 'GE사옥'으로 개칭했다.

창의적인 통합 추진

GE와 웰치의 입장에서 이번 거래는 상당한 이득을 얻었다. 웰치는 GE와 RCA가 보유하고 있던 여러 자회사를 묶어서 유리한 조건에 매각처분할 수 있었다. 웰치는 이 기회를 놓치지 않고 가전제품, 반도체, 항공업 등 자신이 탐탁지 않게 여겼던 사업 분야 일체에 대한 매각을 단행했다.

가전제품과 의료시스템을 맞교환하다

웰치는 텔레비전 사업을 포함하여, GE와 RCA가 각각 보유하고 있던 가전제품 브랜드를 통합하여 1위의 브랜드로 탈바꿈시킨 다음에 이를 프랑스의 톰슨에 매각하고 그 대가로 자신이 항상 꿈꾸던 의료 시스템 사업 분야를 넘겨받았다. 뿐만 아니라 현금 10억 달러 이상과 1억 달러 상당의 특허권을 15년간 사용할 수 있는 권리를 함께 얻었다. 이는 GE의 모노그램을 자회사와 함께 매각 처분한 성공 사례의 하나로 볼 수 있다. 오늘날에도 톰슨은 GE와 RCA의 가전제품 브랜드를 계속 사용하고 있다.

반도체 사업분야를 정리하다

GE는 GE의 반도체 사업과 RCA의 반도체 사업을 합친 다음 이를 해리스(Harris)에 매각했다. 반도체는 웰치가 선호하지 않은 분야였다. 해리스는 반도체 경영권뿐만 아니라 GE 인력과 설비 일체를 인수했으며, 그 대가로 GE에게 2억 6백만 달러를 현금으로 지불했다.

항공산업을 정리하다

웰치는 GE와 RCA의 항공 산업을 통합한 후 마틴 마리에타(Martin Marietta)에게 매각했다. 그 대가로 GE는 전환우선사채 형식으로 마틴 마리에타의 지분 25퍼센트를 갖게 되었다.

이러한 GE의 포트폴리오 정리가 차근차근 진행되었지만, GE의 주요 이해관계자들 중 상당수는 이를 탐탁지 않게 여겼다. 노동조합과 관련 이해단체들이 불만을 품은 것도 사실 전혀 놀랄 일이 아니었다. <뉴욕 타임스>를 포함한 여러 저널과 언론매체들은 웰치를 가리켜 '중성자 잭'이라고 부르기 시작했다. 이는 중성자 폭탄처럼 회사를 구하기 위해 소속 직원들을 서슴지 않고 '해고시키는' 잭 웰치의 행보를 비꼬아 표현한 것이다.

나는 개인 사업을 시작하기 위해 수년 전에 이미 GE를 떠난 사람이므로 웰치의 개혁에 대해 개인적으로 아무런 관련이나 영향이 없지만 잭 웰치에 대한 언론의 비난은 적절하지 않다고 생각했다. 그래서 나는 <뉴욕 타임스>에 여러 차례 이 점에 대한 기사를 투고했으며 편집장에게 서한을 보내어, 웰치를 필두로 한 GE의 행보는 "전략적 사고와 경영 원칙에 따른 것으로, 일반인들이 어떻게 생각하든지 관계없이, 모든 기업은 재정적인 면이나, 인적 및 물적 자산에 한계를 가지고 있으므로 당연히 교환 협정에 관심을 보이게 되고 최상의 결과를 얻을 수 있는 분야에 집중하게 된다"고 설명했다.[7]

물론 '중성자 잭'이라는 표현은 잭 웰치에게 상당한 충격이었지만 그는 온갖 비판에 굴하지 않았다. GE는 기업의 발전을 위해 필요한 단계를 취한 것이며 웰치는 기업에 필요한 것이 무엇인지 파악하고 이를 현실화하는 용기를 보였다고 해야 할 것이다.

일종의 수단으로 시작한 금융 서비스가 최종 목표 사업이 되다

웰치가 선호한 비즈니스는 GE의 금융 서비스인 GE 캐피탈이었다. 원래 이 회사는 보크가 벤처 사업의 일환으로 시작한 것이며, 존스가 최종적으로 제시한 기업 경영계획안에서 우선순위가 높은 사업으로 분류되어 전폭적인 지지를 받았다.

웰치는 소비자 분야 간부로 근무할 당시 소비자 업무분야의 자회사였던 GE 크레디트에 상당한 관심을 가지고 있었다. 데니스 데머먼과 래리 보시디를 포함하여 GE 캐피탈의 몇몇 임원들 및 웰치의 자산관리자의 지혜와 조언에 귀를 기울인 결과, 웰치는 자산 및 금융 서비스 분야가 매우 잠재력이 높은 시장임을 알게 되었다. 그는 "제조업 분야의 현금 수익과 운영기법을 바탕으로 금융관련 독창성을 발휘하여 하나의 사업 분야를 일구어나가는 것에 상당한 매력을 느끼게 되었다."[8]

웰치가 GE 크레디트를 맡을 당시 자산은 110억 달러였으며 10개의 자회사로 구성되어 있었으나, 북미 지역에서만 사업이 전개되고 있었다. 하지만 10년 후에는 'GE 캐피탈'로 이름을 바꾸어 자산규모 700억 달러를 비롯하여 3개국에서 21개의 자회사를 가진 기업으로 성장했으며, 미국을 제외한 해외 시장 규모가 90억 달러(전체 자산의 12.8퍼센트)에 이르게 되었다.

물론 경영 초기에는 웰치가 적극적인 관심을 보인 분야도 부진한 실적을 면하지 못했다. 예를 들어 금융서비스 업무도 초기 단계에는 여러 번의 자금 손실을 겪어야 했다. GE 캐피탈은 1990년부터 1992년 사이에 상업용 부동산과 고액의 차입자본 거래에서 무려 11억 달러에 달하는 손실을 입었다. 하지만 GE는 사업 확장을 위해 계속 이러한 위험 부담을 감수했다.[9]

결국 GECS(GE Capital Service)는 게리 웬트에 의해 현실적이면서 기회를 잘 이용하는 거래 전문가적 면모를 갖추게 되었다. 웰치는 나중에 웬트를 이렇게 평가했다. "한마디로 말하자면 변덕스러운 사람이었다. 그의 기분을 종잡을 수 있는 사람은 아무도 없었다. 그는 감독이나 지휘를 끔찍이 싫어했으며 아무리 좋은 상사를 만난다 할지라도 견디지 못하는 성격이었다."[10]

그 후 10년 동안 GECS는 엄청난 규모의 변화를 겪으면서 해외 투자 동향을 재조정하고 새로운 금융 서비스 분야를 개척하면서 몰라

보게 성장했다. 2000년을 기준으로 GECS의 자산은 3천 7백억 달러로써, 48개국에 24개의 자회사를 보유했다. 또한 미국을 제외한 해외 시장 자산은 총 1천 4백억 달러(전체 자산규모의 37.8퍼센트)에 이르렀다. 이렇게 GECS가 초대형 기업으로 성장하면서 여러 국가의 기업 전문가들은 GECS의 지나친 규모 확대 및 GECS에 대한 GE의 편중성향에 대한 우려의 목소리를 높이고 있다.[11]

키더 : 무시할 수 없는 문제

웰치는 투자은행인 키더(Kidder) 매입에 대한 자신의 관심사를 다음과 같이 설명했다.

키더를 인수하는 것은 쉬웠다. 1980년대에는 차입금을 사용해서 투자하는 일이 성행했다. 이미 GE 캐피탈은 'LBO(Leveraged Buy Out ; 기업매수 자금의 대부분을 매수대상 기업의 자산을 담보로 한 차입금으로 충당하여 매수하는 것을 말한다. - 옮긴이)'에서 이미 많은 경험을 가지고 있다. 하지만 투자은행이 엄청난 액수의 선불 비용 때문에 뒤로 물러앉는 것을 보면서도 계속 투자를 감행하는 위험을 끌어안는 것도 이제 무의미하게 느껴진다. 이러한 와중에 키더가 거래 확장의 물꼬를 터주면서 엄청난 비용을 지불하지 않고도 새로운 배분 구도를 세울 수 있는 연결고리가 될 것으로 기대했다.[12]

하지만 안타깝게도 키더는 GE의 기대에 어긋나면서 오히려 문젯거리와 어려움을 가중시켰다. 사실 키더는 한 때 유망한 기업으로 평가받았으나 GE에 인수되기 전부터 이미 몇 가지 심각한 문제점을 안고 있었다. 당시 키더는 내부 거래로 인한 스캔들로 SEC(Supreme Economic Council ; 미국 증권거래위원회)로부터 당시 큰 성공을 거두고 있던 위험차익거래(Risk arbitrage ; 인수합병 거래의 대상이 되는 기업만을 찾아서 투자의 승부를 걸어보는 행위 - 옮긴이) 부서 운영을 중단하라는 처분을 받았다.

당시 <포춘>은 키더의 소매사업을 이렇게 보도했다. "엄청난 비용과 생산적이지 못한 브로커들의 숫자가 증가하면서 비틀거리기 시작했다. 사실상 당시 소매업 분야 중 절반이 순이익을 내지 못할 지경에 이르렀다." [13]

1994년에 와서 또 다른 엄청난 문제가 발생했다. 키더의 거래를 맡고 있던 담당자(당시 업무 진행이 뛰어난 것으로 알려져 있던 사내 간부)가 3억 5천만 달러를 횡령하여 사라진 것이다. 이 사건에 대한 수사가 진행될 동안, 5년간 키더의 경영을 맡아 온 마이크 카펜터는 웰치의 오랜 친구 중 한 사람이었으며, 증권업자로서의 자격을 완전히 박탈당한 사실이 뒤늦게 알려졌다.[14]

결국 웰치는 이 상황을 해결하기 위해 상당히 단호한 행동을 취해야 했다. 그는 우선 자신의 오랜 친구인 마이클 카펜터에게 "자네가 떠나지 않는 한 이 문제를 해결할 방법은 없을 거야"라고 말하며 그를 해고시켰다.[15] 그 후에 웰치는 1994년 10월 키더를 페인 웨버(Paine Webber)에 6억 7천만 달러에 매각했으며 페인 웨버의 지분 24퍼센트도 함께 얻어냈다. 이러한 처분에 대한 저항이나 부정적인 목소리가 높았지만 웰치의 단호한 매각처분을 통해 GE와 웰치의 입지는 안전하게 보장될 수 있었다. 이로 인해 GE는 향후 14년 동안 연간 10퍼센트 순이익을 얻게 되었다.

어떤 사람들은 이러한 결과를 두고 행운이라고 말하지만, 나는 그것이 단순한 운이라고 생각하지 않는다. 오히려 이러한 경우는 어려운 상황에서 놀라운 수완을 발휘하여 최고의 결과를 얻어내는 웰치의 뛰어난 경영 수완을 단적으로 보여주는 사례라고 할 수 있다.

세계화

1993년 <비즈니스 위크>는 "웰치가 미래를 내다보다"라는 헤드라인을 쓰면서 "이번에는 중국, 인도 그리고 멕시코를 공략하다"라고 보도했다.[16]

나의 개인적 경험에 비추어 볼 때 잭 웰치가 항상 미래 지향적으로 움직인 사람은 아닌 것 같다. 1983년에 미국 정부의 지원으로 다렌기술대학에서 열린 전략적 프로그램의 강사로 중국에 가서 몇몇 중국 정부 관료를 만난 경험이 있다. 당시 출장에서 돌아오자마자 나는 즉시 중국 환경에 대한 간단한 요약과 함께 새로이 움직이는 중국 내 기반시설 시장에 GE의 참여를 권하는 보고서를 웰치에게 제출했다. 하지만 그는 "현재로서 가장 불필요한 사업같다"는 말로 나의 제안을 일축해버렸다.

돌이켜보건대 당시 웰치로서는 해결해야 할 다른 문제들이 많이 있었으며 중국 시장은 태동단계였기에 그와 같은 반응을 보였던 것 같다. 하지만 그의 판단 착오로 GE는 지금 거대한 시장으로 성장한 중국 시장에서 상당한 점유율을 차지할 수 있는 기회를 놓친 것은 분명한 사실이다.

하지만 10여년이 지난 뒤에 웰치는 GE가 지나치게 국내 시장에 편중된 경향이 있다는 점을 인정했다. GE의 자회사 중에서 국제 기업으로 성장한 분야는 플라스틱과 의료 시스템, 두 분야에 불과했으며 다른 사업 분야는 모두 미국 내 시장에 국한되어 있었다. 웰치는 즉시 GE의 임원 중 파올로 프레스코를 세계화 사업 추진 담당자로 임명했다.

후에 프레스코는 GE를 떠나 피아트(Fiat)의 대표이사로 자리를 옮겼다. 하지만 그가 GE를 위해 제시한 해결책은 지속적인 효과를 발휘했다. 웰치는 당시를 이렇게 회고한다. "우리는 전환기를 맞이한 분야나 인기가 떨어진 세계 여러 분야에 관심을 기울였다. 이러한 세계화 사업을 추진하기 시작하여 1990년대 중반에 이르기까지 유럽 경제는 침체상태에 머무를 동안 GE는 금융서비스 분야를 비롯하여 여러 차례의 호기를 놓치지 않았다." [17]

인도와 멕시코 지역에는 가전제품과 관련하여 공동 벤처 사업이 진행되었다. 중국 내 17개 도시에 제트엔진 서비스센터가 마련되었고 마케팅 본부는 베이징으로 이전했다. 플라스틱 업체는 멕시코로 진출하여 지역 내 합성수지 생산업체를 매입했다. 중국에서는 저비용 이미징 시스템 개발을 위해 의료시스템 분야에서 공동 벤처 사업을 시작하게 되었다. 또한 아시아권과 멕시코 지역 내의 주문을 목표로 동력 시스템을 제공했다.

잭 웰치 물러나다

하니웰 인수 시도는 웰치의 마지막 주요 거래 시도로 기록되었다. GE는 2000년 2월 하니웰을 평가한 결과 GE에 적합한 자회사라는 결론을 얻었으며 특히 항공기 엔진, 각종 산업 시스템 및 플라스틱 분야에 적합할 것이라는 기대를 안고 있었다. 하지만 내부적인 이유로 하니웰의 주가가 계속 떨어지면서, 이 회사의 인수 계획은 더욱 웰치의 관심을 증폭시켰다.

유나이티드 테크놀로지(United Technologies, UTC) 또한 하니웰에 대한 관심을 보이면서, 웰치는 UTC의 경쟁을 물리치기 위해 즉각적인 행동을 취하지 않을 수 없었다. 그는 이사회가 아닌 비공식적인 자리에서 하니웰의 CEO를 만났으며 GE가 UTC보다 하니웰의 주주들에게 더 높은 수익률을 보장하겠다고 제안했다. 그는 GE 시장 가치의 8퍼센트를 주겠다고 말함으로써 파격적인 제안으로 하니웰의 관심을 사로잡았다.

물론 웰치는 하니웰의 인수를 통해 총 16퍼센트의 이윤 증대를 기대하고 있었으므로 이러한 제안을 할 수 있었다.

하지만 웰치와 그의 경영진은 이 문제와 관련하여 충분한 사전 준비를 하지 못한 것 같다. 이들은 유럽경제공동체(EEC)의 영향력을 과소평가했으며, 특히 마리오 몬티에 대한 잘못된 생각을 가지고 있었다. 몬티(이탈리아의 경제학 교수로서 경쟁력 분야의 EEC 회원으로 활동함)가 요구한 이권은 그 거래의 성사로 인한 이득을 온전히 포기해야 할 정도였기 때문이다.

한번은 회의 중에 몬티가 웰치에게 당신의 저서에 "잭 웰치 물러나다"는 제목의 새로운 장을 추가하는 것이 어떻겠냐고 말하기까지 했다. 모든 사람들이 박장대소했으며 웰치는 그 당시 "간담이 서늘했다"라고 회고했다. 웰치의 마지막 거래 시도는 엄청난 위험부담을 안고 있었으며 결국 수포로 돌아갔다.[18]

일부 언론매체의 보도는 GE의 부정적인 면모를 확대보도했다. 나의 개인적 견해로는 몬티 때문에 하니웰 인수가 수포로 돌아간 것이 궁극적으로 GE에게는 엄청난 이익이 되었다고 생각된다. 그 이유는 다음 세 가지로 나누어 설명할 수 있다.

1. **하니웰은 사실 그렇게 유망한 기업이 아니었다.** 만약 그 인수건이 웰치의 뜻대로 진행되었다면 GE는 인수 후에도 많은 부분 정리와 통합을 감수해야 했을 것이다. 물론 GE와 웰치가 그러한 작업에 능통하다 할지라도 당시 GE의 상황이 좋지 않았던 것을 생각해볼 때, 이는 회사에 상당한 어려움을 안겨주었을 가능성이 높다.

2. **두 번째 이유는 더욱 심각한 것으로, 만약 그 인수가 성사되었다면 웰치는 경영권을 놓지 않았을 것이다.** 만약 인수가 성사되어 웰치가 물러나지 않았다면 '최고의 성공 시점에서' 경영권을 넘겨주고 물러나는 GE 경영자들 사이의 오랜 전통이 깨어졌을 것이다.

3. **마지막으로 웰치를 뒤이은 경영자는 여러 가지 제한적인 상황에 부딪힐 수밖에 없었을 것이다.** 그 정도 규모의 인수 건 때문에 막강한 기업인 GE가 어려움을 겪었다면 CEO로서 긴장을 늦출 수 없었을 것이다.

무조건 신성시해야할 대상은 존재하지 않는다는 사실을 기억하라 안정적인 전략적 포트폴리오 시스템을 운영할 때 이 원칙은 가장 근본적인 원칙이라고 할 수 있다. 모든 사업 분야는 똑같이 객관적으로 평가해야 한다. 즉 일부 내용을 특별하게 취급하거나 예외로 다루는 것은 바람직하지 못하다. 물론 존스와 보크도 모든 사업 분야를 공평하게 평가하겠다는 의지를 표명했으나 실제로는 몇몇 편견을 가지고 경영권을 행사했다. 하지만 웰치는 이 점에서 상당히 과감하게 행동했다. 그 역시 선호하는 분야가 따로 있긴 했지만, 모든 사업 분야의 평가에 동일하게 엄격한 기준을 사용했다.

❑ **독자를 위한 조언** 지금 상당한 수익을 올리고 있는 사업 분야도 예외로 삼는 일 없이, 모든 사업 분야를 객관적으로 분석해야 한다. 경영자로서 개인적인 애착이 많은 분야에 대해 특별한 예외를 인정하는 일이 있어서는 안 된다. 모든 경우 상황은 바뀌기 마련이므로 지금 최고의 선택이라고 생각한 것이 어느 날 최악의 조건이 될 수 있는 것이 현실이다. 따라서 변화나 조정을 할 때에도 체계적으로 실시하되 필요한 행동을 취할 때 주저하는 태도를 보여서는 안 된다.

재고 특판을 자제하라 웰치는 자신의 모든 역량을 동원하여 기업의 이윤을 창출했으며, 그의 부정적인 면모까지도 이 점에서 크게 공헌했다. (키더의 케이스는 대표적인 사례라고 할 수 있다.) 그는 자기 자신에게는 높은 점수를 얻지 못하거나 자신의 경영전략에 맞지 않는 사업 분야도 다른 누군가에게는 가치 있는 사업이 될 수 있다는 점을 알고 있었다.

❑ **독자를 위한 조언** 별도의 시간을 사용해서 독자가 매각하고 싶은 사업이나 상품에 관심을 가질 만한 사람을 물색해 보기 바란다. 혹은 구매자들을 끌어들이기 위해 해당 상품이나 사업 분야를 통합하는 것도 좋은 방법이 될 수 있다. 이 경우 합리적이면서도 인내심 있게 행

동하는 것이 중요하다.

서비스업이나 금융업은 수단이 아니라 최종 목표 사업이 될 수 있다
존스의 경영을 시작으로 하여 GE는 판매 후 서비스 및 부품 제공과 금
융 상품 개발을 통해 상품 판매 자체로부터 얻는 수익보다 더 많은 돈을
벌어들였다. 웰치 또한 이 점을 자신의 전략의 기본 원칙으로 삼아 활용
했다.

▶ **독자를 위한 조언** 수익을 창출할 수 있는 분야와 방법을 끊임없이
연구해야 한다. 종종 상품 자체보다는 판매 후 서비스와 금융 관련
서비스가 더 높은 이윤을 창출할 수도 있다.

13 장

■ ■ ■

GE의 문화 혁명

하버드대학 경영대학원 렌 슐레진저 교수는 기업의 변혁 계획을 위해 마련된 GE의 경영 프로그램에 초대를 받았으며, 그는 이 프로그램의 우수성에 매우 깊은 인상을 받았다. 그는 <포춘>과의 인터뷰에서 "이 프로그램은 문화 혁명(Cultural Revolution) 이후 사람들의 행동을 변화시키기 위한 최대 규모의 계획이라고 생각한다."라며 칭찬을 아끼지 않았다.[1]

잭 웰치가 가장 중요하게 여긴 것은 바로 인적자원 계획과 훈련 그리고 개발이었다. 그래서 그는 변화 계획을 실천하기 위해 크로톤빌을 계속 활용하기로 결정했다. 웰치는 자신이 해야 할 가장 중요한 일은 바로 인재를 양성하고 평가하며 이들의 근무 동기를 강화하는 것임을 분명히 밝혀두었다.

팀의 구성

웰치는 주요 업무를 진행할 때마다 자신이 직접 업무전담팀을 구성하여 가능한 한 빨리 업무부서 내에 자리를 잡도록 했다. 그는 과거 여러 업무 진행을 통해 알게 된 사람들 중에서 기업 내의 지위 고하에 관계없이 다양한 인재를 선발했다. 그가 선택한 사람들은 웰치 자신처럼 목소리가 크고 자신의 의견이 강한 사람들이었으며 대체로 젊은 층이 많았다.

래리 보시디는 웰치가 직접 발굴한 인물로서 '무뚝뚝하지만 똑똑하고 유머감각이 있으며 말이 빠른 사람'이었다.[2] 웰치는 어느 경영진 회의에서 그를 처음 만나 탁구 게임을 하게 되었다. 웰치는 흐뭇한 듯 그와의 첫 만남을 회상했다. "당시 우리는 목숨을 건 사람들처럼 탁구 게임에 열중했다."[3] 보시디는 당시 GE 크레디트의 중견 간부였으나 웰치는 그를 부회장으로 승진시켰다. 후에 그는 GE를 떠나 얼라이드 시그널(Allied Signal)의 CEO가 되었으며 하니웰을 인수하여 공식 회사명을 하니웰로 선택했다. 결국 보시디는 새로운 하니웰의 CEO가 되었다.

웰치는 화학과 야금술 부문의 책임자로 임명되자마자 우선 자신의 전담팀을 철저히 분석했다. 그는 "거의 예외 없이 분야별 경영팀은 여러 면에서 부족한 점이 많았다."라고 밝힌 바 있다.[4] 웰치는 즉시 기존에 자신이 알고 지내던 인물들을 중심으로 경영팀을 재조직했으며, 이러한 와중에 기존의 승진 리스트에 오르지 않을 인물을 포함하여 기업 내의 전 직원을 꿰뚫게 되었다.

실력 있는 재무 관련 조언자들을 찾다

웰치는 재정 분야에서 자신이 많은 도움을 받아야 한다는 점을 인정했다. 그래서 그는 소비자 부문 담당자로 승진됨과 동시에 곧 밥 넬슨과 데니스 데머먼을 자신의 선생으로 삼았다.

두 사람 모두 가전제품 분야에서 근무한 사람들이었다. 웰치는 이 분야에서 경험이 전혀 없었으나 그의 새로운 상사가 된 데이브 댄스는 오랫동안 이 분야의 책임자로 일했다. CEO 자리를 놓고 웰치의 가장 큰 경쟁자로 등장한 인물은 가전제품 그룹의 이사였던 스탠 걸트였다.

데머먼과 넬슨이 가전제품 영업 분야의 재정 관리업무를 분할함에 따라 웰치는 상당히 유리한 입장에 서게 되었다. 그는 두 사람 모두를 잊지 않고 이러한 공헌에 대한 보상을 했다. 데머먼은 최고재무책임자를 거쳐 웰치의 부회장 중 한 사람으로 임명되었다. 뛰어난 전략가이자 분석가로서 인정받은 넬슨은 20년 이상 전략적 재정운영을 하는데 웰치의 개인 조언자로 일했다.

법률팀을 보강하다

웰치가 보강 계획을 세운 또 다른 분야로 법률팀을 들 수 있다. 그는 회사 내에서 전통주의적인 성향을 탈피한 인재를 물색함과 동시에 외부에서도 좋은 인재를 찾기 위해 노력했다. 그는 워싱턴 출신의 법조인 벤 하이네만을 기용하여 외부 인물 섭외 업무를 맡겼으며 실력 있는 사람들을 영입하기 위해 최고의 연봉을 제시할 수 있는 권한까지도 부여했다.

관료 제도를 제거하다

이처럼 세부적 기능을 강화함과 동시에 웰치는 다소 부풀려진 느낌이 있는 회사의 관료체제 유지에 소모되는 비용을 줄이기 위한 방안을 강구했다. 무엇보다도 재정적인 면이 주된 목표가 되었다. 원래 GE는 막강한 대규모 재정 조직에 상당한 자부심을 가지고 있었으나 웰치는 이러한 조직의 규모와 영향력 모두를 줄이기 위한 본격적인 작업을 시작했다.

웰치의 첫 번째 최고재무책임자는 톰 소슨이었다. 소슨은 의지가 강한 사람이었지만 웰치가 원하는 만큼 과감하게 재정 구조의 변화를 꾀하지는 못했기에 결국 그만두고 말았다.

소슨은 트래블러스 인슈어런스(Travelers Insurance)의 최고재무책임자로 자리를 옮겼다. 웰치는 GECC의 재무관리자였으며, 재무 구조에 대한 강한 애착이 없던 데니스 데머먼을 새롭게 기용했다. 데머먼은 웰치의 주문을 그대로 실행했으며 웰치로부터 충분한 보상을 받았다.

웰치는 지나치게 비대해진 관료적인 성향의 조직에 구조조정을 단행했다. 이는 모든 사업단위를 자신의 영향력 아래에 배치하기 위한 그의 야심을 표현한 것이라고 볼 수 있다. 전략적 계획 수립이나 재무관리 분야를 비롯한 몇몇 사업 분야에는 상당수의 직원들이 근무하고 있었다. 하지만 이는 기업의 비대화에서 비롯된 부작용이 아니라 부문별 기업 운영의 결과, 그처럼 많은 수의 직원이 필요하게 된 것이었다.

웰치가 구조조정의 대상으로 삼았던 기업의 전략적 계획 조직은 사실 그렇게 필요 이상으로 비대한 규모는 아니었다. 당시 경영 전략가로 일하던 나는 20명의 직원을 두고 있었는데, 이는 기업의 비즈니스 지식 조직 스태프와 몇몇 경제전문가를 포함한 숫자였다. 또한 이들 모두는 CEO를 보좌하는 임무도 병행하고 있었다.

경영계획 자체는 매우 작은 부문이었지만, 내가 GE를 떠나서 컨설팅 비즈니스를 시작할 무렵에는 상당한 규모로 성장했다. 이른바 관료주의적 제도의 또 다른 면으로 지목된 대상은 기업컨설팅서비스(CCS)였다.

앞서 설명한 바 있듯이, CCS는 본사에 의존하는 것이 아니라 자체적으로 운영되었으며 사내 고객 및 외주업체들로부터 그 가치를 인정받는 고급 서비스를 제공하고 있었다.

또다시 부문별 스태프 조직이 지나치게 비대해졌던 것 같다. 부문별 스태프 조직이야말로 의사 결정 및 실행 과정을 늦춘 사람들이 몸을 숨길 수 있는 곳이 되었다. 내 생각에는 웰치가 자신의 개혁 시도에 뚜렷한 의미를 부여할 필요성을 느낀 것이 분명하다. 그래서 웰치는 이 부문을 완전히 철폐함으로써 비대해진 기업을 재정비하려는 자신의 의사를 확고히 밝혔고 외부 인사들로부터 신임과 칭송의 대상이 되었다.

하지만 웰치는 비교적 쉬운 대상을 공략한 것임을 부인할 수 없다. 관료주의적 성향을 좋아하는 사람은 아무도 없으므로 이러한 성향을 타파하기 위해 노력하는 사람은 무조건 옳은 일을 한 것으로 인정받기 마련이다.

주류파와 가치관

웰치는 필요에 따라 주류파를 적절히 사용했다.

예를 들어 GE 원자력 사업이 어려움에 처했을 때, 그는 GE의 커리어 책임자였던 로이 비튼에게 문제를 해결하도록 지시했다. 사실 비튼은 웰치의 스타일과 동떨어진 인물이었다. 그러나 그는 아주 잘 훈련된 군인처럼 빈틈없는 사람이었으며 웰치가 원자력 사업 분야에서 '관료주의자'라고 지목한 부분을 깨끗이 정리하여 경영자로서의 실력을 유감없이 발휘했다.

웰치는 이러한 인재 기용을 통해서 기업 내의 다른 사람들에게 다음과 같은 점을 분명히 알리는 효과를 얻었다. 즉 GE에서 성공하기 위해 반드시 특정한 스타일(예를 들어 웰치 자신과 유사한 성향을 보이는 스타일)에 굳이 맞출 필요가 없다는 점을 모두가 알게 되었다. 웰치는 입버릇처럼, 각자 현실을 직시하고 그에 따라 행동하는 것이 가장 중요하다고 강조했다. 그는 또한 자신의 글 속에서 "자기기만이 기업 전체를 뒤흔들거나 엉뚱한 결론으로 이끌고 갈 수 있다."라고 말하기까지 했다.[6]

하지만 '현실을 직시하고 그에 따라 행동'하는 것은 말처럼 간단하지 않았다. 보크가 경영권을 장악하던 시기부터 계속해서 세션 C가 주요 임원 임명에 필수적인 역할을 담당해왔으며, GE의 전통을 볼 때 업무 수행이 중요한 요소였다. 하지만 웰치는 이 과정에 '가치관 공유'에 대한 절대적인 협조라는 새로운 차원을 더했다. 즉 그가 이끄는 경영팀은 새로운 분류체계를 제시했다.(그림 13-1 참조)

헌신적으로 임하는가?	회사의 가치관을 받아들이고 이에 따라 행동하는가?	
	그렇다	아니다
그렇다	1번 타입 보상과 승진	4번 타입 해고 대상자로 분류
아니다	3번 타입 한 번 더 기회를 줌	2번 타입 즉시 해고함

그림 13-1 웰치가 제시한 4가지 종류의 경영자 및 전문가

- 1번 타입은 결과에 순응하며 회사의 가치관에 동조하는 사람들이다. 보상과 승진 대상이다.
- 2번 타입은 기대한 결과를 창출하지 못하며 회사의 가치관에도

융화되지 못하는 사람들이다. 회사에 더 이상 남아있을 이유가 없다.

- 3번 타입은 모든 회사의 가치관을 받아들이지만 단기적인 업무 실패를 경험한 사람들이다. 업무 실적 향상을 위해 기회를 재차 부여한다.

- 4번 타입은 헌신적으로 근무하며 수치적 결과를 창출하지만 회사의 가치관을 거부하는 사람들이다. 따라서 이들은 퇴출 대상으로 일단 분류해 둔다.[7]

이러한 내용을 볼 때 기존의 GE 인력 시스템에 비해 특별하거나 새로운 점이 전혀 없다고 할 수 있다. 이와 같은 분류는 상당히 논리적이다. 이 외에도 사람들을 분류하고 평가하는 방법은 많지만 이 방법으로도 충분히 만족할 만하다. 이 시스템이 GE의 운영에 잘 맞아떨어진 이유는 웰치를 포함하여 그의 전임 경영자들이 직접 인력 관리에 관심을 가지고 운영을 지휘했기 때문이다. 이들은 이 시스템을 절대적으로 확신하고 있었으며, 이 시스템이 적용될 수 있도록 충분한 시간을 두고 접근했다. 이것이 바로 성공의 요인이었다.

또한 이 시스템이 '실제 광고'된 바와 달리 일괄적으로 적용되지 않았던 것 또한 주목할 만한 점이라고 할 수 있다. 일부 경영진들이 상당한 성공을 거두면서 정직성과 협조적인 태도를 보인 반면에 다른 사람들은 기본적인 면에서만 협조했고, 심지어 정직하지 못한 태도를 보인 경영자들도 있었다. 물론 이러한 차이점은 모든 시스템 운영에서 나타날 수 있다는 점이다.

변화의 성전을 발견하고 이를 더욱 발전시키다

GE의 경영에 전문적인 비즈니스의 기술과 과학을 불어넣기 위하여 1953년에 크로톤빌이 등장하게 되었다. 보크의 경영시기로 넘어오면서 크로톤빌은 수수료 수익기반의 기관으로 변모했으며, 존스가 최고경영자가 된 이후로는 전략적 계획 수립 및 몇몇 진취적인 비즈니스에 대한 교수 기관으로 사용되었지만 계속해서 자체 운영 방식을 유지했다.

크로톤빌의 책임자였던 린디 세일린은 '동굴'이라고 불렸던 소규모 피트와 몇 개의 교실을 확장하여 생활공간을 확보할 수 있는 충분한 자금을 자체적으로 마련했다. 하지만 전체적인 크로톤빌의 운영 상황은 힘겨워 거의 수도원 수준에 가까웠다.

웰치는 이러한 연수시설을 그리 탐탁지 않게 생각했다. 사실 그는 자신이 오랜 기간 동안 GE에 근무하면서 크로톤빌에서 연수를 받은 경험이 단 한 번에 불과하다는 사실에 야릇한 자부심을 느끼고 있었다. 따라서 웰치의 주도하에 상당수의 자회사들이 크로톤빌에 대한 부정적인 이미지를 갖게 되었으며 마땅히 정해진 임무가 없는 직원이나 곧 퇴출대상이 될 직원들을 보내는 곳이라고 생각하게 되었다. 당시 크로톤빌은 최고의 실력과 비전을 갖춘 인력을 양성하는 곳으로 대접받지 못했다.

하지만 웰치가 CEO가 된 이후로 그는 몇몇 연수에서 강의를 직접 진행했으며, 머지않아 기업의 변화를 시도하는 자신의 노력에서 크로톤빌이 상당한 도움이 될 수 있다는 사실을 직감했다. 한때 크로톤빌을 멸시하던 웰치는 이제 크로톤빌에 상당한 애착을 갖게 되었다.

그리고 제너럴 전화전자회사(General Telephone and Electronics, GTE)의 최고운영책임자인 톰 밴더슬라이스가 크로톤빌에 근무하던 켄 미첼을 스카우트했으며, 이들은 함께 코네티컷의 노워크에 최첨단 시설을 갖춘 고급 학습센터를 개설했다. 웰치는 GTE의 새로운 학습센터를 둘러보고 크게 감명을 받은 나머지 크로톤빌을 '별 다섯 개'급의 교육센터로 만들기 위한 투자를 시작했다. 그리고 지금은 페어필드의 본사에 방문객 전용의 소규모 별 다섯 개짜리 유럽형 호텔을 완공했다.

크로톤빌을 자기 선전의 기회로 만들다

존스와 그의 선임 최고경영자들은 크로톤빌의 교육과정에 별로 기여하지 않았다. 사실 내가 경영자 개발 프로그램을 진행할 당시에는 일부러 고위 경영진을 위한 프레젠테이션의 횟수를 줄이기까지 했다.

이유는 두 가지였다. 첫 번째 이유는 고위 경영진들이 상호작용 기반의 세션에 참여하기보다는 자신이 준비한 연설원고를 줄줄 읽는 것을 더 좋아했기 때문이다. 두 번째 이유는, 고위 경영진들이 해당 수업 중에 다루는 주제에 대한 반대 의견을 제시하기 일쑤였으므로 수업에 긍정적인 영향을 주지 못해서였다.

하지만 웰치는 완전히 달랐다. 그의 스타일은 사실 크로톤빌에서 추구하는 상호작용 기반의 세션에 잘 어울렸다. 사실 웰치는 어떤 의견을 불쑥 내놓는 일이 거의 없는 편이었다. 그는 단지 크로톤빌에 와서 즉흥적인 대화를 시도하거나 참가자들 및 강의 진행자들에게 도전적인 질문을 던졌다. 그는 상호작용을 진정으로 이끌 줄 아는 사람이었다.

웰치 본인 또한 이렇게 회고했다. "1984년부터 나는 크로톤빌에서 열린 세 개의 최고위 경영수업에 모두 참석하기 시작했다. 사실 참석자들이 모든 수업을 낱낱이 파헤쳤다고 해도 과언이 아닐 것이다. 수업 모형은 다른 기업의 사례 연구를 바탕으로 만들어진 것이었으므로 참석자들은 그러한 수업 내용을 실제 GE가 당면한 이슈로 연결시켰다."[8]

하지만 이러한 경영 프로그램에서 웰치가 차지하는 개인적 비중이나 시간 분배가 주요한 변화의 요인으로 떠오르게 되었다. 웰치는 사실상 모든 프로그램의 중심적 인물이 되었으며, 그는 수업 중에 자신의 의사를 관철시키거나 앞으로 그가 활용할 인재들을 탐색하며, 수업 참석자들의 지혜와 의견을 모으는 기회로 활용했다.

웰치는 이미 사내에서 매우 공격적인 이미지로 잘 알려져 있었다. 크로톤빌에서 그가 보인 모습은 웰치가 회사 내외부에서 동일한 이미지로 알려지는데 상당한 역할을 한 것으로 보인다. 하지만 웰치가 항상 그렇게 강한 이미지를 보인 것은 아니다. 그는 취임 초기의 6년 동안은 비교적 조용한 편이었던 것으로 알려지고 있다.

아마 초기에는 '중성자 잭'이라는 별명과 부정적인 언론 보도에 충격을 받고 언론에 무뚝뚝한 태도로 일관했던 것 같다. 하지만 기업 재정비가 대충 마무리되고 외부 보도 또한 우호적인 분위기를 보이기 시작하자, 웰치는 기업을 주제로 한 서적 출판을 했으며, 이 중 몇몇 서적은 그의 기업가적인 리더십 스타일을 집중 조명했다. 그는 퇴임과 더불어 <잭 웰치, 끝없는 도전과 용기(Jack : Straight from the Gut)>이라는 저서를 출간함으로써 이미 그의 재직기간에 대한 긍정적인 내용을 담은 엄청난 분량의 서적 출간에 더욱 박차를 가했다.

이 모든 과정이 GE로서는 새로운 변화 그 자체였다. 웰치의 전임 경영자들 역시 언론으로부터 매우 긍정적인 평가를 받았지만, 자신들을 돋보이게 하기 위해 서적을 출판하는 일을 적극적으로 장려한 사람은 아무도 없었다. 전임자들의 경우에는 모든 초점이 회사의 경영자가 아니라 회사 자체에 맞추어져 있었다. 하지만 웰치는 그 초점의 방향을 완전히 변화시켰다.

곳곳에 함정을 다시 만들기 시작하다

다음에 인용한 웰치의 첫 자서전에서 발췌한 내용에서 볼 수 있듯이, 크로톤빌을 바라보는 웰치의 경영 발전 전반에 대한 생각은 변화에 변화를 거듭했다.

1988년 9월의 어느 날 오후 크로톤빌을 나서는 나의 마음은 너무나도 무겁고 실망으로 가득 차 있었다. 이것으로 크로톤빌과 나의 인연은 완전히 끝났다고 생각했다. 그날의 수업은 유독 좋은 내용으로 가득했다. 당시 수업에 참여한 사람들은 자신의 사업을 변화시키려고 시도하는 중에 겪었던 좌절감을 거침없이 쏟아냈다. 바로 그러한 솔직함과 열정을 교실에서만 표현할 것이 아니라 실제 일터에까지 가지고 갈 필요가 있다는 사실을 나는 잘 알고 있었다. 즉 회사 내에 크로톤빌과 같은 분위기를 재연할 필요가 있었다. … 이것은 워크아웃이라고 불렀던 GE 방식의 변화 프로그램의 시작에 불과했다. … 우리는 변화를 촉진할 임무를 맡기기 위해 잘 훈련된 외부 인물, 즉 다른 속셈을 품을 확률이 낮은 대학 교수들을 중심으로 기용하기 위한 방법을 고심하기 시작했다. …

워크아웃 프로그램은 기존의 뉴잉글랜드 지역 회의와 유사한 모습으로 틀이 잡히기 시작했다. 약 40명에서 100명의 직원으로 구성된 그룹을 조직했으며 경영 전반뿐만 아니라 결재, 보고, 회의 및 기타 업무 과정에 걸림돌이 되는 관료주의적 요소에 대한 의견을 나누게 되었다.[9]

웰치는 모든 사업단위 별로 수백 개의 워크아웃을 추진하기를 원했다. 정상적인 워크아웃은 2, 3일 정도 지속되었다. "사업별 책임자는 최소한 75퍼센트 이상의 아이디어에 대해 '예' 혹은 '아니오' 식의 답변을 얻어내야 했다. 그 자리에서 어떤 결론을 내릴 수 없다면 최종 결론을 내릴 날짜를 결정하는 것으로 마무리 지었다. … 이로써 관료주의적 성향은 설 곳을 잃게 되었다."[10]

혁신을 통해 흐트러진 기업을 재정비하다

미국 내 주요 기업들 사이에서 혁신은 매우 일반적인 경영 방법 중 한 가지이다. 흔히 생각할 수 있는 대의명분을 중심으로 회사를 재정비하기 위해 쓰이는 기법으로써 판매 촉진, 비용 절감, 기업 구조화 및 기타 여러 가지 기회 및 위협적인 순간에 대처하기 위한 방법이라 할 수 있다. 레지 존스의 경우 8년 동안 경영을 주도하면서 자신이 주요 이슈라고 생각한 기업에 초점을 맞추기 위해 3가지 혁신을 시도했다.

웰치 또한 이 방법을 절대적으로 신봉했기에 20년 동안 GE의 최고경영자로 있는 동안 6개의 주요 혁신 운동을 추진했다. 웰치의 혁신 운동 중 일부를 잠깐 살펴보자.

벽없는 기업

워크아웃 프로그램으로부터 얻을 수 있는 모든 결과를 다 이루었다고 판단하자, 웰치는 '벽없는 기업'이라는 새로운 혁신에 착수했다.

웰치는 이렇게 밝혔다. "내가 본 '벽없는' 기업은 여러 기능 사이에 존재하는 모든 방해물을 없애는 것이다. 기업 내부 활동과 외부 활동 사이에 별다른 구분을 두지 않을 것이며 '벽없는' 행동방식을 통해 기업 내외부 어디에서든지 자유롭게 아이디어가 창출될 수 있도록 할 것이다." [11]

학자와 전문가들은 대부분 일정 수준 이상의 회사 규모는 사실상 경영에 방해가 되거나 단점으로 작용한다고 생각한다. 따라서 GE의 지나친 규모에 따른 불안의 목소리는 이미 높아질 대로 높아져 있었다. 하지만 현 CEO를 포함하여 기존의 GE 최고경영자들은 모두 하나같이 GE의 경영 범위와 규모의 방대함이 바로 기업의 최대 장점이며, 이는 단순한 포트폴리오 균형 추구 이상의 심오한 의미가 있다고 믿고 있었다.

하지만 기업의 경영 범위가 확대되고 규모가 커지면 관련 절차 또한 복잡해지기 마련이며, 이에 따라 각 사업단위 사이에는 일정한 경계가 설정되는 것이 당연한 이치이다. 웰치는 이렇게 분할된 사업단위를 다시 통합할 필요성에 주목했으며 직원들의 아이디어 제시가 사업단위에 제한받지 않게 하기 위해 노력했다. 웰치는 자신의 독특한 스타일을 반영하여 이러한 새로운 시도를 가리키는 표현인, 벽 없는 기업이라는 말을 고안했다.

그는 이 표현을 사용함으로써, 아이디어 교환을 활성화하고 다양한 계획을 실현하려는 강한 의지를 피력했다. 그는 또한 새로운 개념을 세션 C의 부분으로 정립했으며 직원 평가 및 보상 프로그램에도 적극 반영되도록 했다. 이 또한 웰치만의 독특한 스타일을 잘 보여주는 것인데, 그는 당근과 채찍을 동시에 사용하지 않고서는 실제적인 변화를 일으키는 것이 불가능하다고 믿고 있었다.

식스시그마가 웰치의 PBM 프로그램으로 자리 잡다

예전에 코디너가 전문경영관리(PBM)를 GE 경영의 핵심 요소이자 하나의 종교적 요소로 확립시키기 위해 상당한 투자를 한 사실을 기억하기 바란다. 웰치 역시 식스시그마 활동, 즉 통계적 품질 관리 프로그램에 대하여 동일한 태도를 취했다.

웰치가 추진한 주요 혁신 중 한 가지는 '식스시그마 품질 프로그램'을 GE에 적극적으로 도입한 것이라 할 수 있다. 식스시그마는 GE가 직접 개발한 것이 아니라, 이전 부회장이자 웰치의 친구인 래리 보시디의 제안을 수용하여 하니웰을 통해 모토로라에서 들여온 개념이라 할 수 있다. 웰치는 이 프로그램을 도입하기 위해 상당한 비용을 지불했으며 GE에 맞게 적절히 변형하여 실행에 옮겼다. 이 또한 상당한 비용이 들었을 것으로 추정된다.

무엇보다도 GE에 식스시그마를 도입하기 위해서 웰치가 선택한 주요 절차는 다음과 같이 요약할 수 있다.

1. 코디너가 경영 과학자인 해럴드 스미디를 임명한 것처럼, 웰치 역시 고위 임원을 임명하여 이 프로그램의 운영권을 부여했다.

2. 그는 '가장 실력이 뛰어나고 명석한' 직원들을 선발하여 이 프로 그램을 홍보하거나 평가하는 책임을 맡겼다. 웰치는 "각 사업단 위별 CEO들에게 최고의 인재들을 식스시그마 담당자로 임명 하도록 지시했다. 즉 기존 직원들 중 일부를 선발하여 2년간의 프로젝트를 진행하도록 하여, 식스시그마 용어로 '블랙 벨트'라 고 불리는 지위에 알맞은 자격을 취득하도록 마련했다. 블랙벨 트 프로젝트는 모든 사업단위에서 실시되었으며, 이로 인해 콜 센터의 응답비율이 높아지고 공장 가동률 또한 향상되었으며 결제 및 재고 관리에 대한 실수도 상당히 줄어드는 결과를 얻게 되었다."라고 설명하고 있다.

3. 그는 식스시그마 프로그램을 실행함으로써 주요 인력을 훈련하 는데 초점을 맞추었다. GE 직원 중 수천 명이 '그린벨트' 수준의 훈련을 수료했다.(그린벨트는 블랙벨트보다 한 단계 낮은 수준의 프 로그램이다.)

4. 그는 식스시그마 프로그램을 보상 및 평가 시스템과 연계했으 며, 이때에도 당근과 채찍 방법을 사용했다. 임원들에게 지급한 인센티브 중 60퍼센트는 금전적인 면에 바탕을 두었으며, 나머 지 40퍼센트만이 식스시그마와 연결되어 있었다.

웰치는 식스시그마 프로그램을 실천함으로써 얻을 수 있는 근본 적인 변화를 온전히 이해하고 있었다. 바로 그 이유 때문에 웰치는 이 분야에 그토록 전폭적인 지지를 보였던 것 같다. 나중에 웰치는 이렇게 말했다. "나와 오랫동안 일했던 재무분석가인 밥 넬슨은 이 방법에 대한 비용 수익 분석을 실시하여 예상 비용을 산출한 바 있다. 그의 연구에 따르면 GE가 3이나 4수준의 시그마를 운영할 경우, 이를 식스시그마로 향상시키는데 드는 비용절감 기회는 70억 달러에서 100억 달러 사이의 어딘가라고 말할 수 있다. 이는 판매의 10~15퍼센트를 차지하는 어마어마한 수치가 아닐 수 없다."[12]

전자상거래

웰치는 뒤늦게 인터넷의 잠재력을 깨달았던 것 같다. 그는 직접 손으로 쓴 아날로그 방식의 커뮤니케이션 수단을 오랫동안 고집했으나 인터넷의 무한한 가능성을 알게 된 이후로 곧 새로운 기술 개발에 상당한 투자를 단행했으며, 주요 이해관계자를 비롯하여 특히 고객들과 더욱 효율적으로 상호작용할 수 있도록 GE의 모든 자회사들이 인터넷을 사용하도록 지시했다.

즉 웰치는 기존 경영자들의 전통을 따라 필요하다고 생각되는 변화를 위해 개혁을 두려워하지 않았다. 하지만 그는 기존의 경영자들보다 개인적 참여도나 의도한 성과를 이끌어 내기 위해 회유와 위협의 방법을 사용하는 면에서 상당한 차이점을 보였다. 그동안 GE의 경영을 이끌어온 사람들이 원하는 효과를 이끌어내거나 자신의 지시를 관철시키기 위해 여러 가지 대책이나 보상책을 마련했지만 웰치의 경우는 더 직접적이면서 개인적인 수단을 사용했다. 그는 '새로운 관행에 따르지 않는 사람들'이나 '적극적으로 이를 수용하지 않는 사람들'을 공개 석상에서 지목하거나 가차 없이 비판함으로써 새로운 관행에 따르지 않을 수 없게 만들었다.

경영승계자 선정 계획을 수정함

앞에서 살펴본 것처럼 레지 존스는 마땅한 경영후계자를 찾기 위해 고심에 고심을 거듭했다. 결국 그는 지나친 고심을 거듭한 끝에 자기 자신의 방식을 고집하여 최종 경영승계 후보자들에게 여러 가지 어려움을 안겨주었다.

잭 웰치는 존스의 잘못된 길을 되풀이하지 않기 위하여, 1994년 자신의 경영권 승계자를 찾기 위한 본격적인 과정에 돌입했다. 웰치가 제시한 구체적인 조건은 다음과 같다.

1. 청렴성과 가치관
2. 경험
3. 비전
4. 리더십
5. 통찰력
6. 성취력

7. 공정성

8. 에너지, 균형감각, 용기

웰치는 위 내용에 더하여 날로 늘어가는 지식에 대한 끊임없는 지적 욕구, '용기있는 신뢰'를 표명할 수 있는 자세, 적나라한 분석과 비평의 대상이 될 때에도 평상심을 잃지 않는 기개 및 높은 위험 부담을 감수할 수 있는 배짱 등을 언급했다.

웰치의 최초 후보자 리스트는 총 23명이 거론되었다. 하지만 이들 중에서 지금까지 GE에 남아있는 사람은 9명에 불과하다.

다음의 조건에 부합하는 최종 후보는 3명으로 좁혀졌다.

- 젊음(적어도 10년 동안 GE를 위해 일할 수 있는 연령대)
- GE에서 커리어를 쌓아 온 인물
- GE의 유산과 같은 사람
- 탄탄한 실적 기록을 가진 사람
- 인수 합병을 관리할 수 있는 능력과 사업을 키워나갈 수 있는 안목을 가진 사람

이제 이러한 요구 조건을 하나하나 분석해 보자.

10년 동안 GE를 위해 일할 수 있는 연령대

웰치는 자신을 뒤이어 GE의 경영권을 갖게 될 사람이 자신처럼 10년간 일할 수 있도록 제도를 마련해 주고 싶었다. 그는 10년 정도의 기간이 주어져야 CEO가 제대로 된 전략을 개발하고 이를 경영에

적용하여 원하는 결과를 성취할 수 있다고 생각했다. 그가 지목한 최종 세 사람은 10년 동안 근무할 정도로 충분히 젊은 연령대였으며 이 중에서 이멜트는 45세로 가장 젊은 후보자였기에 웰치처럼 20년 동안 근무하는 것도 무리가 없어 보였다.

GE에서 커리어를 쌓아 온 사람

제프리 이멜트는 비록 피엔지(P&G)에서 몇 년 동안 근무한 경험이 있었으나, GE에서 '연수생으로 시작하여 리더까지 오른 인물'로서, 두 번째 요구조건에 만족하는 전형적인 후보로 평가되었다. 짐 맥너니 또한 맥킨지 출신이었으나 밥 나델리처럼 GE에 와서 자신의 역량을 발전시킨 사람이었다.

즉 세 후보 모두가 GE의 유산과 같은 인물이라는 점은 상당히 주목할 만한 사실이다. 이멜트의 아버지는 이미 항공업 분야에 근무한 직원이었으며, 나델리는 스키넥터디에서, 짐 맥너니는 신시내티에서 근무를 시작했다. 이들 모두 'GE가 개발하고 발전시킨' 인재들이었다.

탄탄한 실적 기록을 가진 사람

- 이멜트(45세)는 웰치의 선호 사업분야 중 하나인 플라스틱 사업에서 일한 경험이 있으며, 웰치의 최고 선호 분야인 의료시스템 분야의 운영을 맡게 되었다. 웰치는 의료시스템 사업 분야의 그룹 간부로 재직할 당시부터 이 분야에 엄청난 애착을 보였다. 그는 의료시스템 분야가 무한한 발전가능성이 있다고 믿

었기에 이를 확장하기 위한 자원 투자에 모든 것을 걸었다. 웰치는 존 트라니를 해임하고 이멜트에게 사업 전권을 맡기기까지 했다. 그 결과 트라니는 GE에 회의를 품고 스탠리 워크 (Stanley Works)로 자리를 옮겨 CEO가 되었다.

- 맥너니(52세)는 아시아태평양 지역의 조명 사업에서 근무하였다가 항공엔진 분야로 옮겼다. 아시아태평양 지역은 웰치가 아끼는 지역이 아니었을지 모르지만 어쨌든 맥너니 또한 웰치가 지대한 관심을 가진 분야에 계속 임명되었으며 만족할 만한 결과를 거두었다.

- 나델리(53세)는 동력 시스템 사업과 '호순환'의 초기 단계, 그리고 실패로 끝난 송전과 배전 사업의 분리 부문을 관리했다. 그 또한 매우 실력 있는 경영자임이 입증되었다.

이들이 가지고 있던 또 다른 공통점으로서, 기업합병이나 인수에 능란하며 사업에 활기를 불어넣는 실력을 꼽을 수 있다. 사실 이는 GE의 CEO가 되기 위한 필수 요건이라고 할 수 있는데, 이는 바로 기업인수를 통해 GE가 지금과 같은 거대 기업으로 성장했기 때문이다. 이 점은 결코 놀랄 일이 아니다. 1천 3백억 달러 규모의 기업을 경영하면서 10퍼센트의 성장을 원한다면 다른 기업을 인수하거나 유사한 거래를 시도하지 않고서는 목표를 이룰 수 없기 때문이다.

승진이 아니면 퇴출

존스와 웰치의 방식 중 가장 큰 차이점은 실패한 후보들이 회사를 떠나야 했다는 점이다. 물론 이들 모두 상당한 실력을 갖춘 인재들이라는 점은 자명한 사실이었으며, 따라서 GE가 직접 그들이 새로운 자리를 찾도록 도와주었을 가능성도 있다.

나델리는 홈 데포(Home Depot)로 자리를 옮겼으며, 이 책을 집필할 당시, 그는 주가가 하락하는 동안 왜 무리한 규모의 보상 패키지 프로그램을 시도했는지 추궁당하고 있었다.

한편 맥너니는 3M으로 자리를 옮겨 웰치의 경영 방식을 그대로 적용했다. 그는 매우 공격적인 태도로 외과수술에 버금가는 경영개혁을 시도했으며 결국 엄청나게 주가가 상승하는 결과를 거두었다. 2005년 8월 맥너니는 보잉(Boeing)의 CEO가 되었다. 맥너니가 3M을 떠나겠다고 밝힌 이후로 3M의 주가는 폭락했으나 보잉의 주가는 크게 상승했다. 이 책을 집필할 당시 맥너니는 보잉사를 둘러싸고 있던 과거의 여러 스캔들을 확실히 정리함으로써 순조로운 출발을 했으며 현재 기업 경영 또한 순조롭게 진행하면서 높은 주가에 행복한 비명을 지르고 있었다.

유명세를 누리는 CEO 웰치는 기업가적 리더인 자신의 이미지를 활용하여 GE의 자회사 매각을 성공적으로 이루었으며 이를 통해 주주 가치를 지속적으로 증대시켰다. 이러한 효과를 얻을 수 있는 리더는 실제로 그리 많지 않다. 이 방법은 각별한 주의가 요구되므로 여러 가지 해결책 중 한 가지로 고려하는 것이 바람직하다.

▶ **독자를 위한 조언** 경영자로서 개인적으로 사업을 확장하거나 좋은 평판을 얻기 위해 할 수 있는 방법을 연구해 보기 바란다. 자신만의 독특한 개성이나 직원들의 사기를 고취할 수 있는 방법이 있다면 주저 없이 사용해야 한다. 또한 이러한 경영 자체가 한 개인으로서 평가 대상이 되어야 할 이유가 없으므로, 언론 매체의 보도내용에 지나치게 영향을 받을 필요는 없다. 단지 새로운 방법을 시작하고 마칠 때를 잘 파악하는 것이 중요하다고 할 수 있다.

슬로건에 불과한 시스템이 아니라 통합 시스템의 실제 운영 GE는 초창기부터 언제나 변화를 기꺼이 받아들이고 변화에 필요하다면 과감한 투자를 아끼지 않았다. 웰치에 이르기까지 모든 CEO들이 각자 개발한 시스템 운영을 통해 끊임없이 GE를 변화시키려고 노력했다. 그들은 선교사, 교육제도, 보상 제도를 활용했다.

▶ **독자를 위한 조언** 주요한 변화를 시도할 분야와 시기를 잘 결정해야 한다. 여러 가지 변화를 묶어 하나의 패키지로 제시한 다음 이를 위해 많은 노력을 기울려야 한다. 물론 변화를 시도하기 위하여 일정한 보상이나 기타 대책을 적용하는 것이 효과적일 수 있다. 주간, 월간, 연간 슬로건을 만드는 것은 피하는 것이 좋으며, 선택적인 변화를 시도해야 하며, 즉각적인 행동을 취해야 한다.

PART IV

* * *

미래에 대한 도전

☑ 경영 환경과 주요 전략

- **전설과 9·11 사태를 함께 물려받다** 제프리 이멜트는 2001년 9월 11일의 끔찍한 테러 사건이 발생하기 불과 나흘 전에 웰치로부터 GE 경영권을 물려받았다. 그 역시 웰치에 못지않은 유능한 경영자의 자질을 가지고 있었지만, 세계무역센터에서 발생한 테러 사건과 관련된 다양한 위기 상황을 적절히 대처해야 하는 막중한 책임을 안게 되었다.

- **사업 확장에 힘쓰다** 이멜트는 기업의 규모 또한 GE의 주요 자산 중 하나라는 주장을 펼치면서 회사의 통합 매출을 8퍼센트 범위까지 높이겠다는 야심을 드러냈다.

- **기술 산업에 다시 초점을 맞추다** 이멜트는 다시 투자의 초점을 기술 산업으로 돌린 다음, 전 세계의 여러 조사연구 센터에 대한 투자를 확대했으며, 동시에 환경 친화적인 시스템과 상품을 생산하기 위한 기업의 능력을 증대하기 위하여 몇몇 주요 인수 작업을 시작했다.

- **포트폴리오 경영방식을 유지하다** GE는 포트폴리오 방식의 평가 체제를 계속 유지하면서 승자와 패자 모두를 위해 끊임없는 도전 과제를 제시했다. 새로운 사업의 시작이나 기존 사업 중 일부를 축소하고 철폐하는 것은 기업 전략과 경영 철학의 핵심으로 자리 잡게 되었다.

- **에코메지네이션(Ecomagination)** 이멜트는 전 세계 시장을 겨냥

하여 혁신적이면서 환경 친화적인 상품과 서비스를 개발하기 위한 기업 능력을 증대시키기 위하여 자신만의 경영 테마와 다양한 프로그램을 마련했다.

14 장

■ ■ ■ ■

사업 확장에 힘쓰다

때늦은 지혜와 선견지명

지금까지 이 책의 내용은 GE의 과거 역사로부터 우리가 배울 수 있는 교훈을 다루었으나, 이제부터는 GE의 현재 상황과 미래 전망에 관해 논하기로 한다.

나는 거의 30년 동안 GE에서 근무하면서 그동안 여러 경영자들을 개인적으로 알고 지냈다. 앞에서 다룬 내용 중에 이미 여러 차례에 걸쳐 몇몇의 경영자들과 이 회사에 얽힌 나의 개인적 경험을 소개하였다. 하지만 이번 14장은 내가 현재 경영진과 직접적인 교류가 없는 관계로 조금 다를 수밖에 없을 것 같다. 그래서 현재 GE 경영 상태를 분석하고 비평하기 위해 다음과 같은 4가지 자료를 기준으로 내용을 전개하기로 한다.

1. 현재 GE와 경영진들의 의견
2. 현재 GE가 추진하고 있는 사업
3. GE의 전략과 리더십에 대한 외부 평가
4. 나의 개인적인 전문 지식과 경험

이제부터 이멜트가 전수받은 내용과 그 속에 담겨있는 어려움이 무엇인지 간략하게 살펴본다.

따라가기 힘든 행동

만약 독자가 세상에서 가장 규모가 크고 주목받는 기업의 CEO가 되었다면 어떨까? 더군다나 다음과 같은 상황을 처리할 책임까지 떠안게 되었다면 그 심정이 어떠할지 곰곰이 생각해보자.

환상적인 재정 상태

GE의 전임 경영자 잭 웰치는 20년 이상 CEO로 근무했다. 그의 재직기간 동안 매출은 5년 전의 900억 달러에서 1,250억 달러 이상으로 증가했으며 순수익은 같은 기간 동안 44억 달러에서 136억 달러까지 증가했다. 뿐만 아니라 기타 모든 경영 상태를 항상 최고의 수준을 유지했다. 판매수익률은 9퍼센트에서 11퍼센트로 늘어났으며 자기자본 수익률 또한 25퍼센트에서 27.1퍼센트로 상승했다.

또한 그가 경영할 당시 회사 매출이 연간 총성장률 7.8퍼센트까지 증가했으며, 수익은 이보다 두 배 이상의 비율까지 높아져서 13.4퍼센트까지 증가했다. 이제 GE는 세계에서 최대 자본을 가진 대규모 기업으로 성장했으며, GE와 CEO는 모든 사람들의 관심사가 되었다.

전설을 물려받다

전임 경영자를 다룬 수많은 기사와 서적들이 이미 출간되었으며, 그는 이 시대를 대표하는 가장 위대한 경영자이자 기업가로서 칭송받았다. 그는 많은 사람에게 기존의 관료적이고 진부하면서 성장 속도가 느렸던 회사를 역동적이며 급속히 성장하는 기업체로 바꾸어 놓았다는 인상을 강하게 심어주었다.

비스듬히 기울어진 포트폴리오를 발전시키다

이멜트의 전임자가 20년 이상 경영권을 행사할 동안 GE는 내부 성장에 바탕을 둔, 기술적 혁신 기업에서 비교적 성숙되고 재정적 안정을 기반으로 발전하는 여러 사업체의 포트폴리오형 기업으로 탈바꿈했다. 현재 GE가 가장 활발하게 진행하고 있는 금융서비스업이 매출의 46퍼센트 이상, 그리고 수익의 26퍼센트 이상을 차지하고 있다.

또한 대부분의 기업 성장이 기업 인수나 포트폴리오의 변화를 통해 이루어지고 있다. 하지만 최근 유럽연합의 저지로 GE의 지속적인 성장과 번영을 추구하려던 새로운 인수 계획이 무산되자 당혹감을 감추지 못하고 있다.

2001년 9월 11일 : 전 세계를 뒤흔들어 놓은 사건

이제 상황이 더 복잡해지는 일이 발생하게 된다. 최고경영자에 취임한지 4일 만에 9·11 테러와 같은 끔찍한 사건으로 전 세계가 충격에 빠졌다면 어떤 심정이겠는가? 이 사건으로 세계무역센터에서 근무중이던 직원 두 사람이 목숨을 잃었고 보험 사업은 6억 달러의 타격을 입었으며 회사 소유의 비행기 한 대가 파손되었다. 경영자로서 이멜트는 이러한 충격적인 상황에 대한 대안책을 즉시 마련해야 할 책임을 안고 있었다.

또한 사건 발생한 후, 불과 6일이 지나자 회사의 주식이 11퍼센트나 하락했다.[1] 이 모든 상황이 제프리 이멜트가 2001년 9월 7일에 CEO로 취임한 이후에 당면한 과제들이었다.

이멜트와 그에게 주어진 도전과제들

이미 잭 웰치가 자신의 후계 경영자를 물색하기 위해 사용한 방법에 대해 살펴보았다. 제프리 이멜트가 최종적으로 선택되었으며, 그는 GE의 10번째 CEO가 되었다.(그림 14-1 참조)

이멜트는 1982년에 법인 컨설팅 서비스의 마케팅 연수 프로그램의 직원으로 GE에서 일하기 시작했다. 그는 1978년에 다트머스 대학 응용수학과를 졸업했으며, 1982년 하버드 대학에서 MBA를 받았다. 사실 이멜트는 GE의 CEO들 중에서 최초로 MBA 학위를 가진 사람이었으며, 이는 그의 경영전략과 몇몇 주도적인 변화를 이해하는데 도움이 될 것이다.

22년 이상 GE에서 일하는 동안 그는 GE의 플라스틱(이 곳에서 이멜트는 잭 웰치를 처음 만나게 되었다)과 가전제품 제조부문에서 마케팅과 경영 책임자로 활동했으며 얼마 지나지 않아서 웰치가 가장 아끼는 사업 분야 중 하나였던 의료 시스템 사업을 맡게 되었다. 그는 여러 차례의 인수합병을 통해 의료 시스템 사업을 성공적으로 확장했으며

120억 달러 이상의 수익을 창출하는 효자산업으로 일구어냈다.

약 1년 반 동안의 이멜트의 활약을 지켜본 결과 <월스트리트 저널>에서는 다음과 같이 그를 평가했다.

이멜트는 팀워크의 필요성을 매우 강조한다. 그는 직원들과 정기적인 회의를 열고, 이메일도 수시로 주고받으며 사내 분위기를 부드

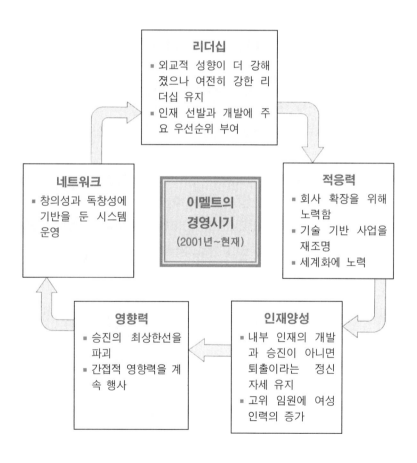

그림 14-1 이멜트의 경영시기와 LATIN

럽게 하기 위해 자기 자신을 웃음거리로 만드는 농담도 서슴지 않는 사람이다.

제조부문 종사자들을 포함하여 기업 내부 사람들은 GE의 까다로운 기업 문화가 아직 부드러워지려면 많은 노력이 필요하다는 점을 거듭 지적했다. 경영자들은 여전히 힘든 목표를 설정하고 장시간의 근무를 통해 이를 달성할 것을 요구하며, 고압적인 자세를 버리지 않았다. 비록 웰치처럼 탁자를 쾅쾅 내리치며 소리를 지르지는 않았지만, 이멜트 역시 웰치 못지않게 퉁명스러운 사람이라고 그의 측근들은 말한다. 그는 업무 실적이 좋지 않은 사람들의 풀죽은 태도를 거침없이 공격하면서, 그들 때문에 팀 전체의 사기가 저하된다는 말을 서슴없이 내뱉곤 했다.

당시 GE 의료 시스템에서 이멜트와 함께 근무한 경험이 있으며 현재 알버트슨 주식회사(Albertsons Inc.)의 회장인 래리 존스턴에 따르면, 이멜트의 태도는 "사람들의 기를 완전히 꺾어 놓았다. 그래서 이멜트를 실망시키고 싶어하는 사람은 아무도 없었다." [2]

이멜트로서는 9·11 사태에 즉각적인 대처방안을 제시하여 그 영향을 최소화하는 것이 가장 급선무였다. 또한 그는 웰치의 전략과 포트폴리오 경영방식이 글로벌 비즈니스에서 기대할만한 매출이나 소득을 창출할 수 있을 것인가를 결정해야 했으며, 이에 더하여 전임자인 웰치의 발자취를 쫓느라 급급한 것이 아니라 '자신만의 스타일을 가진 경영자'로서의 이미지 구축에도 노력해야 했다.

하지만 웰치가 기존의 GE 경영자들과 완전히 달랐으며, 특히 늘 세간의 이목을 집중시켰고 업계의 거물로 인정받았다는 사실을 감안할 때 이멜트에게 주어진 과제는 사실 매우 어려운 일이었다. 웰치는

2001년에 자신의 첫 저서인 <잭 웰치, 끝없는 도전과 용기>를 출간했으며 곧이어 2004년에는 <위대한 승리(Winning)>를 내놓았다. 그는 각종 강의와 세미나 그리고 텔레비전 쇼에서 출연하는 등 활발하게 활동했으며, 2006년부터 아내와 함께 <비즈니스 위크>에 칼럼을 연재하고 있다.

이처럼 웰치는 사람들의 기억에서 사라지기 어려울 만큼 강한 이미지를 구축했던 것이다.

출발이 순조롭지 못했음에도 이멜트는 차근차근 자신의 경영팀을 구축했다. 그의 행동 방식은 비교적 조용한 편이었지만, 전체적으로 자신의 전임자 못지않은 대담함과 치밀함을 갖추고 있었다고 말할 수 있다. 2006년 10월을 기준으로 볼 때, 웰치의 팀에서 이멜트의 팀으로 합류한 사람은 밥 라이트뿐이었다.

새롭게 구성된 이멜트의 경영팀은 GE에서 커리어를 쌓아오면서 기술을 발전시켜 온 40대 후반의 임원들로 구성되었다. 이멜트가 새로운 부사장 중 3명을 이 팀에 포함시킨 이유는 몇 가지로 나누어볼 수 있다. 먼저 이들 세 사람은 각자 여러 면에서 이멜트의 좋은 보완자 역할을 할 수 있었다. 또한 다른 주요 임원들처럼 그들 또한 회사 측의 적극적인 기용 노력의 결과로 GE에 계속 머무른 인재들이었다. 만약 이멜트가 그들을 승진시키지 않았다면 그들은 분명 다른 회사로 자리를 옮겼을 것이었다.

부회장 자리를 추가함에 따라 상당한 잠재력을 가진 인재들을 기용할 기회는 더욱 늘어나게 되었다. 또한 이러한 튼튼한 경영진을 구축함에 따라 이멜트는 임원 그룹의 이미지를 바꿀 수 있었다. 예를 들어 예전 그 어느 때보다 많은 여성들이 주요 임원과 고위 경영진을 맡는 현상이 나타났다.

회사 성장을 위한 노력

<하버드 비즈니스 리뷰>의 2006년 6월호는 "향후 10년간 성장률이 4퍼센트에 멈춘다면 GE는 더 이상 대기업이라 할 수 없을 것이다."라는 이멜트의 예상을 보도한 바 있다.[3]

2005년 GE의 연간보고서의 주제이기도 한 이 말은 이멜트와 그의 경영팀이 풀어야 할 과제를 제시한 것이나 다름이 없었다. 그들에게 주어진 과제는 현재 1천 5백억 달러 규모의 기업을 계속 총성장률 8퍼센트로 유지하는 방법을 찾는 것이었다. 즉 GE는 매년 140억 달러의 매출의 증대와 더불어 15억 달러의 수익을 창출해야 했다.

저자를 포함하여 많은 사람은 GE와 같은 대기업이 8퍼센트라는 성장률을 기록하기란 현실적이지 못하다고 생각하고 있다. 그렇게 된다면 경영진으로서는 감당할 수 없이 큰 숫자를 다루어야 하기에 결국 기업을 분할할 수밖에 없을 것이다.

이멜트가 CEO로 선택되기 이전에 나는 "전설을 물려받다"라는 주제로 <최고경영자>라는 잡지에 짧은 기사를 실으면서, 웰치의 후임자가 직면하게 될 여러 가지 도전적인 상황과 그에게 열려있는 몇몇 전략적 대안을 논했다. 그 중 한 가지는 회사를 금융서비스, 기술 그리고 전통적인 GE 비즈니스로 세 부분으로 나누는 방안이었다. 아마 GE 경영진의 의사와 관계없이 결국에는 나의 예상대로 기업을 나눌 수밖에 없을 것이라고 생각된다.

지금까지 이멜트와 그가 이끄는 경영진은 단 한 번도 GE가 지나치게 거대한 규모로 성장했다는 점에 동의하지 않았다. 그들은 오히려 거대한 규모는 기업 경영에 걸림돌이 되는 것이 아니라 큰 자산과 같다고 생각하며 GE는 이미 규모에 관계없이 계속 매출과 그 규모를 높여갈 수 있는 능력을 충분히 증명했다고 주장하고 있다. 이 점에 대해 이멜트는 다음과 같이 말했다.

일부 학자들은 GE와 같은 기업은 이미 너무 비대해져서 더 이상의 성장이 어렵다고 전망하고 있다. 하지만 우리는 이러한 우려를 일축시키고 현재 기업 규모가 바로 기업성장에 박차를 가할 것임을 입증해 보일 것이다. 지금까지 우리는 재정적 힘을 바탕으로 고속 성장의 포트폴리오를 구축할 수 있었다. 이제 기술 분야와 각종 서비스업 및 상업적 전문성과 기업의 세계화 등을 위하여 GE만의 솔루션을 만드는데 총력을 기울일 것이다. 특히 기술개발을 바탕으로 더 신뢰할만한 혁신적인 아이디어를 만들기 위해 총력을 기울일 것이며, 11개 주요 사업체가 협력하여 고객 한사람 한사람에 대한 통합 서비스를 마련할 것이다.[4]

재발명 전략

그렇다면 평범하거나 진부한 것을 거부한 이멜트는 어떻게 자신의 목표를 실현할 것인가? 그의 전략은 다음과 같은 내용으로 구성되어 있는 것 같다.

1. GE의 기술 기반 사업에 다시 초점을 맞추고 전 세계적인 규모로 확대

2. 세계화 추진

3. 3개의 주요 사업에 매진

재발명과 '사업 확장 노력' 일환으로서 이러한 요소들이 어떤 역할을 담당하고 있는지 구체적으로 살펴보기로 하자.

GE의 기술 기반 사업에 다시 초점을 맞추고 전 세계적 규모로 확대

보크에 의해 전략적 포트폴리오 경영 방법이 도입되기 이전에, GE는 주로 기술과 혁신 사업에 기반을 둔 기업으로 알려져 있었다. 1970년대 중반까지만 보더라도 GE는 해마다 다른 어떤 기업보다 더 많은 특허권을 등록했다. 당시 GE의 연구개발센터는 새로운 사업이나 분야를 개척하기 위한 신상품을 개발하느라 몹시 바쁜 일정으로 운영되었다.

하지만 이로 인해 연구개발센터는 생산부서나 외부 자원으로부터 얻는 자금에 더욱 의존함으로써 이윤 추구 경향이 매우 강해졌다. 즉연구개발센터의 초점은 장기적인 관점의 새로운 발명이 아니라 단기적인 응용기술로 빠른 결과를 창출해야 했다.

이미 언급하였듯이 웰치가 재직할 동안에는 새로운 사업 분야를 직접 개척하기보다는 외부 기업을 인수하는 일이 많았기에 기술 개발에 따른 기업 발전보다는 금융상품 서비스와 기타 관련 사업에 주안점을 둔 기업 경영이 본격적으로 자리 잡게 되었다.

하지만 이러한 추세 또한 변화를 겪게 되었다. 이멜트는 2003년 기업활동 보고서에서 다음과 같이 밝혔다. "기술과 혁신이야말로 우리가 추구하는 근본정신이다. 기술은 고부가가치 상품을 생산하는 근간이 되며 다른 기업과의 경쟁에서 우위를 차지하거나 새로운 시장을 개척하는 원동력이다. 따라서 새로운 상품 연구와 개발은 거의 모든 전략에 포함되는 필수적 단계라 할 것이다."[5]

GE는 4억 달러 이상을 투자하여 스키넥터디의 연구개발센터를 보완하고 인도, 중국, 독일에 연구 기관을 설립했다. 사실 2004년의 경우, 연구 예산만해도 31억 달러를 웃돌았다. 또한 보다 깨끗한 새로운 에너지 개발을 위한 투자비용이 7억 달러에서 13억 달러로 증가되었으며 보다 장기적인 연구 과제를 장려함에 따라 단기적인 연구 프로젝트에 대한 관심은 비교적 소홀해졌다. 한편 특허권에 대한 열정이 되살아나서 2002년 한 해만 보더라도 GE는 나노기술 분야에서만 무려 28개의 특허권을 등록했다.

이는 웰치의 경영시기에 이루어진 자원 할당과 비교할 때 엄청난 변화가 아닐 수 없다. 웰치는 화학공학 분야에서 박사학위를 얻은 기술자 출신이었으나 막상 GE의 경영을 주도할 당시에는 전혀 기술 분야에 관심을 갖지 않았던 것이 사실이다. 즉, 그는 기술개발의 중요성을 간과했다고 평가하더라도 결코 무리가 아닐 것이다. 하지만 이멜트는 이 분야에 대한 집중 투자를 과감히 시작했다.

그러나 연구 개발에 투자를 강화한다고 해서 반드시 시기적절한 긍정적인 결과를 얻는 것이 보장된 것은 아니었다. 사실 그 어떤 결과도 예상에 따라 순조롭게 발생하는 것을 기대하기 어려운 것이 현실이었다. 이미 과거에도 연구소에서 발명한 내용을 실제 상품 시장에 연결하려는 시도가 여러 차례 있었으나, 이중 대부분이 실패로 끝나기 마련이었다. 그 이유는 무엇일까?

먼저 이멜트가 강조한 대로 우선 연구소의 초점이 실제 고객의 문제점에 맞추어진다 하더라도 해당 고객이 한동안 새로 개발된 기술에 관심을 갖지 않거나 그 기술을 사용하기 위한 비용 지출을 꺼리는 일이 허다했기 때문이다.

두 번째 이유로서, 새로운 기술의 적용은 관련 법규나 정부의 규제로 인해 상용화 시기가 늦추어지거나 기타 난처한 상황에 처해지기 일쑤였다.

마지막으로 이멜트의 멀티 연구소 및 세계적인 연구개발센터 운영과 관련된 또 다른 문제점은 직원들이 문화적 차이를 극복하고 협력하는 분위기를 조성하지 못했다는 점이다. 나 역시 여러 국가에 있는 연구소별로 고객들을 여러 번 상대해 본 경험이 있으며, 대부분의 경우에 각국의 연구소가 서로 경쟁하게 만드는 것이 아니라 연구소 간의 협력을 이끌어내는 것이 가장 어려운 점이었다.

세계화 추진

현대 사회는 세계화의 시대이며 성공을 원하는 기업이라면 당연히 세계화를 위한 노력을 아끼지 말아야 한다. 특히 세계화에 대한 야망이 높은 기업이라면 개발도상국을 놓쳐서는 안 된다. 이멜트는 자신의 저서에서 이렇게 말했다. "이제 이 문제는 선택이 아니라 필수이다. 개발도상국이야말로 가장 급속도의 성장 혹은 가장 안정적인 성장을 꾀할 수 있는 곳이다."[6]

GE는 지난 2005년 국제적으로 전체 매출액이 총 780억 달러, 즉 16퍼센트의 증가를 기록했다. 이중 51퍼센트는 유럽에서, 25퍼센트는 환태평양 지역, 그리고 14퍼센트는 아메리카 지역에서 발생한 것이었다. 하지만 현재로서 중국과 인도가 앞으로 엄청난 성장을 보일 것으로 기대되고 있다.

우리는 세계화를 통해 다양한 성장 계획을 실현하고 그 효율성을 배가시킬 수 있다. 세계화야말로 GE의 핵심역량이라 할 것이다. 지난 100여 년간 우리는 여러 상품을 생산하여 많은 국가에 판매했으며 그동안 경영진의 삼분의 일 이상이 이러한 해외 영업활동에 관여하고 있었다.[7]

중국이야말로 주요 성장기회를 제공하는 국가로서 지난 2004년 매출 중에서 26억 달러(매출의 1.9퍼센트)를 차지했다. 향후 10년간 GE는 에너지, 항공, 수자원 그리고 헬스케어 분야에서 중국 내 사업을 확장할 계획을 가지고 있다. 2008년 올림픽을 기점으로 하여 상당한 투자를 기울여 우수한 기술기반 시설을 중국에 완성할 계획이다. 이미 GE는 중국 내에 연구소를 건설했으며 판매 조직을 상당히 확보함으로써 중국을 이미 선진국처럼 관리하고 있다.

반면에 인도는 그동안 GE의 사업 확장과 관련하여 많은 실망을 안겨주었으나 이제 새로운 면모에 대한 기대를 불러일으키는 초기 단계를 밟고 있는 듯하다. 지난 2005년 GE는 인도에서 약 10억 달러 규모의 기업 활동을 예견했다. 비영업부문과 회계 그리고 콜센터 서비스 제공을 위해 GE가 경영권을 소유한 계열 회사가 설립되었으며, 2004년 이 기업들의 60퍼센트를 두 개의 인도 민영 기업에 매각한 바있다.[8]

한편 동유럽 지역에서 주요 타깃으로 삼는 성장 분야는 소비자 그리고 기업을 대상으로 한 금융 서비스업이며, 러시아에서는 철도 현대화 작업과 전력 사업 그리고 이라크는 전력 사업 네트워크의 구축 분야에 집중적인 노력을 기울이고 있다.

하지만 세계화는 반드시 비판의 대상이 된다. 특히 미국에서 대기업으로 성장한 GE가 본격적인 투자를 통해 다른 나라에 무료 혜택을 풍성히 제공하는 것처럼 보일 때, 엄청난 비판이 쏟아지기 마련이다. 하지만 이멜트는 이에 굴하지 않고 오히려 다음과 같은 의견을 분명히 피력했다.

나는 미국을 대표하는 기업의 CEO로서 매우 큰 자부심을 가지고 있다. 하지만 GE가 성장하려면 우리의 시야를 미국에 제한하는 것이 아니라 전 세계를 우리의 시장으로 겨냥하는 자세가 필요하다. GE는 이미 국제 무역에서 상당한 몫을 담당하고 있는 기업으로 성장했다. 따라서 우리는 세계 각국의 직원들에게 기술과 경영 분야의 연수를 실시하기 위해 아낌없는 투자를 계속할 것이며, 이를 통해 GE의 경쟁력을 더욱 강화하고자 노력할 것이다.

그렇다면 이러한 세계화 전략은 선진국의 입장에서 볼 때, 취업 기회의 박탈을 의미하는가? 차별화 전략이 부족한 일부 단순기술 분야의 고객들은 그런 생각을 가질지도 모른다. 하지만 기술을 기반으로 한 혁신 산업 분야에서는 세계화를 통해 향후 수십 년간의 기업 성장과 일자리 창출을 보장할 수 있으며, 이를 통해 창출되는 수익은 막대한 수준이다. 따라서 GE는 현재 참여하고 있는 모든 분야에서 경쟁력을 높이고 특히 혁신을 선도하는 주자로서 노력하며, 변화의 영향을 받는 직원들을 배려함으로써, 이러한 세계적 전환 시기의 교량 역할을 담당하고자 노력할 것이다.[9]

중국을 비롯한 몇몇 개발도상국에 엄청난 잠재력이 숨어있다는 것에는 의문의 여지가 없으며 특히 GE와 같은 대규모 기업은 이러한 기회를 결코 놓치지 않을 것이다. 하지만 이러한 지역에서 사업을 하려면 상당한 노력과 끊임없는 평가가 필요하다는 것을 잊어서는 안 될 것이다.

GE의 주주이자 연구자로서, 나 역시 이멜트의 경영방침이 현명하다고 생각하지만 중국의 안정성에 대해서는 우려를 표명하지 않을 수 없다. 중국은 매우 방대하고 불안정한데다 이질적이고도 여러 면에서 아직 허술한 나라이므로 GE는 많은 문제점에 부딪히게 될 것이다. 아마 소수의 특권 계층에 대한 무산자들의 거부감이나 요구사항이 시민 궐기 혹은 혁명으로 분출될지도 모른다.

이뿐만 아니라 <월스트리스 저널>은 2006년 8월호에서 중국 내에서 활동하는 외국 기업들이 직면하는 또 다른 문제점을 다룬 적이 있다. "숙련된 직원들 사이의 치열한 경쟁에 더하여 서구 문화에 기반을 둔 사내 분위기로 인해 문화적 충돌이 자주 발생하고 있으며 미국이나 유럽 출신의 간부들이 고위직을 독점하고 있다는 느낌 때문에 중국인 직원들 상당수가 장기간 근무하지 못하고 그만두는 경향이 나타나고 있다."[10]

또한 중국은 오랫동안 다른 사람의 지적재산권을 함부로 오용하거나 특허권을 무단으로 사용하며 저작권을 침해하는 문제에서 오명을 벗지 못하고 있다. 따라서 GE가 중국에 기울인 지적 재산권이나 금융 분야의 투자로부터 결코 합리적인 결과를 얻지 못할 가능성도 고려해야 한다.

3개의 주요 사업에 매진

이멜트는 다음 3개 분야에 기업의 사활을 걸겠다는 의사를 공표
했다.

1. 헬스캐어
2. 엔터테인먼트
3. 사회 기반시설 그리고 세계 녹지화

이제 제시한 순서에 따라 각 사업 분야를 보다 자세히 조명해 보
도록 한다. 물론 위에 제시된 순서는 중요도와 무관하지만 앞에 제시
된 두 사업보다 사회 기반시설 사업이 독보적으로 큰 규모로 이루어
지고 있다. GE의 잠재력 순위를 엿볼 수 있는 기회가 된다.

헬스캐어 이 분야에서는 2005년 매출이 151억 달러였으며 순이익
은 26억 달러였다.

- 진단용 이미징 의료기
- 바이오 과학
- 의료 시스템
- 정보 기술
- 서비스업

GE는 이미 1920년대부터 이 분야에 대한 남다른 관심을 가지게
되었다. 바로 1920년에 X레이 튜브를 발명하면서 GE는 의료 시스템

사업에 상당한 애착을 가지게 되었다.

보크는 헬스케어 분야를 자신의 벤처 사업 계획에 포함시켰으며, 존스 또한 이 '분야'에 지원을 아끼지 않았다. 웰치도 이러한 전통을 받아들여 엄청난 자금과 기술을 투자했다. 사실 웰치는 유럽의 톰슨으로부터 의료 시스템 회사를 인수하기 위해 가전제품 회사를 매각 처분하기까지 했다.

GE의 목표는 조기에 더 정확하게 질병을 진단하며 개인 환자의 치료비용 부담을 줄일 수 있는 차세대 설비를 개발하는 것(개별화된 건강관리)이었다. 따라서 GE는 건강관련 연구조사 활동에 매년 10억 달러의 투자를 감행했으며, 특정 질병의 발달 과정을 정확히 예측하기 위하여 해당 질병의 유전자 '지문'을 찾기 위한 유전자 기반 기술을 연구했다.[11]

이 전략의 주요 부문 중 한 가지는 바로 제약회사와의 동맹관계를 통해 새로운 약품이 두뇌에 미치는 영향을 측정하는 것이었다. 또한 기존의 수기 자료와 의료 기록을 전산화하려는 시도 또한 GE의 전략 중 중요한 요소가 되었다. 이를 통해 헬스케어 시스템은 비용을 확연히 절감했을 뿐만 아니라 진단착오와 의료과실을 줄일 수 있게 되었다.

헬스케어 분야의 본사는 영업 초기부터 밀워키에 계속 있었지만, 현재 의료관리 분야의 부회장으로 재직중인 윌리엄 카스텔을 영입하려는 목적으로 영국으로 이전하게 되었다. 사실 외부인을 부회장으로 스카우트하는 것과 그러한 이유로 주요 산업의 본사를 옮기는 것은 GE의 전통과는 상당히 거리가 있는 조치였으나, 이는 이멜트의 융통성 있는 경영전략을 보여주는 또 다른 사례라 할 수 있다.

이미 언급한 바 있듯이, 이멜트는 1997년부터 경영권을 주도했으며 그는 사업규모와 지리적 요충지의 확장을 위해 여러 기업을 인수했다. 여기에는 레이저빔 지형제작술, 초음파, 3차원 이미징 시스템, 정보 기술, 진단용 이미징 제품 및 생명과학 분야의 주요 기업 인수 작업이 포함되었다. 이러한 활동은 이멜트가 CEO가 된 이후에도 계속되었으며 2005년 무렵, 약 150억 달러 규모의 헬스케어 사업을 구축하는 것으로 이어졌다. 이멜트는 글락소 스미스 클라인(Glaxo Smith Kline)과 애머샴(Amersham Health ; 영국의 의료 기업 - 옮긴이)과 협력 관계를 맺기도 했다.

GE의 의료 시스템은 유럽과 아시아 등지에서 영향력 있는 기업으로 등장했으며, 특히 프랑스에 있는 GE 의료 시스템 S. A.와 일본의 GE 요꼬하마 의료 시스템 그리고 인도의 위프로(WIPRO) GE 의료 시스템과 긴밀한 제휴 관계를 유지했다.

이멜트는 과거 항공기 엔진 사업에 사용했던 전략을 다시 활용하여 GE 캐피탈의 금융 서비스를 의료 시스템 사업에 접목시켰으며, 이로써 GE 캐피탈은 설비 자금 및 정보 기술 시스템, 부동산, 인수사업, '자본 재편성', 결손으로부터의 흑자 전환과 운전 자금을 포함한 다양한 금융 상품과 서비스의 종합 세트를 제공할 수 있게 되었다. 그는 또한 비영리 병원을 위한 세금 면제 서비스와 의료 설비 공급업체를 위한 재정지원 프로그램, 각종 요양소를 포함한 여러 의료 부동산 투자를 위한 자기자본 서비스 등을 마련했다.

엔터테인먼트 사업 2005년을 기준으로 엔터테인먼트 사업의 매출은 148억 달러였으며, 이 중에서 순이익은 31억 달러였다.

- 네트워크
- 영화
- 제작 설비
- 엔터테인먼트
- 케이블 방송
- TVPD
- 스포츠 및 올림픽
- 테마 공원

방송과 엔터테인먼트 사업은 항상 GE의 벤처 사업 주요 목록에 포함되어 있었다. 사실 GE는 최초로 텔레비전 방송을 위한 송신에 성공한 회사로서 RCA라는 벤처 기업을 창설했으며(곧 매각했음) 보크 역시 9가지 주요 벤처 사업 중에 엔터테인먼트 사업을 포함시켰다.

웰치가 처음으로 케이블 방송에 매혹된 것은 소비자 부문 이사로 재직하면서 콕스 사를 매입하려고 시도한 순간이었다. 콕스의 인수가 실패로 돌아갔으나 RCA라는 뜻밖의 기회를 통해 GE는 네트워크 분야의 리더가 될 수 있는 기회를 얻었다. 웰치는 그의 측근이었던 밥 라이트를 NBC 경영자로 임명했다. 예상대로 이 사업은 엄청난 현금흐름과 수익을 창출했다.

라이트의 권유에 따라 NBC는 파이낸셜 네트워크(Financial Network)를 인수한 다음 'CNBC'라는 이름으로 다시 시작하게 되었다. 바로 CNBC는 오늘날 전 세계의 케이블 방송업계를 이끌고 있는 최대 기업으로 자리 잡고 있다. 또한 마이크로소프트와 잠시 파트너십 관계를 유지하면서 'MSNBC'라는 기업도 만들었다.[12]

이멜트가 GE의 새로운 CEO가 된 이후에 이루어낸 첫 번째 인수 사업은 2001년 10월에 성사되었다. 그는 스페인어를 사용하는 인구의 25퍼센트를 청취자로 확보하고 있는 텔레문도(Telemundo)라는 히스패닉계 방송사를 인수했다. 곧 이어 NBC는 다우존스와 전략적인 제휴 관계를 맺었으며, 다우존스의 유럽 및 아시아 비즈니스 뉴스 서비스와 CNBC의 같은 종류의 뉴스 서비스를 합병하여 CNBC 유럽 방송과 CNBC 아시아 방송을 각각 설립하게 되었다. 무엇보다도 이러한 변화의 결과로 NBC는 다우존스가 확보하고 있던 정보를 마음껏 사용할 수 있게 되었다.

2003년이 되어 GE는 NBC와 비벤디 유니버셜 엔터테인먼트(Vivendi Universal Entertainment)를 합병했다. 새로운 회사의 이름은 'NBCU'로 결정되었으며 GE는 이 회사의 지분 중 80퍼센트를 갖게 되었다. 2003년에 발표한 이 합병에 관한 GE 연간 보고서의 내용은 다음과 같다.

NBC와 비벤디 유니버셜 엔터테인먼트(VUE)의 합병으로 새로운 미디어 기업이 탄생하면서 디지털 미래를 위한 완전한 준비를 갖추게 되었다. 지난 여러 해 동안 NBC는 강력한 독점권을 형성했다. 하지만 텔레비전 방송 사업은 엔터테인먼트 기술 및 배급의 변화에 크게 영향을 받기 마련이므로 우리는 NBC가 기존의 모습을 그대로 고수하는 것이 바람직하지 못하다고 생각한다.

VUE는 NBC에 엄청난 자산과도 같은 존재이다. VUE의 풍부한 내용과 높은 인기를 자랑하는 케이블 서비스와 영화 산업 내에서의 높은 인지도와 다양한 수익 창출 방법 그리고 훌륭한 경영팀 등은 매우 높이 평가할 만하다.[13]

현재 GE는 케이블, 광대역 네트워크나 통화존 네트워크 전용 프로그램을 개발하는 일이나 현재 보유하고 있는 막대한 양의 영화를 DVD 형태로 생산하는 사업 등에서 유리한 기회를 놓치지 않을 것으로 기대하고 있다.

엔터테인먼트와 관련된 몇 가지 문제점

- 초과 지불에 대한 GE의 염려
- 지분 상실
- 광고 비용에 대한 과도한 경쟁
- 엔터테인먼트 사업과 플라스틱 사업을 동등시하는 경향

지난 2005년에 NBC는 드림웍스(Dreamworks)의 자산과 필름 등을 구매할 목적으로 이 회사를 인수하기 위한 협상을 했다. NBC는 자신들의 입찰가격이 너무 높기 때문에 다른 경쟁자들은 감히 이 협상에 참여할 엄두조차 내지 못할 것이라고 생각했지만 현실은 예상과 다르게 전개되었다. 비아컴(Viacom) 역시 GE 못지않게 드림웍스를 탐내고 있었기에 GE의 제안 가격을 훨씬 웃도는 가격의 협상을 제시했다. GE로서는 그처럼 높은 가격을 감당할 수 없었기에 이 협상에서 드림웍스를 포기할 수밖에 없었다.

잭 웰치의 주요 전략 중에 바로 그런 내용이 들어 있었다. 어떤 사업단위나 기업이 해당 시장 내에서 1, 2위를 다투지 않는다면 수정하거나 철회 혹은 매각처분해야 한다는 것이었다.

하지만 이 전략은 현재 GE가 추구하는 기준이 아닌 것 같다. 적어

도 NBC에 관해서는 예외인 것 같이 보인다. NBC는 4개의 주요 경쟁 업체 가운데 1위에서 4위로 그 순위가 하락했으며, 과거의 리더 기업의 자리를 다시 탈환하기 위한 독창적인 기술도 부족한 것으로 판명되었다.(유니버셜 역시 1, 2위의 자리를 고수하지 못했으며 현재 영화산업 중 6위를 차지하고 있으며 독창성 분야에서도 부진을 면하지 못하고 있다.) 이멜트는 이러한 현상이 "모든 업계에서 일반적으로 나타나는 흔한 문제라고 생각한다."라고 공식적인 입장을 표명했다. 즉 모든 사업은 특정 시기에 쇠퇴기를 겪기 마련이며, 곧 회생할 수 있다는 믿음을 잃지 않았다.

광고주들이 특정 케이블과 인터넷을 중심으로 한 광고 수단에 의존하면서 네트워크 광고 역시 쇠퇴하기 시작했다. 2005년에는 프라임 시간대의 광고로부터 GE가 얻은 매출이 15퍼센트에 불과했으며 실제 매출의 60퍼센트가 제휴 관계를 맺고 있던 텔레비전과 케이블 광고로부터 거두어들였지만, 이제는 더 이상 그러한 현금 수익을 맛보지 못하게 되었다. 그리고 올림픽이나 수퍼볼과 같은 주요 이벤트에 최고한도액을 투자하는 것조차 예전에 비해 위험도가 훨씬 높아져버렸다.

GE가 종종 사용하던 전략 중 한 가지는 인수를 마친 후에 인수기업에 침투하여 필요한 비용 절감 정책을 적용하는 것이었다. NBC의 초기 운영 시절에 라이트가 이 방법을 사용했는데, 그는 상당한 저항에 맞서지 않으면 안 되었다. 하지만 일정 기간이 지나고 NBC의 재정이 되살아나면서 이 전략의 효과가 증명되었다. 라이트는 같은 방법을 유니버셜의 인수 후에 적용했으며 유사한 반응을 예상했다. 하지만 사람들은 이러한 변화를 강력히 거부했고 일부 유능하고 창의적인 재능을 가진 직원들은 유니버셜을 떠나버렸다.

그러나 라이트와 이멜트는 이미 오랜 전통을 통해 입증된 GE식 경영과 마케팅 전략이야말로 엔터테인먼트 사업을 회생시키고 더 많은 이윤을 창출하게 해 줄 열쇠라고 굳게 믿고 있었다. 할리우드식에 의하면 기업들이 독특하고 남다른 방식에 관심을 보이는 것이 일반적이라 하겠지만 GE는 결코 한눈을 팔지 않았다. 오히려 2004년 12월자 <월스트리트 저널>에서 라이트는 이렇게 말했다. "어떤 면에서 보면 텔레비전 사업은 플라스틱 사업과 유사한 점이 많은 것 같다. … 두 사업 모두 상당한 투자를 필요로 한다." 그는 다른 사업 분야에서 효과를 보인 몇몇 원칙이 엔터테인먼트 사업에서도 동일한 결과를 낳을 것으로 믿었다. 그가 손꼽은 원칙은 다음과 같다.

- 창의적인 전문 분야를 유지하라.
- 상당한 투자를 했더라도 성공을 거두지 못하는 분야는 과감하게 처분하라.
- 영화 제작자로서 비용에 대한 분석을 철저히 하라.
- 파트너를 구함으로써 재정적인 위험도를 분산시키라.
- 화려함에 현혹되지 마라. 창의적인 사업도 역시 수익과 비용을 검토해 보아야 한다.[14]

유니버셜 인수 계획에는 테마 파크도 포함되었다. 이 점에 대하여 밥 라이트는 다음과 같이 설명했다.

테마 파크 운영은 아무런 무리 없이 순조롭게 진행되었다. 하지만 장기적으로 볼 때, 이 사업은 상당한 비용이 소모될 것 같았다. 파크 운영에 필요한 인력이 매우 많았기 때문이다. 그렇다고 해서 파크 입장료를 대폭 인상하는 것은 우리가 선택할 수 있는 해결책이 아니었다. 어쨌든 당장 교체해야 할 필요가 있는 시설은 없었으며 굳이 많은 비용을 들여서 새로운 놀이기구를 설치할 필요도 없었다. 곧 반향 효과가 있을지 모르지만 지금으로서는 인기있는 사업임에 틀림없다.

지난 2006년 10월, NBCU는 황금시간대 방송 프로그램 개편과 동시에 2007년 말까지 7억 5천만 달러의 비용 절감을 위해 직원 7백 명(전체 직원의 5퍼센트)을 줄이겠다는 계획을 발표했다. 이로 인해 NBCU가 본격적인 성공의 길로 들어설지 아니면 정리 모드의 시작이 될지에 대한 논란이 일기 시작했다.[15]

사회 기반시설 및 세계 녹지화 지난 2005년 사회 기반시설 사업으로 얻은 매출은 418억 달러였으며, 이 중에서 순이익은 77억 달러였다.

- 항공기 엔진
- 에너지
- 석유 및 가스
- 수자원
- 에너지 파이낸스
- 항공 파이낸스

사회 기반시설 사업이 시작된 것은 지난 2005년 6월이었으며, 전 운송 비즈니스 책임자였던 데이브 캘혼의 의해 개발도상국을 대상으로 한 원스톱 사회 기반시설 쇼핑 서비스를 개발하기 시작했다.(데이브 캘혼은 2006년 9월에 GE를 퇴사하고 VNU의 CEO가 되었다.) 제트 엔진, 철도 제품, 수자원, 에너지, 석유 및 가스 설비 그리고 관련 금융 서비스 일체를 서비스했다. 이 사업의 대상이 되는 국가는 중국, 인도, 베트남, 아부다비였다. 비록 현재 GE가 이러한 개발도상국에서 얻는 판매 수익은 전체 수익의 15퍼센트에 불과하며 전체 해외 판매활동의 삼분의 일 정도이지만 본격적인 사업 확장을 통해 판매를 증대시키는 것을 궁극적인 목표로 삼게 되었다.

　잠시 '세계 녹지화'이라고 이름붙인 분야에 관해 살펴보자. 녹지화는 지금은 소규모 사업이지만 머지않아 확장될 수 있는 분야로서, 사람들이 높은 생활수준을 그대로 유지하면서 필요한 소비 자원의 숫자를 줄이려는 경향 혹은 필요성을 보다 강하게 느끼고 있다는 점을 이용한 것이다.

　여기서 '에너지'란 증기, 석탄연료 및 핵에너지와 같이, 기존의 발전 시스템에 사용되고 있는 모든 형태의 에너지 자원을 뜻한다. 웰치가 전력 및 송전 변환기 그리고 스위치기어 사업에서 손을 떼긴 했으나 발전 시스템 분야에서는 계속 사업을 추진하고 있었다.

　지난 30년 동안 새로 건축된 핵발전소나 대규모 증기 발전소는 사실 거의 없다고 볼 수 있다. 그 이유는 환경 규제와 로비 활동의 영향과 전기설비 사업에 대한 규제 완화 그리고 재구조화의 영향이다. 이러한 상황적 변화에도 불구하고 기존 설비를 계속 업그레이드하고 수리 및 보완해야 하기 때문에 전기설비 사업 분야는 항상 흑자사업이었다. 독특한 스페어 부품과 노하우 역시 GE를 비롯한 여러 사업체들이 고수익을 얻을 수 있는 비결로 작용했다.

GE가 가장 대범하게 시도한 사업 분야 중 하나는 바로 석탄 사업이었다. 미국이 전력의 거품에서 깨어나면서 증기 터빈 사업은 순식간에 몰락했다. 이로 말미암아 부품 판매량 또한 2002년의 323개에서 2003년에는 122개로 크게 줄어들면서 암울한 결과를 낳게 되었다. 하지만 GE는 앞으로 석탄용 설비에 대한 주요 억제 정책이 2011년까지 계속되면서 오염 수준이 낮은 새로운 터빈의 필요성이 대두할 것이라고 예상했다.

현재 GE는 연소 과정 중 첫 번째 마무리 단계의 석탄 연소로 인해 발생하는 오염량의 대부분을 해결한 새로운 설비 개발을 진행중이다. GE는 중국만을 놓고 보더라도 약 850억 달러 정도의 청정 사업 기회가 있다고 예상하고 있다.

핵발전 사업이 가장 호황을 누렸을 때, GE는 가압수형 원자로가 아니라 비등수형 원자로를 추진 대상으로 선택했다. 하지만 이미 설치된 핵발전소의 75퍼센트 이상이 가압수형 원자로였으며 중국과 같이 새롭게 떠오르는 시장에서도 가압수형 원자로가 지배적이었다. "중국은 원자력 발전에 대해서 엄청난 잠재력을 지닌 국가이다. 2020년까지 32개의 핵반응기를 건설할 계획을 가지고 있으며 사실 10개의 핵반응기가 이미 가동중이거나 건설이 진행되는 과정이다."[16]

2006년 1월에 브리티시 핵연료(British Nuclear Fuels ; 핵발전 자산을 포함하여 웨스팅하우스의 나머지 부분을 인수한 회사)는 회사를 매각하기로 결정했다. GE는 히타치와 함께 매입 신청서를 제출했다. 다른 매입 신청 회사는 모두 일본계 회사로서 미츠비시 중공업과 도시바였다. 도시바는 54억 달러를 제시하여 마침내 웨스팅하우스를 낙찰 받게 되었다. 당시 GE는 이러한 입찰 가격이 터무니없이 비싸다고 생각했지만, 도시바에게 낙찰을 빼앗김에 따라 가압수형 원자로 기술을 접할 수 있는 기회뿐만 아니라, 기존의 대규모 설비시설 및 중국 시장을 공략할 수 있는 가능성마저 포기할 수밖에 없게 되었다.

하지만 이 일을 통해 GE가 가압수형 원자로 공급회사인 히타치와 인연을 맺게 된 것은 의미심장한 일이었다. 어쩌면 이 때문에 GE가 웨스팅하우스 매입을 위한 입찰 가격을 올리지 않은 이유일지 모른다. 현재 GE는 자신의 비등수형 원자로 기술과 히타치의 가압수형 원자로 기술을 통합하여 중국 시장에서 큰 몫을 차지하기 위한 기반을 준비하고 있다. <월스트리트 저널>은 "2006년에 중국은 웨스팅하우스가 주도하는 4개의 핵발전 시설을 건설하는 계약을 수락했다."라고 보도했다.[17] GE가 웨스팅하우스를 인수하기 위해 최고의 입찰가격을 제시하지 않은 것은 두고두고 후회할지 모른다. 시간만이 GE의 결정의 진가를 보여줄 것이다.

이멜트는 전기설비와 유럽의 이산화탄소 배출량 상한선과 같은 어려운 규제사항이 하나의 사업이 될 수 있다고 생각했다. 따라서 그는 일련의 신흥 사업에 착수하여 위와 같은 문제에 봉착한 고객들에게 배출량을 줄이거나, 경우에 따라 배기가스를 완전히 없앨 수 있는, 새로운 방법이나 보다 효과적인 방법을 알려주었다.

바로 여기에서 '기반 시설'로부터 '녹지화 사업'으로 전환하는 과정이 시작된다고 볼 수 있다. 이멜트는 최근에 와서, '에코메지네이션(Ecomagination)'이라는 새로운 표현을 사용하고 있다. 이 말은 생태학(Ecology)과 상상력(Imagination)을 접목시켜서 환경 보호와 녹지화를 추진'하는 것을 의미한다. <포브스>에 따르면, 에코메지네이션은 크로톤빌에서 교육받은 에너지 분야 및 중공업 기업의 대표들이 함께 모여서 이루어낸 '꿈의 세션'의 결과라고 말할 수 있다.[18]

풍력 또한 에코메지네이션 전략의 일환이다. GE는 풍력을 활용할 수 있는 기술 및 설비를 즉시 갖추었다. 풍력은 전혀 오염이 발생하지 않고, 가동 또한 석유나 가스와 같이 자원이 소모되지 않는다는 장점을 안고 있다.

하지만 풍력 또한 문제점이 전혀 없는 것은 아니다. 예컨대 풍력 설비를 건설하려면 해당 지역 사회 주민들의 허락을 받아야 하는데 이 점이 결코 쉽지 않기 때문이다. 대부분의 경우, 풍력발전소를 세우기에 적당한 곳은 매사추세츠 주의 케이프 코드처럼, 유리한 입지조건으로 땅값이 높은 곳이다. 이 문제점을 극복하기 위한 일환으로 GE는 최근에 유럽에 있는 풍력 발전 시설을 몇 개 매입했으며, 풍력 자원을 이용할 뿐만 아니라 이러한 설비 운영에 대한 연구 또한 진행하고 있다.(이는 GE가 보유하고 있는 재정의 영향력이 어떻게 현금 유동력이 부족한 소규모 기업들은 꿈꿀 수 없는 기회를 갖게 해주는지를 보여주는 좋은 사례라고 할 수 있다.)

GE가 유럽에서 배운 것을 케이프 코드와 같은 지역에 즉시 적용하는 것은 시간문제에 불과할 것으로 보인다. 이 책을 집필하는 중에 나는 한 가지 소식을 들었다. 풍력 사업이 매우 성공적으로 진행되고 있으며 주문량도 상당히 밀려있다는 것이었다.(여기에서 우리는 1981년 존스의 전략에서 추천된 벤처 사업 중에 풍력 사업이 포함되어 있었다는 점에 주목해야 한다. 또한 풍력 사업은 기술 기반 사업이 현실화되기까지 얼마나 많은 시간이 소모되는지를 여실히 보여주고 있다.)

흥미롭게도 칠레에 있는 풍력발전 시설을 비롯해 전환 설비에 대한 GE의 소유 지분과 운영 방법은 초기 에디슨 회사와 닮은 점이 많은 것 같다. 당시 에디슨 회사는 미국 내의 설비에 대한 소유 지분을 가지고 있었다. 물론 당시 설비 사업은 매우 작은 규모였지만 GE가 설비 소유주이자 운영 주도권자로서 입지를 굳힐 수 있도록 해 주었다. 관련 규제 사항이 계속 완화되고 있는 점을 감안할 때, 언젠가는 GE가 주요 설비의 소유주 자리를 다시 가지게 될 것으로 기대할 수 있다.

수자원은 GE의 사업 분야 중 획기적인 것이라 할 수 있다. 하지만 최근 인수 사업 현황에 비추어 보건대 이멜트는 GE가 놓치지 말아야 할 국제적 사업 기회라고 생각할 것이 틀림없다. 이 점과 관련하여 가장 주목할 만한 것은 아이오닉스(Ionics)를 인수한 것이다. GE는 2004년 말까지 총 11억 달러를 지불하고 정수 및 탈염 전문 회사인 아이오닉스를 인수했다.

당시로서는 상당히 비싼 가격처럼 보였지만 그만한 가치가 있는 거래였다. 2005년 6월 GE는 알제리에 2억 7천만 달러 규모의 탈염 공장을 건설하기 위하여 알제리의 에너지 회사와 제휴 관계를 맺게 되었다. GE는 이 사업에 2천만 달러를 투자하고, 새로운 공장지분의 30퍼센트를 갖게 될 것이다.

현재 쿠웨이트 정부와 합동하여 쿠웨이트 내에 새로운 설비를 건설하는 문제로 협상이 진행중이다. 이 협상은 연간 2억에서 3억 달러 규모의 탈염 공장 3~4개를 건설하고 운영하는 것에 관련된 것으로 총 시장 규모는 4천억 달러가 될 것으로 내다보고 있다.[19]

모두에게 유익한 것은 아니지만 적어도 GE에게는 유익하다

그렇다면 이러한 기회가 정말 놓치기 아까운 것이라고 말할 수 있을까? 관점에 따라 대답은 달라질 것이다. 즉 각 회사의 기술이나 자산 기반에 따라 여러 가지 대답이 나올 수 있다. 하지만 이러한 기회의 공통적인 특징이 있다면 무엇일까? 다음과 같이 7가지로 정리해 볼 수 있다.

1. 대규모 혹은 전 세계적인 규모
2. 자본집약적
3. 고객에게 금융서비스를 제공하거나 주주 자격을 부여할 필요성
4. 장기 의사결정 순환주기
5. 승자가 모든 것을 다 가지게 되는 게임
6. 만만치 않은 적수들
7. 강력하고 지속적인 서비스와 매출 증대

이러한 요소들은 대부분의 기업에게 사실 매우 부정적이라는 점은 부인할 수 없는 사실이다. 하지만 GE는 오랫동안 이러한 요소들을 병행하면서 성공적인 경영을 이룩해왔다. GE는 대규모 시장 경쟁에서 최선을 다하는 자세를 보였으며 특히 금융 면에서 아주 특별한 도움이 필요한 고객들을 대하거나 서비스, 부품 및 업그레이드 등 지속적으로 높은 이윤의 수익을 창출할 수 있는 기회를 만들 수 있는 분야에서 꾸준히 노력했다.

15 장
■ ■ ■
지속적인 문화의 변화

새로운 환경에 대처하려면, 더욱 혁신적으로 기업을 변화시켜야 한다.[1]

제프리 이멜트, **2006.**

CEO로 취임한 이래, 제프리 이멜트는 기존의 GE 경영자들이 선택한 방식을 유지해왔다. 기존의 방법이란, 새로운 경영자의 스타일과 주요 관심 분야에 맞추어 회사의 문화를 조절하는 것이다. 여기에는 GE 캐피탈을 분해하는 것을 포함한 주요한 구조 변화를 감행하는 것이 포함되었다. 또한 회사 전체에 걸쳐 독창력을 고취시키고 필요한 커뮤니케이션을 명확히 하는 일에 주력했다.

이것은 이멜트가 취임 후, 첫 5년 동안 이룬 주요 업적 중 일부에 불과하다. 이번 장에서는 그의 업적에 초점을 맞추어 논하도록 한다.

GE 캐피탈의 영향력을 중화하다

GE 캐피탈은 누가 뭐래도 엄청난 성공작이라고 할 수 있다. 이 회사는 상당히 큰 규모로 성장했다. 외부 관찰자들에게 GE는 일부 제조업 관련 업체를 보유한 대규모 금융 서비스 회사처럼 보였던 것도 무리는 아닐 것이다.

회사의 내부 사람들 역시 GE 캐피탈의 엄청난 영향력에 공감하고 있었다. 사실 이 회사는 원하는 바는 무엇이든 할 수 있을 정도로 지나친 힘을 얻었다. 게리 벤트가 떠난 후로 상당한 변화가 일어났지만 이멜트는 GE 캐피탈의 영향력을 통제하면서 GE의 계열사로 제자리를 찾게 하겠다는 결심을 양보하지 않았다.

그는 이 결심을 행동으로 옮겼다. 먼저 재보험 사업을 30억 달러라는 헐값으로 스위스 리(Swiss Re)에 매각했다. 물론 GE가 스위스 리사에 대한 12퍼센트의 지분을 확보했으며, 웰치가 키더를 매각할 때처럼, 앞으로도 약간의 수익이 더 있을 것으로 예상되지만, 확실한 것은 이 매각이 재무상의 이득을 염두에 둔 것이 아니라는 점이다.

둘째, 이멜트는 GE 캐피탈의 보험 사업이 9퍼센트의 자기자본 수익률을 내는데 그친 것에 이의를 표명했다. 따라서 그는 2004년 5월에 시작하여 2005년 3월에 마칠 때까지 새로 만들어진 회사인 젠위스(Genworth)의 지분을 분리했다. 흥미롭게도 젠위스는 GE의 계열사로 있을 때보다, 독립적 기업이 된 이후로 더 많은 성장을 이루었으며, 이 기간 동안 주식은 무려 74퍼센트나 오름세를 보였다. 아마 젠위스의 성공 비결은 포트폴리오 경영 기술을 도입한 것과 가장 수익률이 높은 분야인 장기 관리 및 저당권 보험에 주력한 것이라고 말할 수

있다.[2]

셋째, GE 캐피탈은 상업금융 서비스(2005년 매출 206억 달러)와 현재 GE 머니(GE Money, 196억 달러의 규모)로 알려진 소비자 중심 금융 서비스 분야로 양분되었다. 이러한 분할을 각각의 성장 기회로 삼고자 했으며 여러 차례의 인수 과정과 국제화 노력을 기울였지만, 실제로는 각자가 원하는 바를 시도하는 면에서는 훨씬 더 자유롭지 못한 입장에 처하게 되었다.

마지막으로 GE 캐피탈의 두 가지 주요 요소인 헬스케어와 재무 분야는 다른 사업 분야에 통합되어 마케팅 노력을 증진시키는 요소로 활용하게 되었다.

결국 이멜트는 자신의 확신을 그대로 과감하게 실천에 옮겼으며 특히 당시에 본사의 중앙 통제를 거부하기 시작한 사업단위에 대한 다양한 정면 공격을 서슴지 않았다. 저자의 생각에는 이멜트가 GE 캐피탈의 영향력을 분쇄시킨 것은 1950년대에 코디너가 전기 설비와 계열 산업의 리더들에 대한 자신의 통제력을 관철시키기 위해 기울인 노력과 비슷한 점이 많다.

기업 내부 벤처 사업의 재탄생

웰치의 시대 이전에는 GE는 외부 기업 인수에 의존하는 것이 아니라 내부로부터 새로운 사업을 창출해 내는 것에 상당한 자부심을 가지고 있었다. 바로 이 점이 보크가 제시한 9가지 벤처 사업의 기저에 있던 원칙과도 같았다. 당시 그가 제시한 새로운 사업의 95퍼센트가 내부에 기반을 둔 것이었다.

존스가 유타 인터내셔널을 인수한 것은 당시 동종 업계 내에서는 최고 규모의 액수로 기록된 인수 건이었으며, 이를 시작으로 GE는 기업인수에 박차를 가하게 되었다. 하지만 존스는 계속해서 유기적 성장과 내부 벤처 사업 창출에 많은 관심을 기울였다. 그는 새로운 사업을 창출하기 위해 독립적인 벤처 조직 두 곳을 설립했으며, 다양한 비즈니스의 통합적 접근으로 새로운 벤처 사업을 실험하기 위하여 경쟁의 개념을 사용하였다.

하지만 정작 기업 인수와 합병이 주요 성장 방법이 된 것은 웰치가 경영권을 잡은 이후라고 할 수 있으며, 이러한 경향은 이멜트까지 계속 이어졌다.(앞장에서 살펴보았듯이, GE와 같은 초대형 기업은 성장을 계속하기 위해서 인수 작업을 거듭하지 않을 수 없다.) 물론 이멜트 역시 기업 인수에 치중하기보다는 유기적 성장에 더 많이 초점을 두고 있었다.

유기적 성장의 기회를 찾고 이를 개발하기 위해서 이멜트는 '상상력 돌파(imagination breakthrough)'라고 이름붙인 혁신 과정을 직접 만들었다. 상상력 돌파란 1억 달러 이상의 점증적 성장을 이루는 잠재력을 갖춘 새로운 기회를 찾아내기 위해 설계된 방법이었다. 이는 다음의 네 가지 영역으로 다시 나뉜다.

- 기술 혁신
- 소비자와 GE 모두를 위해 가치를 창출하는 새로운 아이디어
- 시장 확대를 위한 기회
- 참신한 아이디어를 상업화한 상품으로 바꿀 수 있는 프로젝트[3]

2004년 보고에 따르면, 지난 4년에 걸쳐 이멜트는 위의 프로젝트에 50억 달러를 투자했으며, 이를 통해 250억 달러의 수익 증대를 기대하고 있다.[4] 또한 2005년 GE 연간 보고서에서는 "우리의 유기적 성장률이 과거의 5퍼센트에서 무려 8퍼센트까지 증가되었다."라고 당당히 보고했다는 점 또한 유의할 만하다.

저자로서 나는 위와 같은 GE의 야심만만한 시도에 많은 흥미를 갖게 되었다. 실제로 이와 같이 높은 수준의 목표를 달성할 수 있을지 또한 매우 귀추가 주목되는 사항이라 할 것이다. 개인적으로 GE에 근무하던 시절과 GE를 퇴직하고 외부에서 활동하던 시절을 통틀어서 수없이 많은 기업 내부의 벤처 프로젝트를 진행한 경험을 돌이켜 볼 때, 성공의 열쇠는 최고경영진의 아낌없는 지지와 격려 그리고 프로젝트를 성공시키기 위해 기꺼이 헌신적인 태도를 보이는 팀원의 구성이라고 할 수 있다.

4년 만에 250억 달러 규모의 새로운 수익이 발생할 것인지를 가늠하는 것은 결코 쉬운 일이 아니다. 다소 편견에 치우친 말처럼 들릴지 모르지만, 나는 누구나 할 수 있는 일이라면 GE는 당연히 할 수 있다고 생각한다.

독자적인 프로세스

이멜트는 그의 전직 경영자들과 마찬가지로 회사 운영에 상상력을 불어넣기 위하여 자신만의 프로세스를 개발했다. <하버드 비즈니스 리뷰> 2006년 6월호에 보도된 것처럼, 이멜트는 "성장을 위한 실행 : 6가지 프로세스"라는 제목으로 자신이 개발한 프로세스를 소개했다.

이 기사는 각 과정의 주요 부문을 설명하기 위하여 6개의 원을 사용하고 있다.(이것은 웰치가 자신의 포트폴리오 우선순위를 설명하기 위해 처음으로 시도했던 방법을 생각나게 한다.)

1. 첫 번째 원은 **소비자**에 초점을 맞추고 있는데, 소비자와 성장 추진력을 만족시키기 위한 프로세스를 활용할 필요성도 부각시켰다.
2. 두 번째 원의 **혁신**은 새로운 아이디어를 창출하고 다양한 가능성을 현실화하기 위한 방법을 개발할 필요성을 역설하는 것이다.
3. 세 번째 원의 **고도의 기술**은 최고의 상품과 내용 그리고 서비스를 제공할 필요성을 강조한다.
4. 네 번째 원의 **상업적 우월성**은 전 세계적 규모의 판매망을 구축하고 GE의 단일 가치를 보여줄 수 있는 마케팅 능력을 개발할 필요성을 의미한다.
5. 다섯 번째 원의 **세계화**는 지구 전역 어디에서나 비즈니스 기회를 만들어내는 능력 혹은 전 세계적 규모의 시장을 구축하고 확장하는 일에 초점을 두고 있다.
6. 여섯 번째 원의 **성장 리더**는 소비자와 GE의 성장을 도울 수 있는 방법을 이해하는 사람들을 진취적으로 개발하는 것을 뜻한다.

이러한 프로세스는 경영의 핵심, 전문성의 개발 그리고 훈련 프로그램에 모두 통합될 것이며, 이멜트의 경영 문화의 중심으로 자리 잡게 될 것이다. 코디너의 전문적 비즈니스 경영전략과 존스의 전략적 사고 및 웰치의 식스시그마에 대응하는 개념이 될 것 같다.

성공적인 전략과 창의력을 계속 유지하다

지금까지는 이멜트의 전략과 진취적인 도전이 웰치와 어떤 점에서 다른지를 집중적으로 다루었다. 하지만 변화된 것보다는 기존의 방법이 그대로 유지되는 부분이 훨씬 많은 것이 사실이다. 이제부터는 기존의 방법을 그대로 유지시키는 분야는 어떤 것이 있는지 살펴보자.

유사한 부분들

- 무조건 신성시해야 할 대상은 없다 : 포트폴리오 경영방식
- 포트폴리오 경영과 인재양성
- 테마와 도전의 통합

무조건 신성시해야 할 대상은 없다 : 포트폴리오 경영방식

이멜트가 포트폴리오 방식의 경영자라는 점에는 의문의 여지가 없다. 처음에 그는 회사를 두 가지 경영방식으로 분리해서 설명했다. 한 가지 방식은 성장사업 분야이고 또 다른 하나는 이 성장사업 분야의 성장을 가능하게 해주는 현금창출 사업이었다. 성장의 기반이 되는 사업은 에너지, 헬스케어, 기반시설, 운송, NBC, 상업 금융 서비스

와 소비자 금융 서비스였다. 반면에 현금창출 사업은 소비자 제품과 산업용 제품, 신소재, 보험업 등으로 구성되었다.

제프리 이멜트는 존스와 웰치의 경영시기부터 계속되어 온 모든 자회사에 대해 매년 실시하던 포트폴리오 평가를 그대로 유지했다. 본사의 경영팀은 높은 수익률과 성장을 이룩한 자회사에만 투자를 집중하는 것처럼 보이기까지 했다.

2001년과 2005년 사이에 GE는 보험업과 전기제품 모터사업 및 공업용 다이아몬드와 인도에 건립한 아웃소싱 운영에 대한 투자를 중지했다. 2006년 중반에는 GE의 브랜드로 생산되는 각종 소비자 제품 및 산업용 제품 전반의 유통을 담당하기 위하여 1920년대에 설립된 제너럴 일렉트릭 서플라이(General Electric Supply)를 프랑스의 유통기업에 매각처분했다.

곧이어 같은 해 9월에는 투자은행 기업인 아폴로(Apollo)와 새로운 계약을 맺고 복합성 재료 사업(실리콘 기반의 물질을 생산하고 판매하던 사업)에 대한 투자를 중단하게 되었다.

이러한 점을 볼 때, 이멜트는 계속해서 모든 사업 분야를 평가하면서, 성장과 수익성에 도움이 되지 않는 사업은 과감히 퇴출시키고 있다고 할 수 있다.(표 15-1 참조)

'인간 포트폴리오'와 새로운 문화 개발

이멜트는 정기적으로 자신이 인재양성과 평가를 계속하는데 주력하고 있음을 강조했다. 이 점에 대하여 그는 2005년에 다음과 같이 말하였다.

인재를 개발하고 자극하는 것은 내가 해야 할 일 중에서 가장 중요한 부분이다. 나는 시간의 삼분의 일은 항상 사람들과 함께 보내고 있다. 특히 4월에는 세션 C라는 이름의 인재양성 과정에만 온전히 참여했다. 사실 나는 시간의 대부분을 우리 기업의 고위 중역들 600명과 함께 보내게 된다. 우리가 기업을 운영하는 방식은 대규

사업 분야	헬스케어	NBCU	기반시설
총매출 순이익	151억 달러 26억 달러	147억 달러 31억 달러	417억 달러 78억 달러
주요사업 영역	▪ 진단용 이미징 ▪ 생명과학 ▪ 병원 설비 ▪ 정보 기술 ▪ 각종 서비스업	▪ 네트워크 ▪ 영화 ▪ 방송국 ▪ 연예사업 ▪ 케이블 방송 ▪ TVPD ▪ 스포츠 및 올림픽 중계 ▪ 각종 경기장 NBC 유니버셜	▪ 항공기 엔진 ▪ 에너지 ▪ 석유 및 가스 ▪ 물 ▪ 에너지 금융 서비스 ▪ 항공 금융 서비스
사업 분야	산업 금융 서비스	상업 금융 서비스	소비자 금융 서비스
총매출 순이익	326억 달러 26억 달러	206억 달러 43억 달러	197억 달러 31억 달러
주요사업 영역	▪ 소비자 및 산업 상품 ▪ 플라스틱 ▪ 실리콘과 석영 ▪ 보안 ▪ 센서기 ▪ 화학 ▪ 검열 기술 ▪ 설비 서비스	▪ 대여 ▪ 부동산 ▪ 법인 재정 서비스 ▪ 헬스케어 금융 서비스 ▪ 보험	▪ 유럽 ▪ 아시아 ▪ 아메리카 ▪ 오스트레일리아

표 15-1 2006년에 제시한 이멜트의 여섯가지 주요사업 분야

모 기업이라는 점에 초점을 맞추는 것이 아니라 모든 경영 리더가 자신의 분야뿐만 아니라 기업 전체에 크고 작은 기여를 할 수 있도록 파트너십을 더 강조하게 된다.[5]

세션 C는 1월에 시작해서 12월에 마무리될 때까지 주요 경영 과정의 일부로서 계속 운영되었다. 세션 C의 목적은 예전과 마찬가지로 최고가 될 수 있는 사업 분야를 찾아내어 자원 투자의 초점을 맞추는 반면 그렇지 못한 분야는 정리하는 것이었다.

그러나 이멜트가 경영권을 가진 이후로 이러한 세션의 분위기는 다소 약해졌다. 이멜트의 개성과 스타일이 반영되면서 종업원들이 자신을 개발하는 일에 더 치중했으며, 특히 여성들이 GE의 '유리 천장(여성들이 직장에서 겪는 되는 어려움으로 승진에서 일정 단계에 이르면 부딪치게 되는 보이지 않는 장벽을 의미함 - 옮긴이)'을 뚫고 올라갈 수 있도록 하는데 상당한 관심을 기울이게 되었다. 그 결과 유례를 찾아볼 수 없을 정도로 많은 여성이 고위 임원과 경영 책임자 및 각종 전문직으로 승진했다.

이 또한 이멜트의 개인적인 성향을 엿볼 수 있는 부분이다. 그는 이미 여성들을 돕는 분야에서 국가 차원의 활동을 해온 바 있으며, 자신이 이사로 활동하고 있는 카탈리스트(Catalyst)라는 여성 단체로부터 여러 차례 감사패를 받기도 했다.

존 F. 웰치의 학습 센터 이멜트가 이룩한 공식적인 변화의 한 가지는 웰치를 기리기 위해서 크로톤빌의 이름을 바꾼 것이다. 이 또한 GE의 기존 문화에 역행하는 행동이라 할 수 있다. 과거를 돌이켜 보면 GE는 퇴직한 CEO의 이름을 사용하는 것을 극히 자제해 왔기 때문이다. 하지만 늦게 시작한 만큼 웰치는 이 학습 센터를 자신의 개인적 강연장으로 바꾸는데 주력했고 이를 토대로 많은 변화를 시도했다. 물론 웰치처럼 그는 이렇게 눈에 띄게 자신의 이름을 드높이는 일을 반대하지 않았을 가능성이 매우 높다.

크로톤빌의 교육 과정은 여전히 GE의 경영 개발 활동에서 중요한 부분을 차지하고 있었다. 알려진 바에 따르면 GE는 웰치 학습 센터를 포함하여 사내 리더십 개발 프로그램을 위하여 매년 10억 달러를 사용했다.[6] 이 모든 전반적인 움직임은 과거와 일맥상통하는 바가 크다. 교육 대상자들은 세션 C에서 받은 등급과 평가 결과에 따라 선발되었다. 또한 GE 방식을 강의하거나 현재의 진취적인 도전에 맞추어 회사 안팎의 인재들이 강사로 기용되었다.

이멜트는 강력하고 뿌리 깊은 경영진을 구축하고, 내부로부터 전문적인 경영자들을 육성하기 위하여 기존의 전통을 유지했다.

지난 2005년 이멜트가 주주들에게 보낸 편지에서는 회사의 성공적인 경영에 필요한 요소를 설명하면서 자신이 경영자로서 핵심인재들을 훈련하고 이끌어가기 위해 이러한 요소들을 어떻게 활용하고 있는지를 다음과 같이 밝혔다.

우리는 회사가 유기적 성장을 거듭하는 가운데 장기적인 성공을 거두게 해준 요소들을 분석했다. 이 점과 관련하여 다음과 같은 5가지 기본 특성들을 찾을 수 있다.

1. 성공을 정의하기 위해 시장 중심의 용어를 사용하고 회사 외부의 관점에서 초점을 맞춘다.

2. 전략을 구체적인 행동으로 단순화하며, 필요한 결정을 내리거나 우선순위를 논할 수 있는 간명한 사고력이 중요하다.
3. 직원 채용이나 기업 이념 등에 대해 어느 정도 위험을 감수할 수 있는 창의력과 용기가 필요하다.
4. 동료들과 함께 한다는 느낌, 그들과 나누는 팀워크는 애사심과 헌신적인 근무 태도를 더욱 고취시켜 준다.
5. 특정 분야와 기술에서 전문성을 발전시키며, 연륜을 바탕으로 자신감을 쌓아 변화를 주도한다.

2005년 이러한 기술을 가르치기 위한 훈련 과정을 개발했으며, 2006년에는 이러한 특성을 기준으로 경영책임자들을 평가하기에 이르렀다.

따라서 이멜트가 크로톤빌과 훈련 프로그램 및 세션 C를 활용하여 웰치의 성공을 모방하려는 의도를 가지고 있음이 분명하다. 그는 임원들에게 사고의 전환을 유도하여 GE에서 성공하기 위해서 갖추어야 할 점을 확실히 이해하도록 도와주었다. 다시 말해서 '경영의 종교화'라는 근본 원칙이 여기에서도 나타나고 있는 것이다.

초보 수준의 훈련 : 여전히 중요한 요소이다 GE의 인재양성 프로그램을 논할 때는 주로 경영진 훈련이나 전문훈련 과정에 초점이 맞추어지는 경향이 있다. 하지만 실제로 기능 훈련 과정의 복잡한 구조는 훨씬 더 낮은 수준의 직원들, 즉 초보 수준의 기술, 세일즈, 재무, 마케팅, 인간관계 훈련 프로그램을 대상으로 마련된 것으로서, 이는 사실 코핀이 경영자로 있었던 시기부터 지금까지 계속되어 온 프로

그램이다. 물론 지금 이 훈련 과정에서 찾아볼 수 있는 가장 큰 변화는 모든 프로그램이 국제화되어 있으며, 교육 대상자들이 각 지역 대학에서 학위를 취득하도록 격려한다는 것이다.

이에 더하여 다음과 같은 새로운 프로그램이 추가되었다.

- 숙련된 정보기술 능력을 개발하기 위한 정보관리 리더십 프로그램(Information Management Leadership Program, IMLP)이 마련되었다.
- 이멜트는 마케팅과 세일즈 기능을 강화하는데 남다른 관심을 갖고 있었으므로, 마케팅 프로그램은 두 가지, 즉 학사학위 수준의 업무 리더십 프로그램과 석사학위 수준의 경력자를 위한 업무 리더십 프로그램으로 나누어 볼 수 있다.

마지막으로 각 사업 분야별로 특수화된 프로그램도 제공되고 있다. GE 캐피탈, 산업용 설비 및 전력 시스템과 GE 공급회사는 모두 각자 나름대로의 훈련 프로그램을 갖추고 있으며 인턴십 프로그램과 협동관리 프로그램 역시 계속 진행중이다.

테마와 도전의 통합 스위프트와 영이 경영권을 주도한 이래로 GE는 계속해서 기업의 테마를 통합하여 간명하게 표현함으로써 기업의 현 상태와 앞으로 지향하는 모습을 쉽게 표현할 수 있도록 마련했다. 지금까지 GE가 추구한 목표들을 간단하게 살펴보자.

- 1930년대에서 1950년대 초반까지 GE는 소비자들에게 "전기 발

전을 사용해서 풍요로운 삶을 누리라"고 권했다.

- 로널드 레이건을 기업의 대변인으로 앞세웠던 코디너는 기업의 다양성과 혁신을 강조하기 위해서 "진보는 우리가 가장 중요하게 여기는 상품"이라고 역설했다.
- 존스가 주창하여 웰치의 경영시기까지 이어진 "우리는 삶을 유익하게 합니다"라는 슬로건은 사반세기 이상 지속되었다.
- 이멜트는 '상상을 현실로(Imagination at Work)'와 '에코메지네이션'이라는 두 가지 슬로건을 통해 GE가 더욱 혁신하려고 노력하고 있음을 시사했다.

미래에 대한 전망과 통찰

제프리 이멜트는 GE를 재창조하여 그의 전임자들과는 전혀 다른 방향으로 기업을 이끌어가고 있다. 그가 처음으로 CEO가 되었을 때, GE는 상당히 안정된 포트폴리오를 가지고 있었으며 기술이나 상품 기반의 기업 이미지를 벗어나서, 금융 서비스에 점점 더 의존해가고 있었다. 금융 서비스는 엄청난 현금 흐름을 창출했으며 순이익 성장은 매출 성장의 두 배에 가까울 정도로 급속히 늘어났다. 이는 성공적인 서비스 사업 분야를 잘 통합하고, 중요도가 비교적 낮은 몇몇 사업 분야에 대한 체계적인 수익을 창출한 결과였다.

이멜트는 모든 성공적인 사업은 소비자에게서 출발하며 소비자의 욕구를 충족시키거나 자극할 수 있는 혁신적인 상품과 서비스를 계속해서 개발해야 한다는 자신의 강한 신념을 기반으로 새로운 전략을 구상했다. 그가 기업의 창의성을 증대시키고 중요한 소비자 문제를 해결하기 위해 시스템과 솔루션의 개발을 강조한 것이 분명하다. 이멜트는 연구개발 센터 또한 잊지 않고 풍부한 지원을 하였으며, 세계 곳곳의 전략적 요충지마다 새로운 연구개발 센터를 건립했다.

인상적인 결과를 창출했으나 주식 시장에서는 큰 성공을 얻지 못하다

이멜트가 경영을 맡은 이후로 GE의 매출은 1,080억 달러에서 무려 1,500억 달러까지 상승했으며 순이익 또한 138억 달러에서 163억 달러로 증가했다. 매출과 순수익은 2006년에도 계속 상승세를 보여 매출은 1,634억 달러, 그리고 순수익은 207억 달러를 기록하였다. 해외 매출 또한 2006년에 800억 달러에 이를 것으로 예상하고 있는데, 이는 2001년에 비해 두 배나 늘어난 것이다.

2005년을 기준으로 현금흐름은 42퍼센트가 증가하여 216억 달러가 되었으며, 총자본 이익률 또한 16.4퍼센트까지 오름세를 보였다. 따라서 GE는 신용평가에서 계속 AAA 등급을 유지하고 있다.

결론적으로 이멜트와 그가 이끄는 경영진은 기업의 수익 증대와 더불어 당면 과제를 성공적으로 극복하는 두 가지 일을 매우 훌륭히 해냈다고 말할 수 있다.

하지만 주식시장과 투자자들은 우호적인 반응을 보이지 않았다. 이 책을 집필하고 있는 시점을 기준으로 주식은 이멜트 취임 이후로 13퍼센트나 하락했다. 주식시장은 여전히 과거의 화려한 GE의 모습을 기대하고 있다.

이와 같은 하락은 이멜트와 그가 이끄는 경영진에게 상당한 실망감을 주었을 것이 분명하다. 그는 주가 회복에 상당한 노력을 기울이고 있으며, 결국 주위의 기대감를 불러일으키고 이에 부응하려는 것이 그의 주된 목적임을 부인할 수 없을 것이다.

높은 수준의 기대에 부응하다

웰치는 상당히 높은 수준의 기대치를 만들어냈으며, 이멜트는 이러한 기대치를 훌륭히 소화해냈다. 여기서 중요한 것은 이멜트가 해낸 일이 많은 사람들의 관점에서 비현실적이며, 현실에서 이룰 수 없을 정도로 지나치게 높은 수준의 기대치였는가의 여부이다.

다음에 제시된 네 가지 분야는 주위의 기대치에 온전히 부응함으로써 이멜트가 세상에 보여준 그의 능력을 분석한 것이다.

성장을 현실화할 수 있는 능력 이멜트는 GE가 8퍼센트의 유기적 복합성장률을 유지할 수 있다는 주장을 굽힌 적이 없다. 그는 GE가 이처럼 유례없는 규모의 성장을 이룰 수 있도록 하기 위해 새로운 과정을 개발하기까지 했다.

앞에서 인용한 바 있는 <하버드 비즈니스 리뷰>의 2006년 6월호에서는 이멜트가 도전을 인식하고 있으며, 2005년에는 목적한 대로 기업을 성장시켰고 2006년에도 자신의 의도대로 기업 성장을 이끌어낼 것이라고 보도했다.

그는 이 점에서 누구보다 강한 확신에 차 있으며, 이를 현실화하는 데 필요한 열정 또한 갖추고 있다. 하지만 나의 경험과 연구 결과에 비추어 볼 때, 그가 과연 해낼 수 있을까라는 의심을 떨칠 수 없다. 사실 저자로서 나는 이멜트가 비현실적인 기대치를 만들었다는 걱정이 앞선다. 장기적으로 보면 그는 9년마다 매출을 두 배로 늘리겠다는 포부를 안고 있지만, 매년 140억 달러의 매출을 계속 증대시키는 것이 정말 가능할 것인가?

만약 실패하면 어떻게 될까? 단 한 해만이라도 그의 의도대로 되지 않는다면? 그러면 주식뿐만 아니라 경영자로서의 그의 명성도 순식간에 위험해지거나 부정적인 타격을 입지 않을까? 내 생각에는 한 번의 실패로 그러한 결과를 겪을 확률이 없지 않다고 할 것이다.

솔루션을 전 세계시장에서 판매하다 GE는 성장을 계속하기를 갈망하므로, 더 적극적인 자세로 돌파구를 찾아야 하는 압박을 받고 있으며, 아시아와 중동 지방의 주요 개발도상국에서 주요 설비와 솔루션 그리고 원스톱 패키지 상품을 판매하는데 의존도를 높여가고 있다. 하지만 안타깝게도 이러한 전략을 효과적으로 수익으로 연결한 선례는 거의 없다는 점을 지적하고 싶다.

주식을 매입하여 이러한 신흥 국가들에 첫 발을 내딛는 것 자체는 결코 어려운 일이 아니다. 개발도상국의 지도자들은 최신 기술을 접할 수 있는 기회는 언제나 적극적으로 환영하기 때문이다. 어떤 경우에는 재정적인 지원을 베풀기까지 한다. 하지만 그들은 이러한 외국 기업이 자국에 뿌리를 내리고 막대한 수익을 거두거나 이러한 수익을 본국으로 가져가는 것은 결코 그냥 두고 보지 않는다. 어떤 외국 기업이 자리 잡는데 성공을 거두면 곧 그 기업은 국영화되거나 인수된 후에 새로운 경영자의 손에 넘겨지게 된다.

뿐만 아니라 개발도상국의 정부들은 안정적이지 못하다. 따라서 외국 기업들은 새로운 지도자가 자본주의를 반대하는 입장을 표명할 경우, 그를 만나서 협상을 해야 하는 상황에 놓일지 모른다. 그런 경우 사회적으로 불안정한 것은 물론이며, 그 곳에서의 경제 활동은 그렇게 활기를 띠지 못할 경우가 많을 것이다.

예상한 것보다 항상 시간이 더 걸리기 마련이다 내가 GE에 근무할 때를 생각해보면, 현재 기준에서 상당히 가치 있는 세 가지 벤처 사업이 서서히 윤곽을 드러내고 있었다. 지금 이 분야는 주요한 신흥 시장이 되었으며, 이미 특정 산업 분야로 자리잡기도 했다. 이 중 한 가지 벤처 사업은 라이센스를 보유한 GE가 최근 새롭게 등장하는 셀 방식의 무선 시장에서 주요 기업으로 입지를 굳히게 된 것과 관련이 있다. 두 번째 벤처 사업은 GE만의 독특한 프로젝션 TV 수신기를 대중화하는데 공헌했다. 마지막으로 세 번째 벤처 산업은 폭스바겐과 손을 잡고 하이브리드 전기 자동차를 개발한 것이다.

세 가지 모두 현실적 가능성이 충분하며 현재 주요 사업으로 크게 성장한 분야이다. 하지만 실제로 이렇게 되기까지는 수십 년이라는 세월이 지나야 했고, 아직 다른 벤처 분야들은 잠재력을 완전히 현실화하기 위한 분투를 계속하고 있다는 점을 기억해야 할 것이다.

여기서 중요한 것은 이멜트가 비록 새로운 상품이나 시스템을 찾아내어 개발하는데 성공했다고 하더라도, 그와 같이 유용한 기술을 실제 비즈니스로 연결하여 소비자를 확보하기까지 걸리는 시간은 그의 예상보다 훨씬 길어진다는 점이다. 그동안 기업의 성장을 계속 유지하기 위해서는 주요 업체의 인수를 지속적으로 실시해야 한다. 사실 이렇게 인수한 기업들 중에서 얼마나 많은 수가 GE가 투자한 금액만큼의 가치를 실현할 것인지는 아무도 예견할 수 없을 것이다.

강력하고 뿌리 깊은 경영진을 유지하다 GE라는 기업이 가지고 있는 최대 장점 중 한 가지는 실력자들로 이루어진, 뿌리 깊은 전문 경영진이다. 이들은 다양한 수준의 경영자들을 끌어들여, 훈련하고 이들을 계속 보유하고 있다. 중요한 것은 이러한 문화가 계속 될 것인지 그리고 성장을 계속하기 위해서, 특히 국제적인 기업 성장을 감안할 때, 충분한 인재들을 보유하는 것이 가능할 것인지의 여부이다.

오늘날 많은 기업이 '필요할 때 바로 인적 자원을 확보하는 방식'을 따르고 있다. 실제로 자신들의 기업만을 위한 맞춤형 리더, 경영자 그리고 전문가들을 개발하기 위해 투자하는 기업은 거의 없다고 말해도 과언이 아니다. 그 대신 이들은 조직적인 헤드헌터 회사의 능력에 의존하여 인재가 필요한 경우 그들이 적임자를 찾아줄 것이라는 기대를 안고 있다. 바로 이러한 헤드헌터 회사들은 이미 훌륭하고 실력 있는 인재들을 보유하고 있으며, 그들의 명성으로 잘 알려진 GE와 같은 기업에서 원하는 인재를 찾게 되는 것이다.

결국 GE는 지금 재능 있는 전문가들을 만날 수 있는 근원지 역할을 하고 있으며, 앞으로도 그러한 역할을 계속할 것이다. 결국 GE는 자체적으로 육성해 놓은 인재들을 보유하는데 상당한 어려움을 겪게 될 것이다.

이와 관련된 대표적인 사례는 바로 데이브 캘혼을 스카우트한 일이다. <포춘>의 2006년 1월호에는 이런 기사가 나온다. "최고의 헤드헌터들이 동의하다 : 최고의 실력을 갖춘 경영자를 찾는 게임에서 1순위 대상은 바로 GE의 데이브 캘혼(그는 아직 CEO는 아니지만 모든 기업이 바라는 경영계의 스타와 같은 존재)이다." 당시 캘혼은 GE의 부사장으로 승진한 지 얼마 지나지 않았을 때였으며 "나의 마음과 영혼은 온전히 GE에 맞추어져 있다. 이 기회는 정말 저에게 소중한 것이다."
라고 말했다.[7]

　하지만 6개월이 지난 2006년 8월 23일에 그는 엄청난 수준의 재정 패키지에 이끌려 GE를 떠났으며, 글로벌 정보 미디어 회사인 VNU 의 CEO로서의 새로운 보금자리를 마련했다. GE에서 잘 알려진 경영 진들은 대부분 주요 헤드헌터들의 스카우트 대상이라고 봐야 한다. 그들은 더 큰 기회나 재정적으로 유리한 조건으로 유혹될 위험에 노 출되어 있다. 이와 같은 인재들의 유실은 GE로서는 상당한 타격이 될 것이 분명하다.

　요약하면, 나는 이멜트와 그가 이끄는 경영진이 혁신과 세계화를 통해서 유례없는 규모의 유기적 성장을 이루어낼 수 있을지 확신이 서지 않는다. 또한 과거와 마찬가지로 계속해서 실력자들로 이루어 진, 강력하고 뿌리 깊은 경영진을 계속 유지할 수 있을지도 상당한 의문이 든다. 하지만 GE처럼 멋진 기업을 사랑하는 팬으로서의 입장 에는 변함이 없을 것이다. 나는 이러한 걱정들이 다 근거 없는 것으 로 밝혀지고 이멜트가 계획대로 기업을 성공적으로 확장하며, 그의 전임자들처럼 기업 내외부에 필요한 여러 가지 변화를 성공적으로 이룩하기 바란다.

16 장

■ ■ ■

성공의 요인

이제 우리는 130여 년에 걸친 GE의 역사를 모두 살펴보았으며, GE라는 기업의 전략, 방침, 성공 및 실패도 다양하게 다루어보았다. 이제 우리가 살펴본 점들에서 이끌어 낼 수 있는 통찰을 몇 가지로 요약해 본다.

GE가 그 오랜 기간 동안 성장과 번영을 이룰 수 있었던 것은 다음과 같은 5가지 요소로 요약해 볼 수 있다. 앞에서 살펴본 장마다 제시된 것처럼, 각 요소는 첫글자를 따서 LATIN으로 요약할 수 있다. LATIN은 리더십, 적응력, 인재양성, 영향력 그리고 네트워크를 가리킨다.

이 다섯 가지 요인을 살펴보면서 독자들은 여기에서 얻을 수 있는 교훈을 각자의 기업에 어떻게 적용할 수 있을지를 함께 생각해 보기 바란다.

1. **리더십 : 일률적으로 똑같은 모습을 탈피하다** 그동안 GE를 이끌어온 리더들은 다양한 스타일을 가진 사람들이었으며 각 시기별로 가장 알맞은 적임자였다는 평가를 얻고 있다. 그들은 당시 세계의 변화에 끊임없이 주의를 기울이면서 그에 따라 적절한 리더십 형태를 구사했던 것이 성공의 요인 중 한 가지라고 할 수 있다.

2. **적응력 : 무조건 신성시해야 하거나 필수불가결한 것으로 여겨야 할 대상은 없다** 두 번째 요인은 바로 모든 비즈니스와 정책에 도전을 제기할 수 있는 능력이다. 이것은 도전의 대상이 되는 비즈니스나 정책이 성공적인 것처럼 보이는 순간이라도 예외가 될 수 없다. 바로 이 덕분에 GE는 늦기 전에 필요한 변화를 할 수 있었던 것이다.

3. **인재양성 : 문화적 진화** GE의 문화는 끊임없는 진보를 거듭했으며, 이로 인해 실력자들로 구성된 강력하고 뿌리 깊은 경영진을 구성하고 보유하며 더욱 진취적으로 도전할 수 있었다.

4. **영향력 : 필요에 따라 정치적으로 부정확한 입장을 취하다** GE는 항상 주식 투자자들이 다양한 배경을 가지고 있다는 사실에 주목했다. 그들 중 일부는 GE에 호의적이었으나, 항상 적대적이지는 않았을지 모르지만, 적어도 그 당시에는 적대적인 태도를 보이는 사람들도 있었다.

5. **네트워크 : 기대치에 모든 초점을 맞추다** 실현가능한 기대치를 설정하고 언제나 이를 성취하는 것이 GE의 큰 특징이 되었다. 이는 지나친 타격을 줄 수 있는 예상치 못한 상황을 최소화하는 데 이바지했다.

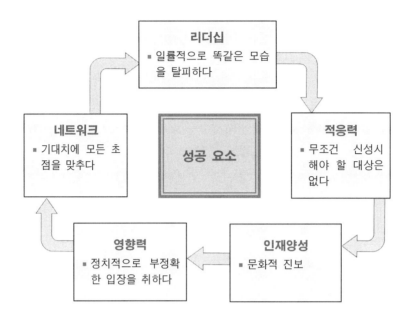

그림 16-1 LATIN의 성공 요소

이러한 요소들이 어떻게 성취되었는지 그리고 이 점을 독자 개개
인의 상황에 어떻게 적용할 수 있는지 살펴보자.(그림 16-1 참조)

시기적으로 가장 알맞은 적임자 : 일률적으로 같은 모습을 탈피하다

한 가지 반드시 인정해야 할 중요한 점은 미래는 항상 과거와 현
재와는 다른 모습으로 다가온다는 것이다. GE는 CEO들이 자신과 다
른 스타일의 차기 경영자를 직접 선택할 수 있는 시스템을 구축했다.
(그림 16-2 참조) GE로서는 최고경영자가 바로 급변하는 시장, 경쟁,
기술과 사회 정치적 철학의 요구사항을 맞추어낼 수 있는 사람이라

고 판단했기 때문이다.

고려해야 할 점 현재 독자의 기업은 라이프사이클의 어느 단계에 와 있는지 살펴보기 바란다. 초기 단계의 적임자는 결코 기업이 성장한 후에도 계속 성공적인 리더의 역할을 수행하지 못하기 때문이다.

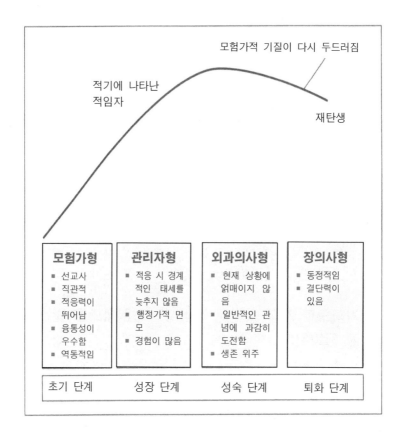

그림 16-2 라이프사이클의 각 단계별로 다른 모습의 리더가 필요하다. (GE는 각 단계별로 아주 적절한 리더를 얻는 행운을 누렸다고 볼 수 있다.)

필요한 전략적 변화가 없는지 검토하고 새로운 전략이 필요하다고 인정될 경우라면, 분명 여러 가지 기술도 필연적으로 요구될 것이라는 점을 인정해야 한다. 예를 들어 기술 기반의 전략은 시장 차별화 전략에 필요한 기술과는 전혀 다른 기술이 요구될 것이다. 세계 시장을 공략하는 시스템의 리더는 자국 내의 제품 위주의 시장을 공략할 때와는 전혀 다른 자질을 갖추어야 한다.

힘의 공유

GE는 초기 단계부터 CEO와 주위 사람들의 힘을 공유하는 형태를 지향했다. 코핀에서 보크까지는 2인 1조 형태의 리더십을 볼 수 있다. 보크로부터 현재까지는 '회장실'이 따로 존재한다. 경영진은 다양한 특성을 가진 사람들로 구성되었다. 마케팅과 인사담당 리더였던 코핀은 제조 전문가인 라이스와 함께 팀을 이루었다. 엔지니어 출신의 스위프는 법률가였던 영과 손을 잡았다. 보크 역시 이러한 팀 구성 방식을 적극 활용하기로 결정했으며, 그는 자신의 리더 역할을 함께 할 수 있는 다양한 임원들을 골라서 경영진을 구성했다. 이 방법으로 GE는 다양한 관점과 통찰력을 얻어 전략적 결정을 내릴 때 많은 유익한 점을 얻을 수 있었다.

고려해야 할 점 리더십이나 권력을 공유하는 것이 모든 조직에 적용할 수 있는 방법은 결코 아니다. 현재 미국에서 유행하는 방법이 합의를 통해 권력을 공유하는 리더를 찾는 것이긴 하지만, 이 방법은 각 조직의 필요에 항상 일치하는 것이 아니며 그 조직이 필요로 하는 리더의 스타일이나 개성과 맞지 않을 우려가 있다. 독자는 권력과 힘을 공유하는 방법을 연구해 보고 현재 경영진에서 최상의 결과를 이끌어내는 것이 바람직할 것이다. 하지만 새로운 변화를 시도할 때 경영자인 자신이 받아들일 수 있는 한계 내에서 변화를 시도하도록 하고 기대하는 결과를 거둘 수 있도록 주의를 기울여야 한다.

개인적인 헌신

존스, 웰치 그리고 이멜트는 경영 개발이 자신들에게 주어진 가장 중요한 임무임을 분명히 자각하고 있었다. 물론 도움을 이끌어 낼 수 있는 스태프 조직을 갖추고 있었지만, 이들은 주요 인재에 관해서는 직접 평가 과정과 의사결정 과정에 참여했다. 이멜트는 자신이 고위 간부 6백 명에 자신의 초점을 맞추었다고 말한 바 있다. 전 세계적으로 수십만 명의 종업원을 거느리고 있는 대기업이라는 점을 감안하지 않는다면, 이 숫자는 대단히 크다고 느껴질 것이다. 이멜트는 자신의 하루가 24시간이 넘는다 할지라도, 분명히 더 많은 시간을 이들과 함께 보내는데 사용했을 것이다.

고려해야 할 점 GE의 경영 승계 계획 시스템이야말로 GE의 경영 시스템 전반에 걸쳐 가장 바탕에 있는 개념이라고 할 수 있으며 '최고 중의 최고'를 가려내고 이들을 더욱 육성하는데 매우 효과적인 시스템이었다. 하지만 이러한 제도는 시간 소모가 클 뿐만 아니라 상당히 복잡한 과정을 필요로 한다. 이멜트 역시 이 문제 때문에 4월 한 달을 고스란히 반납해야 했다. 이멜트의 이러한 헌신적인 태도는 상당히 놀랄 만한 것이다. 사실 대부분의 CEO들이 특정한 한 가지 일을 처리하기 위해서 이 정도의 시간을 낼 여유를 갖고 있지 않기 때문이다.

파트너십 만들기

이멜트는 GE를 대기업이라고 부르지 않고 '파트너십'이라고 불렀다. 법률, 컨설팅, 회계전문 기업 등에서 볼 수 있듯이 전문적인 파트너십은 승진 아니면 퇴출이라는 원칙에 따라 존재하게 된다. 전문가들과 경영 책임자들은 특정 기간 동안 파트너를 만들지 않으면 자리를 내놓아야 할 처지에 놓이게 된다.

바로 이것이 GE의 세션 C 과정의 핵심이라고 할 수 있다. 이는 주요 인재들은 객관적이면서도 조직적으로 평가하기 위한 경영진의 자발성과 능력에 기반을 둔 것으로, 어떤 사람이 높은 잠재력을 가진 사람(상위 20퍼센트)인가, 중간 수준의 사람(70퍼센트)인가, 아니면 전혀 도움이 되지 않는 사람(10퍼센트)인가를 결정하고, 이에 따른 후속 조치를 취하는 것까지 포함하고 있다. 웰치는 이 시스템 운영의 필수 요건은 정직성과 공정성이라고 지적했다.

고려해야 할 점 모든 기업은 최고의 인재에 초점을 맞추어야 하며, 기업의 필요에 맞지 않는 사람은 가려내야 한다. 하지만 이것은 정말 쉽지 않은 일이다. GE 시스템 역시 이 점에서 발전하는데 수십 년의 세월이 필요했으며, 아직도 객관적인 평가를 한 후에 승진과 퇴출 대상을 결정하는 경영책임자 개개인의 능력에 크게 의존하고 있다. 더욱이 이 시스템을 도입할 경우 적시에 알맞은 방법으로 후속조치를 취하는 것도 매우 중요한 부분이다.

너무 오래 기다리면 안 된다

차기 경영자를 선택하는 데는 시간이 필요하다. 존스를 시작으로 하여, GE는 각계각층의 계승 후보들을 가려내고, 평가하고 최종 선택하는데 여러 해를 보내야 했다. 모든 후보자들은 사내 인재들이었는데, 이는 그들에게 도전적인 과제를 맡기고 그들의 수행 능력을 점검하려는 이유도 반영되어 있다.

고려해야 할 점 나는 독자들에게 차기 CEO나 고위 경영진을 선택할 때 최소한 3년 정도는 능력을 지켜보도록 권하고 싶다. 그 정도라면 여러 후보자들을 평가하기에 충분한 시간이 될 것이다. 하지만 최종 선택된 사람을 '황태자'처럼 치켜세우는 상황은 만들지 않도록 주의해야 한다. 만약 그런 실수를 범한다면 다른 후보들이 불쾌감을 느낄 것이며, 훌륭한 인재들인 이들이 회사를 떠나버릴지도 모른다. 최종 경영 승계자를 선택할 때에는 정직성도 중요하지만 어리석은 실수를 하지 않는 것 또한 필요하다.

리더는 맡겨진 임무를 수행하고 이에 대한 평가를 받기까지 충분한 시간이 필요하다

요즘에는 많은 기업체가 CEO를 마치 프로 스포츠 구단주가 코치나 선수들을 대하는 것처럼 대한다.(2006년에 실시된 한 조사에 따르면, 평균 미국인 CEO가 그 자리에 머무르는 기간은 4.7년에 불과한 것으로 나타났다.) 대부분의 기업들이 CEO와 5년간의 계약을 맺으며, 가령 실패하더라도 상당한 액수의 보수를 보증하게 된다. GE는 지난 130여 년간 단 10명의 CEO를 배출했다. 이들 중 웰치와 스워프는 무려 20년

이 넘도록 CEO로 근무했다. 이처럼 상대적으로 오랜 재직기간은 이들이 자신의 전략을 개발하고 실천하며 그 결과까지 평가해볼 수 있는 충분한 시간을 허락해 주었다. CEO의 장기 근무는 회사에 상당한 이익을 가져다준다. 물론 그 CEO가 실력 있는 좋은 사람일 경우에 한해서 그렇다는 점은 굳이 말할 필요가 없을 것 같다.

고려해야 할 점 한 명의 CEO가 20년간 계속 일하는 것이 항상 바람직하다는 의미는 결코 아니다. 상황에 따라 재직중인 CEO는 지나치게 지배적인 성향을 발전시킨 나머지 기업 전체를 장악하면서도 아무런 제재를 받지 않는 결과가 나타날 우려가 있다. 바로 이와 같은 이유 때문에 대통령직에도 임기 제한이 존재하는 것이다. 나는 기업 총수들에게도 임기 제한이 필요하다고 생각한다. 한 사람의 CEO가 자신의 일을 완수하는데 필요한 기간이 얼마인지 결정해야 한다. 물론 그가 자신의 권위에 지나치게 몰두하거나 최악의 경우 자신에 대한 언론 보도에 영향을 받지 않을 만큼의 기간이어야 한다.

여러 명의 후보자들을 살펴보라

GE는 창립 이후로 독자적인 경영진을 구성하고 꾸준히 유지했다. 이로 인해 최고경영자는 항상 기업 내의 인물 중에서 선택하게 되었으며 경영진은 충분한 자격을 갖춘 후보들뿐만 아니라 매우 뛰어난 후보들을 충분히 확보할 수 있었다. 존스는 CEO 자리를 두고 최종 6명의 후보들이 경합을 벌인 후에 최종적으로 선택된 사람이었다. 웰치 역시 3명의 후보 중 한 사람이었다. 두 경우 모두 후보자들은 기업 내의 인재들이었으며, 이미 잘 알려진 실력가들이었다. 그들의 업무

능력은 매우 세밀하게 평가되었으며, 모든 후보들에게 주어진 과제를 수행할 충분한 시간을 허용했다.

고려해야 할 점 나는 웰치의 방식이 옳다고 생각한다. 당시 세 사람의 후보들 모두 젊지만 실력이 입증된 임원들이었다. 나는 기업 내의 인재들이 현직 CEO의 복사본 같은 사람들만 아니라면 외부인보다 훨씬 나은 후보가 될 수 있다고 생각한다. 그들은 기업의 미래를 위한 적응력과 지혜를 충분히 갖추고 있기 때문이다.

반대로 외부 후보에 의존하는 것은 상당히 불합리하다고 생각한다. 일단 CEO의 자리에 올라서 경영을 실제로 진행하기 전까지는 이들의 업무능력을 검증하는 것이 사실상 불가능하기 때문이다. 어떤 이력서나 참고자료가 있다고 해도 직접 관찰하고 평가하는 것만큼 확실한 것은 없다. 가장 중요한 것은 이러한 후보들이 기업의 필요에 잘 부합하는 인물인가 하는 점이다.

외부인으로 구성된 이사회

GE는 창립 초기부터 외부인사로 구성된 이사회를 운영했다. 코디너는 자신의 저서인 <전문 경영을 위한 뉴 프런티어(*New Frontiers for Professional Management*)>에서 외부인으로 구성된 확고한 이사회의 가치를 거듭 강조했다. GE의 이사회 임원들 역시 회의에 참석만 하는 것이 아니라 활발한 활동을 할 의무를 가지며, 최근에는 여러 사업체를 직접 방문하는 일도 맡게 되었다. CEO처럼 GE의 이사회 임원들 또한 종종 10년 이상의 장기간 동안 이사회에서 활동하게 된다. 일반적으로 이들은 생각 없이 찬반 의견을 내놓는 것이 아니라, 회사 운영에 진정한 관심을 가지고 많은 공헌을 아끼지 않는 태도를 보인다.

고려해야 할 점 나 역시 외부 임원들이 헌신적으로 회사 운영에 참여한다는 전제를 바탕으로 외부인을 중심으로 이사회를 구성하는 점에 적극 찬성한다. 하지만 대부분의 기업의 경우 이러한 점을 기대하기가 어렵다. 어떤 이사회의 경우는 '이사회 전문 임원'들로 구성되는데, 이들은 여러 회사의 이사회에서 활동하기 때문에 이사회 모임에 참석하는 것조차 어려운 입장에 놓이게 된다. 혹은 CEO의 친구나 친지들로 이사회가 구성되어 있어서 CEO의 결정이라면 무조건 찬성하는 허수아비 같은 이사회도 있다.

지금 CEO나 이사회 임원들에 대한 지지입장을 표명하고 있긴 하지만, 그들의 재임 기간에는 분명한 제한이 있어야 한다는 점을 다시 강조하고 싶다. 이사회 임원들은 10년 이상 일할 수 없도록 해야 한다. 이사회에 근무하는 기간이 길어질수록 그들에게 축적되는 힘은 더 커지게 되며, 이는 결국 기업에게 해로운 영향으로 작용할 수 있다. 그러나 2006년에 있었던 HP의 대실패를 돌이켜 볼 때, 이사회 임원들은 신임할 만한 사람들로서 회사의 기밀정보에 대한 존중심을 가진 사람들이어야 한다는 점도 잊어서는 안 될 것이다.

회사를 떠난 뒤 방해물이 되지 말라

이 점 역시 GE의 리더십 성공의 중요한 요소 중 한 가지라고 할 수 있다. GE의 리더들은 퇴직과 동시에 GE를 떠나야 했으며 이사회 임원이나 조언자의 자격으로 GE의 주위를 맴도는 것조차 허락되지 않았다. 이러한 관행은 새로운 CEO가 전임자의 입김에서 벗어나서 독자적인 리더십을 발휘할 수 있는 좋은 기반을 제공했다.

고려해야 할 점 나는 이 점이 GE의 성공에서 가장 중요한 요소라고 굳게 믿고 있다. 전임 CEO가 기업에 그대로 남아서 영향력을 발휘한다면, 특히나 이사회에서 자신의 목소리를 높인다면, 새로운 CEO가 변화를 추진하는 것은 사실상 불가능한 일이 되어버린다.

GE의 승계 모형은 전반적으로 아주 좋은 모형으로 삼을 수 있다. 하지만 이것은 모형에 불과한 것이지 아무런 조정 없이 그대로 복제할 대상이 아니라는 점을 명심해야 한다. 이 시스템의 여러 요소들은 각각 의미 있는 것이지만, 이를 실제로 도입할 것인가의 여부는 현명하게 판단해야 할 것이다.

적응력 : 무조건 신성시하거나 필수불가결한 것으로 여겨야 할 대상은 없다

30년 이상 GE의 리더들은 회사의 인재들뿐만 아니라 비즈니스를 조직적으로 평가하는 방법을 개발하여 실시했다. 그들은 모든 분야의 비즈니스를 도전 대상으로 간주했으며 '흑자를 내고 있는' 성공적인 사업도 예외로 두지 않았다. GE가 만들어낸 건전하면서도 효율적인 포트폴리오 경영 시스템은 모든 주요 비즈니스를 등급화하는데 사용되었다.

존스와 웰치가 경영권을 행사하던 시기에 GE는 여러 자회사를 퇴출시키거나 매각했으며 구조조정의 대상으로 삼았다. 그 결과 오늘날의 GE는 존스가 경영권을 넘겨받을 당시에 비해 전혀 다른 모습을 갖추고 있다. 이멜트는 이 과정을 두고 기업을 '재발명'하는 것이라고 이름 붙였으며, 이 전통을 유지하기 위한 노력을 아끼지 않았다.

고려해야 할 점　모든 사업을 동일한 기준으로 평가하는 것은 매우 중요한 일이다. 시간을 들여 재무상태를 살펴보고, 단지 비즈니스가 성공적으로 진행되고 있다는 사실만으로 앞으로도 계속 그러할 것이라는 착각에 빠지는 일이 없기 바란다. 가치 있는 비즈니스이지만 중환자실에 가야 할 형편이라면 과감하게 가지치기나 퇴출 단계를 밟아야 할 것이다.

모든 사람에게 모든 것이 되어주려는 노력은 무모한 것이다

1960년대 후반에 이르기까지 GE는 모든 사람에게 모든 것이 되어줄 수 있다는 굳은 믿음을 가지고 있었다. 무한한 자원 보유를 바탕으로 훌륭한 경영자들이 그 어떤 문제도 해결할 수 있다는 점에는 의문의 여지가 없어 보였다. 하지만 보크가 시도한 벤처 사업이 실패로 돌아가면서 이러한 믿음이 잘못된 것이라는 점이 여실히 증명되었고, 전략적 포트폴리오 경영 시스템이 도입되어 현재까지 GE의 경영 시스템으로 사용되고 있다. 포트폴리오 경영방식은 경영 책임자들이 선택적이 될 수 있도록 도와주며, 어떤 것을 포기하지 않고서는 새로운 것을 얻기 힘들다는 점을 인식하게 해 주었다.

고려해야 할 점　이 점은 다른 기업들이 몰락할 때에도 GE가 계속 성공가도를 걸을 수 있었던 비결 중의 하나라고 볼 수 있다. 대부분의 기업들은 새로운 것을 추구하지만 기존에 가지고 있던 것을 포기하는 모습은 좀처럼 보이지 않는다. 설상가상으로 어떤 것을 포기하기까지 너무 오랜 시간을 망설이다가 시기를 놓치는 경우도 허다하며 결국은 기업 전체가 흔들리는 결과를 겪게 된다.

훌륭한 포트폴리오 경영자가 되는 비법은 자신의 장점을 잘 알고 가장 효율적인 업무를 수행할 수 있는 사람들, 말하자면 해당 사업 분야에 직접 종사하는 사람들로 하여금 포트폴리오 경영에 참여하도록 하는 것이다. 물론 성공과 실패는 발생하기 마련이다. 하지만 이때 중요한 것은 실수를 기꺼이 인정하는 것과 실수에 연연하지 않고 계속 전진하는 태도이다.

기업의 이윤을 높이는 방법을 알아내라

GE의 전략적 계획 시스템의 시작은 기업의 성공에 기여한 요소를 파악하고 이를 활용하여 각 비즈니스의 매력도에 대한 등급을 결정하는 것이다. GE는 일부 비즈니스에서 이윤을 증대시킨 주요 요소의 리스트를 작성했으며, 이러한 성공 비즈니스 분야를 실적이 부진한 분야와 비교하는 작업도 진행했다. 이와 같은 표준은 기업 전반에 걸쳐 체계적으로 적용되었으며, 과거와 현재의 모든 비즈니스 분야의 상대적 매력도의 순위를 결정하거나 합당한 이유가 있다면 미래의 수익성을 예측하는데 활용하였다.

고려해야 할 점 여기서 중요한 점은 이 리스트는 기업별로 달라질 수 있다는 점이다. 예를 들어 어떤 기업은 소규모의 성장 속도가 빠른 지역 비즈니스에 두각을 나타내는 반면, 다른 기업은 대규모 시장에서 다양한 분야와 중간 수준의 성장 속도 비즈니스 혹은 세계적 규모의 비즈니스를 성공적으로 진행할수 있다. 결국 일반적인 성공 요소 리스트를 그대로 사용하려는 것이 아니라, 충분한 시간을 투자하여 자신의 기업의 성공 요인을 정확히 분별하는 태도가 필요하다.

모든 성공 기업은 현실에서 여러 가지 다른 모습을 보이기 마련이다

이 원칙은 GE의 기업 전략의 초석이라고 할 수 있다. 이미 GE는 독자적인 능력을 발휘하여 경쟁력을 갖추고 이를 계속 유지하고 있다. 스워프와 영은 토털 시스템과 소비자 문제 해결을 통해 자신들의 리더십을 확실히 하였다. 윌슨과 보크의 경영권 아래에서 GE는 더 정교화된 신상품과 설비 개발을 통해 한 차례 더 도약하게 되었다.

웰치는 GE에 대한 AAA 신용등급을 자본화하여 일부 시장에서 금융 서비스업체로서 주도적인 역할을 담당했다. 이멜트의 접근법은 문제 해결, 시스템 개발, 기술, 재정적 장점 등 모든 요소를 통합하여 GE의 선두자적 입지를 공고히 하는 것과 동시에 '보다 더 크게 성장'하려는 의도를 거리낌 없이 표현했다.

고려해야 할 점 건전한 시장 분석, 고객과의 상호 작용 및 경쟁력 평가를 적절히 융합하는 것은 장점을 찾아내기 위한 필수 과정과도 같은 것이다. 이를 위해서는 시장과 경쟁 그리고 기술 변화가 리더로서의 위치에 영향을 줄 수밖에 없다는 점을 인정하는 것도 포함된다. 독자는 선택적인 분별력과 헌신적인 열정을 보이지 않을 수 없을 것이다. 이러한 과정은 틀에 박힌 연례행사가 아니라 끊임없이 평가와 의사 결정을 하는 지속적인 프로세스로 받아들여져야 한다.

단순하게 유지하라

GE는 일찍이 전략적 계획이 엄청난 양의 정보를 유발하여 그 정보 자체 때문에 진행 과정에 어려움이 발생할 수 있다는 점을 감지했다. 그래서 GE는 최대한으로 결과를 간소화하여 매트릭스나 다이어그램 혹은 임원 보고서 등의 형태를 유지하기 위해 많은 노력을 기울였다. 이러한 노력은 전략적 시스템에 명쾌함과 유용성을 더해주었다.

고려해야 할 점 여러 가지 형태의 시각 자료를 활용하여 모든 전략을 간소화하도록 강력히 권하고 싶다. 내가 사용하는 규칙 중 한 가지는 한두 페이지로 주요 메시지를 요약할 수 없다면, 그것은 분명 내 자신이 그 분야를 온전히 이해하지 못했기 때문이며, 따라서 이 사업계획은 실패할 가능성이 높다는 규칙이다.

하향식이 아니라 상향식 조직을 구축하라

투자가 중단된 분야나 이미 모든 이익을 창출한 분야에서 일하고 싶어하는 사람은 아무도 없다. 이 점은 포트폴리오 경영 방식에 대한 초기 반응의 한 가지를 제시한 것이다. 대부분의 경영 책임자들은 만약 직원들이 자신이 속한 조직이 이미 이윤 창출이 완료된 분야에 속한다면, 즉시 그 조직을 떠나버릴 것이라고 예상했다. 하지만 그들의 예상은 완전히 빗나가고 말았다.

GE는 모든 평가가 공정하게 이루어졌고 그러한 평가의 영향을 받는 사람들도 평가 과정에 참여한 것이라면, 직원들도 기꺼이 현실을 수용하며 동요하지 않는다는 것을 알게 되었다. 바로 이 점을 볼 때, 전략 수립은 각 사업단위별로 진행되어야 하며, 상부에서 전략을 수립한 후에 하달하거나, 외부에서 만든 전략을 그대로 도입하지 말아야 한다는 점을 시사해 준다.

고려해야 할 점 각 사업단위별로 직접 자체 분석을 실시하고 그 결과를 직시해야 한다. 여기에는 여러 과정의 반복이 수반될 수 있는데, 첫 번째 시도에서는 흔히들 자신들의 매력도와 경쟁력을 과대평가하는 경향을 떨쳐버리지 못하며, 객관성 또한 부족하기 때문이다. 하지만 나의 개인적 경험을 돌이켜 볼 때, 여러 차례 동일한 과정을 반복하면 현실이 눈에 들어오게 되고, 그에 따라 각 사업단위 담당자들은 현실적인 사항을 지적해 낼 준비와 능력을 갖추게 된다.

이러한 과정 속에서 일부 직원들은 정리나 퇴출 대상으로 스스로를 인식하는 경우도 종종 발생한다. 한 가지 재미있는 일화를 잠깐 소개한다. 몇 년 전만 해도 GE의 경영책임자 중 상당수가 특정 사업 분야를 확장하는 위험을 감수하기보다는 추수 작업을 실행하는 쪽을 더 선호했다. 아마 이러한 이유 때문에 존스가 자신의 벤처 프로그램을 도입하기로 결정한 것 같다.

실수를 인정하되 계속 노력하라

모든 일을 완벽하게 처리하는 조직이나 시스템은 존재하지 않는다. 누구나 실수를 하기 마련이다. 특히 어떤 기업이 새로운 방향을 탐색하거나 새로운 사업 분야에 발을 들여놓으려 할 때는 더욱 그럴 것이다. 중요한 점은 실수를 범했다는 사실을 기꺼이 인정하고 더 늦기 전에 그 실수를 만회하려는 노력을 기울이는 것이다. 실수를 자진해서 인정한 다음에 계속 앞으로 나아가려는 노력을 기울이는 것이 핵심이다. GE는 이 점에서 다양한 과거 경험을 우리에게 보여주고 있다. 일부 경우는 실수를 인정했지만, 그렇게 하지 못한 경우도 여러 차례 있었는데 '전기회사의 대음모'와 같은 경우를 들 수 있을 것이다. GE는 이 문제를 은폐하려고 시도했지만 성공하지 못했다.

인재양성 : 문화적 진보

과거를 돌이켜보면, GE는 여러 차례 기업의 문화를 변화시키기 위한 프로젝트에 착수했다. 대부분의 프로젝트는 혁신적이라기보다는 진보적인 성향이 더 강했으며 기본적으로 동일한 요소를 가지고 있었다. 코디너가 만든 프로젝트는 '전문 경영인'이라는 컨셉으로 진행했고 보크는 기업에 좀더 모험적인 정신을 추가하려고 노력했다. 존스는 선택적이 될 필요성을 강조하면서 동일한 대의명분을 위해 기업 전체를 통합하기 위한 노력의 일환으로 독창적인 분야 개척을 하나의 관행으로 만들었다. 웰치와 이멜트는 기업을 '재발명'하기 위해 힘쓴 경영자들이다.

이제 기업문화의 발전에 필요한 점이 무엇인지 살펴보기로 하자.

일찍 시작하라

GE는 신규 채용을 실시해야 할 필요성을 누구보다도 잘 알고 있었으며, 특히 선택적이며 까다로운 규정에 따라 선발된 신입 사원들에게 GE의 방식을 교육하는 것 역시 중요하게 여겼다. 이 점과 관련하여 코핀이 창안한 세 가지 주요 프로그램은 오늘날까지도 계속 실시되고 있다. 물론 시간이 지남에 따라 기존 내용이 수정되거나 새로운 점이 더해지기도 했으나, 세 프로그램 모두 GE의 문화에 잘 어울리는 젊은 남녀사원을 신규 채용하여 이들을 계속 관리하면서 회사에 대한 헌신적 태도를 배양하도록 돕는다는 면에서는 공통적인 목표를 유지했다고 말할 수 있다. 바로 이 덕분에 GE가 오늘날 주요 경영진과 전문직에 알맞은 후보자들을 다수 확보할 수 있게 되었다.

고려해야 할 점 이 방법은 최근 경향과 다소 반대되는 것처럼 보일지 모른다. 사실상 대부분의 기업들은 '저스트 인 타임(필요한 시기에 필요한 직원을 채용하는 방법 - 옮긴이)' 방식으로 직원을 채용하고 있다. 그들은 마지막 순간까지 늦추다가 누구든 근무를 시작할 수만 있다면 채용하는 식으로 이 문제를 처리한다. 하지만 선택적이 되는 것이 중요하다는 점을 다시금 강조하게 된다. 현재 기업 내의 모든 직위에 알맞은 인재를 각각 양성하는 것이 여건상 쉬운 일이 아닐 것이며 그렇게 하는 것 자체가 오히려 비효율적일지 모른다. 하지만 주요 직책에 관해서는 사내 인재를 다수 확보하는 것이 절대적으로 필요하다는 점을 기억해야 한다.

GE의 방식

GE의 방식을 직접 가르치는 것이 바로 GE의 문화를 창조하는 방법 중 한 가지라고 할 수 있다. 이를 통해 여러 가지 사업단위가 서로 경쟁적 관계를 유지하면서 커뮤니케이션 혹은 상호 작용을 유지할 수 있게 되며, 사업단위를 넘나드는 주요 인사 이동이 가능하게 된다. 기업 활동의 모든 면에서 독자적인 '방식'을 고집하는 것은 불가능할지 모르지만 특정 분야에서는 자신만의 독특한 방식을 적용하는 것이 매우 중요하다.

내가 고객들에게 자주 추천하는 방법으로는 주문식 기업 전략 사고 및 개발 시스템을 도입하는 것이다. 먼저 다른 기업이 사용하는 과정을 기초로 토대를 만든 다음에 각자의 기업에 필요한 독특한 요소를 더할 수 있다.

계속되는 교육

GE만의 '임원 개발센터'를 운영함으로써, 주문식 프로그램을 통하여 GE의 방식을 지속적으로 교육하고 있다. 강사진과 컨설턴트 그리고 경영진이 상호 작용을 활발히 유지함에 따라 GE는 중요한 점을 놓치지 않고 파악하여 기업 경영에 적극 반영할 수 있게 되었다.

선택적, 주기적으로 새로운 사업을 주도하다

지금까지 GE의 최고경영자들은 모두 여러 가지 방법을 통해 기업 혁신을 시도했다. 스워프와 영은 참여적 문화를 만들기 위해 엘펀 협회를 만들었다. 코디너는 경영진의 전문성 제고를 위하여 크로톤빌에 자신만의 '성전'을 설립했다. 보크는 기업이 우선순위를 정하는 방식의 변화에 필요성에 느꼈으며, 경영진을 새로운 사고방식으로 전환시키기 위하여 여러 가지 교육 및 훈련 프로그램을 마련했다. 존스는 높은 인플레이션과 마이크로프로세스 혁명에 대처하는 것에 총력을 기울였다. 웰치는 관료주의적 태도를 철폐하고 품질 향상에 더욱 노력할 필요성을 강조했다. 이멜트는 새로운 사업 기회를 창출하고 보다 더 독창적인 면모를 갖추기 위하여 고객과 함께 시작하는 새로운 기업 문화에 모든 노력을 쏟고 있다.

각 경우마다 해당 CEO들은 변화 과정이 완전히 실현되며 합리적인 방법으로 진행되도록 면밀한 주의를 기울였다. 각 CEO들의 헌신적인 노력은 다음과 같다.

- 첫째, 그들은 선택적이었으며 이슈와 진취적인 도전이 기업 전체에 영향을 미치도록 하여 기업의 가장 중요한 목표에 확실한 영향력을 행사했다.
- 둘째, 그들은 최고의 실력을 갖춘 학계 인사들과 컨설턴트를 고용하여 목표를 실현하는데 필요한 프로세스를 직접 개발했다. 이것은 단지 슬로건을 만들어서 기치를 내걸기만 하고 실행을 하지 않는 것과는 거리가 멀다고 할 수 있다.
- 셋째, 각 CEO들은 여러 가지 교육과 혁신 프로그램을 마련하여 이론과 실제 적용에 필요한 주요 방법을 강의했으며, 참가자들에게 필요한 기술을 가르치는 것뿐만 아니라 적극적인 행동을 위한 동기를 부여하기 위하여 많은 노력을 기울였다.
- 넷째, 이들은 변화의 필요성과 새로운 주제를 기업 전체에 홍보하기 위한 홍보 전담팀을 별도로 만들었다. 이들은 교육과정에서 배운 내용들을 직원들의 마음속에 더욱 강화시키는 역할을 담당했다.
- 마지막으로 그들은 평가와 보상 그리고 처벌의 필요성을 잊지

않았다. 새로운 변화의 시도는 직원들의 업무 수행 평가와 임금에 직접적으로 반영하였다. 강한 확신을 보이면서 성공적으로 협조한 사람들은 임금을 인상해 주거나 승진의 대상이 되었고, 나머지 직원들은 재기의 기회를 부여하거나 다른 기업으로 이직할 것을 권유했다.

고려해야 할 점 GE의 새로운 비즈니스 프로그램과 일반 기업들이 가지고 있는 평범한 '올해의 슬로건'과 같은 방식 사이에는 큰 차이점이 있다. 그것은 온전히 전념하는 태도와 완전함을 요구하는 것이다. 독자 역시 변화를 이루려면 그에 필요한 행동을 실천하는 것이 중요하다는 점을 인식해야 한다. 이는 단순히 몇 마디 격려사와 기치를 내건다고 이루어지는 것이 아니다. 또한 진정으로 변화가 필요한 면에 대해서만 집중적으로 노력하는 것이 좋다.

부의 공유

2002년에 잭 웰치의 퇴직 혜택에 대한 논란이 일어나면서 GE가 언론의 공격 대상이 된 적도 있지만, GE는 항상 기업의 자산을 공유하는 면에서 균형 잡힌 견해를 유지하고 있으며, 앞으로도 이 점에는 의문의 여지가 없을 것이다.

'바른 방식으로 자발적으로 일하라'는 기업 모토는 볼웨어의 노동 철학의 핵심을 빌려온 것이긴 하지만, 내 생각에는 바로 이것이 GE의 인적자원 관리 프로그램 전체에 영향을 미치는 기본 원칙으로 작용하고 있다. GE의 전 직원들은 경쟁의 원칙에 입각하여 보수를 받게 된다.(물론 그들이 받는 보수가 지나치게 과할 정도라고 생각하지 않는다.) 각종 직원 혜택 프로그램도 직원들의 요구가 있기 전부터 실시되었다.

연금신탁 역시 약속된 내용 그대로의 혜택을 제공해준다.(물론 연금신탁 자금이 GE의 연간 수익에 10억 달러 이상을 추가해 준다는 사실에 몇몇 독자들은 의문을 품을지 모른다.) 하지만 그 결과 대부분의 GE 직원들과 과거의 근무자들이 이 기업에 대한 긍정적인 평가를 아끼지 않으며, 자신의 비즈니스 커리어를 위해 어쩔 수 없을 경우와 자신이 승진할 수 있는 한계가 명확히 감지될 때에만 이직을 결심하게 된다. GE의 과거 직원들의 모임은 매우 결속력이 강한 편으로서, GE가 특정 직위에 합당한 사내 후보를 찾을 수 없을 경우에는 이 모임에서 좋은 인재를 찾기도 한다.

고려해야 할 점 임원 보상 패키지 및 각종 특별 혜택 수준이 항상 구설수에 오르고 있으며, 이 문제를 해결하는 방법이 다른 기업에 적지 않은 부정적인 영향으로 작용하는 경우도 종종 발생하고 있다. 시간당 보수를 받는 노동자들을 포함하여, 많은 사람들은 경영진들이 엄청난 수준의 봉급과 각종 인센티브, 연금 및 특별 혜택을 받기 때문에 자신들이 상대적으로 불리한 입장에 놓이게 된다고 생각하고 있다.

이러한 사람들의 견해는 단순한 느낌에 불과한 것이 아니라 어쩌면 현실 그 자체일지 모른다. 종종 사람들이 생각하는 것은 현실과 일치하기 때문이다. 따라서 모든 CEO들과 이사회 임원들은 자신들이 활동하는 분야를 다시 면밀히 분석해보고 기업의 부가 적절히 공유되고 있는지를 솔직하게 자문해 보도록 적극 권하고 싶다.

직원들은 비용 발생의 이유가 아니라 투자 대상으로 여겨야 한다

요즘 많은 기업이 직원들을 자산으로 여기기보다는 단순히 비용 지출의 대상으로 간주하는 것을 흔히 볼 수 있다. 따라서 경영자들은 자신들이 필요로 하는 경우에는 언제든지 원하는 인재를 찾을 수 있다고 생각하여 기존 직원들에게 투자하는 면에서는 인색한 태도를 보이게 된다.

100여 년 전으로 돌아가서 코핀이 CEO로 재직할 당시, GE는 주요 인재를 채용하여 이들을 교육시키거나 훈련하는 프로그램을 마련했으며, 그 중에서도 가장 실력 있는 인재들은 보상과 동기화 프로그램으로 더욱 양성하는 반면에 원하는 수준으로 발전하지 못한 사람들은 과감히 퇴출시켰다.

보크 시대에는 훈련 프로그램이 자유롭게 운영되는 예외 상황이 있었지만, GE는 뿌리 깊고 강력한 인재 확보 정책을 유지하기 위하여 인재 양성을 위한 투자를 지속적으로 실시했다. 사실 여러 우수 기업을 위한 컨설턴트로 일하면서 느낀 점이 있다면, GE의 기술 수준과 다른 여러 기업 사이에는 근본적으로 엄청난 차이가 있다는 사실이다.

나는 이멜트가 말한 '인재양성과 선택이 자신이 해야 할 가장 중요한 일'이라는 것에 전적으로 동의한다. 기업의 리더는 인재양성의 필요성을 인식하고 이 점에 많은 노력을 기울여야 한다. 물론 이 일은 합리적인 계획에 따라 회사가 지향하는 방향과 일치되게 이루어져야 한다. 하지만 아무리 좋은 계획과 멋진 미래 설계도 이를 뒷받침해 줄 수 있는 훌륭한 인재가 없다면 무용지물이라는 점을 기억해야 한다.

영향력 : 필요에 따라 정치적으로 온당치 않은 입장을 선택하다

GE의 성공 비결 중 네 번째 요소는 외적인 주요 이슈에 대해 기꺼이 입장을 표명하지만, 대중이 좋아하는 않는 입장이라 할지라도 굽히지 않는 것이다.

주주가 아니라 이해관계자들에 관심을 가지라

이멜트는 기업 연간 보고서의 시작을 '주주'들에게 보내는 편지가 아니라 '이해관계자들'에게 보내는 편지로 시작했다. 사실 이것은 GE의 오랜 전통을 잘 보여주는 것이다. 스워프와 영의 시대로부터 시작해서 GE의 리더들은 항상 기업과 이해관계를 맺고 있는 여러 주요 그룹에 대하여 긴밀한 관심을 표명했다.

여기에는 기본적으로 주주, 투자자, 경영진과 직원들이 포함되었으며, 더 넓게는 사회, 정부, 노동조합 및 지역 사회를 포함하기까지 확장되었다.

이해관계자 : 아군인가 적군인가?

스워프와 영은 노동조합과 정부가 자신들과 우호적인 관계에 있다고 굳게 믿었다. 하지만 윌슨은 노동조합이 결코 자신의 편이 될 수 없는 적대 관계에 있다고 생각했다. 코디너 역시 큰 정부를 자신의 적들 중 하나로 간주했다. 1950년대 중반이 되자 GE는 큰 정부와 대규모 노동조합이 GE를 좌지우지하려는 의도를 가지고 있으며 GE의 자체적인 의사결정에 부정적인 영향을 준다고 생각했기에 이들에게 적대적인 입장을 표명했다.

바로 이러한 관점은 오늘날 GM이나 포드와 같은 주요 기업들을 갉아먹고 있는 '내부 유출'의 문제에 있어서 GE가 성공적으로 대처할 수 있는 비결이 되었다. 우연찮게 GE가 로널드 레이건의 개인적 발전에 적지 않은 도움을 주었는데, 나중에 레이건은 볼웨어의 경영 철학이었던 기업 위주 혹은 소규모 사업 위주의 여러 가지 제안과 노동조합에 반대하는 제안을 실천함으로써 GE에 많은 도움을 주었다.

여기서 중요한 것은 모든 이슈에 대해 기업의 입장을 밝히는 것이 아니라, 기업에 실질적인 영향을 주는 이슈에만 초점을 맞추는 것이다. GE는 지난 오랜 기간 동안 주요 이슈에 관해서는 자신의 입장을 명확히 했다. 스워프와 영은 건강보험 혜택이나 연금 등을 통해 노동자들이 대공황을 잘 견딜 수 있도록 돕기 위해서 여러 가지 적극적인 방법과 개인적인 조력을 아끼지 않았으며, 기업들이 자신의 입지를 잃지 않도록 지원했다.

이것은 단순히 '좋은 일'을 하려는 차원이 아니라 소비자들이 전기 요금을 내지 못하거나 소비 제품을 구매하지 못할 지경에 이르게 되면, 결국 GE의 매출에도 부정적인 영향이 있게 된다는 점에서 착안한 것이었다.

코디너는 정부와 노동조합의 힘이 커지는 것을 막는데 적극적으로 활동했다. 그는 이러한 노력 때문에 자신이 기업을 이끌어가는 CEO로서의 역할에 여러 가지 제약이 있을 것임을 알고 있었지만, 기꺼이 그러한 입장을 고수했다. 존스와 필립은 소수 민족을 적극적으로 지원함으로써 도덕적으로 바른 일을 실천함과 동시에 기업 자체의 활동 또한 크게 확장했다.

고려해야 할 점 기업의 CEO들이 사회과학자가 되어 '도덕적으로 옳은 일을 실행'하기 위하여 사회의 변화를 주도하는 역할을 담당하도록 권하는 것은 결코 아니다. 하지만 사회적, 정치적 변화는 기업 활동에 시장이나 경쟁관계의 변화보다 더 많은 영향을 미치게 되므로 경영자들은 어쩔 수 없이 이 분야에서 행동주의자가 되어야 한다.

네트워크 : 소비자의 기대치 설정에 영향을 미치거나 그들의 기대치를 충족하기 위해 노력하며, 예상치 못한 일을 적절히 대비하라

기대치를 만들어내고 이에 부응하는 것은 리더십 중에서 가장 중요한 요소라고 할 수 있다. 현실적인 기대치를 설정하고 호언장담하는 실수를 범하여 주식 투자자들에게 실망을 안겨주는 일이 없도록 하면 된다. 종종 과대한 기대를 불러일으키는 약속은 전략적 사고 및 의사결정 과정이 부실하다는 증거로 작용한다.

보크와 존스는 직원에서 투자자에 이르기까지 모든 주주들의 의견을 반영하여 정확한 기대치를 설정하는 것이 중요하다는 점을 깨달았으며, 이에 따라 세션 C를 포함하여 전략적 사고 및 의사결정 과정을 직접 마련하게 되었다.

고려해야 할 점 중요한 것은 해야 할 일을 미루거나 위임하지 않고 직접 처리하는 자세이다. 그리고 관련 정보는 기업 내외부로부터 충분히 수집해야 한다. 이 점은 앞에서 리더십을 논할 때에도 언급했지만 다시 한 번 강조할 만큼 중요하다. 또한 예기치 않는 일이 발생하는 것을 최소화해야 한다. 물론 모든 앞일을 내다볼 수는 없지만, 대부분의 경우 시스템 운영이 정상적이지 못할 때에 예상치 못한 일에 발목을 잡힌다.

이제 GE가 겪었던 문제점과 각 경우의 대처 방안을 살펴보기로 하자.

1. 윌슨은 노동조합의 영향력과 종업원들이 무엇을 원하는지를 충분히 이해하지 못하고 있었다. 그 결과 폭력적인 파업이 발생하여 GE는 노동조합과 시급 종업원들 그리고 지역사회와의 관계에서 돌이킬 수 없는 변화를 겪게 되었다.

   - **볼웨어리즘과 '모든 일을 기꺼이 자발적으로 하라'** 1947년에 발생한 파업으로 GE는 노동조합 관련 전략과 내규를 더욱 강화했으며, 특히 직원들의 기대치에 영향을 줄 수 있는 여러 가지 이슈나 트렌드에 대한 광범위한 연구와 조사를 시작했다.

2. 빌라드와 코핀은 1893년의 공황 상태와 그 여파에 전혀 대비하고 있지 않았기 때문에 GE라는 기업 자체를 파산시킬 뻔한 위기를 겪어야 했다.

   - **강력한 회계 시스템과 경영 구조 확립** GE는 이 사건을 포함하여 여러 차례의 예기치 못한 문제점을 겪는 동안 중요한 점을 배우게 되었다. 1893년의 공황 상태는 매우 보수적이면서도 전문성을 갖춘 직원들로 구성된 회계 조직을 구성하게 되었으며, 여기에는 기존 업계에서 가장 최고 수준의 회계감사팀도 포함되었다. 이들은 웰치의 시대에 이르러 대폭적인 구조조정을 하기 전까지 계속 활동했다. 웰치가 감사팀들을 대폭 줄였던 것은

분명 키더 사건이 발생한 이유 중 한 가지로 작용했을 것이다.

3. 코디너는 가격담합 스캔들로 어려움을 겪었다. 사실 당시에 GE 는 이 문제에 전혀 준비되어 있지 않았다. 이 때문에 GE는 몇몇 능력 있는 리더를 잃어 회사의 성장 속도가 둔화되었으며, 결국 보크는 위험도가 높은 벤처 사업을 감행하지 않을 수 없었다.

■ **전략적 계획** 보크는 자신의 벤처 사업 가운데 2/3가 실패하면서 큰 충격에 휩싸였다. 그는 곧 전략적 계획이라는 새로운 시스템을 창안했으며, 이를 통해 정확한 시장 분석을 실시하고 경쟁 관계나 기술적인 면에 필요한 변화가 무엇인지 파악하려고 노력했다. 이러한 시도는 곧 전체 포트폴리오에 대한 비판적이면서도 심층적인 평가로 이어졌으며, GE는 수익 활동이 부진한 사업으로부터 기업 자산을 회수하여 보다 성장 가능성이 높은 사업에 집중 투자하기 시작했다.

4. 존스는 GE가 주식시장에서 좋은 결과를 거두지 못하자 당혹감을 감추지 못했다. 그는 투자자들과 주주들의 기대치를 분명히 이해하는 것이 매우 중요하다는 것을 깨닫게 되었으며, 특히 새로 등장한 뮤추얼 펀드나 포트폴리오 관리자들과 긴밀한 유대관계를 갖기 위해 노력했다.

■ **영향력 있는 주주들과 투자자들이 기대하는 것** 존스는 사업 우선순위 자체와 이미 승인받은 사업 전략의 실천을 온전히 보장하는 가운데 외부인들의 기대치에 부응하기 위하여 여러 사업체와의 협력 공조 관계를 유지하기 위해 노력했다.

GE의 역사를 살펴보면 항상 소비자가 기대하는 품질의 제품을 공급하는 것이 지속적인 판매를 유지하는 비결이었음을 알 수 있다. 1950년대에 GE는 '종합적 품질관리' 방식을 도입했으며, 이는 데밍(Deming)의 품질관리 방법보다 훨씬 앞선 움직임이었다고 볼 수 있다. 식스시그마 역시 품질 위주의 최신 경영방식이라고 평가할 수 있다. 두 경우 모두에서 중요한 점은 현실적인 품질 기대치를 설정하고 그 기대치에 도달하기 위해 꾸준한 노력을 기울이는 것이다.

GE : 위대한 모델

이 책을 집필하는 내내 GE에 대한 나의 관점을 최대한 객관적으로 유지하기 위해 이 기업의 장점뿐만 아니라 결점까지 고스란히 밝혀내면서 많은 노력을 기울인 것이 사실이지만, GE가 대단한 기업이라는 생각에는 조금의 의심도 없다고 말할 수 있다. GE는 놀라운 실력자들을 리더로 삼을 수 있었으며, 그동안 GE가 선택한 행동방침은 매우 폭넓게 적용이 가능한 지혜로운 선택이었다.

반면에 이 책의 전체에 걸쳐 강조한 것처럼, 독자는 GE 방식을 그대로 수용하는 것이 아니라 각자의 상황에 맞게 변형하여 적용해야 한다는 점을 잊어서는 안 될 것이다. GE 방식이 GE의 경우에도 늘 긍정적인 결과를 낳았던 것은 아니었다. 따라서 무조건 GE 방식을 따라하려는 다른 기업의 경우, 기대했던 결과를 얻지 못하는 것은 당연한 결과일지 모른다.

독자들이 이 책을 통해 GE의 성공적인 혁신과 지속적인 성장의 비결을 이해할 수 있게 되었기를 간절히 바란다. 그 점은 독자들 각자에 필요한 성공의 비결을 암시해 줄 것이라고 굳게 믿는다.

가장 중요한 점은 바로 선택적이 되는 것이다. GE 경영 방식을 철저히 연구하고 독자 자신에게 맞는 것이 무엇인지 분석해 보기 바란다. 그리고 나서 필요에 따라 적절한 요소들을 선택하여 자신에게 적용한다면 기업가로서 긍지와 자신감을 가지고 경영에 임할 수 있게 될 것이다.

NOTES

1장

1. "Business History Resources in Edition National Sits Archives," cpmserv.cpm.ehime-u-ac.jp/ehnet/bhe/Exchange/ edition.html
2. Thomas A. Edition Quotes, www.quotationspage.com/quotes. php3 author=Thomas=a.=Edition
3. 공교롭게도 에디슨은 GE 본사를 계속 스키넥터디에 두었다. 그리고 이 도시가 GE의 도시로 알려지게 되었다.
4. 이 부분은 웨스팅하우스가 GE보다 4년 정도 앞섰다.
5. George Westinghouse reference Library, www.compusprogram.com/ reference/en/wikipedia/g/ge/george_Westinghouse.html.

2장

1. www.tardis.union.edu.
2. 거의 1세기 전의 일이며, 잭 웰치도 직접 손으로 쓴 메모를 즐겨 활용하였다.
3. www.tardis.union.edu/community/project95/HOH/Biographcy/Coffin.
4. www.americanhistiry.si.edu/lighting/history/blotters/blotx2.htm.
5. Ibid.
6. www.ketupa.net/nbc2.htm.
7. Ibid.
8. www.bridgew.edu/HOBA/inductees/Latimer.htm.

3장

1. www.ge.com.
2. www.elfun.org/history.
3. Ibid.
4. www.ranknfile-ue.org/unity2003_barghist.html.

5. GE 2005 annual report, Note 7.

6. www.geworkersunited.org

7. www.reformation.org/wall-st-fdr-ch9.htm.

8. Ibid.

9. www.reformation.org/wall-st-fdr-app-a.htm.

10. www.chem.ch.huji.ac.il/eugeniik/history/steinmentz/htim.

4장

1. General Electric Company, Gerard Swope, 1930s, www.scipophily.net. genelcom19.html.

6장

1. Ralph J. Cordiner, *New Frontiers Professional Managers* (New York: McGraw-Hill, 1956), page 15.

2. Ibid., pages 33-34.

3. GE 1995 annual report.

4. Cordiner, *New Frontiers*, pages 20-21.

5. cbi.um.edu/collections/inv/cbi00195.

7장

1. Ralph J. Cordiner, *New Frontiers*, page 17.

2. Ibid., pages 73-74.

3. Ibid., page 96.

8장

1. Ralph J. Cordiner, *New Frontiers*, pages 37-38.

2. Libertyhaven.com/politicsandcurrentevents/unionandotherorganizations/ boulwarism.htm.

12장

1. *BusinessWeek*, June 30, 1986, Page 66.

2. *Fobes*, October10, 1994, page 92.

3. Jack Welch, *Jack: Straight from the Gut* (New York: Warner Business Books, 2001), page 111.

4. Ibid., page 114.

5. Ibid., page 117.

6. *Fobes*, March 23, 1987, page 80.

7. *New York Times*, May 27, 1990, page F7.

8. Welch, *Jack: Straight from the Gut*, page 233.

9. *Fortune*, February 21, 1994, page 84.

10. Welch, *Jack: Straight from the Gut*, page 247.

11. GE 2000 annual reports.

12. Welch, *Jack: Straight from the Gut*, page 219.

13. *Fortune*, September 5, 1994, page 42.

14. Ibid.

15. Welch, *Jack: Straight from the Gut*, page 277.

16. *BusinessWeek*, November8, 1993, Page 64.

17. Welch, *Jack: Straight from the Gut*, page 311.

18. Ibid., page 371.

13장

1. *Fortune*, August 12, 1991, special reprint.

2. Welch, *Jack: Straight from the Gut*, page 73.

3. Ibid.

4. Ibid., page 111.

5. *Fortune*, March 27, 1898, page 50.

6. Welch, *Jack: Straight from the Gut*, page 103.

7. Jeffrey A. Krames, *Jack Welch and the 4E's of Leadership* (New York: McGraw-Hill, 2005), page 10.

6. Welch, Jack: *Straight from the Gut*, page 173.

9. Ibid., pages 181-183.

10. Ibid., page 183.

11. Ibid., page 186.

12. Ibid., page 329

14장

1. www. businessweek.com.
2. *Wall Street Journal*, February 6, 2003, page B1.
3. *Harvard Business Review*, June 2006, page 2.
4. GE 2004 annual reports.
5. GE 2003 annual reports.
6. *Wall Street Journal*, March 2, 2005, page A3.
7. GE 2003 annual reports.
8. *Wall Street Journal*, March 2, 2005, page A3.
9. GE 2005 annual reports.
10. *Wall Street Journal*, August 11, 2006, page A4.
11. Ibid., March 25, 2005, page A83.
12. In 2006, the Microsoft partnership was dissolved, and GE took 100 Percent ownership.
13. GE 2003 annual reports.
14. *Wall Street Journal*, December 27, 2004, page B1.
15. *New York Times*, October 20, 20069, page C1.
16. Ibid., September 16, 2006, page A4.
17. Ibid.
18. *Fobers*, August 2005, page 82.
19. *Wall Street Journal*, June 24, 2005, page A8.

15장

1. *Harvard Business Review*, June 2006.
2. *The Economist*, March 11, 2006, page 66.
3. GE 2004 annual reports, page 9.
4. Ibid.
5. GE 2005 annual reports, Letter to Stakeholders.
6. *Wall Street Journal*, January 16, 2006, page B1.
7. CNNMoney.com, January 24, 2006.

찾아보기

⟨A-Z⟩

19세기 에디슨에서 21세기 이멜트까지

GE 혁신과 성장의 비밀

2008년 1월 25일   초판 발행

지은이 | 윌리엄 로스차일드
옮긴이 | 최권영
펴낸이 | 이종헌
만든이 | 최판남
마케팅 | 정현우
펴낸곳 | 가산출판
주 소 | 서울시 마포구 신수동 85-15 (2F)
          TEL (02) 3272-5530~1
          FAX (02) 3272-5532
등 록 | 1995년 12월 7일(제10-1238호)
E-mail | gasanbook@empal.com

ISBN 978-89-88933-73-2   03320

* 값은 뒤표지에 있습니다.